陳福成著

陳福成著作全編

第十一冊 中國四大兵法家新詮

文史哲出版社印行

國家圖書館出版品預行編目資料

陳福成著作全編 / 陳福成著. -- 初版. --臺北
市：文史哲,民 104.08
頁： 公分.
ISBN 978-986-314-266-9（全套：平裝）

848.6   104013035

陳福成著作全編

第十一冊　中國四大兵法家新詮

著　　者：陳　　　福　　　成
出 版 者：文　史　哲　出　版　社
http://www.lapen.com.tw
登記證字號：行政院新聞局版臺業字五三三七號
發 行 人：彭　　　正　　　雄
發 行 所：文　史　哲　出　版　社
印 刷 者：文　史　哲　出　版　社
臺北市羅斯福路一段七十二巷四號
郵政劃撥帳號：一六一八〇一七五
電話886-2-23511028・傳真886-2-23965656

全 80 冊定價新臺幣 36,800 元

二〇一五年（民一〇四）八月初版

陳福成著作全編 總目

總　序

陳福成的一部文史哲政兵千秋事業

　　陳福成先生，祖籍四川成都，一九五二年出生在台灣省台中縣。筆名古晟、藍天、司馬千、鄉下人等，皈依法名：本肇居士。一生除軍職外，以絕大多數時間投入寫作，範圍包括詩歌、小說、政治（兩岸關係、國際關係）、歷史、文化、宗教、哲學、兵學（國防、軍事、戰爭、兵法），及教育部審定之大學、專科（三專、五專）、高中（職）等各級學校國防通識（軍訓課本）十二冊。以上總計近百部著作，目前尚未出版者尚約二十部。

　　我的戶籍資料上寫著祖籍四川成都，小時候也在軍眷長大，初中畢業（民 57 年 6 月），投考陸軍官校預備班十三期，三年後（民 60）直升陸軍官校正期班四十四期，民國六十四年八月畢業，隨即分發野戰部隊服役，到民國八十三年四月轉台灣大學軍訓教官。到民國八十八年二月，我以台大夜間部（兼文學院）主任教官退休（伍），進入全職寫作高峰期。

　　我年青時代也曾好奇問老爸：「我們家到底有沒有家譜？」

　　他說：「當然有。」他肯定說，停一下又說：「三十

八年逃命都來不及了，現在有個鬼啦！」

　　兩岸開放前他老人家就走了，開放後經很多連繫和尋找，真的連鬼都沒有了，茫茫無垠的「四川北門」，早已人事全非了。

　　但我的母系家譜卻很清楚，母親陳蕊是台中縣龍井鄉人。她的先祖其實來台不算太久，按家譜記載，到我陳福成才不過第五代，大陸原籍福建省泉州府同安縣六都施盤鄉馬巷。

　　第一代祖陳添丁、妣黃媽名申氏。從原籍移居台灣島台中州大甲郡龍井庄龍目井字水裡社三十六番地，移台時間不詳。陳添丁生於清道光二十年（庚子，一八四〇年）六月十二日，卒於民國四年（一九一五年），葬於水裡社共同墓地，坐北向南，他有二個兒子，長子昌，次子標。

　　第二代祖陳昌（我外曾祖父），生於清同治五年（丙寅，一八六六年）九月十四日，卒於民國廿六年（昭和十二年）四月二十二日，葬在水裡社共同墓地，坐東南向西北。陳昌娶蔡匏，育有四子，長子平、次子豬、三子波、四子萬芳。

　　第三代祖陳平（我外祖父），生於清光緒十七年（辛卯，一八九一年）九月二十五日，卒於（年略記）二月十三日。陳平娶彭宜（我外祖母），生光緒二十二年（丙申，一八九六年）六月十二日，卒於民國五十六年十二月十六日。他們育有一子五女，長子陳火，長女陳變、次女陳燕、三女陳蕊、四女陳品、五女陳鶯。

　　以上到我母親陳蕊是第四代，到筆者陳福成是第五代，與我同是第五代的表兄弟姊妹共三十二人，目前大約半數仍在就職中，半數已退休。

　　寫作是我一輩子的興趣，一個職業軍人怎會變成以寫

作為一生志業，在我的幾本著作都詳述（如《迷航記》、《台大教官興衰錄》、《五十不惑》等」。我從軍校大學時代開始寫，從台大主任教官退休後，全力排除無謂應酬，更全力全心的寫（不含為教育部編著的大學、高中職《國防通識》十餘冊）。我把《陳福成著作全編》略為分類暨編目如下：

壹、兩岸關係

　　①《決戰閏八月》　②《防衛大台灣》　③《解開兩岸十大弔詭》④《大陸政策與兩岸關係》。

貳、國家安全

　　⑤《國家安全與情治機關的弔詭》　⑥《國家安全與戰略關係》　⑦《國家安全論壇》。

參、中國學四部曲

　　⑧《中國歷代戰爭新詮》　⑨《中國近代黨派發展研究新詮》　⑩《中國政治思想新詮》　⑪《中國四大兵法家新詮：孫子、吳起、孫臏、孔明》。

肆、歷史、人類、文化、宗教、會黨

　　⑫《神劍與屠刀》　⑬《中國神譜》　⑭《天帝教的中華文化意涵》⑮《奴婢妾匪到革命家之路：復興廣播電台謝雪紅訪講錄》　⑯《洪門、青幫與哥老會研究》。

伍、詩〈現代詩、傳統詩〉、文學

　　⑰《幻夢花開一江山》　⑱《赤縣行腳·神州心旅》　⑲《「外公」與「外婆」的詩、⑳《尋找一座山》　㉑《春秋記實》　㉒《性情世界》　㉓《春秋詩選》　㉔《八方風雲性情世界》　㉕《古晟的誕生》　㉖《把腳印典藏在雲端》㉗《從魯迅文學醫人魂救國魂說起》　㉘《六十後詩雜記詩集》。

陸、現代詩（詩人、詩社）研究

㉙《三月詩會研究》 ㉚《我們的春秋大業：三月詩會二十年別集》 ㉛《中國當代平民詩人王學忠》 ㉜《讀詩稗記》 ㉝《嚴謹與浪漫之間》 ㉞《一信詩學研究：解剖一隻九頭詩鵠》 ㉟《囚徒》 ㊱胡爾泰現代詩臆說 ㊲王學忠籲天詩錄。

柒、春秋典型人物研究、遊記

㊳《山西芮城劉焦智「鳳梅人」報研究》 ㊴《在「鳳梅人」小橋上》 ㊵《我所知道的孫大公》 ㊶《孫大公思想主張手稿》 ㊷《金秋六人行》㊸《漸凍勇士陳宏》。

捌、小說、翻譯小說

㊹《迷情‧奇謀‧輪迴》 ㊺《愛倫坡恐怖推理小說》。

玖、散文、論文、雜記、詩遊記、人生小品

㊻《一個軍校生的台大閒情》 ㊼《古道‧秋風‧瘦筆》 ㊽《頓悟學習》 ㊾《春秋正義》 ㊿《公主與王子的夢幻》 51《迴游的鮭魚》 52《男人和女人的情話真話》 53《台灣邊陲之美》 54《最自在的彩霞》 55《梁又平事件後》。

拾、回憶錄體

56《五十不惑》 57《我的革命檔案》 58《台大教官興衰錄》 59《迷航記》 60《最後一代書寫的身影》 61《我這輩子幹了什麼好事》 62《那些年我們是這樣寫情書的》 63《那些年我們是這樣談戀愛的》 64《台灣大學退休人員聯誼會第九屆理事長記實》。

拾壹、兵學、戰爭

65《孫子實戰經驗研究》 66《第四波戰爭開山鼻祖賓拉登》。

拾貳、政治研究

○67《政治學方法論概說》　○68《西洋政治思想史概述》
○69《中國全民民主統一會北京行》、○70《尋找理想國：
中國式民主政治研究要綱》。

拾參、中國命運、喚醒國魂

○71《大浩劫後：日本 311 天譴說》、《日本問題的終極
處理》　○72《台大逸仙學會》。

拾肆、地方誌、地區研究

○73《台北公館台大地區考古‧導覽》　○74《台中開發史》
○75《台北的前世今生》　○76《台北公館地區開發史》。

拾伍、其他

○77《英文單字研究》　○78《與君賞玩天地寬》（別人評
論）　○79《非常傳銷學》　○80《新領導與管理實務》。

　　我這樣的分類並非很確定，如《謝雪紅訪講錄》，是
人物誌，但也是政治，更是歷史，說的更白，是兩岸永恆
不變又難分難解的「本質性」問題。

　　以上這些作品大約可以概括在「中國學」範圍，如我
在每本書扉頁所述，以「生長在台灣的中國人為榮」，以
創作、鑽研「中國學」，貢獻所能和所學為自我實現的途
徑，以宣揚中國春秋大義、中華文化和促進中國和平統一
為今生志業，直到生命結束。我這樣的人生，似乎滿懷「文
天祥、岳飛式的血性」。

　　抗戰時期，胡宗南將軍曾主持陸軍官校第七分校（在
王曲），校中有兩幅對聯，一是「升官發財請走別路、貪
生怕死莫入此門」，二是「鐵肩擔主義、血手寫文章」。
前聯原在廣州黃埔，後聯乃胡將軍胸懷，「鐵肩擔主義」
我沒機會，但「血手寫文章」的「血性」俱在我各類著作
詩文中。

　　人生無常，我到六十三歲之年，以對自己人生進行「總清算」的心態出版這套書。

　　回首前塵，我的人生大致分成兩個「生死」階段，第一個階段是「理想走向毀滅」，年齡從十五歲進軍校到四十三歲，離開野戰部隊前往台灣大學任職中校教官。第二個階段是「毀滅到救贖」，四十三歲以後的寫作人生。

　　「理想到毀滅」，我的人生全面瓦解、變質，險些遭到軍法審判，就算軍法不判我，我也幾乎要「自我毀滅」；而「毀滅到救贖」是到台大才得到的「新生命」，我積極寫作是從台大開始的，我常說「台大是我啟蒙的道場」有原因的。均可見《五十不惑》、《迷航記》等書。

　　我從年青立志要當一個「偉大的軍人」，為國家復興、統一做出貢獻，為中華民族的繁榮綿延盡個人最大之力，卻才起步就「死」在起跑點上，這是個人的悲劇和不智，正好也給讀者一個警示。人生絕不能在起跑點就走入「死巷」，切記！切記！讀者以我為鑒！在軍人以外的文學、史政有這套書的出版，也算是對國家民族社會有點貢獻，對自己的人生有了交待，這致少也算「起死回生」了！

　　順要一說的，我全部的著作都放棄個人著作權，成為兩岸中國人的共同文化財，而台北的文史哲出版有優先使用權和發行權。

　　這套書能順利出版，最大的功臣是我老友，文史哲出版社老闆彭正雄先生和他的夥伴們。彭先生對中華文化的傳播，對兩岸文化交流都有崇高的使命感，向他和夥伴致上最高謝意。（台北公館蟾蜍山萬盛草堂主人　陳福成　誌於二〇一四年五月榮獲第五十五屆中國文藝獎章文學創作獎前夕）

目 錄 CONTENTS

自 序

　　本書所論述的四大兵法家，孫臏和孔明我在讀小學時，就對他們產生很大興趣，原因是我小學讀的都是「放牛班」，大約在民國五十年前後，小學區分「升學班」和「放牛班」，升學班當然每天從早到晚都在上課或補習。

　　而放牛班則整天不必讀書上課，小朋友每天玩的不亦樂乎！但每天仍有幾節「教室課」，在教室也不必讀書，玩樂或自習吵鬧等，唯一的課是老師講故事，「孫臏下山」、「三國演義」、「西遊記」、「封神榜」等，一講再講，從小四聽到小六畢業，我對孔明、孫臏的興趣由此而來。

　　真正開始讀他們的兵法是我初中畢業進了軍校，年幼心大，想到既然從軍，當然就要讀兵法，記得我在高中時（陸軍官校預備班），就買了「孫子兵法」、「孫吳兵法」、「福煦元帥戰爭論」這些書。而事實上一個高中生對這些書根本完全讀不懂的，大學（軍校正期）也還讀不懂，頂多當成「國文」讀。

　　真能懂一點是在三十歲以後，當過基層單位主官（管）職務，有一些帶兵心得，到了中階軍官及有指參深造機會，則知更多中國兵法之深妙精義，論中國兵法家首推孫子和吳起，加上我小學時代就已「認識」的孫臏和孔明，正巧合成「中國四大兵法家」。

　　自于成年三十餘載以來，這四大兵法家始終住在我心房，他們在我房中生活數十年。當然，我心房中也有其他兵法家，如姜太公、司馬穰苴、岳飛，乃至克勞塞維茨、李德哈達等大師級兵法家，但仍以本書的四大兵法家與我神交最深，友誼最篤。是故，數十年來我讀他們，讀過千變也不厭倦。

戎馬倥傯數十年，馬不停蹄無休止，一九九四年春，我轉任教官調台灣大學，我終於有機會放慢腳步，有一點時間，打算把「中國學四部曲」逐一完稿。

　　至二○○三年十一月，「四大兵法家」重要內容開始在復興電台每週一講，每輯摘要講解，到二○○四年十一月講完，芻稿亦整理完成，是為中國學四部曲之四－「中國四大兵法家新詮」，即稱「新詮」，乃于研究中國學數十年的新見解、新史觀、新詮釋也。

　　正當中國崛起之廿一世紀，國際強權有恐有憂，身為生長在台灣的中國人，憂喜參半。此際，于獻「中國學四部曲」，盼對吾國有用，亦就教於各方，斧正芻稿，以利來年修訂。

陳福成
二○○六年春於台北萬盛山莊

緒　言

　　本書是復興廣播電台每週一講「兩岸下午茶」的對話重點整理，由鍾寧小姐主持，陳福成（作者）主講，時間從二○○三年十一月到二○○四年十一月，每輯摘要講。（這年只講孫子、孫臏和孔明，吳起兵法為日後補講。）

　　「兩岸下午茶」是一個知性對話節目，主要內容是談「兵法」、「戰爭與人生」，我們常說「人生就是一場戰爭」，戰爭就要取勝，想要贏要勝就須要「兵法思維」與「兵法作為」。中國數千年歷史中，兵法家之眾，居世界之最，而其最上乘者，為「四大兵法家」，孫武、吳起、孫臏與孔明四大兵法巨擘。

　　四家各有所「大」，論體系完備，理論原創性與永恒性的普遍適用，則孫武被稱「世界兵聖」，孫子兵法稱世界寶典，乃實至名歸。孫武是百戰不殆，長生不老的大兵聖。

　　論實戰經驗之豐富，一生未打過敗戰；論激勵士氣和教育訓練之效率，吳起為第一流大兵法家。

　　論韜略之用，特別是兵法家本人親自上戰場示範「避實擊虛」的運用，其「操作性」具有科學實證的水準，這方面的偉大則非孫臏莫屬了，我強調他的「操作」概念，是適用於現代人的「拷貝、複製」之用，孫臏是困境致勝，無影無形的奇謀大戰略家，且是中國歷史上唯一賭王、殘障大兵法家。

　　孔明是一個領兵作戰沒有打過勝仗的兵法家，他生前親自率軍北伐，五次都沒有成功，這是他所處的「形」是敗形（主客觀都沒有成功致勝的條件），但他在中國歷史上，甚至世界史上，所得到的歌頌、讚揚與評價之高，高於同時代打敗過他的對手，為甚麼？他用的是「，政略」，不是「戰略」，孔明是敗形致勝的完美大政略家兼大兵法家。

孫武、吳起、孫臏是兩千多年前的人，孔明是一千多年前的人，不論他們的兵法有多高的適用性，多久的永恆性，原理原則大多現代仍合用。但在他們的時代沒有全球戰略，沒有海權與陸權之爭，沒有核武戰略，沒有太空戰略，更沒有星際大戰，當然也沒有全球性的恐怖主義戰爭。因此，這是完全不同於傳統戰爭的時代，本書最後一部份是由作者所提出的「現代後兵法」。

到底「兵法」是甚麼？我們可以下一個最簡單的定義，「是戰爭取勝的方法」，而研究這套方法的學問就叫「兵學」，不管叫「兵法」或「兵學」，可以從以下六個切面看的更清楚些：

第一是歷史切面：從過去－現在看未來趨勢，所謂「鑑往知來」是也，若看的更精準些，可以像看一條拋物線，從 A 點、B 點…知道落點（結果、利弊、勝敗）。這是從歷史切面中，能領悟兵法的妙用。

第二是科學方面：從系統－量化，建構理論，所謂「知識、理性」是也，科學的反面是「非科學」，即迷信、情緒、私心、衝動，都要排除，才能運用致勝方法。例如，被意識形態牽著鼻子走，兵法便成廢物。

第三是藝術切面：從創意、創作到創造，這裡充滿著「非科學」的味道，所側重的是對方法的運用，如子習字，初臨帖是科學活動，大器之後，無帖忘形便是藝形。初用兵法有一定的「形」，到一定境界便無形了。

第四是哲學切面：天道、性靈到天經地義。假如交戰雙方，其中的某一方得「天經地義」的支持，這便是合法性（Legitimaey）支持。由天道之法得到的勝利，是最高境界的勝利。兵法也不能例外。

第五是生活切面：從友情、愛情、親情到人際關係，是兵法對人生全方位的適用。**雙贏或全贏途徑在那裡？法門不外「知己知彼」和「情緒管理」（EQ）。各大兵法家所言，不外這些，不信者可自己去看。**

第六是其他方面：從企管、外交、談判，到商場競逐、組織發展，

都在用兵制勝，這是現代競爭社會的常態，輸了就是輸了，別怪對手「心狠手辣」，只怪自己兵法造詣太低。例如二〇〇四年「319 槍案」，確實是獨派的兵法奇謀（就法律言是作弊）。

本書除緒言、結論外，分四篇，四十五輯，六個附錄，概約二十餘萬言。四大兵法家依其在歷史舞台的出場順序，分別第一篇「孫子兵法」、第二篇「吳起兵法」、第三篇「孫臏兵法」及第四篇「孔明兵法」。

本書各篇所用圖像、照片，除少數註明來源，餘大多在各史書、教科書或各文獻出現過，不再註明出處。

第一篇 孫子兵法

兵聖，百代談兵之鼻祖
慎戰、不戰、全知、全勝的大兵法家

一個「孫學」（Sunology）普及的時代已經來臨！

目前把孫子兵法擴大運用，已從國防、戰略之兵學範疇，漫溢浸淫到經濟、企管、談判、行銷、直銷、市場、選舉、組織管理、生涯規劃，及至生活、愛情、女人、音樂等領域之管理和策略運用等，都結合孫子兵法概念，發揮現代價值，以期人生、事業、社會或國家，能更臻成功及完美的境界。

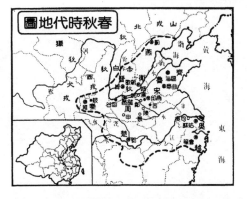

孫武畫像

孫武操練宮女情形

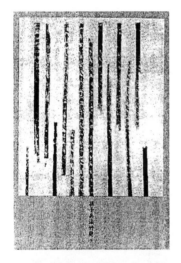

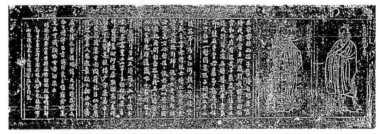

清代經學家孫星衍在蘇州留下有關孫子情況的石碑

山東惠民縣修建的孫武塑像

孫武子亭

春秋時期的銅盔

伍子胥像

伍子胥薦孫子給吳王闔閭

輯1　兵聖與兵經

> *1.* 今天開始，在「兩岸下午茶」節目中，邀請空大講師陳福成先生來談「兵法、戰爭、時局與人生」，並陸續以孫武、吳起、孫臏和孔明為主軸，先由孫武出場，請陳老師先就中國兵法的一般情況做簡單介紹。

我國歷史攸久，諸子百家，人才濟濟，歷代兵法家（軍事家或兼政治家者），自然也創作出卷帙浩繁的兵學著作。那麼，我國歷史上究竟有過多少種兵書呢？

據「中國古代兵書總目」，有四千餘種兵書；據「歷代兵學書目」記載，有兩千種之多，流傳至今的大概五百種，其中流傳較廣，運用較多者，如表列十家。

表中前七家，為宋神宗元豐三年（西元一〇八〇年）下詔，命令國子監司業朱服、武學博士何去非等校訂，頒行號曰「武經七書」，為武科考試重要經典，明清兩朝因之。

吳起和孫武齊名，二書在歷史上常合稱「孫吳兵法」，吳起為了出世，「母喪不奔、

兵書名稱	作者	背景
孫子兵法	孫武	春秋末期吳國將軍
吳子兵法	吳起	戰國初期楚國宰相
尉繚子兵法	尉繚	秦始皇的兵法家
三略	呂望	也說是「黃石公兵法」
六韜	呂望	亦稱「姜太公兵法」，是西元前十二世紀的古老兵書。
司馬法	田穰苴	春秋時代齊景公的大司馬
李衛公問對	李靖	唐太宗和李衛公（李靖）對話記錄
孫臏兵法	孫臏	戰國時代齊威王的軍師
諸葛亮兵法	孔明	三國時代蜀國丞相
紀效新書	戚繼光	明末軍事家

殺死妻子」，儒家的學者認為他是權力主義者或功利主義者，司馬遷說他「刻薄殘暴、自取滅亡」，也認為是一個冷酷的法治主義者。

「六韜」和「三略」有疑義，有說是二者皆姜太公的兵書，「六韜」是文韜、武韜、龍韜、虎韜、豹韜、犬韜六篇，前三篇是戰略論，後三篇是戰術論，「三略」則是上、中、下略三篇。

本節目再從表列十家中，選出「最佳」的四家，孫武、吳起、孫臏和孔明，在本節目中介紹他們的思想、戰略、政略、戰術、功業，及其在戰爭、時局和人生等方面的啟示，此四家又以孫子最富盛名，他被稱為百代談兵之鼻祖，封為「兵聖」；他的著作「孫子兵法」則被封為「兵經」，千百年來中外兵家兵學如林，仍多望塵不及，無一兵家可以取代孫子的地位。

此外，姜太公、范蠡、白起、韓信、岳飛，都算是我國歷史上有名的兵法家，金庸小說「倚天屠龍記」中，武林中爭奪的寶物就是岳飛的「武穆兵法」，實際上岳飛兵法並非中國兵法最上乘者，本書首選四大兵家才是四大上乘者。

---

2. 孫子為何可以稱「兵聖」？孫子兵法為何可以稱「兵經」？有沒有比較客觀的評量標準？

兩千五百多年來，東西方對「孫子」和「孫子兵法」的習慣性使用，其實已經合為一了，稱其「人」我們常說「孫子」或「孫武」；稱其著作（物、兵法、理論），我們說「孫子兵法」，或簡稱「孫子」，為取得客觀的評量標準，分兩方面為聽者、讀者解疑。

第一，當我們要評估一本書或一份著作（在著作中的思想、理論），是否有資格成為經典作品，不論任何學門（包含牛頓三大定律、愛因斯坦相對論），大體不外以下五個標準。

㈠體系完備，架構完整，所有該談到的問題，所涉及的範圍，

第一篇 孫子兵法

沒有遺漏且合於邏輯思維程序。

㈡所建立的理論體系俱有「原創性」，而不是只做歸納工夫，嚴格的說，必須是一件「創造與發明」的產品。

㈢理論俱有最高的普遍性和可驗證性，不受時空限制，基本上是「合於真理」或「接近真理」。

㈣對人類社會有最多貢獻或最高價值，包含勝利、利潤、和平、安全或用於預測未來，都算價值或貢獻。

㈤適用範圍的廣度，通常「廣度與價值成正比」，軍事作戰、選戰、商戰、企業管理，乃至愛情、婚姻、人生、適用愈廣，價值愈高。

孫子兵法之能經兩千多年考驗，洽如馬漢「海權論」經百年、哥白尼「天體運行論」經五百年、達爾文「進化論」經兩百年或牛頓「數學原理」經三百年考驗，都仍能大部適用，不被推翻或取代。

第二、我要說明在客觀世界中，「誰」在用這項「產品」，在中國，孫子以降，孫臏、吳起、孔明、岳飛，眾多軍事家與政治家，都在「用」或闡揚孫子兵法，此無疑義。在西方國家，近數百年來，統治者、領導階層、帝王將相，研讀運用孫子兵法也成為「流行」。

美國前總統尼克森的名著「1999：不戰而勝」（1988 年出版），講述如何用孫子兵法對蘇聯進行「和平演變制勝的戰略」；前後兩位布希總統，用孫子兵法打了兩次波灣戰爭，現在，孫子兵法仍是美國三軍大學、各軍事院校必修的學分，規定必讀的教科書。

在日本，企業家、經營者讀孫子兵法是一個「自發性的流行」。在台灣我們走進任何一家書店，「談判孫子兵法」、「管理孫子兵法」、「愛情孫子兵法」之類的書，都不難找到。

無盡時空中，三百六十行各領域，對孫子熱愛不減，稱「兵聖」或「兵經」都實至名歸。

3. 現在把問題放在孫子這個人身上，談談他的出身、背景，及他的「從政」經過。

中國古代歷史人物，因年代久遠，生卒及其事功的正確時間，常有爭議或不同版本說法不同，和孫子同時代的老子、孔子皆然。

孫子出生的年代，據「中國孫子兵法研究會」理事楊善群（現任上海社會科學院歷史研究員），依「左傳」、「吳越春秋」等史籍推算，應在周景王十年（前五三五年），另一個說法是根據唐代研究孫子的專家肖吉所述，孫子生於周靈王十五年（前五五七年），生於山東古萊石闍山（今山東泰安、萊蕪之間），出生時掌內有紋像篆寫的「武」字，便取名孫武，父敬仲，母親是齊國南史氏的女兒。孫子三歲喪父，六歲喪母，從小由外祖父南史氏帶往南史館中生活長大。

當時南史館等於今天的中央圖書館兼國史館的地位，孫子就在這充滿典章文物的地方度過童年及少年時代，十四歲時，吳國季扎到館參觀，曾代答問題，後來從軍入伍，隨齊景公到過晉、燕等國，在今熱河、遼北地區與山戎打過三年仗後退役回鄉。

孫子返鄉後，為研究太公、周公之學，又到了南史館，當時的館長稱「守藏室史」，正是我們所稱「老子」的李耳，孫子見吳王闔閭之年已是四十六歲。孫子的卒年歷來就是謎，無從查考，以上說法都還須更深入的研究，更多的證據支持。下表是以事件為主軸，簡列孫子生平事功。

從右表　可以看出，孫子在見吳王之前，吳楚大戰之後，行縱都是不明確的，他在歷史舞台上「有證據可查」的存在年數只有十年（闔閭元年到十年）。但他的事功和他的「十三篇」，使他成為三不朽（立德、立言、立功），一個長生不死永恆存在的「兵聖」。

年代	事功
周敬王六年 吳闔閭元年（前五一四年）	伍子胥引荐，孫子帶著「十三篇」來見吳王，拜為將軍
吳闔閭四年（前五一一年）	孫子率軍北伐鍾吾、徐、潛、六、弦等地區
吳闔閭七年（前五○八年）	伐桐國、舒鳩，敗楚師於豫章，開始西進
吳闔閭九年（前五○六年）	率三萬兵力，與楚二十萬大軍決戰，五戰五勝
吳闔閭十年（前五○五年）	秦楚聯軍反攻，越兵乘機攻吳，吳軍轉進回國，此後孫子「行縱不明」。

第一篇 孫子兵法

據最近大陸蘇州市「孫子研究會」，發表「孫世宗譜世系源流」，從江西省寧都縣的「寧都孫氏族譜」、「新唐書·宰相世系」等譜書記載，逐系尋根發現，國父孫中山先生正好是孫子的第七十代子孫（中央日報，民國八十五年十月三十一日）

4.對孫子這個人有初淺的了解後，現在我想請陳老師先告訴大家，「孫子兵法」是一本怎樣的書？

孫子兵法之運用如此廣泛，不易單純定位為怎樣的書，因為在一般人的使用習性上，所謂「兵法」，用之於國家、國防、軍事、商場及人際關係，都是「用兵」的範圍。

按古代國家之特質，國家、政府、國防三者是「合一同一」的，國家之任務只有兩件（戎與祀），所以，我們要說「孫子兵法」是一本怎樣的書？它層次最高的定位，用現代術語叫做「國家發展計畫書」。如表示，本節目會慢慢談到各分項的內容。

表列國家發展中的四個層次，「大戰略」和「國家戰略」的關係，歷來有三種（重疊、大略高於國略、國略高於大略），端視國家處境而定。大戰略之目標在開展國際關係與建立同盟（聯盟）關係；國家戰略之目標在建立四大國力的發展（政治發展、經濟發展、軍事發展、文化與社會等發展），依此內涵，始計、作戰、謀攻、九地、用間、九變等六篇，正是大戰略與國家戰略之論述。

軍形、兵勢兩篇為軍事戰略之闡揚，而論述野戰戰略則有五篇（虛實、軍事、行軍、地形、火攻）。表列的十三篇雖按現代國家發展層次區分，但各層次的垂直交流運用彈性很大，例如虛實篇可用在野戰用兵，也可以用於外交與情報；謀攻篇用於國家戰略，也可以是戰爭藝術、政治手段或野戰用兵之奇謀。

較有爭議的是火攻篇，當代學者魏汝霖將軍詮釋為「核子戰」，我以為稍有離題，應該是「火力攻擊的使用」，只要交戰雙方處於「戰爭狀態」，一切的「火力」攻擊都是合法的，按此定義，恐怖戰爭也是戰爭之一種，類似美國「九一一事件」的攻擊，便是合法的戰爭行為（道德層面暫勿論），而且是「避實擊虛」戰爭藝術的最高境界。

國家發展計畫			
大戰略	國家戰略	國家戰略	始計篇：國家發展計畫書
			作戰篇：全民動員計畫書
			謀政篇：國家戰略與政治
			九地篇：地緣關係與地緣戰略
			用間篇：情報體系建立與運用
			九變篇：國家元首的統帥藝術
		軍事戰略	軍形篇：建軍備戰與軍事戰略
			兵勢篇：戰爭藝術
			虛實篇：野戰戰略（其他可）
		野戰戰略	軍爭篇：作戰目標
			行軍篇：野戰用兵
			地形篇：地理、地形與作戰
			火攻篇：火力攻擊在戰爭之運用

　　「九一一」相對受害的一方（美國），為甚麼受到攻擊（果）？追究源因，便是孫子兵法所述國家發展政策（大戰略、國家戰略或政略）出現大露洞，是故，交戰各國、各方，都在用孫子兵法，誰用的最神、最妙，最低限度就可以不受到傷害。

> 5.除了從國家、國防、軍事、戰爭的角度詮釋外，其他適用的領域，「孫子兵法」又是怎樣的書？

　　我們知道在許多領域都在運用孫子兵法的原理原則，各領域所看的孫子兵法不同，它「是」甚麼？這是人文、社會科學最難有的共識，以下試從個學術領域，看孫子兵法是怎樣的一本書？

第一、政治學看，是治國平天下之學：

「善用兵者，修道而保法，故能為勝敗之政。」（軍形篇）。

「道者，令民與上同意也。」（始計篇），國家認同與共識建立的過程。

「霸王之兵，伐大國則其眾不得聚，威加于敵，則其交不得合。」（九地篇），為國際盟主的領導策略。

第二、經濟學看，經濟力的建立與市場法則：

「合于利而動，不合于利而止。」（火攻篇），市場導向法則。此和現代資本主義思維，正好完全相通。

「地生度，度生量，量生數，數生稱」，稱生勝。」（軍形篇），勝利來自經濟實力的總量（人口、土地面積、資源）。

「國之貧于師者遠輸，遠輸則百姓貧…」（作戰篇），戰爭使財政陷於窮困，終於拖垮國家，陷於危亡。

第三、管理學看，企業管理與組織發展之學：

「治眾如治寡，分數是也…。凡戰者，以正合，以奇勝。」（兵勢篇）領導管理原則，在部隊和企業都是相通的。

「將者，智、信、仁、勇、嚴也。」（始計篇），高級領導、管理人才的選擇標準。而事實上也是人生提昇境界，可以依循的具體指標。

第四、自然法看，本能的生存原則與叢林法則。

「十則圍之，五則攻之，倍則分之，敵則能戰之，少則能逃之。」（謀攻篇）。這是古今中外，永恆不變的生存法則。

「圯地無舍，衢地交合，絕地無留，圍地則謀，死地則戰。」（九地篇），面臨何種環境？須要用何種方法才能獲取生存與勝利？

以上不過舉其大端，其他如天文、地理、心理或人際關係之學等，

都有精闢的見解，強效的適用效果，未來將會逐篇講解。

6. 在尚未進行逐篇詮釋前，是否先從一個宏觀、整體的視野，談談孫子兵法的「核心思維」是甚麼？

孫子兵法核心思維中的兩個問題		
國家發展過程中面臨二個問題的計畫：如何戰？如何不戰？		始計篇
如何不戰？		作戰篇
		謀攻篇
如何戰？		軍形篇
		兵勢篇
		虛實篇
如何戰？		軍爭篇
		九變篇
		行軍篇
		地形篇
		九地篇
		火攻篇
資訊獲得與反饋		用間篇

孫子生長在春秋時代，必然受到當代各種主流思想的影響，看他兵法的思想脈絡，來自儒家「仁者無敵、文武合一」、道家「以正治國、以奇用兵」、墨家「兼愛非攻、敦親睦鄰」及法家「嚴刑峻法、富國強兵」，是為主要之源流，四大源流匯成一部孫子的「國家發展計畫書」。

在國家發展過程中，必然要面對的兩個問題：如何不戰？如何戰？這便是孫子兵法的核心思維，他的兵法十三篇就是針對這兩個問題，所提出的論述或計畫（如表所示）。以下對這兩個核心思維進一步申論。

第一、如何不戰？

孫子兵法謀攻篇：「百戰百勝，非善之善者也；不戰而屈人之兵，善之善者也。」聽眾讀者難免有疑惑，兵法教人打仗，怎麼又說「不戰」！按孫子之義，戰爭不經武力衝突與流血就取勝，才是最完美的

境界，這種「不戰而屈人之兵」又分上、中、下三個層次。

(一)上層次的理想境界：僅用政治、外交、經濟或心理等心理等手段，便達成戰爭目標或國家目標。

(二)中層次理想的境界：僅運用有利的戰略態勢或武力示威，便達成戰爭目標或國家目標。

(三)下層次不決戰境界：只有戰爭初期的緒戰或有限戰役，最後會戰（決戰）未發生，便達成戰爭目標或國家目標。

第二、如何戰？

戰爭如果不能避免，仍須勇於應戰，這是「如何戰？」的問題，孫子也提出「慎戰」、「速戰」和「創造和平」三個解決戰端的層次。

(一)慎戰：火攻篇：「非危不戰」，如我國對日抗戰，蔣公「和平未絕望時期、決不放棄和平、犧牲不到最後關頭，決不輕言犧牲」，便是慎戰的堅持，本質上是反侵略戰爭與正義戰爭。

(二)速戰：

「兵貴勝，不貴久。」「兵聞拙速，未睹巧之久也，夫兵久而國利者，未之有也。」孫子速戰速決思想很明確，戰爭曠日久拖，有限人力與資源，決不能供無窮之消耗，自古已然。

(三)創造和平：

戰爭如果不能創造和平，慎戰與速戰也失去美意。孫子提出「全國為上，破國次之。」的終戰指導，至少是取得「較長久和平」的辦法。

再者，孫子所處的時代（春秋末葉），中央（周天子）失勢，中原紛亂，楚國北侵，中國面臨分裂戰爭的危險。政治家、兵法家都在努力追求中國之統一和安全。此時，孫子獻其兵法十三篇，希望有為之君能有戰略智慧，雄才大略，完成中國統一，其立意明顯。故史戴「西伐強楚，北威齊晉」孫子與有功焉。

輯2始計：國家發展計畫書

個人與事業體的生涯規劃書

1. 陳老師提過孫子兵法「始計第一篇」是國家發展的總計畫書，也是個人與事業體的生涯規劃書，首先就簡單做個說明。

很難想像二千多年前的人有如此大智慧，提得出能適用幾千年的國家發展之「始計」，劃成一張表，看起來更清楚。

如表所示，任何國家（低度開發、發展中、已開發），在發展過程中，必然存在這五項思考與計畫：㈠國家大政方針；㈡元首如何統帥；㈢施政計畫；㈣戰爭計畫；㈤國家目標之完成，換成是任何一個

始計篇（國家發展計畫）

大政方針：兵者國之大事，死生之地，存亡之道。
元首統帥：計利以聽，乃為之勢，以佐其外。

施政計畫：

五事
- 道—令民與上同意
- 天—陰陽寒暑時制
- 地—遠近險易廣狹死生
- 將—智信仁勇嚴
- 法—曲制官道主用

知者勝，不知者敗。

七計
- 主孰有道？
- 將孰有能？
- 天地孰得？
- 法令孰行？
- 兵眾孰強？
- 士卒孰練？
- 賞罰孰明？

由此知成敗。

戰爭計畫：

欺敵
- 能示之不能、用示之不用
- 近示之遠、遠示之近

各種想定案都是國家機密

乘敵
- 利誘之、亂取之、實備之
- 強避之、怒撓之、卑驕之
- 佚勞之、親離之

攻敵—出其不意、攻其不備。

國家目標之完成：
- 廟算勝者，得算多也。
- 廟算不勝者，得算少也。

成敗決矣

第一篇 孫子兵法

有積極作為的人，也少不了有這些思維或規劃；公司行號或任何一個事業體，於公私於私就更加需要了。

「大政方針」指出國家生存、發展所必然要面臨的問題（戰或不戰），都是關係國家存亡、人民生死的事，所以說「兵者國之大事」。千萬要詳察謹慎，有完整的計畫與評估。

「元首統帥」這個國家，唯一的思維與行為準則是甚麼？孫子用「計利以聽」做標準，用現代術語叫做「國家利益和人民福祉」，國家略戰目標亦由此產生出來。

「施政計畫」包含「五事」和「七計」，其內涵概同現代各國政府部門的工作，如我國的五院、八部兩會等，這些施政計畫「知者勝，不知者敗。」

「戰爭計畫」的內涵，正是各國國防部的職責，整個計畫建立在「假想敵」的存在，所必須欺敵－乘敵－攻敵的思維（想定案），這部份屬於國家機密。

「國家目標之完成」來自大政方針、元首統帥、施政計畫和戰爭計畫，這一整套的計畫是否週全？是否合乎國家戰略思維（廟算）？國家目標的完成（勝敗）便由此決定了。

對計畫執行「結果」的論述，孫子用「二分法」（勝與敗）做警惕，表示「照做勝利，不照做失敗」。清楚明白，成功之路必須這樣走。人生的努力也同樣，依孫子的路走向成功，不依走向失敗。

2.據知，五事是道、天、地、將、法，但若不加以清楚詮釋，現代人可能難解其精髓吧！

確實，所以我們先看清孫子兵法的原文：

故經之以五事，校之以計，而索其情，一曰道、二曰天，三曰地，四曰將，五曰法。

道者，令民與上同意，可與之死，可與之生，而不畏危也。

　　天者，陰陽、寒暑、時制也。

　　地者，遠近，險易，廣狹，死生也。

　　將者，智、信、仁、勇、嚴也

　　法者，曲制，官道，主用也

　這五件事要好好經營，透過調查、統計與比較，探索事情的真相，才能做出「可行」的計畫，計畫「執行」才會成功。

　　道者，國家認同，共識的建立。

　　天者，氣候、環境、時間的控制。

　　地者，地形、地略和地緣關係對存亡有決定力量。

　　將者，領導階層的管理將才應合智信仁勇嚴標準。

　　法者，要建立的制度有國家組織、人事行政、財經制度及各種法令規章。

　以上的詮釋應該很清楚，對於「道」字我要加以闡揚，在中國文化中「道」字很玄，如老子「道可道，非常道」；但也很實用，「有道」大家喜歡、支持，「無道」大家痛恨、唾棄、「紂王無道」，人人得而誅之，天下百姓到處都想要起來推翻他。故「道」字在中國社會中不僅管用，而且鄉下歐巴桑也可以感覺得「道」，如果統治者（皇帝、總統）不顧人民死活，各處就會有民意傳播他的「無道」，他下台的日子就近了。中國歷史上的「政權輪替」，換人做做看的指標就在一個「道」字。政權無道（不合中國道統），路也走不下去，台獨便是這種「無道」政權。

　國家統治者「有道」。表示國家統治的基礎是有「合法性」，國家認同與共識沒有問題。如此，便能「民與上同意，可與之死，可與之生。」人民隨時可以為國家犧牲。

　到底「道」是甚麼？首先是「道統」，堯、舜、禹、湯、文、武、周公、孔子，都是中國道統人物的代表，合乎道統的「人與思想者」，就是合於中國道統。另外有所謂「天道、地道、人道」，中國的倫理重視人道。

「道」放在國家階層，就是國家認同、國家共識與憲法共識三者，是一種思想，一種信仰，也是一種力量，戰爭以「道勝」，是兵法制勝的最高境界。

目前台灣藍綠陣黨所爭的也是一種「道」，藍營所爭的是中華道統，綠營則要「去中華道統」，其勝負已可預知。再者，當陳水扁一家和領導階層全都成為貪污洗錢中心，就已成為「無道政權」，其垮台也可預知。

> 3.「五事」以後又有「七計」，這兩者有甚麼關係？我們如何才能「接通」孫子的思維邏輯？

提「五事」時，孫子說：「知者勝，不知者敗。」提「七計」的時候，孫子又說：「吾以此知勝負矣。」可見「七計」也是決定成敗的七項因素，孫子原文說。

> 故校之以計，而索其情。曰、主孰有道，將孰有能，天地孰得，法令孰行，兵眾孰強，士卒孰練，賞罰孰明，吾以此知勝負矣。
>
> 將聽吾計，用之必勝，留之；將不聽吾計，用之必敗，去之。

好一個將聽吾計用之必勝，留之；將不聽吾計用之必敗，去之。顯然這「七計」必須照統治者意志徹底貫徹執行，沒有絲毫彈性，否則只有走路去之。但是，為甚麼孫子要區分「五事」和「七計」呢？依文意看，七計仍在五事範圍中，明朝何守法註孫子時有如解說：

> 此申言校計索情，故「校之」句，乃是上起下之句…。愚謂七計，不過五事，今云七者，因增：強、練、明三句也，然三句

豈出於法之外哉！孫子欲人之慎用，故特詳言之，實非五事後，又有七計也。（註：中國兵學大系㈡明何守法註孫子兵法。）

孫子用「七計」進一步論述「五事」用意明顯，只因「五事」太重要，關係存亡勝敗，故慎重補充，現在詮釋「七計」：

雙方領導人誰較能得民心，與獲最多民意支持？

雙方將才誰最有能力和智慧？

天時地利的各種制勝條件誰最能掌握？

雙方誰建立了最好的法令規章？又誰最能貫徹？

雙方兵衆誰能具備最強大的戰力？

雙方士卒訓練誰最精良？

雙方的賞罰那一方最嚴明？

「留之、去之」那一段話，也可以反向思考，站在將才這一方發言，謂「大王聽我計策用戰必勝，我就留下好好效命，不聽我計策用必敗，我馬上走人。」這也表示「五事七計」的執行，是國家發展的必須，不因統帥者換人，政權更替及將才變動而可以停頓。

4. 「五事七計」除用於國家、國防與軍事作戰以外，其他方面，如民間企業管理、個人生涯規劃的適用價值如何？還有，陳老師說「無道政權」垮台可以預知，若不垮台呢？

一個用功、用心、正常的人，不論他是「獨立」的一個人，身為別人的上司或老闆，或私下的一群朋友之一，他一定有他一生堅持的信念，這種信念就是一種「道」，而且是「有道」。反之，有人他「前日、昨日、今日」都不一樣，反反覆覆，成為「兩面人」以上，甚至是「千面人」，這便是「無道」，這是不誠的人，非本文論述對象。

不管你是甚麼身份，做一個「有道」的人，假設你是一個公司的老闆，或正在努力打算未來經營一個真正屬於自己的「事業王國」。你的「五事」要如何計畫和自勉自勵呢？

道者，一群夥伴要有共識，能團結打拼。

天者，你所面臨先天環境如何？後天客觀環境如何？

地者，地緣關係對成本、市場影響多大？

將者，一起打拼的夥伴是將才還是「醬菜」？

法者，人事行政、財經法規定是否都健全？

以上列舉當然還太簡約，通常問題都會一個個「浮出台面」，你還須要做「逆向」的反面思考。

道者，若意見分歧，如何妥協達成共識？

天者，先天與後天的困難如何解決？

地者，若因地緣困境如何突破？

將者，碰到的人（上司或部屬）是庸才，是否可能經由「魔鬼訓練」變勇將？

法者，合作條約如何訂？

商場如戰場，日趨複雜是必然，競爭者愈來愈多，如同業競爭、異業競爭、同業結盟、異業結盟或各種策略聯盟，個個來勢兇兇，有如春秋戰國，更以強權爭霸。

是的，商場是一個受「自然法」規範的地方，叫做「市場導向」，在自由競爭下以高標準的「七計」才能開疆拓土，打開市場：

主孰有道？那一個老闆最能讓部下無怨無悔的賣命？

將孰有能？那一方的將才是一等一流的龍象之才？

天地孰得？天時地利的制勝要件那一方掌握最多？

法令孰行？那一方的人馬最能貫徹命令？

兵眾孰強？派出的業務員那一方最具強大戰力？

士卒孰練？那一方向的教育訓練做的最好？

賞罰孰明？那一方提得出最高的薪賞？

兩家競爭激烈的公司，經此「七計」比較分析，「吾以此知勝負矣！」軍事戰場、商場和政壇上的競爭，想必其理相通，「五事七計」而已。

　　我所說「無道政權」的垮台可以預知，這是中國歷史發展的常規，多數朝代之末葉都是「無道政權」，其滅亡乃必然之結果。頂多只是多苟延殘喘些時間，如讓陳水扁「偽政權」拖到 2008 年，仍要受到春秋大義之筆的批判，把他們定義在「亂臣賊子」。這樣，歷史和社會正義得以彰顯，人心才能平和。

5.在始計篇中另一個重要的部分是戰爭計畫吧！這大概
　是世界各國國防部的主要職責，孫子的理念是甚麼？

　　是的，戰爭計畫是各國國防部重要工作，惟現代國家已建立功能性的專業分工，通常現代國家的國防部，區分成兩大類職掌：㈠戰爭計畫，㈡施政計畫。

　　施政計畫是可以公開的，寫成「國防白皮書」之類文件，召告天下以示光明正大，也須要接受民意機關的審查監督。蓋因施政計畫是一種「建軍備戰計畫」，為執行戰爭計畫所必要的戰力，國家須要多少武裝部隊乃由此處提案，經一定的法律程序完成之。

　　戰爭計畫即戰略計畫，在國防體系內自成一個獨立組織，機密的作業機構，例如「台澎防衛作戰計畫」，或早期的「王師計畫」或「固安作戰計畫」，都是一種「戰爭計畫」。孫子所說「詭道也、不可先傳」就是指戰爭計畫，現在看孫子兵法原文怎麼說：

　　　　兵者，詭道也。故能而示之不能，用而示之不用，近而示之
　　遠，遠而示之近，利而誘之，亂而取之，實而備之，強而避之，
　　怒而撓之，卑而驕之，佚而勞之，親而離之，攻其無備，出其不

意，此兵家之勝，不可先傳也。

孫子這段話在歷史上最有爭論者，便是「詭道」二字，非難者曰「孫子不講仁義」，這頂「黑帽子」太大了，但肯定論者解說，「詭」中亦有道，詭乃奇謀大智慧之用。曹操注解說：「兵無常形，以詭詐為道。」梅堯臣亦言：「非譎不可以行權，非權不可以制敵。」

宋朝張預也有一段話詮釋「詭道之用」，基本上詭道是用（方法），並非指本質上就是詐術，他說：

> 用兵雖本于仁義，然其用勝必在于詭詐。故曳柴揚塵，欒枝之譎也，。萬弩齊發，孫臏之奇也。千牛俱奔，田單之權也。此皆用詭道而制勝也。（孫子十家注）

本此而論，聲東擊西、假癡不癲或美人計等三十六計，都是一種「詭道」，人人都在用，只看誰用的高明，人家用起來無往不利，自戰不殆；自己用起來只落得「東施效顰」的笑話，為什麼？岳武穆說：「運用之妙存乎一心」是也。

孫子的「詭道」並非單純的詐術，而是把彼我雙方力量，加以計算衡量，並充分掌握非物質力量，以求奇變，產生對我有利的結果。本質上是心理戰的手段，或是一種辯証法的運動法則。

---

6. 陳老師提到始計篇的結論是「國家發展目標」的達成，現在我們談談「廟算」是如何可以達成目標？

古代國家碰到重大的事，例如要發動戰爭，必先在廟堂（太廟）之上召開會議，商討解決辦法。如果是戰爭問題，盤算重點就是「五事七計」。所以，「廟算」就是現代國家的「國家安全會議」，其思維脈絡是大政方針→元首統帥→施政計畫→戰爭計畫→達成目標。（詳見本輯第一題）現在看孫子兵法的原文：

夫未戰而廟算勝者，得算多也；未戰而廟算不勝者，得算少也。多算勝，少算不勝，況無算乎！吾以此觀之，勝負見矣！

此處特須注意「算」字，是可以做觀察、調查、研究、實証、比較與分析的「東西」，才能「算」，用現在的術語叫「科學經驗法則」。「五事七計」都要建立在這個基礎上，這種計畫才能在「廟」中計算策畫。反之，甚麼是不能算的？神鬼、迷信、想像、未經查証的謠傳、情緒衝動之言等，都是沒有根據的，不能實証，也就不可「算」。可見孫子兵法是非常科學的系統知識，其他篇章我們會談到這些。

以「廟算」為國家發展計畫之總結，蔣百里先生有如下之詮釋，甚為精道：

此段總結全篇（始計），計字之意義，以一「未」字點晴之筆，計者，計算于廟堂之上，而必在未戰之先，所謂事之成敗，在未著手以先，質言之則平等之準備有素者也。得算多少之「多少」兩字，係形容詞，言上文七項比較之中，有幾項能占優勢也，多算計算不精密者不勝也。「而況于無算乎？」一句，與開篇「死生存亡」之句相呼應，一以戒妄，一以戒愚，正如暮鼓晨鐘。（轉引魏汝霖，孫子今註今釋。）

總之，國家發展目標的獲得，任何事業體及個人生涯目標的完成，均不外始計篇自「大政方針」以下流程，從「橫切面」看，如同「目標獲得管理涉及的變項網圖」，每一項都要精「算」，個人內心思維到整體的「作戰會儀」都在「算」。未戰先勝，算多也；未戰不勝，算少也，多算勝，少算不勝，而況於無算乎？吾以此觀之，勝負見矣。

再從「縱向軸線」看，國家、個人和任何組織體，都在不斷迎向一場接一場的「兵事」，便是戰役、會戰、決戰、戰爭或者偶發的遭遇戰，如下表解，是另一個思維，成敗乃取決於「始計」思考的兩個面向，內策廟堂之謀，所要策訂者也不外「五事」和「七計」。這部

第一篇孫子兵法

份可以說是主觀「我」所要具備、準備，並趨向完備之要件，沒有達到「相當程度」，根本不夠資格上「戰場」；要件趨於完備，不僅可以上戰場，勝敗已可預知。二〇〇五年十二月台灣地區「三合一」選舉，獨派副領導人呂秀蓮選前預測綠營會輸，果然慘敗，藍營幾乎拿下所有縣市長席位，冷靜分析綠營的「五事」、「七計」，大多不具備，仗便打不下去了。

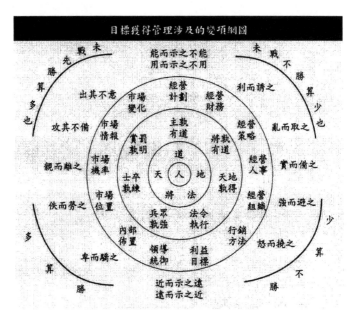

目標獲得管理涉及的變項綱圖

另一個思考面向，在外謀詭道，用以補佐廟堂之謀。所謂「能而示之不能，用而示之不用」，不過是一種奇謀手段的運用，展示出客觀「我」的表相，目的在迷亂對手，使內策的廟堂之謀達成預期的效用。

如此內外配合。雖未戰而廟算勝，一場戰役便能如預期，取得最後的勝利。反之，從五事七計來檢驗今天的台獨政權，便能預知「台獨」是死路一條，五事為例：

道：一個無道政權，失去了國家目標。

天：去中國化乃逆天而行，違反春秋大義精神。

地：無視於台灣和中國一體的地緣戰略。

將：官兵生疑，為誰而戰？為何而戰？

法：「319案」非法取位，一個無法無天的政權

五事如此，更別談七計了。在兩千多年前，孫子已經為國家存亡和政權存在，訂下合於天道和人道的標準。無視於這個標準必將滅亡，無知而戰亦必敗亡。

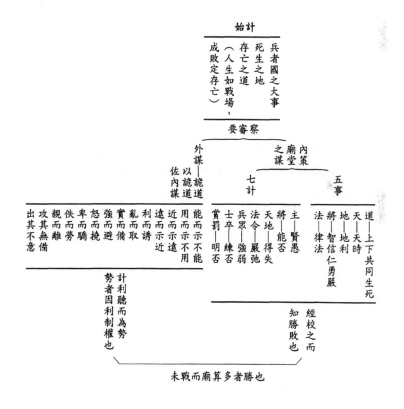

輯3 作戰：全民動員計畫書

個人生涯與事業夥伴的動員規劃

> 1、陳老師說孫子兵法「作戰第二」是「全民動員計畫
> 書」，我想起大約兩年多前，立法院才通過「全民防
> 衛動員準備法」，這個現成的範例正好做古今比較，
> 陳老師先簡介一下作戰篇。

「全民防衛動員準備法」是民國九十年十一月十四日公布，後面再逐一與孫子的「作戰篇」比較。

按孫子的戰爭思想，一個國家不論主動或被動的發起戰爭，便是「全民動員」的戰爭，用現代術語叫「總體戰」或「全民戰爭」，乃至叫「人民戰爭」。

作戰篇（全民動員計畫）

實證（結果）	戰地動員	動員與戰爭關係		提出假設
		速戰（拙速）	久戰（巧遲）	
兵貴勝，不貴久。	食于敵（後勤）	役不再籍糧不三載	鈍兵挫銳　遠輸貧	馳車千駟　內外之費
知兵之將，民之司令，國家安危之主也。	車雜而乘（收編敵軍）	取用于國　因糧于敵	攻城力屈　貴賣財竭	革車千乘　賓客之用
	卒善而養之（善待戰俘與百姓）	不能盡知用	國用不足　力屈財殫	帶甲十萬　膠漆之材
	勝敵　而益強	兵之利也。	諸侯乘弊　中原內虛	千里饋糧　車甲之奉
			故不盡知用　兵之害者。	十萬之師舉矣　日費千金，

從東西方古今戰史來看「實況發生」的情景，近代以降，拿破崙戰爭、美國南北戰爭、兩次世界大戰、韓戰、中日抗戰、國共內戰、越戰，及近十餘年來的兩次波灣戰、美國與阿富汗戰爭等，做普遍性的觀察，未見「全軍」在火線上拼命，而「全民」可以攸哉的過正常生活，未之有也，凡有戰爭，軍人出征必將百姓也「拖下水」。所以，戰爭在本質（也是實況）上就是全民動員的性質，所差別者不過是動員程度不同，或動員參與戰爭徹不徹底而已。

孫子只不過是看清這種「現象」，進而洞澈到戰爭是全民動員的「本質」面，把他的「作戰篇」（全民動員計畫書）劃成表：「提出假設」→「動員與戰爭關係」→「戰地動員」→假設驗証（結果）。

孫子兵法作戰篇的動員理念，以提出假設、動員過程、驗證假設以得到結果，雖經兩千多年，用現代科學觀念加以檢驗，還是一個經得起考驗的「動員理論」。此種思維邏輯也同樣合於個人的生涯規畫，人生在很多階段是須要「精神動員」或「全體總動員」的。

國防與人生道理相同，在戰事尚未爆發之前，一切都是建立在一個「假設」或「理論」之上。關鍵只在，這個假設或理論有多少合乎科學？有多少可驗證性？

2、根據一般學術研究的步驟，「假設」是一個前提，怎樣叫「合乎科學的假設」？怎樣叫「不合乎科學的假設？」孫子兵法又怎樣為動員計畫提出假設？

這是一個好問題，首先我用兩組範例說明科學與不科學的假設，以下三例是不合乎科學的假設：

㈠我昨晚夢到三太子的指示，台灣須要四十萬軍隊才能嚇阻中共武力犯台。

㈡如果台灣不拿七千億買美國人的裝備，美國人不爽，台灣安

第一篇 孫子兵法

全就得不到保障。

(三)台灣宣佈獨立，因有「二二八牽手護台灣」訴求，所以美國
會保護台灣，中共不敢犯台。

以上三例，(一)(二)是「無法驗證」，(三)是「不可以」驗證，所以是
不含科學的假設。以下三例是合乎科學的假設：

(一)依據兩岸情勢判斷，當面共軍約有兩百萬，美國雖對我友好，
我國未來仍須四十萬部隊以保安全。

(二)據美國某發言人表示，台灣花七千億買美國軍備，解決美國
失業人口，美國保護台灣安全，兩蒙其利。

(三)依古今中外歷史法則判斷，統獨問題最後解決辦法是戰爭。
所以，台灣宣佈獨立，中國將以武力統一。

以上三例都是可以被客觀的調查、統計和分析，俱有「可觀察」
和「可驗證」性。國防、軍事所用的「假設」必須是這樣合乎科學
的，其他方面亦然。孫子兵法在動員計畫所提出的「假設」，均屬此
類，故能適用千百年，現在看孫子兵法的假設：

> 　用兵之法，馳車千駟，革車千乘，帶甲十萬，千里饋糧，則
> 內外之費，賓客之用，膠漆之材，車甲之奉，日費千金，然後十
> 萬之師舉矣。

孫子寫兵法之時，戰爭並未爆發，他只是在「假設」當時或未來
可能會爆發戰爭的型態。他以「十萬之師」為動員單位，如果要把十
萬兵力投入戰場，則同時要有千輛戰車，各式運輸與後勤用的車輛也
要千輛，加上把各類補給品要運送到千里之外，後續所須要的裝備、
武器的零組件都要源源不斷的供應；還有開展國際關係所須經費，以
上總計，要動用十萬兵力的戰爭，一天耗費就要千金。

看孫子的描述，似乎在講美國在越南、阿富汗或伊拉克的情況，
其實歷史上不斷再驗証孫子的「假設」，第一次世界大戰的戰費是兩
千億美金，二戰則是前者四倍有餘。因為太花錢了，孫子主張戰爭動
員要快，戰爭要速戰速決。

所謂「持久戰」，通常是不得已之用，且是國家戰略或大戰略之運用，例如越戰時北越對付美國，八年抗戰中國對付日本，乃至國共內戰時共產黨對國民黨。目前按「中華民國九十一年國防報告書」，三軍聯合作戰構想所示，「本戰略持久之指導，依制空、制海、地面防衛作戰，發揮三軍聯合作戰能力，力求殲敵於有利海、空域。」但戰術上仍採速戰速決。

孫子兵法的最高指導原則是「不戰而屈人之兵」，其次速戰，久戰為不得已，如同前例，久戰而勝，對國家與人民仍是大傷，故孫子兵法言久戰之害：

其用戰也貴勝，久則鈍兵挫銳，攻城則力屈，久暴師則國用不足，夫鈍兵、挫銳、屈力、殫貨，則諸侯乘其弊而起，雖有智者，不能善其後矣。

國之貧于師者遠輸，遠輸則百姓貧，近于師者貴賣，貴賣則百姓財竭，財竭則急于丘役，力屈則財殫，中原內虛于家，百姓之費，十去其七，公家之費，破車罷馬，甲冑矢弩，戟楯蔽櫓，丘牛大車，十去其六。

孫子這段話，識者又想起「八年抗戰」、「越戰」或「兩伊」等戰爭的場景和新聞報導。戰事一再久拖，必使軍隊疲憊，士氣低落，人命不斷耗損，終將拖垮財經。此時，內亂外患乘機而起，有天大的智者也不能善後了。明代何守法有警示：「鷸蚌相恃，反為漁者之所利；兩虎相鬥，卡莊子始得能騁其能，自古乘幣而起者，類如此。」

第一篇 孫子兵法

回顧國民領導抗日戰爭，雙方陷於苦戰之中，共產黨制訂「一分抗日（做給人民看）、二分合作（做給國民黨看）、七分發展自己實力」，不出數年終取天下。

二十歲時讀這段歷史，覺得中共是個騙子；大概四十歲重讀，便覺中共那批人對兵法運用之「神」，智慧之高，妙不可言。總之，國民黨軍隊是中了西方克勞塞維茨「會戰思想」之毒害，共軍則得孫子兵法「避實擊虛」的精髓也。

孫子也提到，大軍終年遠征在外，必定造成國內通貨膨脹，財政日困，政府不得已增稅，人民財富因而枯竭。所以戰事拖欠了，人民財富十去其七，國庫則十去其六，不論大國、小國，久戰之大傷都是可以預見的。

> 4、戰事久拖，意謂著曠日廢時，日久多變，故速戰利多。戰爭道理如此，想必做人處事、談情說愛，其理相通，現在要問，孫子兵法的速戰方法為何！

道理可能人人都懂一些，罵人也常說「光說不練誰都會」，可見光「用嘴吧說」是大家都會的事－除非他不能說。

但是，說到正確的方法或步驟，難度就高些了，為甚麼大家都走同一條通往「羅馬」的路，你走到羅馬，他卻碰到銅牆鐵壁，撞的鼻青臉腫？是方法的問題。運用方法須要兵法上的智慧，用現代術語叫「切入點」或「操作面」。先看孫子兵法的速戰方法。

故兵聞拙速，未睹巧久。夫兵久而國利者，未之有也。故不盡知用兵之害，則不能得用兵之利也。故善用兵者，役不再籍，糧不三載，取用于國，因糧於敵，故軍食可足也。

孫子必定深懂「觀念引導行為」的道理，所以他先為大家建立正

確觀念「兵聞拙速」。其中「拙」字用的最神奇，「拙」是「巧」的相對，即平凡平實平常的道理，有「簡單、直截了當」之意。與現代人的生活流派（哲學）之一的「簡單即是美」相通，頗合「極簡主義」精神。

「拙速」就是說「速戰」之利，看似深奧之理，其實是平常簡單的道理。諺語有云「大智若愚、大辯若訥」，此「大智」與「大辯」有「巧」之意；「愚」及「訥」即有「拙」之意，而此拙中已有大智與大辯。所以，速戰是人之情、人之性所求，只是一個平常的道理。

有了觀念，接著是方法，「役不再籍，糧不三載，取用于國，因糧于敵」。「役」是兵役，「籍」是動員，役不再籍是軍隊最好僅動員一次，或民間動員後備兵力也只動員一次為最佳，若一而再，再而三的動員，功效就日趨下降，終至不能支持戰爭所須。

大軍遠征在外，糧食運輸是大問題，此古今皆然，孫子主張武器、裝備及零組件等軍需品，為國內特有，必須「取用于國」。糧食則不然，此國內、敵國或戰區附近都有，初期可由國內運送，但「糧不三載」，後續還有需求就「地」取材「因敵于敵」，在戰區附近採購所需，節省成本，更節省時間。

這些方法都為速戰速決而設計，平易簡單，惟智者能用之，一再動員，幾次就麻木，動不起來了。

> 5、「因糧于敵」從現代觀念看也有爭議，敵國有糧是敵
>   國的，敵國人民不太可能主動俸上，難不成孫子要到
>   敵國去「搶劫」？

時空相距兩千五百年，爭議想必是有的，看我們如何解釋以合現代適用。就像憲法解釋，許多國家的憲法都是數十或數百年沒有重修，只靠「憲法解釋」適用在每一個時代。古代許多經典，如「論

第一篇　孫子兵法

語」、「孫子」，乃至西方古代聖哲之書，內容文詞不變，只是每個時代都在適用，這時經典之所以是「經典」的道理。孫子如何「因糧于敵」，還得進一步看他的論述：

> 故智將務食于敵，食敵一鍾，當吾二十鍾，苤稈一石，當吾廿石。故殺敵者，怒也，取敵之利者，貨也。故車戰，得車十乘以上，賞其先得者，而更其旌旗，車雜而乘之，卒善而養之，是謂勝敵而益強。

孫子兵法的動員思想，不僅在本國軍民動員，也對敵國動員，企圖轉敵方之戰力（人、物、財）為我軍之用。解決糧秣問題，「務食于敵」，且食敵一鍾，（古量名，十斗為一斛，六斛四斗叫「一鍾」），當吾廿鍾‧（苤「音ㄐㄧ，是牛馬飼料。」、稈（燃料）一石，當吾廿石。

物料價格會上漲廿倍，因古代交通不便，全賴人力、獸力運輸。所以，在敵國要花費一單位價格者，從本國運送就是廿單位，可見成本之高，故孫子要「因糧于敵」，只是「因」字如何解？自曹操注孫子以降，未有人解「因」字，只說是取得。但搶和買都可以叫「取得」，以孫子的正派（講智信仁勇嚴），應該是「買、採購」之意。以近代兩個戰爭為例，解釋正確和不正確的「因糧于敵」。

第一例、美國對伊拉克戰爭（1990、1993），把週邊地區敘利亞、約旦、沙烏地阿拉伯、科威特、土耳其等，都劃為戰區，糧秣油料都在現地採購，這是正確的「因糧于敵」。

第二例、日本侵略中國的戰爭，每到一地就到處燒、殺、擄、掠，能搶的搶，能拿的拿，碰到女人，能姦就姦，姦完就殺掉。這是錯誤的因糧于敵，孫子不可能這樣指導戰爭，否則亦無「兵聖兵經」之尊。

孫子轉敵方戰力為我軍之用，除「因糧于敵」，尚有「因人于敵」，即「更其旌旗，車雜而乘之，卒善而養之」。對敵軍投降的部隊，如何變更其旗幟，納入我軍行列，成為我軍戰力之一；對敵方軍

民戰俘，如何善待以爭取更多向心力。古今能稱「義戰」者，必在這些方面多有下工夫，就像兩岸各自動員爭取民心，誰得到最多支持者，誰便是贏家。

6、談了這多麼孫子的動員思想（方法、政策），很明顯的，孫子是重視資源、經濟層面的動員，頗合現代國家的理念「經濟是國力的基礎」，他應該是很有經濟頭腦的人吧！

我們很難想像孫子「兵」法中，竟然有很多篇章講興「利」事業，且合於現代經濟學觀念。孫子兵法看起來更像一本「謙錢學寶典」，逐章會談到，我們先舉少例：

計利以聽，乃為之勢，以佐其外。（始計篇）

取用于國，因糧于敵。（作戰篇）

兵不頓，而利可全。（謀攻篇）

治眾如治寡。（兵勢篇）

趨諸侯以利。「九變篇」

合于利而動，不合于利而止。（九地、火攻篇）

多麼明顯，孫子的全民動員基礎在經濟，用現在的術語說：「經濟是國力的基礎、精兵簡政、經濟改革與市場導向，不戰與速戰。」

第一、除作戰篇＜動員計畫＞談的經濟觀，始計篇「計利以聽，乃為之勢」，軍爭篇「軍無輜重則亡，無糧食則亡，無委積則亡。」都在說明戰爭動員就是國力動員，而經濟正是國力基礎；經濟實力不能支持國力，動員就動不起來。

第二、精兵簡兵。孫子出山任當時吳王闔閭的將軍，負責建軍備戰工作，孫子只建三軍（約三萬三千兵力），後來打敗楚國二十萬大軍，孫子認為「置士多」（士，是國家官吏和軍士的總稱），遏制經

第一篇 孫子兵法

濟發展，增加人民負擔，其害也同久戰。

第三、經濟發展與市場導向，現代有點經濟觀念的人都知道，經濟要發展起來，政府必須減少干預，由市場機制去決定產品與價格，就是我們常說的「市場導向」。用孫子語言，正是九地、火攻兩篇都提到的「合于利而動，不合于利而止」，由此也當知台商為何要前進大陸。

第四、不戰與速戰，「不戰而屈人之兵」與速戰，從國經濟發展角度觀之，都是維護國家財經免於崩潰之一環。戰爭雖是古代國家重要工作之一，但並非唯一的工作，國家仍應以人民福祉為優先考慮。

懂得以這些道理，孫子於是為「動員計畫」做小結論，「兵貴勝，不貴久；故知兵之將，民之司令，國家安危之主也。」

從現代時間管理的角度看，一場戰役的成敗，包括事業戰場上的一個投資案，人生戰場任何計畫，選戰，考試，事實上也在「打時間戰」，愚將「久暴師、鈍兵力屈」，他只是在「殺」時間（Killing Time），資源盡被磨掉了。智將，善用兵者，善於時間管理，能節約資源速戰取勝，下表是從時間管理，詮釋作戰篇速戰之利和久戰之不利。

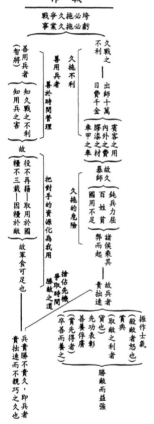

作戰

戰爭久拖必垮
事業久拖必虧

善用兵者
（智將）
知用兵之害
知久戰之不利
善用兵者
善於時間管理
故
糧不再籍—取用於國
役不再籍—取用於國
糧不三載—因糧於敵
故軍食可足也
把對手的資源化為我用
久拖的危險
搶佔先機
爭取時間
勝敵之道
兵貴勝不貴久，即兵者
貴拙速而不觀巧之久也

久戰之不利
出師十萬
日費千金
賓客之用
內外之費
膠漆之材
車甲之奉
故鈍兵力屈
百姓貧
國用不足
諸侯乘其弊而起
故兵者
貴拙速

貨也
卒善而養之
取敵之利者
賞其先得者
善功表彰
振作士氣
殺敵者怒也
賞典
勝敵而益強

在理論上有所謂「持久戰」，是在「磨」時間和資源。這個「磨」仍僅在戰略層次上用，戰術上仍要速戰。例如我國的八年抗日戰爭，打得便是持久戰，目的在對資源少的日本，利用長時間「磨」掉其戰力、資源等，最後雖打敗鬼子，我國得以「慘勝」，其實也等於垮了。

諸侯（中共）乘其弊而起，再度驗證作戰篇「戰爭久拖必垮」的真理。

　　戰爭即然是在「打資源」。如同拿破崙說的「第一打錢、第二打錢、第三也打錢」，有資源就能「換取」時間，並持續「打時間」，為取得資源，孫子主張把對手的資源轉化為我用，「取用於別國，因糧於敵營」，戰史上有很多實例，公元二千年「九一一事件」，蓋達組織以幾乎不花錢的方法，重創對手數千億損失，達成其所要之戰爭目的，可謂「取用於別國」之典範，過程也合乎孫子「兵貴速」的要求。

輯4 謀攻：國家戰略與政略

—— 生涯攻戰大方向的戰略與政略

> 1、素來研究孫子兵法的學者，對「謀攻篇」的定位，有
> 認為屬「國家戰略」範疇，有把它當成「大戰略」運
> 用，就像個人生涯大方向的攻戰謀略。怎樣為謀攻篇
> 定位最適用？

我們可以從兩個方向看「謀攻篇」，一個是內容，一個是體系。首先從內容看（如表），講戰略最高指導原則、戰爭的四個層次（政略二、戰略二），致勝之道及勝敗的結果預測，這裡是把國家戰略做二區分（政治、軍事），「伐謀」和「伐交」屬政治政略「或稱政治戰略」；「伐兵」和「攻城」屬戰略（即軍事戰略）。

對戰爭勝敗的結果預測，依據「已」和「彼」兩變項了解的深淺，全篇在本質上是以國家戰略為主體，擴充到其他範圍（如大戰略）的適用。

其次從體系看（如表），謀攻篇可以當成國家的大戰略構想，這部份素來也有兩種不同的論述，第一種是國家戰略高於大戰略，認為大戰略只是達成國家戰略的手段，這種把國家戰略的位階拉到最高，例如現在的美國。第二種是大戰略（同盟戰略）高於國家戰略，如第二次世界大戰中的中國，為取得同盟國支持，國家戰略只好適度降格或犧牲。

孫子兵法謀攻篇戰略體系圖表：

謀攻篇（國家戰略、大戰略）

結果預測（勝敗評估）	知勝之道有五	統帥	（軍事）戰略	（政治）政略	最高指導原則（目的）
知彼知己，百戰不殆。 不知彼而知己，一勝一負。 不知彼，不知己，每戰必敗。	知可戰與不可戰 識眾寡之用 上下同欲 以虞待不虞 將能而君不御	將者，國之輔也 軍之患于君者三	其次伐兵 其下攻城	上兵伐謀 其次伐交	不戰而屈人之兵（善之善者也） 百戰百勝（非善之善者）

孫子謀攻篇的戰略體系較接近現在的美國，是以國家戰略「指導」大戰略，所以國家戰略是「體」，大戰略是「用」，所追求的還是國家目標和國家利益。之所以形成這種體系，得回到「始計篇」說的「兵者，國之大事」所述。「兵」是危險的，以「伐謀、伐交、不戰」的方法取得勝利，是最理想的戰略。

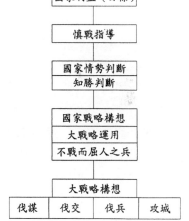

孫子兵法國家戰略體系

國家利益（目標）
↓
慎戰指導
↓
國家情勢判斷
知勝判斷
↓
國家戰略構想
大戰略運用
不戰而屈人之兵
↓
大戰略構想

伐謀	伐交	伐兵	攻城

2. 古今中外的戰爭雖多，但跑不了是孫子所述的「伐謀、伐交、伐兵、，攻城」四個層次，如何才能做到謀攻篇所說的「善之善者也」？

戰爭能做到「善之善者也」，也就是雙方都「保全」住了，沒有

死傷，確實是高難度的政治藝術工程，首先來聽孫子怎麼說的：

> 凡用兵之法，全國為上，破國次之；全軍為上，破軍次之。全旅為上，破旅次之。全卒為上，破卒次之。全伍為上，破伍次之。是故，百戰百勝，非善之善者也；不戰屈人之兵，善之善者也。

> 故上兵伐謀，其次伐交，其次伐兵，其下攻城。攻城之法為不得已，修櫓轒輼，具器械，三月而後成，距闉，又三月後而已；將不勝其忿，而蟻附之，殺士卒三分之一，而城不拔者，此攻之災也。

上文中「全」是「保全」，「破」是「死傷」，原本是戰爭才能解決的問題，現在用政治談判和外交藝術就解決了，雙方獲得保全，避免流血死傷，這是多麼大的功德！東西德問題解決是「全國為上」的典範；南北越合併是「破國次之」的例子，數百萬死傷苦難至今仍未結束。兩岸問題的解決因統獨爭議而相持不下，不過獨派趨向「破國」，統派趨向「全國」，是很明顯看出來的。

能做到「全國為上」，因雙方免於兵戎相見，就是「不戰而屈人之兵，善之善者也」。清初康熙為解決漠北蒙古遊牧民族邊患，放棄武力征伐，採定牧、分治、聯婚、宗教等方略，終化敵為友，長城從此失去軍事價值，康熙後來說：「修築萬里長城，究屬無用，我朝施恩于蒙古，使之防備于朔方，較築長城，猶為堅固也。」實為孫子不戰思想的實踐。

所以孫子強調「上兵伐謀、其次伐交」的好處，相對也彰顯「其次伐兵、其下攻城」之害，成千成萬兵卒「蟻附」城牆，而城不拔，此攻之災也。此種情形是否科技進步而有改變呢？這是現在部份人的看法，認為現代攻城不必兵卒蟻附之，以強大空軍先轟炸三天三夜，如近年美國的反恐戰爭，攻阿富汗之喀布爾（kabul）、坎大哈（kandahar）和伊拉克之巴格達（Baghdal）、摩蘇爾（Mosul）等城，也造

成平民百姓很多死傷，城雖攻下，也埋下後日另一個恐怖攻擊的種子。此攻之災更大，為禍更久。

做人、做事業和兵法原理有何不同呢？不要強攻城池，不要硬坳·牛頓三大定律之一的「反作用力」說的很清楚，你施加對方多少力，對方必有等量的反作用力彈回來。

3、的確，伐兵、攻城，兩軍死傷免不了，平民百姓也遭波及。戰爭又往往很難避免，人好像是一隻「戰爭動物」！

人是非常兩極的「生物」，首先他是「叢林」中的生物之一，生存競爭本來就是一場「零和遊戲」（生或死），政治學上談國家之形成便是武力，其次他是叢林中最高等的動物－人，要用「人的方法」進行競爭，也就是「人道方法」。我很「意外」的發現，孫子兵法這兩極都兼顧到了。

故善用兵者，屈人之兵，而非戰也；拔人之城，而非攻也；毀人之國，而非久也，必以全爭于天下，故兵不頓，而利可全，此謀攻之法也。

故用兵之法，十則圍之，五則攻之，倍則分之，敵則能戰之，少則能守之，不若則能避之。故小敵之堅，大敵之擒也。

這世界若真有所所謂「人道戰爭」，便是孫子「不戰而屈人之兵」用不著流血戰爭，就能屈服敵軍戰志；不須攻城，就能拿下城池；不必長年累月的打仗，就能毀滅其國家。這是怎樣做到的？原來是由政治、經濟、文化、謀略等，進行全方位的鬥爭，以「全勝」爭于天下。如此，無頓兵血刃之害，而有富國強兵之利，這才是國家戰略的最高指導原則。

第一篇 孫子兵法

　　「十則圍之」這一段，三十年前讀的時候拍案驚娓，以為是在讀「進化論」，其實這一小段是絕頂「有趣」的文字，可以從三個層次來解讀。上策是刻意設計成「避實擊虛」，陷敵成「虛」或少數，我則集中絕對優勢力量，形成「十則圍之、五則攻之」，一舉殲敵於戰場內。此在戰略、政略或戰術上都可以運用。

　　中策通常在野戰戰略與戰術上使用，在同一戰場內，敵我兩軍相遇，到底面對敵人時，攻、防、遭、追、轉，如何選擇？孫子提供了選擇標準，而且孫子警告，不能善用這個選擇標準者，你將成為強敵的俘虜。

　　下策是「進化論」所描述的叢林競爭法則，相信許多人看過一個場景（影片），落單生病的獅子，被一群非洲野狗碰到，狗不是「十則圍之」，也會「五則攻之」，很多人有在野外碰到野狗的經驗，一人碰一狗，還好！碰到兩狗或三狗以上，就危險了。

　　敵我兩方人馬同在戰場上逐鹿，各自在找殲滅對方的機會，也許是謀略之用，也許只是在自然狀態下碰上，無論如何碰上了！受到自然法則機制操弄是必然的，能則圍殺殲滅之，不若則三十六計，走為上策，也是合乎孫子兵法的。

4、能夠把戰爭「操作」的如此神奇、完美，這國家的領導人和將領必定是很了不起吧！陳老師談談他們的角色吧！

　　國家統治者和軍事將領是運用兵法之主角，地位重要，孫子兵法有多處談他們的角色，如始計篇「智信仁勇嚴」、「主孰有道」等，那是指國家發展的全程中，他們要具備的條件，本篇則用於國家戰略（含大戰略）進行中，統治者與各級軍事將領的關係，對戰爭成敗的影響：

夫將者，國之輔也，輔周則國必強，輔隙則國必弱。故君之所以患於軍者三：不知軍之不可以進而謂之進；不知軍之不可以退而謂之退；是謂縻軍。不知三軍之事，而同三軍之政者，則軍士惑矣。不知三軍之權，而同三軍之任者，則軍士疑矣。三軍既惑且疑，則諸侯之難至矣，是為亂軍引勝。

　　孫子先解說：將才是國家的棟樑，他們輔佐國家如果能夠健全完整，必定可以達到富國強兵的境地；如果到處是罅隙漏洞，國家必然趨向衰弱。這自然講的是人才與國家的關係，正是所謂「中興以人才為本」，「將」可以是國家領導階層的「將才」，也可以是軍事體系中的各級將領。

　　就國家統治者與與軍事將領關係而言，有三種錯誤的情況，會造成軍隊「不知為何而戰？為誰而戰？如何戰？」結果就是戰爭失利，遭致外患內亂。

　　第一，是野戰戰略層面，不知軍隊之不可以進，而君主命之進；不知軍隊之可以退，而命之退。這是國家元首干預作戰指揮權，野戰指揮本來是將領之「專業」，現在受到非專業因素「政治」之礙難，是軍政錯亂也。明末崇禎皇帝，妄聽浮言清議，干涉遼東軍事，終至全局敗壞，就是一例。

　　第二，是行政工作層面，指國家元首對軍隊行政工作的干涉太多，使官兵疑惑，無所適從，另外，「軍令」和「軍政」系統相互干預，也會造成「軍士疑」。現代則產生新的「干撓源」（媒體、家長、政客等），都給部隊帶來疑惑，官兵無所適從。

　　第三，是國家戰略的層面，指軍隊的戰略目標和國家（或統治者）的目標有落差，是最嚴重的部份。明顯的例子是國內的統獨之爭，國軍一向以保衛中華民國，促成中國和平統一為目標。而國家元首（陳水扁為首的獨派政府），要坳向「台灣共和國」。因此，國軍面臨不能戰的困境，疑惑的結果不是故意打敗仗，就是陣前倒戈。

第一篇　孫子兵法

> 5、國家統治者和戰場上的軍事將領如何保持一種「可以打勝仗」的關係，似乎是我們談過的每一個兵法家論述的重點，顯然也決定每一場戰爭的勝敗吧！

確實，打開古今中外的戰爭史，在每一場戰爭的全程中，除了眼睛所見雙方血戰外，還有一隻「看不見的手」在「干預」著戰爭的進行，那就是國家的統治者坐在大後方的舒適辦公室中，與他一群「高級幕僚」，對前方正在與敵火拼的戰地指揮官及各級將領進行統御（或干預）。

按孫子兵法的指導，只要對國家與全民（必須是整個國家的人民有長遠之利），軍事將領是可以違反國家元首命令的。我與美國南北戰爭時南軍李（Robert E. Lee）將軍與江士頓（Joseph E. Johnston）將軍，在一八六五年四月投降的決定，當時南方的國家型態叫「南方邦聯」，總統叫戴維斯（Jefferson Davis），是年春天，南軍前方將領李將軍等人主張投降，但總統戴維斯反對，理由是「大有可為」。而軍事將領主張投降的理由是，戰爭可能在持續十年或更久，可能民不聊生。此事在當時「南方邦聯」的國家立場，這些軍事將領都是「叛將」，但在整個美國歷史上他們是功臣，歷史給他們最高的評價。

若當初李將軍等人不投降，現在可能有「南方美國」和「北方美國」兩個對立的國家，生生世世，千百年都會陷於統獨爭戰的循環中，由此推論，台灣若因獨立而發生戰爭，軍事將領（國軍官兵們）是不該支持的，反對為台獨的戰爭，甚至不惜抗命，據有合法、合理、合情的基礎。孫子兵法在謀攻、地形、九變等篇，都一直在申明這個道。軍隊應該為統一而努力，不該為分離主義者效命。

這個問題的回答看起來有些「弔詭」，國家元首和軍事將領的共同目標本都是打勝仗。現在為甚麼投降是對的（合於孫子兵法原理）？

本質上還在國家認同，「一個統一的美國」，是正統才有合法性基礎，才合乎最多人民的利益。反之，一個分裂的美國是「非正統」的，欠缺合法性基礎的，對多數人是不利的。一八六五年的決定，一百多年後再看，仍是對的，難怪李將軍成為美國歷史上的英雄，有誰想到他當初承受多大責難和壓力，他被罵成類似台灣現在的「賣台」，所幸歷史還了他的公道。

從這個例子其實很簡單的可以知道，負責國家階層的重要領導與管理人員，所要追求的是國家與全民千秋萬世之利，而不是一時的個人私利。求私利者，得一時個人鬥爭的勝利，乃千秋百世的失敗（臭名）；求國家之利者，得一時失敗，甚至丟了生命（如七十二烈士），乃千百世的勝利（美名）。

> **6、**謀攻篇最後談到勝敗結果的預測。我們知道人生最難的是預測未來；但有些時候我們從科學的角度，推論A變項的未來，也就是因果關係推論，進而預測未來是很簡單的事，孫子兵法對勝敗的結果預測，用現代術語說，「操作容易嗎？」

任何一方面（戰場、商場、情場），勝敗結果的預測都和「因果關係」觀念有關係。因此，我們需要「很正確」的認識，在科學研究上「因果關係」的定義是甚麼？

因果關係（Causal Relation，或簡稱「因果」），可以有兩種解釋。其一（如圖），當系統S的局部活動所構成的狀態G對於系統S產生功能的關係時，此種功能關係（Functional Relation）就是因果關係。因為G有正功能時，系統S呈現正常；G有負功能時，則S呈現病態，G是「因」，S成為「果」。

第一篇 孫子兵法

第二種（如圖），一個系統的局部活動（B）在整個系統（A）之中的存在與維持，是由於 A 的需要，系統的需要是「因」，次系統的存在與維持是「果」，此種關聯是因果關係，也是功能關係，以上兩種雖有差異，但都是因果關係，我們可以論述：凡是 A 出現之後則 B 出現，同時 A 又產生 B，即可以說 A 與 B 之間具有因果關係。

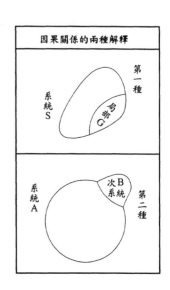

因果關係的兩種解釋

第一種
系統 S
G-勞句

第二種
系統 A
次系統 B

孫子兵法對戰爭勝敗的預測，乃建立在因果關係的基礎上，其預測才能成真，假設才能證明為真：

> 故知勝者有五：知可以戰與不可以戰者勝，識眾寡之用者勝，上下同欲者勝，以虞待不虞者勝，將能而君不御者勝，此五者，知勝之道也。

> 故曰：知彼知己，百戰不殆；不知彼而知己，一勝一負；不知彼，不知己，每戰必敗。

能洞察全般態勢，知可以打，或不能打的，勝利。
懂得掌握敵我兵力優劣，善於運用虛實的，勝利。
全軍上下團結，全民一心的，勝利。
我方做了充份的準備，敵人卻有怠忽，勝利。
各級戰地指揮官有才有能，元首不亂加干預，勝利。

這五項知可勝之道，每一項都是可以經由因果關係推論，而知勝；反之，為敗，由此，可再推出最後勝敗的結論是：

> 了解敵人，也了解自己，可以百戰不危；
> 不了解敵人，了解自己，只有一半勝利的機會；
> 不了解敵人，又不了解自己，每戰必敗。

孫子謀攻篇的思維面向，除了是國家戰略或個人生涯攻戰大方向之戰略外，中心思想還在一個「謀」字，在始計篇說：「兵者，詭道也。」在軍爭篇又說「兵以詐立，以利動。」故戰爭或生存競爭，謀略的使用不僅決定成敗，也關係「贏的漂亮」或「輸的也漂亮」，從「謀」的核心思考解讀孫子的謀攻篇，可從下表看到利用「謀」的境界，包括「破全之謀」、「用兵之謀」、「將帥之謀」和「五勝之謀」。此處「謀」的意義，不全是「謀略、權謀、陰謀」，也包含有

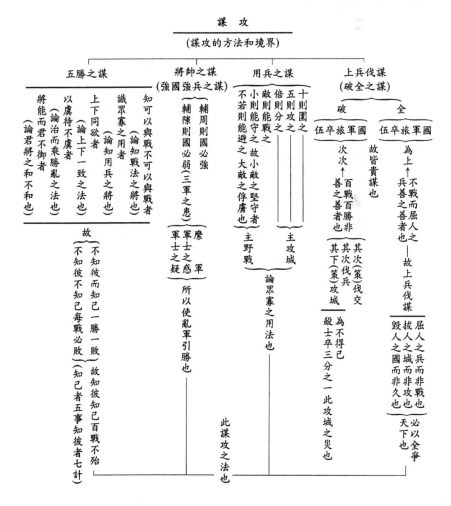

謀攻（謀攻的方法和境界）

五勝之謀：
- 知可以與戰不可以與戰者（論知戰法之將也）
- 識眾寡之用者（論知用兵之將也）
- 上下同欲者（論上下一致之法也）
- 以虞待不虞者（論治而乘勝亂之法也）
- 將能而君不御者（論君將之和不和也）
- 故：不知彼而知己一勝一敗、不知彼不知己每戰必敗（知己者五事知彼者七計）
- 故知彼知己百戰不殆

將帥之謀（強國強兵之謀）：
- 輔周則國必強、輔隙則國必弱（三軍之患）
- 靡軍、軍士之惑、軍士之疑 所以使亂軍引勝也

用兵之謀：
- 十則圍之、五則攻之、倍則分之、敵則能戰之、小則能守之、不若則能避之（故小敵之堅大敵之俘虜也）
- 主攻城、主野戰 論眾寡之用法也
- 此謀攻之法也

上兵伐謀（破全之謀）：
- 破：伍卒旅軍國 次次→百戰百勝非善之善者也 其次（策）伐兵 其下（策）攻城 為不得已殺士卒三分之一此攻城之災也
- 全：伍卒旅軍國 為上→不戰而屈人之兵善之善者也—故上兵伐謀 其次（策）伐交 屈人之兵而非戰也 拔人之城而非攻也 毀人之國而非久也 必以全爭天下也

「圖謀」、「準備」和判斷的智慧。

孫子兵法對謀略的重視，顯是受到姜太公兵法（六韜、三略）和老子思想的影響。後世把孫子謀略思想發揚光大者，便是稱「中國第一詐書」的「鬼谷子兵法」，隨著歷史發展又歸納出「36計」。中國歷史上任何一場戰爭的成敗，任何一局政治鬥爭的輸贏，都能從這裡找到詮釋，並令輸贏雙方都口服心服。

就孫子兵法全書體系言，本篇僅是始計篇「兵者詭道、多勝算、少算不勝」的闡揚分析而已。

輯5軍形：軍事戰略

生涯與事業過程中的建軍備戰

1. 陳老師說軍形篇講的是「軍事戰略」，到底軍事戰略有那些內涵？孫子為甚麼稱之為「形」？

「形」是一種「形狀」或「態勢」，必須是可以證明或感受其「存在的東西」，才能叫「形」。例如，一個人、一隊士兵或一張椅子，都是存在的，才能說得出「形」狀。反之，不存在的（無法用任何方法證明其存在）。如神仙、魔鬼或狐狸精等，都無法說明「形」狀。但確實存在，只是看不見，或尚未被發現，例如，一支「藏於九地之下」的兵力或某種秘密武器，則是一種更重要的「軍形」，屬於「決定性籌碼」，從未曝光，遲早總會曝光：用的上。二戰時日本投降前，美國研發原子彈過程。就是在建立「絕對機密」的軍形。

軍形篇（軍事戰略）

- 決戰態勢之形成
  - 以鎰稱銖─若決積水于千仞之谿
  - （絕對優勢戰力的形成）
- 作戰計畫策訂
  - 地生度、度生量、量生數
  - 數生稱、稱生勝
- 戰爭指導
  - 結論─立於不敗之地
    - 勝兵：先勝求戰
    - 敗兵：先戰求勝
  - 有形戰爭
    - 勝子易勝
    - 所措必勝
    - 勝已敗者
    - 善之善者也
  - 有形戰爭
    - 善守者，藏之九地之下
    - 善政者，動于九天之上
  - 方針─修道而保法，政能為勝敗之政
- 建軍備戰
  - 先為不可勝─在己─可知
  - 以待敵之可勝─在敵─不可為

第一篇 孫子兵法

　　國家的「軍形」，就是一支建軍備戰的力量，亦為維持國家生存、安全與發展最必要的「籌碼」。我國目前約有三十萬軍隊，而日本約二十餘萬，南韓有六十萬，美國和中國各約有兩百萬軍隊，這是國家的建軍備戰，即國家的「軍形」。除了可量化的軍隊外，其他不易量化的政治力、經濟力或精神力等，也是「軍形」的一部份，引用到個人生涯或事業體，想要好好打拼，同樣需要準備「籌碼」，籌碼愈多愈有致勝的把握。

　　按軍形篇「建軍備戰」的思維邏輯，可製成一個表解，依表詮釋說明更清楚易懂。

　　㈠為使自己立於不敗之地，使敵人對手無可勝之機，故需建軍
　　　備戰，使「我」有可用致勝的戰力。

　　㈡有了一支戰力握在手上，就是為了要打仗（主動或被動應戰），
　　　為保證必勝，便有戰爭指導。

　　㈢為打贏一場仗（戰役、會戰等），作戰計畫的策訂是必要的，
　　　沒有計畫的仗，通常也沒有贏的機會。

　　㈣經過以上建軍備戰的過程，最後的關頭是決戰態勢的形成。
　　　一場戰爭到這個階段，勝利已可預期，所以說勝敗早在戰爭開
　　　打之前已有「定數」，內行人一看便了然於心。

　　概括孫子軍形篇內涵，為建軍備戰，這是軍事戰略最核心的東西，再延伸出戰爭指導、作戰計畫和決戰態勢的形成。

2.先談建軍備戰，一個國家到底要建立多少軍隊？才能應付所要之戰爭，這總該有一個標準。軍形篇告訴大家怎樣建軍備戰？怎樣準備籌碼？

　　孫子當然不可能直接說明國家要建立多少部隊？因為每個國家領土人口不同，資源有多少，面臨的危險程度亦不同。就算一個國家面臨同樣戰爭，在戰爭之前期、中期至晚期，所要的軍隊也不同。以孫

子所處的時代背景，他是吳國的將軍，協助吳王所要達成的國家目標，初期目標是打敗楚國，中期目標是北伐中原，最後目標是統一中國。孫子提其十三篇見吳王，告訴吳王建軍備戰的標準，軍形篇首先就說：

> 孫子曰：昔之善戰者，先為不可勝，以待敵之可勝；不可勝，在己，可勝在敵。故善戰者，能為不可勝，不能使敵之必可勝。故曰：勝可知，而不可為。

原來需要多少軍隊？是建立在「先為不可勝」的立案假定上，先假設現在要是發生戰爭，定會吃敗仗。由此出發來思考所要的軍隊數量，舉美國為例，現在要反恐，又要保衛本土安全，又要在世界各地駐軍，五十萬軍隊夠不夠？顯然不夠，再增加，直到本身可以立於不敗之地為止，大概就是目前兩百萬美軍的標準。充份的建軍備戰雖能立於不敗之地，但戰爭充滿變數，不完全可以自己掌握。

㈠主觀變數可掌握：「先為不可勝」是本身處境的評估，進而增加「籌碼」使自己立於不敗之地，自己做萬全的準備，敵人對手便無可乘之機，使無可勝之隙，這個主動權在我，故可由主觀的「我」掌控，所以說「不可勝，在己」。

㈡客觀變數要待機：自己立於不敗之地還不算打勝仗，「以待敵之可勝」，乘敵有敗形而勝之也。但「敗形」如何得知？需要智慧觀察，而敵人對手是否犯錯？給不給我可勝之機？卻操之在對方，非我所能掌控。所以說「可勝在敵」。

孫子在略要提出建軍備戰標準後，再提示「善戰者，能為不可勝，不能使敵必可勝。」能打仗的人，能使敵無法勝利，而不說「絕對」能贏。故曰：「勝可知，而不可為。」勝利可以經由充份的準備而預知，不能勉強造成。這個「勉強」指的是戰機，敵人尚未露出「敗形」，便發動戰爭，便真的不可為了。

第一篇 孫子兵法

> 3. 這麼說「形」就是國家的建軍備戰，有如一個人必須
> 握在手中的「籌碼」，而且自古以來就是最高秘笈。
> 有籌碼就要用戰略，怎樣用？就涉及戰爭指導。

前面講到「形」可見可知的是「有形」，不可見不可知的是「無形」，國家建立軍備有些是可以召告天下者，如各國防報告書所述，這是「有形」可見的，但有更多的戰力外界無從得知，這是無形戰力，而不論有形或無形，使用不外「攻」和「守」兩個途徑，孫子對攻守之用如是說：

> 不可勝者，守也；可勝者，攻也。守則不足，攻則有餘。善
> 守者，藏于九地之下；善攻者，動于九天之上。故能自保而全勝
> 也。

戰場上敵我之間如何過招？生涯過程中人我如何交手？才能獲取最多最大的勝利和利益，向來不外「攻、守」二字，但其間存在至高無上的藝術，按孫子的用兵指導，採攻勢主義，「不可勝者，守也。」故守勢作戰最多只能達到使敵不可勝我之目標，或我未敗，若想勝敵，則非採攻勢作戰不可，所以說「守則不足」，一味的守是消極的，後世中外兵法家也認為「攻擊是最佳的防禦」，目前我國軍教戰總則也有「絕對攻勢主義」之主張，看來想要得到一點戰果，非要主動出擊才行，這是孫子對攻守優缺的提示。

但孫子兵法並非叫人不顧本身實力，一味的採取攻勢，戰場情況變化萬端，敵我實力常有消長，該守的時候（如謀攻篇有攻守比例原則）要守。「善守者，藏于九地之下」，故能自保，美軍發動阿富汗戰爭，圖消滅蓋達組織，但蓋達組織「藏于九地之下」，至今美國的情治單位仍為此頭痛，蓋達不愧是「善守者」典範。

最能創造戰果，尤其要達到「全殲」敵人，而我「全勝」，非採

攻擊不可。「可勝者，攻也」「善攻者，動于九天之上，故能自保而全勝也。」孫子真道盡攻守間之奧妙。

軍形篇的作戰指導是「全勝指導」，故光是得到勝利是不夠的，要講究勝利的「境界」。孫子先講「不高明」的勝利，不能稱「全勝」：

> 見勝，不過眾人之所知，非善者也；戰勝，而天下曰善，非善者也。故舉秋毫不為多力，視日月不為明目；聞雷霆，不為聰耳。

對力量相差太懸殊，戰敗已預期的敵人，打贏了也是不光榮（如美國打阿富汗、伊拉克），而經苦戰又死傷過多（如中國八年抗日戰爭），最後雖勝利了，但不算高明，也不能稱「全勝」，如同看的見日月，不能稱眼力好，因為大家都看的見。

4. 陳老師，孫子說明了未達「全勝」境界，都不能稱「善戰者」，接著孫子是否就要有進一步用兵指導？怎樣才叫「善戰者」？何種條件才叫「全勝」？

世間的「真理」有共通特性，是「簡易、簡單」也。不論文學、科學、藝術，所謂的「最高境界」不外是「真善美」，人際關係的真善美亦不外「誠」字，都是簡易平凡的道理，孫子軍形篇講「善戰者」的境界：

> 古之所謂善戰者，勝于易勝者也。故善戰之勝也，無智名，無勇功。故其戰勝不忒。不忒者，其所措必勝，勝已敗者也。

原來所謂「善戰者」是「勝于易勝」，關鍵字是「易」字，乃簡單、平凡、自然之道，如瓜熟蒂落、水到渠成，勝於自然無形之中。「無智名、無勇功」，沒有焦頭爛額的「操作」，沒有巧取豪奪的「硬

坳」。故其戰勝不「忒」（音ㄊㄜˋ），「忒者缺也」，不忒即完美無缺，這是善戰者的境界。事實上，人生所面對的一切人事物，也應該待以平凡自然之道，正是所謂「隨緣、緣到、緣起緣滅」，兵法、佛法和人生之道相通也。

這是軍形篇指導善戰者「勝于易勝」的道理，到這個境界「所措必勝，勝已敗者。」看兵力部署就知道這是一支打勝仗的部隊，而打敗仗的部隊也是一眼可以洞穿，所以，孫子對於「會打勝仗的部隊」和「會打敗仗的部隊」，用二分法加以區隔，清清楚楚，沒有灰色地帶：

　　　　故善戰者，立于不敗之地，而不失敵之敗也。是故勝兵先勝
而後求戰，敗兵先戰而後求勝。

　㈠打勝仗的部隊：廟算、備戰、籌碼、部署，都已萬全，且「不
　　失敵之敗」，把握住了敵手敗形已現之戰機。此時，勝利在
　　握，而後求戰，打勝仗是自然之事。
　㈡打敗仗的部隊：甚麼都沒有準備，不知敵我之勢，便說要打
　　仗了，如此開戰後想要取勝，除非「天上掉下來的機會」。
　　「敗兵先戰而後求勝」，如緣木求魚。

人生在面對一場接一場的戰役，商場即戰場，你是一支「勝兵」還是「敗兵」。這是一個「二選一」的「零和遊戲」，讀了軍形篇，現在頭腦應該很清楚。

　　　「勝兵先勝，而後求戰；敗兵先戰，而後求勝。」

　　5.勝敗之間果然界限分明，軍形篇的收尾是策訂作戰計
　　畫，完成決戰態勢。孫子的作戰計畫有那些內容？

內容如同一個商業「企劃案」，該有的內容一樣不能少。孫子在軍形篇中等於向吳王闔廬提出伐楚大戰的「企劃案」，軍事上稱作戰

計畫，可以說是一個適用各行各業具「普遍性適用」的計畫：

> 善用兵者，修道而保法，故能為勝敗之政。兵法：「一曰
> 度，二曰量，三曰數，四曰稱，五曰勝；地生度，度生量，量生
> 數，數生稱，稱生勝。」

孫子在作戰計畫策訂之先，再提醒始計篇「修道保法」中「道天地將法」的基礎要具備，才能做出決定勝敗的事。再按作戰計畫的思維邏輯，針對五項內容策訂：

度：當前敵我一般和特別狀況判斷。

量：敵我兵力部署。

數：兵力、火力、物力、後勤力數量。

稱：敵我戰力比較分析。

勝：勝敵為計畫之結論（目標）。

以上是軍形篇作戰計畫的五項內容，但五項內容還是有所本。這不僅是思維邏輯，也是科學上的因果關係（指和勝敗有因果關係，對就贏，錯就敗：）

地生度：依地形遠近廣狹險易作狀況判斷。

度生量：依狀況判斷決定作戰部署。

量生數：依作戰部署決定所需兵力、物力總量。

數生稱：依敵我兵力、物力總量作比較分析。

稱生勝：比較結果，雖未開戰而廟算已勝。

作戰計畫的五大內容，每一項都要在廟算中週詳策訂，有根有據。所以也等於延伸始計篇中「多算勝，少算不勝，而況於無算乎。」為了要打勝一場戰役，每一項都要仔細結算，「少算不勝」，若「無算」，則仗就打不下去了。

從軍形篇作戰計畫策訂流程來看，孫子是非常有科學精神的人，他只談有根有據、有因果關係的事，二千五百年前的人有此思維，難怪被稱「百代談兵之鼻祖」，尊為「兵聖」。

6. 只在廟堂之估算，就能判斷一場戰役的勝敗，那還需
要進行最後決戰嗎？再者，前面講到軍「形」，這些
建軍備戰的人力、物力都是「有形」，看的見，摸的
著，如何使其「無形化」？

一場戰役的勝敗，賴戰爭指導的正確率（即使失誤降到最低，打
仗仍敵我雙方比誰犯錯最多，多錯者敗，少錯者勝，故減少犯錯即增
加成功率。）再者，一場戰役從準備到終戰，常在數月或數年，但最
後決戰常只有幾小時或幾天。所以，「決戰態勢」的形成也是致命的
關鍵，致命關鍵處贏了便贏了，輸了前面的準備都白做工。是故，決
戰態勢就是一個「致命形」，孫子指導這個「形」的佈局說：

勝兵若以鎰稱銖，敗兵若以銖稱鎰。勝者之戰，若決積水于
千仞之谿者，形也。

「鎰、銖」都是古代重量衡之名，「鎰」約廿兩，「銖」為一兩
的廿四分之一，比喻在決戰點上，我軍施加於敵軍的打擊戰力，為敵
軍力道的近五百倍，如以石擊卵。「仞」是長度衡，約八尺，「千仞」
即八千尺，比喻我軍對敵軍的打擊力，如從八千尺高的積水向下沖，
敵人毫無反擊之力，這便是最後決戰之「形」。

孫子軍形篇講建軍備戰到用兵，各階段有各階段的「形」，就戰
力言，可分有形和無形戰力；就環境言，可分內形（內環境）和外形
（外環境），而兩者的最高境界是「無形」。由此一思維解讀軍形篇，
可劃成另一表解。

㈠建軍備戰的攻守之勢、戰爭指導勝於易勝、作戰計畫策訂和
決戰態勢形成，其形於外者，如各國國防報告書，雖然都是
「實人實物」的呈現，更多的是「不可說、不可知」的「無
形」戰力。

軍　形

外形 ——→ 　　無形　　 ←—— 內形

度——地生度
量——度生量
數——量生數
稱——數生稱
勝——稱生勝
故（勝兵若以鎰稱銖　敗兵若以銖稱鎰）
故勝者之戰若決積水於千仞之谿者形也

立於不敗之地而不失敵之敗故
勝兵先勝而後求戰
敗兵先戰而後求勝
即良將者先有一定之勝算然後求戰

勝於易勝
見勝不過眾人之所知非善之善也
戰勝而天下曰善非善之善也
故
舉秋毫不為多力
見日月不為明目
聞雷霆不為聰耳
故其勝也
無智名
無勇功
故勝不忒而
勝已敗者也
故修道而保法能為勝敗之政

先為不可勝（在己）
故勝可知而不可為
以待敵之可勝（在敵）
守（不足）——藏九地之下
攻（有餘）——動九天之上——全勝也
故自保而

內外無形

(二)不論有形或無形戰力，盡可能使之「無形化」，藏於九地之下或放於九天之上，是古今國家建軍備戰努力的目標，如將戰力藏於深海、太空或地底深層處，「神不知、鬼不覺」，便是無形。

(三)用兵在表相看是「外形」，但若常形於外，易成「敗兵」，外形態「無形化」便是「勝兵」。在決戰點上用兵，如千仞之水向下沖瀉，如不可遏止的力道，天下無敵。這種境界的戰爭用兵昇華成藝術，第五兵勢篇孫子暢言戰爭藝術。人生也一樣，不能止於打仗用兵，還有人生的藝術，欠缺這種境界，人生便很無趣。

輯 6 兵勢：戰爭藝術

生涯打拼過程中的藝術境界

1. 陳老師，上篇軍形篇講的是「形」，本篇兵勢篇講的是「勢」，形和勢有何區別？又兵勢篇定位為戰爭藝術，戰爭可以是一種藝術創作嗎？

「軍形」所講是一股主觀或主權在「我」的力量，例如，建軍備戰就是要盡其在我才能達成，這種力量操之在我，「兵勢」所講是一股客觀存在的力量，如風起雲湧有助行船或放風箏。所以「兵勢」的存在，不分敵我，任何人都可以拿來用的一股力量，妙的是這股客觀存在的力量，可以經由人工加以「加工」，進行醞釀、創造，以產生「勢如破竹」的力道，此謂「造勢」或「創勢」。

兵 勢
（戰爭藝術）

（戰爭）藝術領域（人生）	（戰爭）藝術化境（人生）	（戰爭）藝術實現（人生）
組織—治眾如治寡，分數是也	無窮如天地，不竭如江河。	求之于勢，而不責于人。
統制—鬥眾如鬥寡，形名是也	周而復始（日月），死而復生（四時）。	擇人而任勢，其戰人也，如轉木石
奇正—受敵而無敗	五聲之變，紛紛紜紜鬥亂，而不可亂。	戰人之勢，如轉圓石于千仞之山者，勢也。
以正合，以奇勝。	五色之變，渾渾沌沌形圓，而不可敗。	安則靜
虛實—以碬投卵	五味之變	危則動
	勢—激水之疾至于漂石—險—如張弩	方則止
	節—鷙鳥之擊至于毀折—短—如發機。	圓則行
	亂生于治	
	怯生于勇	
	弱生于強	
	形之敵必從之，予之敵必取之	
	以利動之，以實待之	

創勢或造勢過程中，能否達致一定的境界，贏的漂亮，贏得光榮，就看所能到達的藝術境界，如果「Do Re Mi Fa Sol」沒有變化，便無音樂可言，其他亦同理，所以藝術來自世間「基本元素」的變化，文學、藝術、音樂、美術或戰爭均同此理。所以，孫子的兵勢乃戰爭藝術，兵勢篇的內涵有戰爭藝術、化境和實現三方面。也可以說，藝術的實踐和完成乃來自世間現象界的基本元素：

五聲：宮、商、角、徵、羽。

五色：青、黃、赤、白、黑。

五味：酸、甘、苦、辛、鹹。

四時：春、夏、秋、冬。

其他還有奇正、虛實、生死、治亂、強弱等，都是世界存在的基本元素，這是世間的「實相」，如何運用這些客觀存在的基本元素，進行融合、創造，以產生最好的音樂、絕頂的美術、極品之美食，如同打一場漂亮的勝仗，都是一種戰爭藝術。

中國歷史上有名的兵法家，都能體認這種兵勢「造勢」之真理，認同「求之于勢，不責于人」之途徑，能之者，戰爭也可以是一種藝術創作，我們常聽到戰史上有所謂「內線作戰的經典作品」，或「以寡擊眾的經典作品」。三十六計中的每一計都是一個「經典作品」，人類歷史上所有創造出來的經典，都是永恒不朽的，因為是真善美的藝術極品，以下孫子指導我們如何可以創造出，人生戰場上的藝術極品。

> 2. 在選舉活動中，「造勢」是常聽到的名語，各方都在造勢，沒想到兵勢篇專講造勢的藝術，孫子如何指導我們創造必勝之「勢」？

孫子在其他篇章也提到「勢」，但兵勢篇專講如何創造必勝之勢，

而達到藝術之境界，孫子首先從組織、管理的基本理論說起：

> 孫子曰：凡治眾如治寡，分數是也。鬥眾如鬥寡，形名是
> 也。三軍之眾，可使必受敵而無敗者，奇正是也。兵之所加，如
> 以碬投卵者，虛實是也。

管理眾人和少數人是一樣的道理，關鍵在組織編制的問題；指揮大軍和小部隊的方法亦同，關鍵在號令；受敵攻擊而不敗的關鍵則是奇正，而以石（碬）擊卵就是虛實，這些都是自然界的「基本面」，世間的一切無不從基本面創造出來，兵勢篇接著說：

> 凡戰者，以正合，以奇勝。故善出奇者，無窮於天地，不竭
> 如江河；終而復始，日月是也；死而復生，四時是也；聲不過
> 五，五聲之變，不可勝聽也。色不過五，五色之變，不可勝觀
> 也。味不過五，五味之變，不可勝嘗也。戰勢不過奇正，奇正之
> 變，不可勝窮也。奇正相生，如循環之無端，孰能窮之哉。

這段孫子開示，萬事萬物都從基本面生出，所以善戰者首先要把握基本面，穩住基本盤。這些包括「四時、五聲、五色、五味、奇正」，基本東西人人都會，但絕大多數的人也只會在基本面上「玩」，做一道普通的菜，唱一支普遍的歌，打一場小小的仗。而絕大多數的人根本也不敢上戰場，頂多在戰場邊緣觀戰，等待或踽踽而行，不知所終。或有了基本盤就安份的守著現狀，在「五聲、五味」的範圍內過一生，走不出更大的格局。

孫子告訴我們，有智慧有勇氣的人不是這樣過日子的，要勇於創造新天地，「善出奇者無窮如天地」，「奇」是出奇、創意、變化和日新月新的意思，能如此則「不可勝聽、不可勝嘗、不可勝窮」，最好的音樂、美術、美食及完美無缺的勝仗，都是這樣子產出的。

兵勢篇首先談到戰爭藝術的領域，其基本面是有限的，但從基本面創造出來卻是無限的。戰爭藝術如此，人生的藝術也如此，本篇也點出人生的成就「無限性」，無窮如天地，不竭如江河，終而復始，

死而復生，奇正相生，循環無端，孰能窮之哉！

3. 兵法講到這個境界真是絕妙，好像已經超越了兵法，在講人生哲學和藝術，不過我們也關心兵勢篇「造勢」的境界，「勢」是怎樣產生的？

中國兵法的絕妙處，是到達上乘之境時，與人生、哲學、佛法都合一，這是西方兵法家所達不到的。

兵勢篇講「造勢」，首先從世間的現象、活動或生物競爭為實例，詮解「勢」的形成，善戰者要把握並運用這種「勢」。孫子說：

激水之疾，至于漂石者，勢也。鷙鳥之疾，至於毀折者，節也。是故善戰者，其勢險，其節短，勢如張弩，節如發機。

激水從高處向下奔流，沖漂石塊；鷹鸇等猛禽自高空向下俯衝，攻擊其他鳥類，可產生強大的殺傷力。這些都是在極短時間內產生加速度，一鼓作氣給敵手致命的打擊。以取得空前勝利，「節」是時間和空間的調度，例如民國的八年抗戰、蔣公的戰略指導是「以時間換取空間」，這是「節」，「勢」是攻擊時間產生的力道，善戰者善於創造出這種力道，其形勢險要而節奏快速，勢如即將發射的強弓，攻擊發起快如板機的擊發。敵人無從反擊或閃躲。像這樣的一場戰役，戰場景象（境界、過程）如何呢？孫子在兵勢篇接著這樣描繪。

紛紛紜紜，鬥亂而不可亂也。渾渾沌沌，形圓而不可敗也。亂生於治，怯生于勇，弱生于強。治、亂，數也；勇怯，勢也。強弱，形也。故善動敵者，形之，敵必從之；予之，敵必取之，以利動之，以實待之。

這段話除講戰場景象，也提示如何誤敵、誘敵，使敵人追隨我的意志，「紛紛紜紜、渾渾沌沌」都是戰場兩軍撕殺景況，「鬥亂、不

可亂」是指揮掌握的靈活確實，故能在亂陣中不亂，「形圓」是兵力部署變換自如，故能不敗。敵我之間的「治亂、勇怯、強弱」沒有定數，亂非真亂。怯非真怯，弱非真弱，只是一種「能而示之不能」的「假相」，用以誤敵或誘敵，所以

治亂數也：確實掌握軍隊編組，便能不亂。

勇怯勢也：造勢到達全勝境界，便能不怯。

強弱形也：兵力部署優勢形成，便能不弱。

「治、勇、強」三者是以「正」用兵的基礎，也可以說是「基本面」。「亂、怯、弱」是以「奇」用兵之妙用，故意「示弱於敵」，敵信以真，這叫「善動敵者，形之，敵必從之。」敵一定中計。

造勢到了這個地步，「餵」敵「吃」甚麼，敵便吃甚麼，「予之，敵必取之」用利誘敵，再用強大兵力「侍候」敵軍，「我」成了敵人的指揮官，敵歸我所用。

> 4.「我」成了敵人指揮官，敵人「聽令」於我，這仗大概不必打了。這也表示孫子兵勢篇中戰爭藝術的境界，達到藝術實現的化境，如同人生的自我實現層次，兵勢篇的結論等於是一個全勝形勢的完成嗎？

前面講到兵勢是一股客觀存在的力量，在全篇的結尾更是闡揚客觀存在的力量，其實就是自然法則，懂得運用自然力造勢，便能成就自我實現。孫子曰：

故善戰者，求之于勢，不責于人，故能擇人任勢；任勢者，其戰人也，如轉木石，木石之性，安則靜，危則動，方則止，圓則行。故善戰人之勢，如轉圓石于千仞之山者，勢也。

善於用兵作戰的指揮官，從創造有利的戰爭態勢、戰略態勢、有

利形勢等方面取得勝利，而不從人（官兵）身上苛求勝利，故說「求之于勢，不責于人」。孫子舉了一個簡單的自然現象為例說明，木石放平坦之處就靜止不動，放在斜坡就滾動，正方形東西可以安放不動，圓形東西到處滾動。善戰者善於觀察這些現象，創造有利態勢叫「任勢」，並將這股力量投於「轉圓石于千仞之山者」，一個巨大的圓石從千仞高處向下滾衝，所產生的攻擊力可想而知。

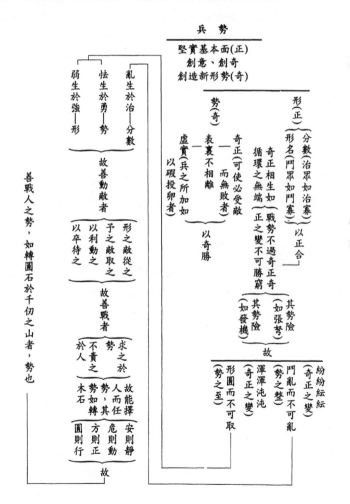

兵　勢

堅實基本面(正)
創意、創奇
創造新形勢(奇)

形(正)
　分數（治眾如治寡）
　形名（鬥眾如鬥寡）　以正合
　奇正相生如
　循環之無端
　正之變不可勝窮
　戰勢不過奇正　奇正之變不可勝窮
　　其勢險（如張弓）
　　其勢險（如發機）　故
　　　門亂而不可亂（奇正之變）
　　　紛紛紜紜（奇正之變）
　　　渾渾沌沌（奇正之變）
　　　門亂而不可亂（勢之整）
　　　形圓而不可取（勢之至）

勢(奇)
　虛實（兵之所加如
　以碬投卵者）
　表裏不相離　　　而無敗者　以奇勝

亂生於治——分數
怯生於勇——勢
弱生於強——形

故善動敵者
　形之敵從之
　予之敵取之
　以利動之
　以卒待之

故善戰者
　求之於勢，不責於人，故能擇人而任勢
　安則靜
　危則動
　方則正
　圓則行　故
　勢如轉木石

善戰人之勢，如轉圓石於千仞之山者，勢也

戰爭達到藝術境界，包括指揮官的領導統帥、內部管理及用兵部署等，便能昇華到人文、人道的層次，而不是止於命令、權謀和戰場撕殺慘狀，有了五色、五味、五聲、奇正之變，表示戰爭如同文學或一則廣告，講求創新、創意和變化。

「軍形」和「兵勢」兩篇也算是孫子兵法的基本理論，從這兩篇延伸到其他篇章，構成孫子謀略思想的完整體系。軍形是建軍備戰之「形」，兵勢是創造戰爭藝術之「勢」；以正用兵是「形」，以奇用兵是「勢」，奇正互用。由此邏輯推演，兵勢篇可劃成另一表解。

我們常說「人生如戰場」，假如始終固守一個職位，領一定數薪資，那麼這輩子只是守住了「基本面」，人生並沒有昇華到藝術境界，假如生命過程增加一些五味、五聲、五色、創意、創奇的變化，人生便昇華到藝術境界，這是兵勢表解的意涵。

孫子所要表達戰爭藝術也是相同的道理，奇正互用，形圓不散，鬥亂不亂，故能「動敵」。一個不責于人的全勝形勢完成，如巨大圓石從山上滾下來，衝向敵人！這就是「勢」，廿一世紀大叢林是一個發揚「兵勢」的時代！

二○○二年七月，美國國防部公佈「中共軍力評估報告」，該報告即運用孫子兵法（Art of war）兵勢篇「勢」（Shi）的概念進行分析，動機是美國軍方探知中國軍方運用孫子兵法，在發展全般綜合國力，美方居於「知彼」必須深入研究。五角大廈的報告強調，西方世界沒有和「勢」相同的概念，只能根據中國語言學家詮釋，「勢」是「諸力之一致方向」或「技巧安排所生之潛力」，只有修為深厚的戰略家才能用「勢」，達到以弱勝強的目的。該報告解析「兵勢篇」的四個重要面向：

　　㈠奇正之用：正是正規的作事或作戰，奇是變數與變化的非正規；正是公開的，奇是不公開的。

　　㈡勢的面向：利用無可抵禦的釋放能量，創造壓倒性的戰力。

　　㈢獲致目標：用最大潛能，塑造最有利情勢，以獲致政治目標。

　　㈣利用並確保主動。

該報告全文剖析，可見國防譯粹第卅一卷，第七期（93年7月）。由此也了解，對孫子兵法的運用，廿一世紀還在「發燒」，再度彰顯孫子「兵聖」的不朽地位。

第一篇 孫子兵法

輯7虛實：機動‧游擊‧遭遇和革命戰法

生涯發展過程中的彈性與變數掌控

1. 陳老師解釋虛實篇，是機動、游擊、遭遇和革命戰法，用於個人與事業戰場，則是生涯發展過程中的彈性和變數掌控，到底如何在虛實之間創造必勝？

虛　實

機動戰　游擊戰　遭遇戰　革命戰　不對稱戰

掌控主動權	作戰方法的選用	機動戰 創造以實擊虛機會	游擊戰 把握戰場決定權	遭遇戰 搶佔時空優先權	革命戰 測試、戰機與變化	不對稱戰 虛實即無常
任何時候 掌控主動權——致人而不致于人 先處戰地而待敵者，佚。後處戰地而趨戰者，勞。能使敵自至(不得至)者利(害)之也。佚(飽，安)能勞(飢，動)之。	作戰方法的選用 攻擊 防禦 退卻 追擊 結論 總則－出其所不趨，趨其所不意。行軍千里而不勞者，行于無人之地也。攻必取者，攻其所不守也。守必固者，守其所不攻也。攻而不知其所守。退而不知其所攻。進而不可禦者，衝其虛也。追擊進而不可禦者，衝其虛也。退卻退而不可追者，速不可及也。結論我欲戰，敵高壘深溝，不得不戰者，攻其所必救。我不欲戰，劃地而守，敵不得戰，乖其所之也。	創造以實擊虛機會 吾專而敵分 形人而我無形 以十攻其一也，吾之所與戰者約矣 我所與戰之地不可知，不可知，則敵所備者多。敵所備者多，則吾所與戰者寡矣。寡者，備人也。眾者，使人備己也。	把握戰場決定權 備前則後寡，備後則前寡，備左則右寡，備右則左寡，無所不備，則無所不寡。	搶佔時空優先權 知戰之地(空間) 知戰之日(時間)可千里而會戰。不知戰地 不知戰日 前後左右不能相救，何況數(十)里乎	測試、戰機與變化 策之而知得失之計，作之而知動靜之理，形之而知死生之地，角之而知有餘與不足。形兵之極，至于無形。深間不能窺，智者不能謀。因形而措勝，眾不能知。人皆知我所以勝之形，莫知吾所以制勝之形。戰勝不復，應形無窮。	虛實即無常 兵形象水。水避高就下，因地制流，兵避實擊虛，因敵制勝，無常勢。因敵而變，謂之神。五形(四時)無常勝(常位)，日(月)有長短(死生)

虛實篇所講不僅是機動、游擊、遭遇和革命戰法，包含現在兩岸和美國所流行討論的「不對稱戰」（911 事件為典範），都是虛實戰法的延伸運用。

敵我之間的虛實，不外敵虛我實或我虛敵實，但光靠基本面的虛實並不能決定一場戰爭的勝敗，而決定在虛實的運用。所以，示強於敵並非真有強大實力（如孔明五次北伐、蔣公的反攻大陸政策），示弱於人也並非真的不行（如劉邦示弱屈服於項羽）。喜歡看拳擊賽或籃球比賽的人就常看到「假動作」，即虛實之用，包括下列幾種形勢的創造：

㈠機動、游擊等任何戰法，以實擊虛是基本主旨。

㈡兩強相遇，避實擊虛.

㈢敵強我弱，示強於敵，虛張聲勢，創造勝形。

㈣敵弱我強，仍須探知真相，相機殲敵。

㈤敵有我無，無中生有，創造勝形（如空城計）。

虛實的另一本旨，也在開示戰場狀況千變萬化，虛虛實實，忽有忽無，都是不可計畫的（如始計、作戰篇都是可計畫的），所面對的是偶然的遭遇戰，「摸著石頭過河」的游擊戰，或不一定看得見明日太陽的革命戰。例如，孫中山、毛澤東等開始革命造反，都是相同的局面，「一無所有」，兩手空空，不僅是「虛」，而且是「無」，可以不斷的「無中生有」，從有變強，終於改變強弱的基本盤，以強擊弱，以實擊虛，一舉殲敵，創造勝利。

「以實擊虛」是孫子虛實篇的本旨，為方便領悟，並使「寶貝真理」化約成「可操作性」的知識，利於學習，可製成表解，依序包含任何時候掌控主動權、作戰方法的選用、創造以實擊虛機會、把握戰場決定權、搶佔時空優先權、測試戰機與變化，及虛實即無常等項目講解。

所以，我稱虛實篇的核心思想，不僅在闡揚機動、游擊、遭遇和革命戰法，同時也是「不對稱戰」（Asymmetric Warfare）的戰略指

第一篇 孫子兵法

導。如同當年革命軍對滿清，共軍對國軍，現在的蓋達組織對美國，弱勢者想要創造大的勝利，虛實之用是必具的智慧。

> 2.按孫子兵法之意，在戰場上面對的處境，不論是虛是實，都要掌握「發球的主動權」，但「實」的時候掌握主動權也許沒問題，「虛」的時候又如何掌握主動權呢？聽聽孫子怎麼說的！

事實上有強大的實力不見得能掌握主動權，美國和蓋達組織的鬥爭是實例，更早的越戰更慘，強大的美國都處於被動挨打的態勢。所以，掌控主動權不一定是握有強大實力的一方，果如此，各國執政黨亦永遠不必擔心下台的問題，因為絕大多數資源（含實力）都在執政者掌握，是故，虛實篇開宗明義說：

> 凡先處戰地而待敵者佚，後處戰地而趨戰者勞。故善戰者，致人而不致於人。能使敵自至者，利之也；能使敵不得至者，害之也。故敵佚能勞之，飽能飢之，安能動之。

所謂「先處戰地」，一者指比敵手先進入戰場完成作戰部署，再者指始計篇以來各項建軍備戰、國家戰略和軍事戰略等都先敵而完成。這裡也強調真正戰爭打在開戰之前，是古今戰爭致勝的重要因素，如此才能「以逸待勞」，支配敵人而不被敵人支配，可達到下列目的：

㈠用利引誘敵人，敵人會自己來。

㈡有害示形於敵人，敵人便不敢來。

㈢敵人想要休息，偏要他疲於奔命。

㈣敵人想要吃一頓飽飯，偏偏讓他斷糧。

㈤敵人想要苟安避戰，定有方法讓他動起來。

戰場上的主動權即然被「我」掌握，則我對敵人可以「呼之則來，揮之則去」，這是一種用兵境界，不管是碰到機動、遭遇、游擊或革命戰法，或我真的很「虛」，都仍握有主動權，這種虛實互換的境界孫子形容：

　　　　出其所不趨，趨其所不意；行千里而不勞者，行于無人之地。

　　我軍想指向哪裡？敵人想不到，行軍千里而不覺辛勞，是如入無人之地的感覺（自由自在）。因而，想攻、想守、想退或想暫時隱藏實力都很自由，絲毫不受敵人牽制，而是我在支配敵人，蓋因我掌握了「發球」主動權也。

　　3.在戰場上碰到敵人，不是採守勢，便是採攻勢，這是基本的攻防選擇，有時也可能「走」為上策。先談談攻守的選項，攻那裡？在那裡守？

　　掌握戰場的主動權後，攻守的選擇顯得清楚而自由，所以指揮官要把主力指向（攻擊）那裡？或在那裡守，虛實篇接下來：

　　　　攻而必取者，攻其所不守也；守而必固者，守其所不攻也。
　　　　故善攻者，敵不知其所守；善守者，敵不知其所攻。微乎微乎！
　　　　至于無形；神乎神乎！至于無聲，故能為敵之司命。

　　攻擊重點的指向，要針對敵人最虛的地方，無法防守，我每攻必取。守的時候，陣地鞏固而險要，敵人根本不敢來攻，來了也攻不進我的陣地。所以，善於攻擊的人，對手根本不知道要怎樣守；而善於防守的人，敵對者根本不知道要怎樣攻，像這種善攻、善守的兵法大師，歷史上並不多，除本書四大名家外，成吉斯汗、努爾哈赤、韓信、岳飛等也算兵法大師級人物，即善攻又善守。這種境界很難形

第一篇　孫子兵法

容，故孫子嘆一口氣說：

甚麼都看不見，一切都無形無跡，奇妙啊！一切都無聲無息，神不知鬼不覺間，就消滅了敵人，任何時候，敵人生殺存亡之權，都操之在我，由我決定。當然，要戰不戰也就由我方決定，孫子又說：

故我欲戰，敵雖高壘深溝，不得不與我戰者，攻其所必救也；我不欲戰，雖劃地而守之，敵不得與我戰者，乖其所之也。

我想打仗，敵人雖躲在高壘深溝中，也必須出面與我戰，因為我攻到敵人的要害，必須出面去救。

我不想打仗，雖然只在地上劃一個圈圈當成防守陣地，敵人也不敢來打成，因為我在其他方面牽制住敵人，他根本來不了。

孫子所言並不難理解，還是虛實利害的問題，最難的地方是如何把「理想境界」化約成「可操作性」的用兵行為。孫臏「圍魏救趙」就是攻其所必救，孫武率三萬吳軍大破楚軍二十萬的伐楚之戰也合乎虛實篇論述。所以，孫子兵法可不是「光談理論」，孫子本人見吳王時帶著「十三篇」，每陳一篇，王曰「善」，又在伐楚大戰有了實證經驗，也必然成為修訂孫子兵法的重要「實驗」依據。

把握了攻守的主動權，接著是決戰態勢如何形成以實擊虛，多少才叫「實」？多少才叫「虛」？以及把握「戰場」的決定權，要在那那裡與敵決戰？山邊、海洋、平原、谷地或叢林？那裡對我最有利？這決定權要掌控在我方。

4. 何謂「實」？何謂「虛」？若能加以具體化，甚至「量化」，也許更方便「操作」，也有利於學習。還有「戰場」要在那裡？為何要由我方決定。

虛實有時是指「有無」，我有敵無，有時指一種相對概念，我多

敵少，惟凡是敢上戰場者，大多時候敵我戰力是相當的，例如，我率十萬軍力，敵人大約也有等量或更多戰力，這種情況如何利用謀略和兵力調動速度，創造出敵「虛」而我「實」，敵少我多，甚至敵無我有？孫子如是說：

> 故形人而我無形，則我專而敵分，我專為一，敵分為十，是以十攻其一也，則我眾而敵寡，能以眾敵寡者，則吾之所戰者，約矣。

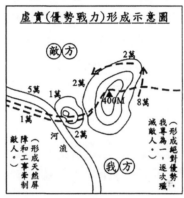

明明是雙方陣營旗鼓相當，各擁兵十萬（假設），顯然誰也別佔誰的便宜，常情常理下更不可能誰把誰消滅。

但為甚麼說可以轉換成以實攻虛？甚至「以十攻其一」呢？這顯然須要配合謀攻、用兵、情報等多方面特別的布局，用一個示意圖易於理解，我方在右方形成「絕對優勢」戰力，逐次殲滅敵軍。

「形人」是敵方兵力、陣地及企圖等，盡在我方掌控，「我無形」是敵人對我一無所知，便須要處處防備，於是形成兵力部署分散。我軍乃有機會集中優勢戰力（專為一），打擊敵方最弱的地方（十攻其一），是我眾敵寡，故能取勝。能如此用兵，就達到節約用兵的原則。能「形人」而我「無形」，便也能把握戰場決定權，孫子又說：

> 吾所與戰之地不可知，不可知，則敵所備者多，則我所與戰

者寡矣。故備前則後寡，備後則前寡，備左則右寡，備右則左寡，無所不備，則無所不寡。寡者，備人者也；眾者，使人備己者也。

我即掌握戰場決定權，則要在那裡打仗？戰場在那裡？敵一無所知，只好處處防備，「備前後寡、備後前寡」是敵方必然形成的局面，結果就是兵力分散。所以說，所謂的「兵力不足」，是處處要防備所造成，並非真的兵力不足（如示意圖）；所謂「優勢兵力」，是透過虛實布局，迫使敵人處處防我造成，並非實際上的兵力比大於敵人。

現在肯定的說，機動戰、游擊戰、遭遇戰或革命戰，致勝關鍵都在掌握主動權，所須「掌握」的範圍是多方面的，時間和空間管理、知敵的深度，即是掌握主動權三大途徑（方法）。

> 5. 時間、空間管理和知敵深度是掌握戰場主動權的三大途逕，此在企業管理不也同理嗎？孫子有何更深入的闡釋呢？

其實搶佔先機是很簡易、平凡的道理，並非甚麼高深的學問，「簡單、易懂」是真理的要件之一。孫子在軍形篇已說「善戰者，勝於易勝者也。」例如準備考試，乃至商業上的談判、會議、投資等，都是在搶先機，在時空上比對手更早完成準備，就是最後可能的大贏家，反之，臨時抱佛腳或根本無備，或反應太慢，都容易成為挨打的一方，那便是最後的輸家。孫子曰：

故知戰之地，知戰之日，則可千里而會戰；不知戰地，不知戰日，則左不能救右，右不能救左，前不能救後，後不能救前，而況遠者數十里，近者數里乎？以吾度之，越人之兵雖多，亦奚益于敗勝哉！故曰：勝可為也，敵雖眾，可使無鬥。

「知戰之地」就是要知道「戰場」在哪裡？所謂「戰場」，包括部隊機動、集結位置、可能與敵遭遇位置、計畫殲敵主力位置及追擊敵軍殘餘路線，這全部過程的地形、天候和敵情變化的「空間」。

「知戰之日」就是要知道「作戰時間」在何時？所謂「作戰時間」，包括部隊機動、集結時間、攻擊發起時間、決戰（主力投入殲敵）時間、追擊和整頓備戰時間。

作戰地區和時間二者，是軍隊作戰的最高機密，也是諜報人員所要探知的重要軍情。雙方陣營的領導階層、負責戰爭指導的人和戰地指揮官，所欲知道並掌控者，就是這兩件事，誰能先敵一步做到最佳狀態，便能千里會戰；反之，甚麼都不知道，便「無所不備，則無所不寡」，到處防備即到處都「虛」，也就左救不了右，右救不了左，更別提千里會戰了！

孫子按此標準判斷當時吳越兩國情勢，越國兵眾雖多，但兩國若爆發戰爭，越國沒有戰勝吳國的機會。（註：按孫子所處的春秋時代），中原各國為阻楚北進，策動吳伐楚大戰，楚為牽制吳伐楚，乃策動越攻吳，吳越乃成敵對國。所以，吳越或吳楚之戰，實際上是當時中原諸國為保安全所形成的國際大戰略的一環，只是一顆「棋子」，如同今之台灣，是美中大戰略的一顆「棋子」而已。）

孫子結論說，勝利是「創造出來的」，致勝之勢形成，敵雖兵多馬壯，可以使其不敢出兵打我。

6. 孫子兵法在諸多篇章講到「知」，即包括知己知彼，表示「知」是一個普遍性問題，無時無刻都要做好的事情。虛實篇也談到「知敵」的方法，又能做到不被敵所知，怎樣才做得到？

「知己知彼」是孫子兵法中的普遍性概念，各篇章都不能脫離這

第一篇 孫子兵法

個核心思維，例如，謀攻篇「知彼知己，百戰不殆；不知彼而知己，一勝一負；不知彼，不知己，每戰必敗。」這是「普遍性戰爭法則」，放諸各篇章而皆準。本篇所說「知戰之地，知戰之日，則可千里而會戰。」也是普遍性法則。所謂「普遍性法則」，就是不能違背的法則，那一方違背的最多就要吃敗仗。虛實篇另外談到測知敵情的手段：

> 故策之而知得失之計，作之而知動靜之理，角之而知有餘不足之處。

這裡孫子首先提示「知的方法」必須要「可操作性」，若不能經由「操作性」得知，便非真知。「策之、作之、角之」正是三個重要的操作面向，戰場上千變萬化。「策之」，是根據派出的諜報人員回報的敵情，做出正確的判斷，由此而得知利害關係。「作之」是進行偵察，以瞭解敵情動靜，進而判斷敵人動向。「角之」是更積極的作為，以刻意發動的局部戰鬥或威力搜索，對敵進行「測試」，主要目的是測試敵人的實力和虛實所在位置。以上三個操作性「作業」都做的很好，便有樂觀的期待，孫子曰：

> 故形兵之極，至于無形；無形，則深間不能窺，智者不能謀。因形而措勝于眾，眾不能知；人皆知我所以勝之形，而莫知吾所以制勝之形。故其戰勝不復，而應形于無窮。

戰爭雖千變萬化到了極點，但我始終處於無形的存在，敵人根本找不到我，派出的間諜和謀士再厲害高明也使不上力，因為找不到我。相反的，敵人的一切已在我掌握之中。只要戰機一到，就能取勝於敵，大家只看到我打了勝仗。我用甚麼方法打贏？卻沒有人知道。因為每次作戰致勝的方法是不同的，相同的方法不能使用第二次。

前面講過孫子是不信鬼神的，但孫子對於能把握虛實，隨時做彈性變化以應付戰場環境的人稱為「神」，並以「神」做虛實篇的結論。

7.人能做到和神一樣，可見是「出神入化」了，人如何能打贏神呢？顯然是不可能的任務。為甚麼用「神」做虛實篇的核心思想。

虛實

奇正者為奇正之形，奇正者形之而虛正形者體之用也，虛實者實

凡先處戰地而待敵者佚
後處戰地而趨戰者勞
凡兵者　故善戰者

故善戰者
　致人　不致於人（我實而彼虛）
　　利—能使敵人自至者
　　害—能使敵人不得至者
　故
　　敵佚能勞之
　　飽能饑之
　　安能動之
　　出其所不趨
　　趨其所不意
　　也
　　此轉實為虛之法而致人之術

行千里而不勞者，行於無人之地也
攻而必取者，攻其所不守也
守而必固者，守其所不攻也
故
　善攻者，敵不知其所守
　善守者，敵不知其所攻
　故　知其所攻　佑其所守
致人之極致
　微乎微乎，至於無形
　神乎神乎，至於無聲
　故能為敵之司命

衝其虛
　進而不可禦—攻其所必救
　退而不可追—乖其所之
　命
　故
　　形人　我無形
　　則我專而敵分
　能以眾擊寡
　　之所與戰者約矣
　敵所備者多則吾所與戰者寡矣
　故
　　備前則後寡
　　備後則前寡
　　備左則右寡
　　備右則左寡
　　無所不備
　　則無所不寡
　　寡者，備人者也
　　眾者，使人備己
　故

知戰之地　知戰之日　千里會戰
不知戰地　不知戰日
不知戰
　左不能救右
　右不能救左
　前不能救後
　後不能救前
　故（可使無鬥）
　故
　　策之而知得失之計
　　作之而知動靜之理
　　形之而知死生之地
　　角之而知有餘不足之處
　　故　形兵之極，至於無形也
　　無形，則深間不能窺，智者不能謀

兵形象水
　避高而趨下
　水因地而制流
　避實而擊虛
　兵因敵而制勝
　水無常形—能因敵變化而取勝（神）
　水無常勢
　兵因形而措
　戰勝不復
　因形而措　勝於眾　應形無窮

如前述所言，虛實篇的基本精神，是指機動戰、游擊戰或革命戰等彈性變化很大的戰爭，本身部隊必須做到很高程度的彈性、柔軟和無形：

> 夫兵形象水，水之形，避高而趨下；兵之形，避實而擊虛；
> 水因地而制流，兵因敵而制勝。故兵無常勢，水無常形，能因敵
> 變化而取勝者，謂之神。故至行無常勝，四時無常位，日有短
> 長，月有死生。

孫子用水形容一支出神入化的部隊，能象水之柔軟，才能流佈天下，水因地形不同而自動改變方向，兵因敵人的變化而決定致勝的方法，這就叫做「神」。所以說「兵無常勢，水無常形」，包含四時、五行、日月都是「無常」，這是宇宙間的真理。

「無常」看似很玄，不易把握，其實無常便是「常」。岳飛詮解說：「陳而後戰，兵法之常；運用之妙，存乎一心」。蔣公亦說：「把戰爭看成五色、五聲、五味一樣的詼詭炫爛，才是真正體會到了戰爭藝術化與完美的奧妙。」佛家說「明心見性，見性成佛」亦是同理。

對虛實篇的解讀，前文解析其內涵和基本精神，但按邏輯推理仍有一定程序要「走」，先後之間均有因果關係，必從「因」起，中有「緣」，最後導出「果」。這種因果關係亦不能違背。順因果關係才能致勝於敵，逆因果關係或混亂之，就容易打敗仗。現在把虛實篇的因果關係製成另一表解，先處（後處）戰地是思維的起點→致人（不致於人）→為敵之司命→形人（我無形）→千里會戰→戰勝不復→因敵變化而勝→神。

輯8軍爭：作戰目標

生涯發展過程中的目標原則與重點

1. 陳老師，講到「作戰目標」大家眼睛為之一亮，因為年青時代多立過「目標」，接著有半生時間在追求目標，中老年時又常在反省目標。孫子的「軍爭」篇就是在講解作戰目標，為我們提供甚麼啓示？

是的，目標對一個人真是太重要了，一個始終沒有目標的人，真不知道他如何過一輩子。也許只是渾渾噩噩，懵懵懂懂，如一塊行屍走肉，或一葉浮萍，飄到那裡算到哪裡吧！所以，人活著須要有目標，才有方向感，才能創造生存的價值。

軍事（作戰目標）

原因
- 將受命于君，合軍聚眾，交和而舍
- 莫難于軍爭。軍爭：為利、為危

途徑
- 以迂為直，以患為利
- 迂其途而誘之以利
- 後人發，先人至

影響達成目標的問題（完成目標的必要條件）
- 補給——舉（委）軍而爭利，則不及輜重捐。軍無輜重、糧食、委積，則亡。
- 機動——卷甲而趨，日夜不處，倍道兼行。百里而爭利，擒三將軍，十一而至；五十里爭利，蹶上將軍，其法半至；三十里爭利，三分之二至。
- 外交——不知諸侯之謀者不能預交。
- 地形——不知山林、險阻、沮澤之形者，不能行軍。
- 鄉導——不用鄉導者，不能得地利。
- （軍事行動的景象）
- 原則——以詐立，以利動，以分合為變。
- 行軍——其疾如風，其徐如林，侵掠如火，不動如山，難知如陰，動如雷霆。
- 掠鄉分眾，廓地分利，懸權而動。
- 靜動——靜如……，動如……

達成目標的諸種手段
- 通信連絡（旌旗）：一人耳目，勇（法）不得獨進退
- 通信連絡（金鼓）
- 懸權全局而動
- 防禦
- 攻擊
- 戰地政務廓地分利
- 因糧于敵掠鄉分眾

三大目標
- 有生力軍——以：近待遠、佚待勞、飽待飢，治力也。
- 決心——將軍可奪心，以：靜待譁，治心也。
- 士氣——三軍可奪氣，以：朝氣銳、晝氣惰、暮氣歸，避其銳氣，擊其惰歸，治氣也。

追求目標時不該犯的若忌
- 無邀正正之旗，勿擊堂堂之陣，治變也。
- 高陵勿向，背邱勿逆，佯邱勿從。
- 銳卒勿攻，餌兵勿食，歸師勿遏，圍師必闕，窮寇勿迫。

第一篇 孫子兵法

一個人尚且如此，何況一場戰爭、戰役或一個國家。一場戰爭或戰役又有作戰目標。（註：今日台灣內部之所以處處形成僵局對峙，內外都陷入癱瘓困局，大家都心知肚明，唯一與根本原因是國家目標出了問題，讀孫子軍爭篇有助於吾人重新思考國家目標。）

但並非有了目標，就一定會達成目標，更不是立下目標就能邁向成功。其中涉及多因素，把軍爭篇講解的作戰目標製成表解，方便閱讀學習：

(一)原因：為何要「這個」目標？為何而戰？為誰而戰？戰若不勝。後果如何？這是爭目標前的疑問？

(二)途徑：兩點間的距離（起點到目標），那裡是最近的路？那裡是最容易成功的路？途徑所指的，是一種正確方法的選用。

(三)影響目標達成的問題：即完成目標的必要條件，事前要完成的準備事項。準備的程度，往往決定目標能否達成？

(四)達成目標的諸種手段：先期準備即已完成，剩下的是「如何」奪取目標，這是屬於手段或方法的問題。

(五)「目標」是甚麼？是一座山？一群人？或一塊土地？或金錢？到底在追求甚麼？目標要明確？

(六)追求目標過程中不能犯的禁忌。

以上是目標競逐的相關問題，亦為一般研究目標管理（Management by Objective）的範圍。故有普遍性運用的價值。所以孫子兵法具有透穿時空的永恆價值，當代管理科學所研究的目標管理，和孫子軍爭篇所闡釋的作戰目標，二者並無本質上的差異。故軍事作戰用之，個人生涯發展或企業管理亦適用之。

2. 原來兩千多年前孫子兵法所講的目標管理，比現代還合乎科學，到底要怎樣決定和爭取目標？請陳老師從原因和途逕說起。

孫子兵法很強調「自然法則」，順勢而勝的道理，所以孫子認為打勝仗是「簡易」之道，「勝于易勝」（軍形篇）。是故，孫子的戰爭觀即非苦差事，也不難為，如謀攻、兵勢、虛實篇所言，只要在形勢創造上贏了，一場仗也就算贏了。軍爭篇講到如何決定目標。孫子首度感到困難。

> 凡用兵之法，將受命于君，合軍聚眾，交和而舍，莫難于軍爭。軍爭之難者，以迂為直，以患為利。故迂其途，而誘之以利，後人發，先人至，此知迂直之計者也。故軍爭為利，軍爭為危。

孫子認為戰爭是嚴重且嚴肅的問題，影響許多人的生命，所以弄清楚「作戰目標」是很難的，但也勢必要搞清楚「為甚麼」要決定「這個」目標？孫子提到兩個思考方向「為利，為危」，所謂「利、危」有不同層次：

「利」：正確的國家目標、國家利益，正確的戰爭目標和打勝仗後的獲利，各種正面的價值和利潤等。

「危」：錯誤的國家目標和不當的國家利益所造成的危害，戰敗的後果及可能面臨亡國危機等。

決定作戰目標有這麼多顧慮，顯然是不容易，這是第一個難處。孫子又提到第二個難處，正是路線問題，用甚麼方法拿取目標呢？「軍事之難者，以迂為直，以患為利。」孫子主張走間接路線，不可強攻硬取，以迂為直的間接路線，看似走了遠路，其實是最直最近的路，所以孫子的兵法充滿間接路線的精神，虛實、兵勢、謀攻都是間接用兵思想。

孫子再提到目標競逐過程中第三個難處，是「以患為利」，就是以危機為轉機，創造勝利和利潤，這顯然也是很困難的。

以上是作戰目標決定和爭取的三難，克服了三難後，很自然的得出一個結果「後人發，先人至」，此知道迂直之計策，原來兩點間最

近的距離是曲線。

　　此處的「後人發，先人至」，是指間接路線的正確性，可以後人發先人至，並非指可以比對手慢起步而一定能先到目標。虛實篇言「先處戰地而待敵者佚，後處戰地而趨戰者勞。」前後兩篇仍有一貫性，都強調「勝兵先勝」原理，勝敗在未戰之前，看雙方準備、佈局、形勢，就可料定最後結果如何了。

　　3. 目標的決定和爭取有了成熟思考後，接下來就是要爭取作戰目標，有那些必要因素影響目標的達成？

　　這屬於基本的籌碼，也是完成目標的必要條件。例如，吾人決定一個目標，打算成立一家外貿公司，並計畫兩年內在中國大陸成立十個分公司，那麼現在要具備那些條件（籌碼）呢？先聽孫子軍爭篇怎麼說：

　　　　舉軍而爭利，則不及；委軍而爭利，則輜重捐。是故卷甲而趨，日夜不處，倍道兼行，百里而爭利，則擒三將軍；勁者先，疲者後，其法十一而至；五十里而爭利，則蹶上將軍，其法半至；卅里而爭利，則三分之二至。是故軍無輜重則亡，無糧食則亡，無委積則亡。故不知諸侯之謀者，不能豫交；不知山林、險阻、沮澤之形者，不能行軍，不用鄉導者，不能得地利。

　　孫子這段話其實也間接解釋，許多國際大企業的總部為何都移到中國大陸，又為何兩岸必須三通的道理，而就本段內涵言，完成目標的必要條件有五：

　　㈠補給（人力、物力、財力等後勤支援）

　　無輜重裝備糧草則亡，但要有多少「攜行量」隨行？就是一門大學問，帶多帶少各有利弊。「舉軍而爭利，則不及；委軍而爭利，則

輜重捐。」有時要重裝，有時要輕裝。就像現在企業前進大陸，要拿出多少資金？幹部是「家留台灣」或全家一起搬到大陸！都在這時要詳加估量。盤算利弊才行。

㈡機動（速度、時間、空間的動員）

「卷甲而趨……則三分之二至」段，講三個層次的戰爭結果都和時空因素調整有直接關係。最不利是連夜趕百里路去會戰，則三軍都可能全軍覆沒；次不利是趕五十里去與敵會戰，雖未必會全軍覆沒，仍有被各個擊滅之虞；而趕三十里去會戰，因佔不到上風，故也算不利。這雖是從反面解釋不當機動的後果，也等於間接再強調虛實篇「先處戰地」的重要。

㈢外交（國際關係與支持）

不了解國際情勢不能運用外交，不經由外交關係就不能得到國際支持，沒有充份國際支持不可輕率發動戰爭。歷史上此類戰史實例很多，戰爭目標也就不能達成。

㈣地形（作戰地區環境、地形對戰爭的影響）

古今皆然，近如美軍在伊拉克戰事，戰場環境和地形在戰前，就要有充份研究和準備，以利目標達成。想在那裡打仗、打拼？必先了解戰場環境。

㈤鄉導（用當地人做引導）

當地人了解現地環境，適用於做鄉導，但時空環境會有很大差異或變數。不管那一種戰場（或商場），當地人代表有一種「地利之便」，還是很好用的對象。「當地人」也代表敵方人馬是可以「轉化」為我所用，是可以爭取的重要人力資源。

4. 當一切條件都準備妥當，下一步就是展開奪取目標的行動，這是怎樣的行動，或說過程怎樣？

第一篇 孫子兵法

　　軍爭篇講奪取作戰目標的行動，廣義的可指一切軍事行動和人際間有競爭性的行為，狹義的指奪取目標的過程。軍爭篇又曰：

> 　　故兵以詐立，以利動，以分合為變者也，故其疾如風，其徐
> 如林，侵掠如火，不動如山，難知如陰，動如雷霆。掠鄉分眾，
> 廓地分利，懸權而動，先知迂直之計者勝，此軍爭之法也。

　　首先孫子再強調戰爭行動原本就以「詭詐」為基礎，以追求最大的「利益」為行動依據。「利在何處？」當然在「他國」，絕不會在「本國」，所以孫子「掠鄉分眾，廓地分利」概念很重要，這是目標背後最重要的動力，即把別國的資源轉換成我國的資源，為我所用。觀古今中外戰爭，大體皆如此，蒙古、滿洲為何入侵中原？拿破崙為何要統一歐洲？美國為何要攻打伊拉克與阿富汗？日本為何要侵略中國？今天美國的商人、石油鉅子不正在伊拉克「廓地分利」，坐地分贓嗎？

　　這麼說孫子是鼓勵侵略嗎？也不，戰事本來就是極危險的遊戲，即決定了目標，勢必奪取，過程中難免有非常手段的運用。孫子「掠鄉分眾，廓地分利」只是鼓勵奪取目標的非常手段，並利用敵方資源解決本軍的後勤補給問題。或許拿破崙（Napolean Bonaparte, 1769～1821）的戰爭思維，可以用來為孫子這兩句話做註腳。

　　拿破崙在「第一次意大利戰役」（1796 年 3 月～1797 年 10 月），率三萬殘兵，又因補給不上，眼見目標達成接近無望。他善於鼓動士氣，向士兵發表演講，意謂翻過這座山就是肥沃的平原，有取用不盡的金銀錢財和漂亮的女人，都歸各位所有，我們要鼓起勇氣前進，還是餓死在這裡？老弱殘兵眼睛一亮，士氣一振，連續在蒙特諾（Montenotte）、米拉西摩（Millesimo）、德果鎮（Dego）、羅地橋（Lody）等地，打了大勝仗，瓦解第一次反法聯盟。所以說「掠鄉分眾」，只是手段之用。

　　對於攻略目標的景象，孫子描述說「疾如風、徐如林、侵掠如火，

不動如山、難知如陰、動如雷霆」，這段話成為歷史上軍事行動或競爭大業的經典名句。除了是景象形容，也是一種方法、手段上的思維選用。

行軍：疾如風。凡事比別人快一步，便處處佔上風。

駐軍：徐如林。坐鎮一處，穩如泰山巨林，誰都不能動搖。

攻勢：侵掠如火。發動攻擊，便如大火漫天，誰都擋不住。

守勢：不動如山。守住一塊地盤，不動如山，無人敢攻來。

靜時難知如陰，動如雷霆，「因糧于敵、掠鄉分眾、廓地分利」都是現代所講的戰地政務，懸權而動，著眼全局，迂直之計走間接路線，都是軍爭之法──目標競奪的方法論思維。其實甚麼事都一樣，不要太直接是好的。

在戰爭過程中，最影響目標達成的問題，在孫子時代就是「C3I」（指揮 Command、管制 Control、通信 Communication 和情報 Intelligence）。情報在用間篇，另三者在本篇，為軍爭篇講作戰目標奪取時，最後必具的必要條件，若不具備此三者，仗亦打不下去。

> 軍政曰：「言不相聞，故為金鼓；視不相見，故為旌旗。」夫金鼓旌旗者，所以一人之耳目也；人既專一，則勇者不得獨進，怯者不得獨退，此用眾之法也。故夜戰多火鼓，晝戰多旌旗，所以變人之耳目也。

「C³I」古今以來便是戰爭取勝四大要件，但科學不斷進步，目前已進步到「C⁴ISR」，再加上電腦（Computer）、監視（Surveillance）、偵蒐（Reconaissance），本質上並未脫離孫子的戰爭思維方法，增加了一些「工具」而已，有了好工具也有助於目標達成，C4ISR已成現代作戰的「必備工具」。

確實對「目標」的認知要清楚而具體，否則便無從追求，在軍事上，所謂「目標」有兩種，一種叫「地形目標」，高地、平原、城堡都是；一種叫「有生力量目標」，敵軍主力，駐地或集結所在都是，目標亦有主目標、次目標之分，但孫子認為作戰有三大目標：

> 故三軍可奪氣，將軍可奪心。是故朝氣銳，晝氣惰，暮氣歸；故善用兵者，避其銳氣，擊其惰歸，此治氣者也。以治待亂，以靜待譁，此治心者也。以近待遠，以佚待勞，以飽待飢，此治力者也。

這段「治氣、治心、治力」正是孫子認為作戰的三大目標，通常一般人所謂的「目標」，大概不外一座山、一塊地、一定數目的錢財或追求一個情人，企業家以一定的利潤為目標，高中生以考大學為目標，軍人在戰場上打仗以消滅敵人為目標等，凡此都和孫子所講的作戰三大目標不同。其實不然，孫子的作戰三大目標可以包納各種不同的實體目標，並使實體目標可以長久保留；反之，若「氣、心、力」治不好，實體目標獲得後也易於「流失」。例如，達成獲取財富的目標，但「氣、心、力」治不好，財富很快又流失了。所以孫子的氣心力才是有恆久價值的目標，解析如下：

㈠「氣」：士氣，軍隊的命脈，戰爭的潛力

孫子認為作戰第一個目標是振奮我軍士氣，瓦解敵方士氣，是謂三軍可奪氣。方法上把握「朝氣銳、晝氣惰、暮氣歸、避其銳氣、擊其惰歸，此治氣者也。」吾人觀古今戰史兩軍撕殺、政治各陣營競逐、商場各方拼鬥，在戰略謀略上先打垮對方士氣，是為正確的首要

目標。

(二)「心」：將帥決心和意志，堅定的戰爭指導

所謂「揮軍所之，莫敢不從」正是此理，表現將帥指揮的決心和意志之貫穿，古今中外名將或軍事家都因這種素養而建立功業；反之，將帥決心動搖，意志沮喪，必致全軍悲觀。「以治待亂，以靜待譁，此治心者也。」紀律嚴明，指揮若定，培養指揮官的決心意志亦為戰爭目標，前引拿破崙的戰爭思維正是史例。

(三)「力」：戰力，有形力和無形力的總和

所謂「戰力」，包括不同層次所含的力量，在國家戰略層次指「政、軍、經、心」的總體國力；在軍事戰略層次指建軍備戰包括的物質力（有形）和精神力（無形）；在野戰戰略層次指兵力和火力。孫子「以近待遠，以佚待勞，以飽待飢，此治力者也。」包含以上各層次的「有生力量」，即以生命力為核心所能創造出最大的力。

公元二千年「911 事件」中，蓋達組織以美國世貿大樓、國會、白宮等為「目標」，是否合乎孫子在本篇的目標選擇？看似不合，但吾人若讀孫子火攻篇，真覺得太合了。（火攻篇再述）

> 6. 軍爭篇最後講到奪取目標過程中，若干不該犯的禁忌，即稱「禁忌」就是不可違背。再者，前面解讀軍爭篇是概觀其內涵，就前後的因果邏輯關係，又如何解讀比較清楚？

各行各業都有「禁忌」，孫子兵法也有，可見孫子是一個很細心的人，先看軍爭篇原文怎麼說：

> 無邀正正之旗，勿擊堂堂之陣，此治變者也；故用兵之法，高陵勿向，背丘勿逆，佯北勿從，銳卒勿攻，餌兵勿食，歸師勿

第一篇 孫子兵法

遏，圍師必闕，窮寇勿迫，此用兵之法也。

解讀原文之意，孫子舉出九種「禁忌」，這是打仗用兵不可犯的禁忌，也是治變應變要注意的問題，故孫子稱「用兵之法」。九種禁忌包括：

㈠「無邀正正之旗，勿擊堂堂之陣」：對方嚴整以待我，不可正面擊敵，應乘其有變再出奇兵攻擊。

㈡「高陵勿向」：對方佔居高處，掌控優勢，不可仰攻，因我處低位很難發揮戰力。

㈢「背邱勿逆」：對方居高臨下向下俯衝而來，速度又使衝力加倍，千萬不可迎戰。

㈣「佯北勿從」：對方佯作戰敗逃走，要看清敵人動機，莫信以為真，追了上去。

㈤「銳卒勿攻」：對方士氣正旺時勿攻，這是對敵方「氣、心、力」的判斷，避免硬碰硬。

㈥「餌兵勿食」：對方設下圈套不要跳進去，放出「餌」不要「吃」下去。

㈦「歸師勿遏」：對方收兵回家了，歸心似箭，此時不可阻止。

㈧「圍師必闕」：包圍敵人若不留缺口，敵必作困獸之鬥，應留缺口誘其外出，再逐次殲敵。

㈨「窮寇勿迫」：急追窮寇，將遭反噬。

以上孫子兵法所述之禁忌，經數千年流傳已經成為中國人的生活智慧。如窮寇勿追、餌兵勿食、圍師必闕（狗急跳牆）等，不僅戰場、商場上用，一般小老百姓的做人處事也奉為重要的典則。守禁忌者成，逆禁忌者敗。在戰史上有太多的例子，春秋時曹劌論戰、唐乾元郭子儀圍安祿山、三國劉備與陸遜之戰，民國三十年滇西松山抗日之役等，守禁忌者或勝或減少傷亡，逆禁忌者或敗或傷亡慘重，真是「兵者國之大事，死生之地，存亡之道，不可不察。」

至於軍爭篇的解讀方法，除了看內涵，也要看前後因果邏輯關係如表解。在設訂作戰目標前，先有途徑（迂、直）的考慮評估，再有結果（利、危）判斷，若為「危」則結果如何？若為「利」則結果又

如何？有了明確的獲利結果，便可以發動這場獲取目標的戰役。

在目標獲得的過程中，治氣、治心、治力、治變都是必要的戰略思維，遵守並善用禁忌，則目標獲得如探囊取物也。

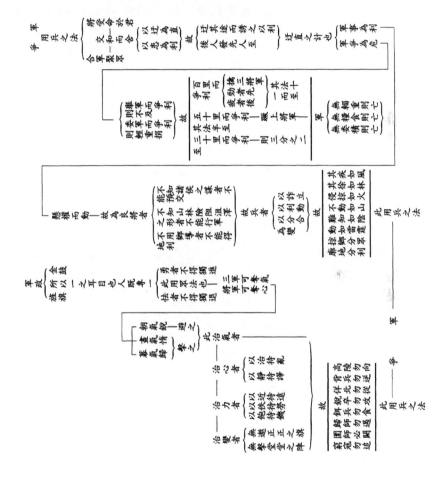

輯9 九變：國家元首的統御術

—— 生涯發展中應有的大戰略大格局統御術

> 1. 陳老師，講這個主題我先就想起電影「鐵達尼號」，
> 因船長的自大狂把乘客帶向死亡。國家元首如同船
> 長，要把國家這艘大船開往何方？今天獨派陳水扁當
> 了快六年國家領導人，台灣愈來愈像「鐵達尼號」，
> 叫人憂心啊！

我斷定陳水扁沒有讀過孫子兵法，也不懂兵法，若讀過孫子兵法，絕不會像現在這般「小鼻子、小眼睛」，必定有更寬廣的格局，尤其要讀九變篇。若能領悟一點九變篇的統帥智慧，台灣絕不會「撞冰山」，百年前鐵達尼號船長若能早些讀到孫子九變篇，悲劇也不會發生。

孫子「九變」者，明張居正注曰：「九者，數之極，變者，不拘常法，臨時事遇變，從宜而行之謂也。」我國古以九為數之極，如九地、九泉、九天等，而國家元首位居「九五」之尊。故九變篇為國家元首的統帥藝術，用於人則可謂生涯發展中的大戰略大格局思維，按本篇內涵可如表解，區分三方面：

(一)元首統帥與將帥統兵的關係藝術

「將軍」一職從古到今，不論中外都由國家元首親自授階，似乎是一個通則。尤其將帥領兵出征，古代皇帝都要親自送行閱兵，對領兵的指揮官說，上天下地唯你最尊，國家存亡就交給你了。同時將軍也取得軍隊全權指揮權和一切生殺大權。國家元首和戰地指揮官都有

了至尊地位，關係因而微妙，孫子為何說「君命有所不受」？

㈡國際關係的縱橫之術

外交大權自古以來掌握在國家領導人手中，似乎也是通則。當代各國體制雖有總統制、內閣制或混合制等，惟經由外交途徑經營國際關係，大權都仍握在元首手中，因為經營國際關係事關國家整體利益，孫子認為國際關係的「趨動力」，不外「害、業、利」三種手段（方法）。

㈢元首授將與將之五危

將帥統兵有至高無上的地位，又掌握生殺大權，他等於是軍隊的「皇帝」，因而他幾可決定戰爭成敗，亦直接導致國家存亡。所以，孫子認為有五種人不能拜將，若不是「那塊料子」而拜將，不僅成敗軍亡國之將，元首自己也丟了大位，授將不可不慎！

九 變
（國家元首的統帥術）

元首統帥與將帥統兵的藝術
- 圮地無舍，衢地合交
- 絕地無留，圍地則謀
- 死地則戰
- 途有所不由，軍有所不擊
- 城有所不攻，地有所不爭 ─ 不通九變之利，不能得地之利
- 君命有所不受 ─ 不知九變之術，不能得人用
- 無恃其不來，恃吾有以待之
- 無恃其不攻，恃吾有所不可攻也

國際關係縱橫之術 ─ 智者之慮，雜于利害
- 務可信，患可解
- 屈諸侯者以害
- 役諸侯者以業
- 趨諸侯者以利

元首授將　將之五危
- 必死可殺
- 必生可虜
- 忿速可侮
- 廉潔可辱
- 愛民可煩

將之過也，用兵之災也，覆軍殺將，必以五危 ─ 不可不察也

國家領導人的重責大任：國防、外交

第一篇 孫子兵法

　　在法律與制度上，元首位階高於將帥，這點是沒有疑問的，所以孫子在本篇開頭說「將受命于君」，但為取得戰爭的全面勝利，維護國家整體利益，孫子接著又說「君命有所不受」，這是九變權宜之計。元首和將帥雙方都要明白這層道理，雙方關係才不會有誤解或「擦槍走火」，演成政治鬥爭，甚至更嚴重的兵變。孫子曰：

　　　凡用兵之法，將受命于君，合軍聚眾；圮地無舍，衢地交
　　合，絕地無留，圍地則謀，死地則戰，途有所不由，軍有所不
　　擊，城有所不攻，地有所不爭，君命有所不受。故將通于九變之
　　地利者，知用兵矣。將不通于九變之利者，雖知地形，不能得地
　　之利矣。治兵不知九變之術，雖知地利，不能得人之用矣。

　　孫子講用兵之法，從將受命于君開始，「合軍聚眾；圮地無舍，衢地交合，絕地無留，圍地則謀，死地則戰」這段，是身為將帥在戰場上領兵作戰應有的戰略素養，也是將帥的天職和智慧，不利的險境（圮、絕、圍、死地）當然快脫離，戰略要地（衢地）當然要佔領，這是常識，也合乎國君的期望。但凡事總有例外，以下五種情況可以不必顧慮國君的感受，甚至可以君命不受：

　　㈠途有所不由：原先要經由某一途徑，或國君所指示的某一路
　　　線（方案），但為「以迂為直」或戰略上的需要，可不經原先
　　　途徑，不必顧慮國君的命令。
　　㈡軍有所不擊：原先要攻擊某一方面之敵或國君指示要攻之敵，
　　　但為考慮全勝或集中兵力於其他方面，可不必攻擊原計畫打擊
　　　之敵，不必顧慮國君的命令。
　　㈢城有所不攻：原先計畫攻擊某一城池或國君指示要攻之城，

但為殲滅更多敵有生力量或為戰略上的需要，可不必攻擊原計畫要攻之城，不必顧慮國君的命令。

㈣地有所不爭：原計畫要佔領的戰略要地，國君亦指示必爭之地，但為考量全局，創造更大勝利，可不爭原計畫佔領之地，不必顧慮國君的命令。

㈤君命有所不受：國君並未親臨戰場，對戰場實況未必了解，國君的命令對戰爭勝利和國家安全福祉也未必全有幫助，所以有時君命可以不受。

以上這種戰地指揮官的權宜之計，孫子稱為「九變」，要通九變之術才能得地之利，得人之用，治兵用兵不可不知，尤其元首和將帥更要有這種共識和默契，若元首把戰場指揮官的「君命不受」誤為「抗命」，後果就嚴重了。戰國時秦趙長平會戰，趙軍陣亡四十萬人，就是這個原因造成的結果。

> 3. 國家領導人的地位從古至今，確實沒有動搖過重要性，在職責上，外交、國防始終是元首獨有的大權。在孫子時代，世界領導人稱「天子」，其下有諸侯列國，孫子在九變篇如何指導經營國際關係？

當代研究國際關係的學者專家，有以為我國春秋戰國時代的所謂「國際關係」和現在不同，我以為不同者只是形式或規格，其本質和內涵仍相同，如何說呢？

孫子時代的「天子」僅是當時國際領導人，地位如今之美國，或冷戰時代的美俄兩強；當時的諸侯國有如今之「五強」以外的各國，甚至是「二強」（中國、美國）以外的各國，在冷戰時代的兩強對立，各共產國家都是蘇聯的「諸侯國」，各民主陣營國家都是美國的「諸侯國」。冷戰結束後，美國成為全球唯一超強，世界各國成了美國的「諸侯國」，筆者寫本書時，有立法委員（李敖、李慶華、王世

堅等）質詢國防部長李傑，「我們是美國人的看門狗，還要自己付費。」等語，李傑答「南韓、日本也一樣」，意味我國、日本、南韓都是美國人的「看門狗」（二〇〇六年元月），顯見國際關係的本質，古今相同，孫子怎麼說：

> 是故智者之慮，必雜于利害，雜于利而務可信也，雜于害而患可解也。是故屈諸侯者以害，役諸侯者以業，趨諸侯者以利。

這段話孫子簡要的指出不論任何型態的國際關係，天子（國際領導者）與諸侯（列國），或各國與國之間，只有「兩種思考方向」和「三種手段」。

所謂「兩種思考方向」，就是「利、害」二者，這是有智慧的領導人心中所掛念的兩件事。「雜于利而務可信也，雜于害而患可解也。」從有利的方向去思考執行，事情就辦的成，從有害的方向去思考防患，災難就不會發生，有了兩種成熟的思考佈局，配合三種手段執行，必能謀國家最大之利：

㈠「屈諸侯者以害」：

要使敵國或他國屈服，就要控制到他的要害，這是理所當然，如同人的要害被制，只好屈服。今之美國控制台灣、南韓、日本或其他國家大體如此，所謂「要害」乃生命線也，政治、經濟、武力等生命線。東亞「花彩列島」之線，正是美國國防前緣，生命線也。

㈡「役諸侯者以業」：

要使敵國或他國自己垮台，就要讓他國內產生動亂，在冷戰時代美俄兩強最常用的方法，不斷在對方陣營製造學運、工運、農運及其他種族問題，企圖拖垮對方，此種國與國的鬥爭方法，古今中外皆然也，這也是所謂的「叢林法則」，今古同理。

㈢「趨諸侯者以利」：

趨動別國和我合作，或要求別國配合我國行動，需要讓該國有利可圖。這是想當然耳，「九一一事件後」美國為攻打阿富汗、伊拉克，

要求巴基斯坦、印度、南亞、中亞、及中東各國配合美國行　動，各國為何配合？不外美國付出大筆「經濟或人道援助」銀子，實即收買。自古以來，任何方面的競爭，只要敢花大錢，通常事情就辦得成，故說「有錢可使鬼推磨」，孫子亦有同感。

以上是列國爭勝，強權爭霸的三種手段，不同對象用不同的手段，此「用兵之法」，所以孫子兵法不是單純的講戰爭如何取勝，國際關係、團體競爭乃至人際競爭均同此理，為何要有「兩個思考方向」和「三種手段」？這存在著一個「終極目的」：

> 用兵之法，無恃其不來，恃吾有以待之；無恃其不攻，恃吾有所不可攻也。

這是身為國家元首的終極思考，如何讓吾國立於不敗之地，外交國防的籌謀，軍事將領的任命，都是為國家的永續發展和長治久安。所以，有五種人是不能拜將的，讓這五種人成為將帥，將導致敗軍亡國的結果，身為國家元首的不可不察。

4.那五種人不能拜將？人的心性性格絕大多數是看不出來的，未拜為將軍之前誰知道是不是這五種人？

先說一則歷史故事解釋這個問題，楚漢相爭時，韓信初不受劉邦重用，某夜便一走了之，蕭何知道便連夜追趕，要把韓信追回來，數日終於把韓信免強帶回。劉邦得知此事責怪蕭何說：「其他將領跑了，你都不追，韓信有何值得追回來，跑了便跑了。」蕭何答說：「那些跑掉的將領都是沒甚麼用的，所以不用追，但跑了韓信，你便沒機會統一中國了。」劉邦終於重用韓信，後來韓信一路打勝仗，項羽亦敗在他手下，助劉邦平定天下，統一中國，韓信亦為中國歷史上名將也，是為「蕭何夜下追韓信」典故。

第一篇 孫子兵法

將才可以事先察知，孫子帶著「十三篇」見吳王闔閭而拜將，魏文侯和楚悼王之重用吳起，齊威王重用孫臏，劉備三請孔明，還有很多史例，都證明將才可以事先察知而加以重用。只看國家領導人有無此種智慧。所謂「老牛識青草，慧眼識英雄。」也。你是老牛？還是英雄？孫子說：

> 故將有五危：必死可殺，必生可虜，忿速可侮，廉潔可辱，愛民可煩，凡此五者，將之過也，用兵之災也；覆軍殺將，必以五危，不可不察也。

按孫子之意，這五種人不能拜為將軍，更不能領兵作戰，若是已經成為將帥的人，這五種過也不能犯，若是犯了這五種過的任一種，便是「用兵之災、覆軍殺將」，可見後果嚴重，那五種人（過）呢？

㈠「必死可殺」：有勇無謀者，四肢發達頭腦簡單的人。孫子在各篇強調「兵者詭道、詐立、謀攻、間接」等智慧，都是將才必具，有勇無謀者便無兵道智慧。欠缺間接思維者，不能為將。

㈡「必生可虜」：貪生怕死，臨陣畏怯的人，這種人臨陣為保全自己生命，便不顧軍隊或節操成為俘虜。

㈢「忿速可悔」：剛忿、急躁、偏激的人，容易被對手激怒中計，蓋戰爭屬能「絕對冷靜而能著全局」的人，才有致勝的機會，孫子在各篇多所強調。

㈣「廉潔可厚」：廉潔自是，沽名釣譽的人經不起中傷、設計、「抹黑」就能打敗他。楚漢相爭時，項羽謀臣范增以清高自恃，陳平設計「抹黑」，項羽疑之，范增求去後病死故里。

㈤「愛民可煩」：愛民過度可用「難民戰」打敗他，愛民本是美德，但過於拒泥容易被拖垮。國共內戰時，共軍發動一波波「難民」奔向國軍，因而拖垮國軍，三國時劉備棄守襄陽、樊城，攜帶數十萬百姓同行，軍隊行動受到限制，險些全軍覆滅，相同的難題在國共內戰時也困擾國軍，可見「愛是有條件的」。

總結九變篇，乃對宇宙千變萬化的掌握和運用，故有學者稱本篇為「彈性原則與應變」（許競任，孫子探微），認為兵學乃權變之學，

原無一定的軌跡。孫子在各篇也常強調「存乎一心、無形、兵形象水」的變化觀念，按中國古代儒、墨、道、法、陰陽等各家，也有宇宙為不斷變化的共識，「兵事」為宇宙現象之一，故孫子兵法即「九變之學」也不為過。依此變化無常概念解讀九變篇，認為元首授將、將帥受命用兵、君命受或不受，及將才條件等，都是權宜之變，可以統攝在「用兵之法」內，表解如下。

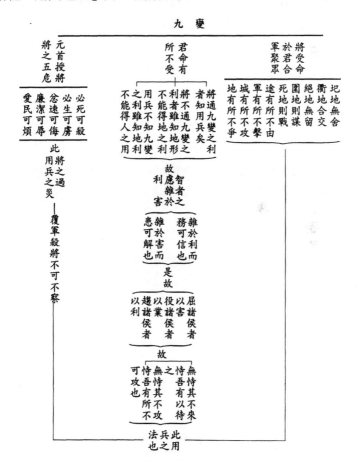

九　變

元首授將．將之五危：
必死可殺
必生可虜
忿速可侮
廉潔可辱
愛民可煩
此將之過．用兵之災——覆軍殺將不可不察

君命有所不受：
將通於九變之利者，知用兵矣
將不通九變之利，雖知地形，不能得地之利
治兵不知九變之術，雖知五利，不能得人之用
故智者之慮，必雜於利害
雜於利而務可信也
雜於害而患可解也
是故
屈諸侯者以害
役諸侯者以業
趨諸侯者以利
故
無恃其不來，恃吾有以待也
無恃其不攻，恃吾有所不可攻也
此用兵之法也

將受命於君，軍聚眾合：
圮地無舍
衢地合交
絕地無留
圍地則謀
死地則戰
途有所不由
軍有所不擊
城有所不攻
地有所不爭

從「變」的概念解讀九變篇，並不強調國家元首的統御之術，而在強調人生如何面對變局，包括地形環境運用之變、敵情我軍之變、

戰場指揮權變（獨斷專行）等，應變處理原理原則，稱「九變」，並非只有九種，而是無限多的變化。

目前的國軍將領最缺最弱的一環，便是孫子九變篇所言這五種「君命不受」的氣節，有誰能做到：

⊠途有所不由：公然表態，抗拒台獨之路。

⊠軍有所不擊：為中國統一而戰，不為分裂而戰。

⊠城有所不攻：國軍攻擊的對象是篡國者，其他均非。

⊠地有所不爭：爭中國大地，非爭台灣一隅。

⊠君命有所不受：元首無道，國軍不須聽命。

以上能做到，才是孫子心目中的將帥，才稱得上是「國之重寶」。顯然目前的國軍部隊是沒有這種識得「春秋大義」的人才與氣節的。最多只能做到表面上「應付」獨派執政者，而心在「漢」營，這已是難能可貴的「氣節」。另有少數為榮華富貴，隨著篡竊者起舞，只能說是我中華民族之敗類，如同每個社會都有敗類。

輯10 行軍：野戰叢林用兵

生涯發展過程中叢林打拚的行動要領

1. 陳老師，這一篇孫子要帶領大家進入一個全然陌生的叢林，就好像到了「侏儸紀公園」，即奇絕又危險，在這殺機重重的大叢林，我們需要怎樣的生存智慧，才能成為贏家？

孫子行軍篇並非單純行軍用兵，重點在野戰叢林的用兵，是真正的叢林，不是想像的叢林。當然，人們處在大社會中，生涯過程也等於是在叢林中打拚，所以也有人以「叢林法則」當成取得勝利的依循原理。就生物競爭言，這也只不過是在求生存，無過之有。孫子行軍篇正是野戰叢林中，吾人必需理解和運用的一組「叢林法則」。

按孫子之意，叢林是一種特殊地形環境，需要各種不同的專業知識，用兵之道自然也不同，故行軍篇的野戰叢林用兵有三智（如表解）：

第一智在特殊自然環境地形理解和部署：叢林中有山地、河川、沼澤和小平地等不同地形，另有極危險的地形和易於中伏的地方，以及在叢林中如何維持個人和軍隊衛生。

第二智對敵情與自然環境互動後的觀察和部署：不論敵我，隱藏在自然環境中，並非真的就「無形、不見了」，蒸發掉了，不可能的事。如何觀察敵跡？並判斷敵人的企圖、動機等，是一門極大的學問。因為我在找敵人，而敵人也在找我；敵人要躲藏，我也要躲藏。

第三智是知兵之理，人到了特殊環境會有特殊心理反應，這也是人的本性。知兵之理為了要「用兵」，若不須用兵，想必無須知兵之

第一篇 孫子兵法

理吧！

行軍（野戰戰略、戰術、處軍、相敵與知兵）

處軍（第一智道）

山（山地戰）
- 絕山依谷。
- 視生處高。
- 戰隆無登。

河（河川戰）
- 絕水必遠水。
- 客絕水而來，勿迎之於水內，令半渡而擊之，利。
- 欲戰者，無附於水而迎客。
- 視生處高，無迎水流。

沼（沼澤戰）
- 絕斥澤，惟亟去勿留。
- 若交軍於斥澤之中，必依水草而背眾樹。

平（平原戰）
- 平陸處易，而右背高，前死後生。

六害伏奸
- （一）之：凡地有絕澗、天井、天牢、天羅、天陷、天隙，必亟去之，勿近也。吾遠之，敵近之；吾迎之，敵背之。
- （二）軍旁有險阻、潢井、蒹葭、林木、翳薈者，必謹覆索之，此伏姦之所處也。
- （三）丘陵堤防，必處其陽，而右背之。
- （四）上雨水沫至，欲涉者，待其定也。

生
- 好高而惡下，貴陽而賤陰，養生而處實，軍無百疾，是謂必勝。

對特殊自然環境的理解和利害

相敵（第二智道）

地形徵候
- 近而靜者，恃其險也。
- 遠而挑戰者，欲人之進也。
- 其所居易者，利也。

塵土徵候
- 塵高而銳者，車來也。
- 卑而廣者，徒來也。
- 散而條達者，樵採也。
- 少而往來者，營軍也。

敵使徵候
- 辭卑而益備者，進也。
- 辭強而進驅者，退也。
- 無約而請和者，謀也。

敵情徵候
- 眾樹動者，來也。
- 眾草多障者，疑也。
- 鳥起者，伏也。
- 獸駭者，覆也。
- 兵怒而相迎，久而不合，又不相去，必謹察之。

敵亂軍敗徵候
- 杖而立者，飢也。
- 汲而先飲者，渴也。
- 見利而不進者，勞也。
- 鳥集者，虛也。
- 夜呼者，恐也。
- 軍擾者，將不重也。
- 旌旗動者，亂也。
- 吏怒者，倦也。
- 粟馬肉食，軍無懸甀，不返其舍者，窮寇也。
- 諄諄翕翕，徐與人言者，失眾也。
- 數賞者，窘也。
- 數罰者，困也。
- 先暴而後畏其眾者，不精之至也。
- 來委謝者，欲休息也。

敵情與自然環境互動的觀察和判斷

知兵（第三智道）

- 兵非貴多，惟無武進，足以併力、料敵、取人而已。
- 夫惟無慮而易敵者，必擒於人。
- 卒未親附而罰之，則不服，不服則難用也。
- 卒已親附而罰不行，則不可用也。
- 故令之以文，齊之以武，是謂必取。
- 令素行以教其民，則民服；令素不行以教其民，則民不服。
- 令素行者，與眾相得也。

兵理的運用

目前國內外登山、爬山風氣很盛，行軍篇的內容也很合乎岳界使用，甚至童子軍的野外活動和一般人野外求生也是好用的教材。若能對野外叢林法則有更多理解，無形中是對生命安全最大的保障；我們常聽到的山野叢林中發生災難，事後檢討原因都是當事人不懂叢林生存法則，實在可惜！

2. 孫子兵法不愧是古今中外體系最完備的兵學寶典，連叢林生存都有兵法指導，現在就從叢林中一些特殊環境地形的致勝法則開始講解。

叢林爭勝除了用在真實作戰，面對人生大叢林的競逐也有重要參考價值，不過行軍篇首先講到山地、河川、沼澤和叢林中的小平原等，這四種特殊地形環境的理解和兵力部署要領，逐一解說如後。

(一)山地（山地戰）：

　　絕山依谷、視生處高、戰隆無登，此處山之軍也。

「絕」是橫越、通過之意，山地作戰要「依山傍水」，依山才有依託，傍水則水草不斷。言下之意，「山、水」二者要控制在我軍手中，有山能居高臨下，但敵居高地，我軍不可仰攻，控制高點和水源，是山地戰的要領。

(二)河川（河川戰）：

　　絕水必遠水，客絕水而來，勿迎之于水內，令半濟而擊之利；欲戰者，無附于水而迎客，視生處高，無迎水流，此處水上之軍也。

渡河作戰時，我軍部隊要遠離河岸，因蝟集河岸易成被攻擊目標，敵人渡河而來，不要在水中迎戰，要在敵人渡河一半時發動攻擊；主力不要放在沿岸，渡河攻擊時要從上游迂迴，不可由敵軍正面渡河，也不可逆流上攻，為防敵人決水灌我，是河川戰重要準則。

第一篇孫子兵法

㈢沼澤（沼澤戰）：

　　絕斥澤，惟亟去勿留；若交軍于斥澤之中，必依水草，而背
眾樹，此處斥澤之軍也。

碰到沼澤地快通過或脫離，不可久留，若不得已在沼澤地作戰，
要迅速佔領水草樹木多的地方，形成有利據點，這是沼澤戰的要領。

㈣平地（叢林中的小平原）：

　　平陸處易，而右背高，前死後生，此處平陸之軍也。凡此四
軍之利，黃帝之所以勝四帝也。

在平地部署軍隊，為有利我軍攻防，右方（主力）要有可依托的
地形，前方能發揚火力致敵死命，故叫「前死」；後方要有補給用的
交通線，故叫「後生」，這是小平原作戰的要領。

以上四軍（四種特殊地形）之利知道怎樣運用，是黃帝戰勝四帝
的原因。太公曰：「黃帝七十戰而定天下」，可見黃帝也是大兵法家。

　3.但叢林中除了山地、河川、沼澤等地，還有更多危險
　　的陷阱，愈是大叢林危險也愈多，孫子對叢林中的危
　　險，尤其對作戰有影響，還有那些提示？

中國地大物博，自然會有許多大叢林，在孫子時代從吳國到楚國，
中間就有數百公里原始叢林。孫子負責策訂伐楚大計，這些原始叢林
都是孫子首先要克服的難題，所以孫子對叢林中的種種陷阱，除有理
論知識也有實戰經驗。行軍篇又曰：

　　凡軍好高而惡下，貴陽而賤陰，養生處實，軍無百疾，是謂
必勝。丘陵隄防，必處其陽，而右背之，此兵之利，地之助也。
上雨水沫至，欲涉者，待其定也。凡地有絕澗、天井、天牢、天

羅、天陷、天隙，必亟去之，勿近也；吾遠之，敵近之；吾迎
之，敵背之。軍旁有險阻、潢井、蒹葭、林木、翳薈者，必謹覆
索之，此伏姦之所處也。

　　孫子首先指出叢林作戰危害官兵的大敵，正是惡劣的生存環境，
國軍往昔在中越邊境的原始叢林作戰，還曾領教過沼氣、瘴氣的厲
害，官兵未死於日本鬼手，已先死於各種瘟疫惡疾。是故，孫子認為
「好高惡下，貴陽賤陰，養生處實，軍無百疾，是謂必勝。」真是智
者之言，在叢林中只要克服衛生問題，就算打了勝仗，注意孫子在兩
千多年前已在倡導「養生」觀念，只是這裡的養生指叢林作戰的生存
健康，也是了不起的「先行者」。

　　叢林中有丘陵、高崗、起伏之地，有河川、堤防等，這是有利的
地形要點，可為依托之用。若見河水有泡沫，表示上游可能有瀑雨，
不久會有大水沖下，不可貿然渡涉，應待水流穩定渡河，才能確保人
馬安全，以上種種乃「兵之利、地之助」為叢林作戰必具的知識。另
外，孫子也提到叢林中六種致命的地形：

　　㈠絕澗：斷崖峭壁，四面險峻，進入後便出不來，前亦無生路，
　　　　水能流入而無出。
　　㈡天井：四面山圍而中間凹陷，且四周山壁如牆，若陷於其中，
　　　　敵人決水灌入，我軍具被淹死。
　　㈢天牢：四周盡是密佈叢林，外加重重高山圍死，大軍一入此
　　　　地，如坐天牢，想要脫困極為困難。
　　㈣天羅：四周荊棘叢生，林木縱橫，有如羅網四張，進退兩難，
　　　　人員車輛行動極為困難。
　　㈤天陷：地質鬆軟，或沼澤泥濘，或溪渠縱橫，大軍一入此地，
　　　　人馬難行，戰力無從發揮。
　　㈥天隙：兩山接隙，洞狹道惡，道路如線，通稱一線天，大軍
　　　　至此，前後不能兼顧，乃被逐次消滅。
　　除地形「六害」，還有五種容易中伏的危險地帶，如水草、荻葦、
低地等，要小心搜索，有賴敏感的觀察力才能窺知危險和敵跡，確保
本身的安全。

第一篇 孫子兵法

4. 叢林作戰「第一智」講在危險的自然環境中，如何求生存和用兵，「第二智」講相敵之法，就像我們從「相」可以看「命」，這麼說敵命有可觀察的「相」嗎？

敵命、敵情、敵蹤確實可「相」，孫子在本篇列舉相敵三十二法，未必只用在叢林作戰，其他方面也好用。這些相敵之法，大致從地形、自然環境、敵人的零星活動、鳥獸動靜等候，判斷敵情活動，都是孫子實戰的觀察紀錄，非憑空想像出來，以下不抄列孫子兵法原文，直接條列譯文如後：

㈠敵我對峙距離不遠，敵軍安靜，似無作為，必定具備某種有利條件而有恃無恐，那條件是甚麼？要追・敵我距離尚遠，而急來挑戰者，必有伏兵要誘我前進。

㈡敵人放棄險要的陣地，佈陣於平易之地，是要誘我出兵攻擊，再以大軍運動之利殲滅我軍。

㈢遙望山林，有枝葉動搖，可能敵軍正通過樹林，致樹木枝葉搖動，也可能敵故意使出的詭計。

㈣利用草叢設成障礙、偽裝，是在故做疑兵，使我軍起疑，實際上欲退而阻我追，或欲進而使我無備。

㈤鳥本安靜的棲息在叢林中，突然起飛，林中必有人經過或敵軍潛伏，驚動鳥兒飛離林木。

㈥野獸原本棲息在山林草叢中，今突然驚駭奔走，必有人進出山林或敵人潛伏其中。

㈦塵土激起高飛，是敵軍車輛或騎兵來了。

㈧塵土低飛寬廣，是敵軍步兵來了。

㈨塵埃飛揚，分散而成條狀，是敵軍正在炊飲。

㈩塵埃少而浮動，是敵人的宿營地。

(十一)敵派使者來，措詞謙卑卻加強戰備，可能正在設計謀我，乘機進攻之兆。

㈪敵人使者措詞強硬，揚言對我軍發動攻擊，可能是正在準備退卻、轉進，或後方有事急著回師。

㈫敵用輕戰車先出擊，且把輕戰車部署在兩翼，這是攻勢作戰的佈局。

㈬兩軍作戰，並無任何約定或約束，突然說要請和或談判，這鐵定就是詭計，目的在鬆動我方戰志，爭取時間備戰，對我發動另一波攻勢。

㈭敵營有人往來奔走，部隊分別列陣，是有二方以上敵軍正在協調，準備對我發起協同攻擊。

㈮敵我在戰場上對陣，敵時進時退，似無意決，我進彼退，我退彼又進，是企圖誘我入伏的徵候。

㈯敵營官兵站立的姿勢，都依靠在木竿、樹枝、車輛等他物上，是飢餓疲勞，可能是後方補給困難。

㈰見水就飲，不顧水質或有毒，是太渴了。

㈱明明有利可圖而不取，是已無力前進了。

㈲敵營有群鳥飛集，是敵人已撤離，留下空舍也。

㈳敵營夜有呼叫喧嘩，一則訓練不足，恐懼不安；再者可能將有所行動。

㈴軍中紛擾，是軍紀太差，將帥不嚴。

㈵軍隊營旗亂丟，是將帥領導統御能力不足。

㈶軍官容易發怒，是過度疲勞，兵士常不聽指揮。

㈷軍隊殺馬為食，表示早已斷糧了。

㈸連炊具、帳蓬都丟了，是已窮途末路。

㈹指揮官對部下講話，中肯親切，四平八穩，是已喪失部屬的信心，是將校統御統力不足的徵候。

㈺不斷用賞激勵士氣，顯示指揮陷入困境。

㈻不斷用罰阻止犯錯，顯示秩序快要失控。

㈼想用暴立威，讓人害怕，是無能的表現。

㈽敵派使者來謝罪求和，目的是想要休兵，詭計也。

㈾敵軍來勢洶洶，但不攻又不走，也是有鬼計。

以上孫子三十二相敵徵候，屬自然環境徵候者可千古不變，但與人有關的徵候，因人類生活型態的改變，已未必如孫子時代可以據以判斷得精準。所幸，孫子兵法並未叫人把他的文字敘述，當成定律或

兵

法

鐵則解讀，孫子希望解讀他的兵法的人，能發揮創意，觸類旁通，領悟道理，舉一反三，才是「上將」之道。所以，三十二相也是「相人」之法，更是相社會環境之法。

反之，把孫子兵法當成「教條」，不僅非孫子所願，且孫子所說的「敗軍之將」，正是指這類食古不化，直來直往的人。

> 5、不僅讀孫子兵法，讀其他作品也不能當「教條」讀，
> 必須讀出智慧的火化，行軍篇的「第三智」是甚麼？

行軍篇的第三智，從人性的本質面看「兵」之道理，兵是民也是人，所以是人性心理的理解，才有利於用兵教民。孫子曰：

> 兵非貴益多，惟無武進，足以併力料敵取人而已；夫唯無慮
> 而易敵者，必擒于人。

打仗不是比人多，只要不輕敵冒進，集中局部優勢兵力戰勝敵人，如此而已。若有勇無謀，不用頭腦，輕敵妄動，必然成為敵人的俘虜，打勝仗只不過如此的簡單，但先決條件是要明察理解「士兵心理學」和民心取向：

> 卒未親附而罰之，則不服，不服則難用也；卒已親附，而罰
> 不行，則不可用也。故令之以文，齊之以武，是謂必取。令素行
> 以教其民，則民服；令不素行以教其民，則民不服；令素行者，
> 與眾相得也。

新兵剛入伍，或戰地新收留的士兵，尚未教育就懲罰，他不會心悅誠服，不服就不能用來打仗；得寵的士兵，即罰不得又不受罰，也不能用來作戰。所以用仁義教育部屬，用法律規範部屬，就必能得最可用之人。教育一般之民也一樣，總要文武合用，恩威並濟，政令便能順利推行，兵民都樂於聽從，便能軍民一體，上下一心。

孫子兵法之能成為古今中外無出其右之聖典，是因為有全方位兵法的功能，不僅包括戰爭哲學、戰略、戰術各層面。現代社會也用在企管、音樂、文學，乃至人生、愛情、婚姻等方面的經營。從這個全方位角度解讀行軍篇，則可超越野戰叢林用兵的使用範圍，擴大到人生處於大社會、大叢林之中，對自然生態環境、地形、人情等徵候的觀察、判斷和對應。（如表解）這是另一種解讀和運用。

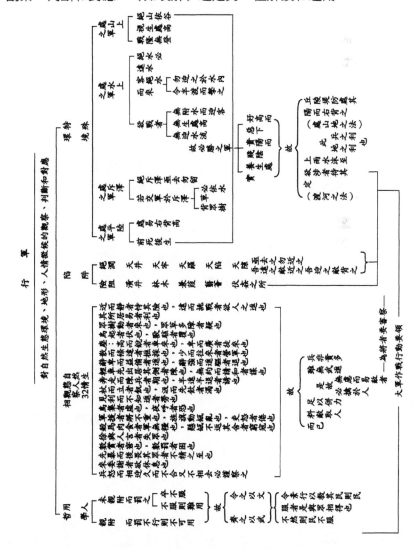

輯 11 地形：地理、地形與作戰

地形學的理論、實務和作戰關係

1、陳老師，孫子兵法有諸多篇章講到「地」，這篇又講地形，和其他篇章講「地」有何不同？本篇的重點是甚麼？

事實上孫子兵法十二篇，每篇都和「地」有關係，較多論述如作戰、軍事、行軍、九地篇，乃至火攻，用間也從地緣關係切入，這是因為孫子認知不論人類進步到何種狀態，人類的一切行為絕離不開「地」的關係，縱使偶爾在水面、空中，也是暫時，遲早還是要回到地面，這是「一般情況」。

而另有「特別情況」，超越了云云眾生普通生活之上，即戰爭求勝，人生求贏，而且要達到儘善儘美的程度，便是孫子在本篇說「知彼知己、知天知地，勝乃可全。」前三者（彼、己、天）在其他篇章均有論述，「地」在本篇有系統的講解，也算是始計篇「道天地將法」中，抽離「地」單獨闡揚，本篇的「地形」指地形學，或稱「軍事地理」；而下篇九地指的是地略學，或稱地緣戰略二者層次不同。

地形篇是地形學的範圍，即一般的軍事地理，講地理、地形和作戰的關係，故本篇內容即地形學的理論、實踐與作戰關係，分四點說明（如表）：

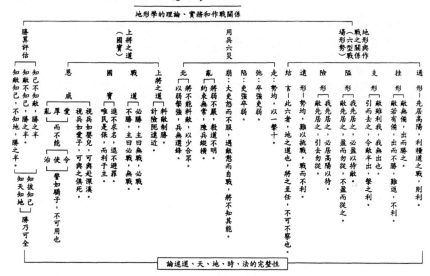

地形

地形學的理論、實務和作戰關係

勝算評估
知己不知敵，勝之半
知敵不知己，勝之半
知敵知己，不知地，勝之半
知天知地，勝乃可全

上將之道（國寶）
息：視兵如嬰兒，可與赴深溪；視兵如愛子，可與之俱死。
戚：愛、厚 而不能；使、令、治 譬如驕子，不可用也
國寶：進不求名，退不避罪，唯民是保，而利于主。
戰道：必勝，主曰無戰，必戰；不勝，主曰必戰，無戰。
上將之道：料敵制勝，計險阨遠近。

用兵六災
北：以弱擊強，兵無選鋒。
亂：將不能料敵，以少合眾。
崩：大吏怒而不服，遇敵懟而自戰，將不知其能。
陷：卒強吏弱。
弛：吏強卒弱。
走：勢均，以一擊十。

地形與作戰（六型六勢）
通形：先居高陽，利糧道之戰，則利。
挂形：敵無備，出而勝之；敵若有備，出而不勝，難返，不利。
支形：敵雖利我，我無出也；引而去之，令敵半出而擊之，利。
隘形：我先居之，必盈以待敵；敵先居之，盈而勿從，不盈而從之。
險形：我先居之，必居高陽以待；敵先居之，引去勿從。
遠形：勢均，難以挑戰，戰而不利。

結言—此六者，地之道也，將之至任，不可不察也。

論述道、天、地、時、法的完整性

㈠地形與作戰關係：從「地」的分類，孫子把戰場形勢分六型，戰場指揮官要能因「地」制宜，乃將之至任，不可不察也。

㈡用兵六災：此六災和前六型並無直接關係，乃強調這六種過錯不能犯，加強指揮官的注意力。

㈢上將之道：知地之利便是「上將之道」，真正的國寶乃上將之道也。（如同前幾篇講到，國軍將領應知兩岸地緣戰略，進而反對為台獨而戰，才是「上將之道」，真正的國寶。）

㈣勝算評估：強調勝利不是單純「地」的問題，所以勝算要合彼、己、天、地等四大領域才能評估。故地形篇也不能脫離敵情、我軍或將道有關係，脫離了便和高中生的地理課沒有差別。

本篇也回應始計篇中「道、天、地、將、法」五事，針對「地事」的系統論述，而論述內容正表示五事的完整性，不可割離也。

2、想當然耳，作戰離不開地形，運用地形以取勝，則在乎人。孟子說「天時不如地利，地利不如人和。」道理亦同，從孫子的「地形眼」，戰場形勢有那六型？

第一篇 孫子兵法

從孫子的「地形眼」看，地形有通者，有挂者，有支者，有隘者，有險者，有遠者六型，乃是客觀的地理環境，現代稱「兵要地要」，把戰場區分六型，解析各型如後。

㈠「通形」：

「我可以往，彼可以來，曰通，通形者，先居高陽，利糧道，以戰則利。」平原地區戰場，面積廣闊，敵我往來都方便，因平地無險可守，有隆起高陽之處要先佔領以形成作戰要點，用來控制後方交通線，對作戰可無往不利。

㈡「挂形」：（挂通「掛」）

「可以往，難以返，曰挂；挂形者，敵無備，出而勝之，敵若有備，出而不勝，難以返，不利。」

這種地形「前低後高」，故前進容易，返回困難，如物懸掛，進退兩難。敵若無備可攻取，敵若有備未必取勝，且造成撤軍困難，故挂形對我軍作戰不利。

㈢「支形」：

「我出而不利，彼出而不利，曰支；支形者，敵雖利我，我無出也；引而去之，令敵半出而擊之，利。」

對敵我雙方皆不利，或敵我各據有利之形勢，而中間為平易之地。如在大平原中各據地形要點，中間為平坦之地；或兩軍各挾大河對峙，凡此都是，誰先出擊誰就不利。故碰到支形，要用計誘敵出戰，乘敵半出痛擊之也，是有利的作戰方式。

㈣「隘形」：

「隘者，我先居之，必盈之以待敵，若敵先居之，盈而勿從，不盈而從之。」即一般所謂的隘路，如我國山海關、娘子關等，或重要河川渡口都是。我軍先佔領時，要在隘路前後四方先控制地形要點，使敵無可乘之隙；若敵已先佔領隘路，要小心從事，乘敵空隙處進攻。

㈤「險形」：

「險形者，我先居之，必居高陽以待敵；若敵先居之，引而去之，

勿從也。」這是比隘形更險峻的形勢，屬「一夫當關，萬夫莫敵」之地，如四川劍閣。若我先佔領，只用少許兵力守住要點，敵便無可奈何；若敵先佔領，我軍只好退兵，引軍而去。

㈥「遠形」：

「遠形者，勢均，難以挑戰，戰而不利。」兩軍相距甚遠，又勢均力敵，誰先出戰先居不利。故須先按兵不動，誘敵先出，再乘機痛擊。

這六種「戰場」地形，除具體的地勢形態利用外，個人生涯打拼也會常碰到類似「意象」地形，雙方往來方便是通，去易難回是掛，而遠者須先按兵不動，支是對雙方都不利，此時誰先「出牌」？

3、確實，人生經常碰到「支形、遠形」這類「形勢」，誰先出牌誰就不利，但總要出牌。孫子接著提到出牌要避免「六災」，那六災？

孫子認為六種地勢形態是認清「戰場」重要的智慧，「凡此六者，地之道也，將之至任，不可不察也。」六種戰場不僅是將帥兵卒打拼的典型空間，用兵之場域，而不論在那種型態的戰場，用兵出兵都要避免「六災」，也是六種「危險的出牌方法」，即「兵有走者，有弛者，有陷者，有崩者，有亂者，有北者。」解析如下：

㈠「走者」：

「夫勢均，以一擊十，曰走。」雙方戰力相當，卻不懂得集中優勢兵力，以十擊一；妄想以一擊十，乃自取滅亡，被從戰場上逐「走」。蓋以眾擊寡是常法，是「自然法則」；以寡擊眾是不得已的變法，非常情也。

㈡「弛者」：

「卒強吏弱，曰弛。」部屬士卒素質優良而有戰力，惟各級領導

第一篇 孫子兵法

幹部懦弱無能，不學無術，徒用權力玩弄人。這種軍隊必陷於軍紀廢弛，其他團體何嘗不是！弛者懈怠、疏懶也，此領導指揮之災也！

㈢「陷者」：

「吏強卒弱，曰陷。」正好和「弛者」相反，有優秀的指揮官，而是教育訓練或領導幹部失職無能，造成部隊不能打仗。「兵隨將轉」是古來帶兵練兵用兵的常識，故「陷」的原因還是來自「弛」，孫子在本篇也強調「此六者，非天地之災，將之過也。」

㈣「崩者」：

「大吏怒而不服，遇敵懟而自戰，將不知其能，曰崩。」高級將領剛復自用，不聽上級統一指揮，各自為戰，必導致全線兵敗如山崩，此戰史實例亦多。孫子率吳軍伐楚入郢城之戰，楚軍即因各自為戰而亡。

㈤「亂者」：

「將弱不嚴，教導不明，吏卒無常，陳兵縱橫，曰亂。」治軍不嚴，統御無方，教育訓練不行，官兵亂紀，作戰部署毫無章法，上下一個「亂」字形容，這是一個打敗仗的部隊。

㈥「北者」：

「將不能料敵，以少合眾，以弱擊強，兵無選鋒，曰北。」將帥對敵情判斷失準，妄圖以少數兵力包圍眾多敵人，用弱小戰力攻擊強大的戰力，用兵沒有形成重點，這正是敗軍之將，稱為「北」。

以上六者孫子稱「敗之道」，即戰敗的原因，不外從這六方面來檢討，「將之至任」，為各級指揮官的重責大任。同時孫子亦強調「非天地之災，將之過也。」不是天災或地形導致，而是「人禍」，尤其是將帥之過也。

孫子所說「上將之道」和「國寶」，都是指第一流的統帥將才，能利用地形學素養料敵致勝，又知用兵，並能「抵抗」國家元首的政治干預，這種人才實在萬中不得其一。尤其能抗拒「非法統治者」，對篡竊者或腐敗的統治者能抗拒之，或領導起義革命，更是國家民族永恆的「國寶」和「上將之道」。在九變篇中「將之五危」及本篇前述將之過兵之災，都是從反面或消極面，論將帥不得違犯的過錯；此處「上將之道」和「國寶」，則是從積極面論偉大將帥所「應」具備的條件，這個「應然」之道才是吾人追求的目標。地形篇又曰：

> 夫地形者，兵之助也。料敵制勝，計險阨遠近，上將之道也。知此而用戰者，必勝，不知此而用戰者必敗。故戰道必勝，主曰：無戰，必戰可也。戰道不勝，主曰必戰，無戰可也。故進不求名，退不避罪，唯民是保，而于主，國之寶也。

孫子認為懂得配合地形用兵，才能料敵制勝，這是上將之道，知者勝，不知者敗，而確保戰爭的勝利是上將之「天職」。居於神聖的天職，上將之道要抵抗國家元首的政治干預，若戰爭可勝，元首不戰，將帥必須堅持戰下去爭取勝利；若無致勝機會，元首要戰，將帥也不能打沒有致勝機會的仗。吾人以為，這是身為一個軍事將領或戰場指揮官最難的地方，當將帥意見和統治者相背，不是屈服便是隨政治起舞，岳飛是一個最明顯的例子，宋高宗不想北伐統一，不想打仗，只想偏安江南，偏偏岳飛堅定北伐，而且連連打勝仗，但岳飛終究抵抗不了宋高宗的不戰命令，且平白冤死，依孫子觀點，岳飛的選擇是錯的，孫子說：「進不求名，退不避罪，唯民是保，而利于主，

第一篇孫子兵法

國之寶也。」岳飛應該抵抗朝庭的停戰命令，積極堅定的揮師北伐，完成收復失土與統一中國的天職，才是完美的上將之道，國之重寶。

依孫子上將之道橫量目前台灣獨派執政期間，國軍官兵應有的作為，有許多是不妥的，甚至是違背軍人基本信念的，因為國軍的基本信念和天職，是追求「中國的統一、富強與繁榮」。這是身為一個中國軍人永遠的目標。是故，國軍幹部不能聽命台獨總統，更不能隨之起舞，示好，國軍絕不能為台獨而戰，那是不該也無致勝機會的戰爭。

若國軍為台獨而戰，則國軍便非「國軍」，只是一群地方割據的勢力，那些將領也非「國寶」或上將之道，只是地方軍閥頭頭。在中國歷史上，永遠沒有可敬的地位，這和三國時代東吳孫權的部隊有何差別？又和民初軍閥有何差別？

上將之道的另一素養是懂得士兵心理學，「視卒如嬰兒，故可與之赴深谿、視卒如愛子，故可與之俱死，厚而不能使，愛而不能令，亂而不能治，譬如驕子，不可用也。」能深悟其間妙道又能力行實踐，是與孫子齊名的大兵法家吳起，下篇吳起兵法再述。

> 5、就地形篇主旨看，所謂「上將之道」須懂「天、地、敵、我」才能達到全勝，但人有時未必能全知，若有所不知對勝算影響多大？

若有所不知不僅影響勝算，更不能成為「上將」，此處所謂「上將」並不純指地位很崇高的將帥，更指合乎軍人武德（智、信、仁、勇、嚴，並能抵抗元首政治干預的偉大軍人，不一定官很大，也許是普通小兵，他有上將之「道」，一種維護國家利益的情操和信念的人。）惟身為高級將帥者，身繫全軍勝敗和國家存亡，他「知」的範圍自然比一般兵卒更多，更須求「全」。孫子說：

知吾卒之可以擊，而不知敵之不可擊，勝之半也；知敵之可擊，而不知吾卒之不可擊，勝之半也；知敵之可擊，知吾卒之可以擊，而不知地形之不可以戰，勝之半也。

孫子認為有三種狀況勝算機會都只有一半，所謂「勝之半」，五成機率勝算，實際上是失敗的。那三者？第一是只知自己能戰，不知對手更屬害，成功率只有一半；第二知敵不知己，勝算也只有一半；第三知彼亦知己，不知地形之利，成功率還是只有一半，到底怎樣才能得到全勝，「全」者真、善、美也，全勝是一個「完美」的勝利境界：

故知兵者，動而不迷，舉而不窮。故曰：知彼知己，勝乃不殆，知天知地，勝乃可全。

善於領導統御和指揮作戰的將帥，他的一舉一動都經過合理的思維，所以能下達正確的決心；而一切利害早有過估算分析，如何避凶趨吉，也早有萬全安排，足以應付不意狀況。如此，敵、我、天、地都在掌握之內，勝算就超過一半了。「知彼知己，勝乃不殆，知天知地，勝乃可全。」這句話要細心領悟，「知彼知己」只能獲得某種程度的勝利，並非全勝；加上「知天知地」，就是完美的全勝了。

孫子在本篇以地形為核心思想，故曰：「地形者，兵之助也。」但孫子唯恐後世兵家或學者誤以為只識得到地利即可制勝，而不必將道了。故再提出將道、用兵、知兵、全勝及抵抗元首政治干預，方是「上將之道」，從地形學為核心再解讀本篇，將本篇製成另一種表解，與前表對照從不同角度思考。

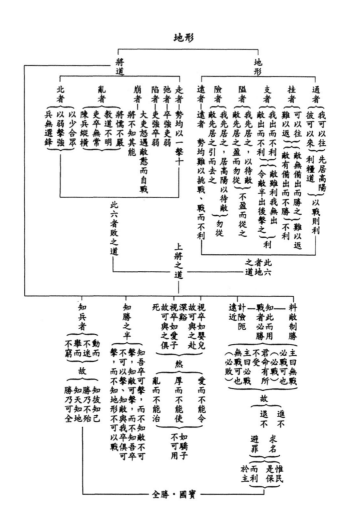

輯 12 九地：地緣戰略

生涯發展過程中的國際觀與地緣戰略關係

1、陳老師，本篇講「九地」，又是地的範圍，孫子在多篇中已講過「地」與戰爭的關係，這篇九地應有不同或特別之處吧！

九地篇確實最特別的一篇，按歷史上所記「孫子兵法十三篇」，為孫子見吳王闔閭所呈，世人皆知，故世人每聞「十三篇」，就知道是孫子兵法十三篇。但吳王與孫子另有問答一篇，算是十三篇補篇或稱「第十四篇」，則少有人知，這第十四篇就是針對九地篇的問答，併同納入本篇講述。（補篇見「孫子十家注」，曹操等注，世界書局，民 73 年 3 月。）

另一特別是九地篇為最長的一篇，用現代術語九地篇即「全球地緣戰略、區域地緣戰略」之內容，與他篇有關「地」的研究層次不同（如表所示）。九地著重國與國，廣大地區乃至國際之全貌，觀其地緣關係對戰略產生的影響，是為「地緣戰略」（Geostrategy）。九地篇內容可分下列五方面：

(一)九地分類：「九」者數之極也，同九地篇「九」字之意，言天下地勢之變化，對戰爭之影響，不可窮盡，非只有九或十種。國際強

孫子「地」學三層次

內容	層次
區域所觀形戰想想有。域戰稱一成略意和地略一的意識無緣一全即值，形地戰和球現地，加的勢略一地在略所上思形	地略
有無。隘通一廣遠如關形看、、狹近始。，似險挂地、、計和有、、形生險篇思形遠支篇死易：想亦一一、、、。	地勢
地為、行戰自面可斥軍的然形見澤篇影地想可一一響貌。感等山，對的，川如作	地形

權爭霸或爭區域盟主，勢必遠征用兵，地緣關係影響至鉅。十九世紀英國地緣政治學家麥金德（Sir Halfard. Mackinedr, 1861～1947），其心臟地帶論總結：「統治歐洲東部者，可號令心臟地帶；統治心臟地帶著，可號令世界島；統治世界島者，可號令全球。」就是從天下「九地」觀點出發，心臟地帶即東歐和西亞地區，世界島即歐亞非三洲大陸。

㈡內線和外線線作戰，內線作戰者，從內部一方面，對外部多方包圍之敵行作戰；外線作戰者，從多方面發起，對中心單方之敵行包圍作戰。古今中外戰爭何其多！各種戰法（戰略、戰術）千變萬化，但依然可以簡化成這兩種型態。

㈢強權爭霸與國際盟主領導：經由外交、政治、經濟及權力操控，以強大國防軍事武力為後盾，與各大國爭霸，以取得國際盟主的領導地位。

㈣宣戰與序戰：為國與國之間交戰的戰爭指導，古今中外宣戰儀式多所不同，但意義大致相同，孫子兵法所述最為神妙。

當代研究孫子兵法的學者中，有認為本篇所稱的散地、輕地、重地、圍地、死地，指的都是官兵心理的地，在自然地理中，並不存在。（許競任，孫子探微）這個看法不夠宏觀，地形篇的所講的自然地理的高低起伏，可以用眼睛看見；但九地篇的地緣關係，講「一塊地」和「另一塊地」的關係，光用眼睛觀之不盡，要把天下地圖放在眼前則一目了然。如台灣和中國大陸的地緣關係，朝鮮半島在東北亞的地緣關係，在自然地理中，依然存在。

九地（地緣戰略）

地略之辨別

散地、輕地、爭地、交地、衢地、重地、圮地、圍地、死地

「諸侯自戰其地，為散地；入人之地不深者，為輕地；我得亦利，彼得亦利者，為爭地；我可以往，彼可以來者，為交地；諸侯之地三屬，先至而得天下之眾者，為衢地；入人之地深，背城邑多者，為重地；行山林、險阻、沮澤，凡難行之道者，為圮地；所由入者隘，所從歸者迂，彼寡可以擊吾之眾者，為圍地；疾戰則存，不疾戰則亡者，為死地。」

（內線為主作戰）

「兵散合爭……是故散地則無戰，輕地則無止，爭地則無攻，交地則無絕，衢地則合交，重地則掠，圮地則行，圍地則謀，死地則戰。所謂古之善用兵者，能使敵人前後不相及，眾寡不相恃，貴賤不相救，上下不相收，卒離而不集，兵合而不齊，合於利而動，不合於利而止。」

用「內線作戰」與「外線作戰」反制「圍堵戰略」。

共

（外線為多作戰）

（主深入不克）

「凡為客之道，深入則專，主人不克。掠於饒野，三軍足食。謹養而勿勞，并氣積力，運兵計謀，為不可測。投之無所往，死且不北。死焉不得，士人盡力。兵士甚陷則不懼，無所往則固，深入則拘，不得已則鬥。」

「是故其兵不修而戒，不求而得，不約而親，不令而信，禁祥去疑，至死無所之。」

「吾士無餘財，非惡貨也；無餘命，非惡壽也。令發之日，士卒坐者涕霑襟，偃臥者涕交頤，投之無所往者，諸劌之勇也。」

善用兵者

「故善用兵者，譬如率然。率然者，常山之蛇也。擊其首則尾至，擊其尾則首至，擊其中則首尾俱至。敢問：兵可使如率然乎？曰：可。夫吳人與越人相惡也，當其同舟而濟遇風，其相救也如左右手。是故方馬埋輪，未足恃也；齊勇若一，政之道也；剛柔皆得，地之理也。」

將軍之事

「將軍之事，靜以幽，正以治。能愚士卒之耳目，使之無知。易其事，革其謀，使人無識；易其居，迂其途，使人不得慮。帥與之期，如登高而去其梯；帥與之深入諸侯之地，而發其機，焚舟破釜，若驅群羊，驅而往，驅而來，莫知所之。聚三軍之眾，投之於險，此謂將軍之事也。九地之變，屈伸之利，人情之理，不可不察也。」

地略關係

「凡為客之道，深則專，淺則散。去國越境而師者，絕地也；四達者，衢地也；入深者，重地也；入淺者，輕地也；背固前隘者，圍地也；無所往者，死地也。是故散地，吾將一其志；輕地，吾將使之屬；爭地，吾將趨其後；交地，吾將謹其守；衢地，吾將固其結；重地，吾將繼其食；圮地，吾將進其途；圍地，吾將塞其闕；死地，吾將示之以不活。故兵之情，圍則禦，不得已則鬥，過則從。」

（王霸國際之盟兵主）

「是故不知諸侯之謀者，不能豫交；不知山林、險阻、沮澤之形者，不能行軍；不用鄉導者，不能得地利。四五者，不知一，非霸王之兵也。夫霸王之兵，伐大國，則其眾不得聚；威加於敵，則其交不得合。是故不爭天下之交，不養天下之權，信己之私，威加於敵，故其城可拔，其國可隳。」

「施無法之賞，懸無政之令，犯三軍之眾，若使一人。犯之以事，勿告以言；犯之以利，勿告以害。投之亡地然後存，陷之死地然後生。夫眾陷於害，然後能為勝敗。」

實戰與用戰

「故為兵之事，在於順詳敵之意，并敵一向，千里殺將，此謂巧能成事者也。是故政舉之日，夷關折符，無通其使，厲於廊廟之上，以誅其事。敵人開闔，必亟入之。先其所愛，微與之期，踐墨隨敵，以決戰事。是故始如處女，敵人開戶；後如脫兔，敵不及拒。」

冷戰時期美國對共產國家所行的「圍堵戰略」。

第一篇 孫子兵法

戰爭離不開地，孫子對「地」的研究，其深度和廣度，遠超古今中外任何一位兵學家、本篇以「九地」為主旨，演繹為國際地略之運用，並仍以領導統御、指揮用兵經緯其間，也表示孫子兵法「將道」為主柱也。關於九地，明代何守法有一段話可先為詮釋：

兵在散地，安上懷生，則陣不堅而鬥不勝，故不可速與敵戰，惟當固守以待其弊也。如楚將不聽或人之說，而分兵為三，與黥布戰于徐潼間，陳餘不用左車之計，而空壁出爭，與韓戰于泜水上，是皆昧此無戰之義者。爭地無攻者，謂險固要害，乃必爭之地，我當先據，若敵先得之，則勝勢在彼，切不可強攻，但佯為弗去，設伏奇巧，趨其所愛，伺敵出救，然後悉其無備而攻之或可耳，如秦人見趙奢先據北山而爭之，爭不得上，遂致大敗，正昧此義者。處交地之法，必以無絕為主，後又言謹其守，如李牧之守雁門，急入收保，不輕與戰，後多為奇陣，示以小利，卒至匈奴大至而破之之類。處圍地之法，惟在于謀，後又言塞其闕，如漢高祖被匈奴圍于白登，用陳平美人計而解。故處死地之法，惟在于戰，後又言示以不活。如班超因鄯善禮衰，知匈奴使至，將為豺狼肉也，遂激發同行卅六人，乘夜縱火而戰，以定西域是也。

2.很難想像在二千多年前的孫子，有這麼宏觀的地緣戰略視野。首先就從「九地」開始，孫子和吳王闔閭針對本篇有何討論？

孫子認為天下之大，地緣關係盡管複雜，但可概分九種，為散地、輕地、爭地、交地、衢地、重地、圮地、圍地和死地。「史記」載孫武以兵法見於吳王闔閭，闔閭曰子之十三篇，吾盡觀之矣。「吳越春秋」另記，吳王召孫子，問以兵法，每陳一篇，王不知口之稱善，想必各篇亦有問答討論的記錄，惜未留傳下來，惟本篇問答記錄留傳至

今，顯示本篇的重要，也可能當時吳欲伐楚，吳楚之間一千公里間的複雜形勢具有這九種性質，故吳王對「九地」特感興趣。

(一)「散地」：

「諸侯自戰其地者，為散地。」「散地則無戰」，他國入侵到本國，戰場即在本國領土，兵卒在自己家園打仗，會想家想妻子兒女，故士氣易散。當固守城池，勿急求決戰，應慢慢誘敵深入，集結優勢兵力，斷敵退路，再逐次消滅敵人，我國八年抗日即其例也。

吳王問孫武曰：「散地士卒顧家，不可與戰，則必固守不出；若敵攻我小城，掠我田野，禁我樵採，塞我要道，待我空虛而急來攻。則如之何？」武對曰：「敵人深入吾都，多背城邑，士卒以軍為家，專志輕鬥。吾兵在國，安土懷生，以陣則不堅，以鬥則不勝。當集人合眾，聚穀蓄帛，保城備險，遣輕兵，絕其糧道。彼挑戰不得，轉運不至，野無所掠，三軍困綏，因而誘之，可以有功。若與野戰，則必因勢依險設伏。無險則隱於天氣陰晦昏霧，出其不意，襲其懈怠，可以有功。」

(二)「輕地」：

「入人之地而不深者，為輕地。」「輕地無止」，我軍進入敵人國境不深，兵士回望鄉國不遠，而感前途難測，故軍心不固，易生逃亡念頭。故輕地無止，不要滯留停止，應果決前進，以破敵殲敵固我軍心。

吳王問孫武曰：「吾至輕地，始入敵境，士卒思還，難進易退。未背險阻，三軍恐懼。大將欲進，士卒欲退，上下異心。敵守其城壘，整其車騎，或當吾前，或擊吾後，則如之何？」武曰：「軍至輕地，士卒未專，以入為務，無以戰為，故無近其名城，無由其道路，設疑佯惑，示若將去，乃選驍將，啣枚先入，掠其牛馬六畜。三軍見得進，乃不懼。分吾良卒，密有所伏，敵人若來，擊之勿疑。若其不至，捨之而去。」

(三)「爭地」：

「我得則利，彼得亦利者，為爭地。」「爭地則無攻」，此即所謂「兵家必爭之地」，台灣在全球地緣戰略上，即屬兵家必爭之地，亞洲大陸的「出口」，美國太平洋勢力的「進口」，欲控制中國，當先控制台灣，故「爭地無攻」。不宜攻擊取得（來不及用也），而要「先佔、先制」，所以說爭地不攻。

吳王問孫武曰：「敵若先至，據要保利，簡兵練卒，或出或守，以備我奇。則如之何？」武曰：「交地之法，讓之者得，爭之者失。敵得其處，慎勿攻之，引而走之。建旗鳴鼓，趣其所愛。曳柴揚塵，惑其耳目。分吾良卒，密有所伏，敵必出救。人欲我與，人棄我取，此爭先之道。若我先至而敵用此術，則選吾銳卒，固守其所。輕兵追之，分伏險阻，敵人還鬥，伏兵旁起，此全勝之道也。」

㈣「交地」：

「我可以往，彼可以來者，為交地。」「交地則無絕」，我國的武漢、徐州均屬交地，朝鮮半島最明顯，歷史上的韓戰（明代中日朝鮮七年戰爭、一九五〇年韓戰），都是交戰雙方欲先進出半島。中國最後致勝（七年之戰日本慘敗，五〇年韓戰至少美軍未能佔領全島，保住北韓，也算致勝。），原因是無絕：後方交通線暢通。

吳王問孫武曰：「交地我將絕敵，使不得來。必令我邊城，修其所備，深絕通道，固其隘塞。若不先圖，敵人已備，彼可得來，吾不得而往。眾寡又均，則如之何？」武曰：「既我不可以往，彼可以來。我分卒匿之，守而勿怠，示其不能。敵人且至，設伏隱廬，出其不意，可以有功也。」

㈤「衢地」：

「諸侯之地三屬，先至而得天下之眾者，為衢地。」「衢地則合交」，國境線與多國毗連，通常也是強權必爭之地，如波蘭、匈牙利、科威特、中亞各國，乃至韓國，都有此屬性。「衢地合交」，用外交的方法，聯合交往可先得之為橋樑之用。若用武力硬取，必惹起多國共同干預而功敗垂成。

吳王問孫武曰：「衢地貴先，若我道遠發後，雖弛車驟馬，至不得先，則如之何？」武曰：「諸侯三屬，其道四通，我與敵相當，而傍有他國。所謂先者，必重幣輕使，約和傍國，交親結恩，兵雖後至，眾以屬矣。簡兵練卒，阻利而處，親吾軍事，實吾資糧，令吾車騎，出入瞻候。我有眾助，彼失其黨。諸國犄角，震鼓齊攻，敵人驚恐，莫知所當。」

　　(六)「重地」：

　　「入人之地深，背城邑多者，為重地。」「重地則掠」，遠征他國且已深入敵境，回望鄉國遙遠，無處可逃，只好專心打仗，但憂糧草不繼。此時「重地則掠」，須因糧于敵，奪取敵方資源，以期久戰也。

　　吳王問孫武曰：「我引兵深入重地，多所踰越，糧道絕塞，設欲歸還，勢不可遏，欲食于敵，恃兵不失，則如之何？」武曰：「凡居重地，士卒輕勇，轉輸不通，則掠以維食。下得粟帛，皆貢于上，多者有賞。士無歸意，若欲還出，切為戒備。深溝高壘，示敵且久。敵疑通途，私除要害之道，乃令輕車銜枚而行，塵埃氣陽，以牛馬為餌，敵人若出，鳴鼓隨之。陰伏吾士，與之中期，內外相應，其敗可知。」

　　(七)「圮地」：

　　「山林、險阻、沮澤，凡難行之道者，為圮地。」「圮地則行」，包含沙漠、高山都是此類。美軍在越南、阿富汗、伊拉克都碰到此類環境地形，吃了不吵苦頭。「圮地則行」，快快通過，勿稍滯留。

　　吳王問孫武曰：「吾入圮地，山川險阻，難從之道，行久卒勞，敵在吾前，而伏吾後，營居吾左，而守我右，良車驍騎，要吾隘道，則如之何？」武曰：「先進輕車，去軍十里，與敵相候，接期險阻，或分而左，或分而右。大將四觀，擇空而取，皆會中道，倦而乃止。」

　　(八)「圍地」：

　　「所由入者隘，所從歸者迂，彼寡可以擊吾之眾者，為圍地。」

「圍地則謀」，四面高山或叢林，入口狹隘，進入有被圍殲之虞。若不幸誤入，快設計脫離，故說圍地則謀。

吳王問孫武曰：「吾入圍地，前有強敵；後有險難。敵絕糧道，利我走勢，敵鼓噪不進，以觀我能，則如之何？」武曰：「圍地之宜，必塞其闕，示無所往，則以軍為家，萬人同心，三軍齊力。並炊數日，無見火煙，故為毀亂寡弱之形，敵人見我，備之必輕，告勵士卒，令其奮怒。陳伏良卒，左右險阻，擊鼓而出，敵人若當，疾擊務突，前鬥後拓，左右犄角。」又問曰：「敵在吾圍，伏而深謀，示我以利，縈我以旗，紛紛若亂，不知所之，奈何？」武曰：「千人操旌，分塞要道，輕兵進挑，陣而勿搏，交而勿去，此敗謀之法。」

(九)「死地」：

「疾戰則存，不疾戰則亡者，為死地。」「死地則戰」，前強敵後絕路，左右斷崖或有不可越越之障礙，軍處其中，必死無餘，此時以必死決心死戰，為唯一生路，故曰疾戰則存，不疾戰則亡。

吳王問孫武曰：「吾師出境，軍于敵人之地。敵人大至，圍我數重。欲突以出，四塞不通。欲勵士激眾，使之投命潰圍，則如之何？」武曰：「深溝高壘，示為守備。安靜勿動，以隱吾能。告令三軍，示不得已。殺牛燔車，以饗吾士。燒盡糧食，填夷井竈，割髮捐冠，絕去生慮，士有死志，于是砥甲礪刃。並氣一力。或攻兩傍，震鼓疾譟，敵人亦懼，莫知所當。銳卒分兵，疾攻其後，此是失道而求生。故曰：困而不謀者窮，窮而不戰者亡。」又問：「若我圍敵，則如之何？」武曰：「山峻谷險，難以踰越，謂之窮寇。擊之之法，伏卒隱廬，聞其去道，示其走路。求生逃出，必無鬥志。因而擊之，雖眾必破。」

所謂「內線」或「外線」作戰，事實上俱有普遍性運用價值，並
不止於強權爭霸或大軍作戰，其他小規模作戰，或任何集團、組織與
個人，都有運用的價值。舉一例，張先生追李小姐，同時張先生也針
對李小姐的父母兄姊親友等「發動攻勢」，也建立良好關係，都幫著
張先生講話，這是外線作戰。另一例局面情勢逆轉，李小姐要嫁張先
生，父母家族親友全都反對，但李小姐意志堅定，一個個去說服，「各
個擊破」，這是李小姐的內線作戰，擴張到軍事作戰，列國爭勝，只
不過資源多、組織大加上權謀操作，方法是相同的，九地篇曰：

> 古之所謂善用兵者，能使敵人前後不相及，眾寡不相恃，貴
> 賤不相救，上下不相收，卒離而不集，兵合而不齊。合于利而
> 動，不合于利而止。敢問：「敵整眾而將來，待之若何？」曰：
> 「先奪其所愛，則聽矣；兵之情主速，乘人之不及，由不虞之
> 道，攻其所不戒也。」

解讀孫子這段「內線作戰」，正好針對內線作戰要領，為乘敵在
分進尚未達成包圍合擊時，以各個擊滅，有清楚的論述，其步驟可分
項註解。

　(一)把握六方面可操作性的用兵之道：

　　(A)使敵先頭部隊和後續部隊分離，不能協調連絡。

　　(B)使敵主力和支部不能連繫。

　　(C)使敵之上層、中層和下層產生猜疑，各自為戰。

　　(D)使敵之指揮者和被指揮者斷線，失去連繫。

(E)使敵兵力散出去收不回來，形成兵力分散。

(F)使敵兵力集結不起來，不能形成優勢戰力。

㈡條件：合于利而動，不合于利而止。

㈢待敵行動：

(A)先攻敵最感痛癢之處，使陷於被動，聽我擺佈。

(B)要訣在兵力轉移的速度，使敵來不及反應。

(C)發動奇襲，由不虞之道，攻其不備。

內線作戰是一種以少擊眾的戰略戰術，在西方拿破崙以善用內線作戰取勝。在我國滿清初入關時，清太祖努爾哈赤以六萬兵力擊敗明軍四十七萬之眾的薩爾滸之戰，為我國戰史上內線作戰之典範。努爾哈赤有一句內線作戰名言，謂「管他幾路來，我只一路去。」就是緊緊抓住孫子兵法內線作戰的核心思想。

> 4.看來做事情有一定的方法，而成就任何事情也必定有方法，九地篇講完內線作戰，孫子接著講外線作戰，請陳老師介紹。

確實成就任何事都有一定的方法，有方法可以上天下地，不依方法亂撞，想成功只有靠「天上掉下來的機會」，就像以少擊多，本來贏的機會就不大，但依一定的方法卻成必勝。

外線作戰是內線作戰的相對戰法，通常用在大企圖、大戰略、大包圍或遠征別國之用，如今之美國在全球各地點燃戰火，孫子先不談方法，先談「情境」說：

> 凡為客之道，深入則專，主人不克，掠于饒野，三軍足食，謹養而無勞，併氣積力，運兵計謀，為不可測。投之無所往，死且不北，死焉不得，士人盡力。兵士甚陷則不懼，無所往則固，深入則拘，不得已則鬥。是故，其兵不修而戒，不求而得，不約

而親，不令而信，禁祥去疑，至死無所之。吾士無餘財，悲惡貨也；無餘命，非惡壽也，令發之日，士卒坐者涕沾襟，偃臥者涕交頤，投之無所往，則諸劌之勇也。

先不談國家用兵之目的何在？看看現在美軍在阿富汗、伊拉克，回顧中國遠征在越南、緬甸，遠在異國情境下的官兵心理，為遠征軍各級指揮官必須要懂的士兵心理學，正是九地篇這段所述：

㈠遠征異國（客），愈是深入，我軍愈能團結奮鬥，弱小的敵國無力抵抗，資源盡歸我軍所有，故能三軍足食，士氣高昂，此時，用兵計謀，千萬不可洩露了。

㈡再深入敵境，官兵就都抱死決心，也不會當逃兵。深入就沒甚麼好怕，那裡也去不成就會專心打仗，陷於逆境就會發揮極限戰力。

㈢不須軍紀要求也會自我警惕，工作進度不必要求也會自動，官兵不須約束都能親愛精誠，不須要種種禁令也會對長官產生信仰，而不會迷會鬼神，至死效忠。

㈣士卒並非不愛財，公而忘私也；也並非不愛生命，置之度外也。決戰命令下達時，官兵都會激動的奮不顧身，痛哭淚涕，悲憤交集，像這樣的軍隊投之任何戰場，都會和專諸、曹劌同樣勇敢。

外線作戰孫子稱之為「客」，以上是為客之道，基本道理或精神也，亦為大國遠征軍在外必然碰到的情境。通常能支持遠征軍在外征戰者，都是大國、強國或有相當雄富國力資源，才有致勝機會。接著，孫子講到外線作戰的用兵，將道和地略關係。

5.遠征異國碰到不同的文化、種族或生活信仰等，其用兵、將道和地略關係自然也不同。

遠征異國不僅碰到異文化，且空間拉大，時間拉長，在用兵原理上類似外線作戰，成敗關鍵在「分進合擊」，特重首尾連絡，孫子述

其用兵之道：

> 譬如率然，率然者，常山之蛇也，擊其首則尾至，擊其尾則
> 首至，擊其中首尾俱至。敢問：「兵可使如率然乎？」曰：
> 「可」夫吳人與越人相惡也，當其同舟濟而遇風，其相救也如左
> 右手。是故，方馬埋輪，未足恃也，齊勇若一，政之道也，剛柔
> 皆得，地之理也。故善用兵者，攜手若使一人，不得已也。

孫子用「常山之蛇」形容外線作戰的要訣，又舉「仇人同舟」為
求生而合作的心理，論述各分進部隊的協同連絡，達到常山之蛇的境
界是做的到的，用強制手段阻止逃兵是不可靠的，掌握地利和用兵原
理，才是優良的指揮官，指揮大軍如同指揮一人，並沒有甚麼高深或
複雜的道理。孫子又針對帶領大軍遠征異國的各級將帥，論述其應有
的智慧，為九地之變：

> 將軍之事，靜以幽，正以治。能愚士卒之耳目，使之無知。
> 易其事，革其謀，使人無識；易其居，迂其途，使人不得慮。帥
> 與之期，如登高而去其梯；帥與之深，入諸侯之地而發其機，若
> 驅群羊，驅而往，驅而來，莫知所之。聚三軍之眾，投之于險，
> 此將軍之事也。九地之變，屈伸之利，人情之理，不可不察也。

遠征異國的部隊各級指揮官，須有深遠的考量，公正嚴明，才能
使部屬服從長官的命令，執行命令是不能問原因的，變更命令內容下
級也不會有任何懷疑，有如上屋抽梯一樣，勇往直前去執行命令或任
何任務；又有如驅趕群羊一樣，往那裡趕，羊便往那裡走。如此，率
領三軍部隊，投入決戰取得勝利，這是將帥的本領，懂得運用地略之
利，人情之常，不可不詳加考察！再提示各種地略形勢的用兵之道：

※ 散地：齊一意志，勇敢前進。
※ 輕地：加強上下連繫，團結軍心。
※ 爭地：迂迴側背後，勿做正面攻擊。
※ 交地：謹慎防守。

⊠衢地：事先經由外交，取得先佔之利。

⊠重地：做好糧彈補給和後勤連絡工作。

⊠圮地：快快通過，不要停留。

⊠圍地：進入圍地要封閉缺口，以固軍心。

⊠死地：以必死決心，必可死裡求生。

以上是孫子「為客之道」，是一種外線作戰，也是遠征異國的作戰。此時此刻的一般官兵心理，若被敵包圍就會堅定抵抗以求突圍，陷入不得已境地，自知有生命危險，就會拼死一戰；戰況危急，就會專心服從打仗，決無二心，故孫子說「死地吾將示之以不活」，敵人看到你不想活了，必心生恐懼，有句話說「人不要臉鬼都怕」，也說「人不要命鬼見愁」，確實是有道理的。世界上最可怕的人，就是不要命的人。十多位不要命的蓋達組織成員，可使三億美國人聞風喪膽。

一支能稱國際盟主的軍事力量，知九地之變只是條件之一，孫子認為要合乎三個條件。「不知諸侯之謀者，不能預交，不知山林險阻沮澤之形者，不能行軍，不用鄉導者，不能得到地利。此三者不知一，非霸王之兵也。」不知列國情勢，不能運用外交；不懂地略不能用兵；不用當地人力資源，不能有效獲取地利。這三項缺其一，就無法成就國際強權的主盟之兵。

吾人試觀二十世紀末到廿一世初，美國仍是全球超強（盟主），為確保美國利益，不惜在全球各處用兵，其成敗還是決定在這三個要件之上，如阿富汗與伊拉克戰事，可為實例來解讀孫子兵法。

6、一支主盟國際之兵要合乎前項的三條件，固然是有理，但像美國這樣到處用兵是否成了「侵略者」，目前南美洲和歐洲等地，都稱美國是「帝國主義者」，聯合國也未通過美國對伊拉克用兵，通過孫子的戰爭觀，如何詮釋像美國這樣的戰爭行為？

第一篇孫子兵法

孫子兵法是反對侵略之戰，在各篇章（如始計）都表述的很清楚，孫子在本篇所說「霸王之兵」，乃居於春秋時代為霸政政治的關係，目的是「尊王攘夷」，故霸王之兵是仁義之師，如孔子讚揚管仲相齊桓公的霸政事業說：「管仲相桓公，霸諸侯，一匡天下，民到于今受其賜，微管仲，吾其被髮左衽矣。」孔子之言，證明孫子「霸王之兵」是一支維持國際和平安全的強大軍隊，而不是侵略之用的力量。所以九地篇孫子接著說：

> 夫霸王之兵，伐大國則其眾不得聚，威加于敵，則其交不得合。是故不爭天下之交，不養天下之權，信己之私，威加于敵，故其城可拔，其國可墮。

國際盟主的軍力是用於維持國際和平與安全，若有大國要侵略小國，應該討伐大國，則大國也可以使其動員不起來，在盟主兵力威勢下，使其外交陷於孤立。所以，盟主要爭取友邦和盟國支持，培養外交人才，若憑私欲到處用兵，則盟主本身也會城破國亡。故雖為國際盟主，也不能任意用兵於他國，孫子認為：

> 施無法之賞，懸無政之令，犯三軍之眾，若使一人。犯之以事，勿告以言，犯之以利，勿告以害。投之亡地然後存，陷之死地然後生。夫眾陷於害，然後能為勝敗。故為兵之事，在于順詳敵之意，併力一向，千里殺將，是謂巧能成事。

遠征軍是一支特種部隊，故須有特別待遇和特別獎賞，置之死地而後生，集中優勢戰力，千里之外也能完成任務。知道遠征他國的特別之處，掌握九地之利和用兵之道，就可以正式宣戰，其宣戰和序戰要領有：

> 是故政舉之日，夷關折符，無通其使，屬于廊廟之上，以誅其事。敵人開闔，必亟入之。先其所愛，微與之期。踐墨隨敵，以決戰事。是故始如處女，敵人開戶，後如脫兔，敵不及拒。

一旦決定發動戰爭，對敵宣戰，立即要封鎖國境，中止兩國所有往來。並要在宗廟之上召開「國家安全會議」，以訂戰爭大計，因應敵情，執行戰爭計畫，「始如處女，後如脫兔」是比喻之詞，計畫時神鬼不知，發動時大軍壓境，可以速戰速決，不致於戰事久拖。

　　綜觀九地篇思維，為國際大戰略的內線和外線兩大戰法，也是兩種不同（相對性）的戰略思維，提供給現代人經營國際，尤以地緣戰略為出發點，更適合廿一世紀之用，蓋因以地緣關係為基礎，是古來國家生存發展優先考量，到廿一世紀的今天，全球各地紛紛出現地緣經濟組織，地緣經濟和地緣政治成為當代「顯學」，易顯九地篇的價值。

　　但九地篇的解讀亦可越超內線外線思維，超越盟主用兵之外，成為一般用兵法則，不論大國小國或強國弱國或商業戰場上的用兵，雖有地略，將道等影響因素，惟最後歸納到「兵情主速」原理，即「速度原理」，並分化成三大指導原則「乘人之不及，由不虞之道、攻其所不戒。」（如表。）

九地（地緣戰略與用兵）

地略形勢與用兵

- 散地者——諸侯自戰其地……故吾將一其志
- 輕地者——入人之地而不深者……故吾將使之屬
- 爭地者——我得則利，彼得亦利者……故吾將趨其後
- 交地者——我可以往，彼可以來者……故吾將謹其守
- 衢地者——諸侯之地三屬……故吾將固其結
- 重地者——入人之地深，背城邑多者……故吾將繼其食
- 圮地者——行山林、險阻、沮澤，凡難行之道者……故吾將進其途
- 圍地者——所由入者隘……故吾將塞其闕
- 死地者——疾戰則存，不疾戰則亡者……故吾將示之以不活

是故：
- 不得地利，故不能行軍
- 其卒上下不相收，兵不相得而散，合而不齊
- 其眾不合，合而不齊，先知事而後勁

是故：
- 使其前後不相及，眾寡不相恃，貴賤不相救，上下不相收
- 卒離而不集，兵合而不齊，合於利而動，不合於利而止

遠征

- 客之道：深入則專，主人不克
- 掠於饒野，三軍足食
- 謹養而勿勞，併氣積力，運兵計謀，為不可測
- 投之無所往，死且不北，死焉不得，士人盡力
- 兵士甚陷則不懼，無所往則固，深入則拘，不得已則鬥
- 是故：不修而戒，不求而得，不約而親，不令而信
- 至死無所之

將道

- 靜以幽，正以治
- 能愚士卒之耳目，使之無知
- 易其事，革其謀，使人無識
- 易其居，迂其途，使人不得慮
- 使之屬，投之於險，帥與之期
- 如登高而去其梯，帥與之深入諸侯之地，而發其機
- 焚舟破釜，若驅群羊……
- 聚三軍之眾，投之於險
- 九地之變，屈伸之利，人情之理，不可不察也

霸王之兵

- 懸無法之令，施無政之令，犯三軍之眾，若使一人
- 犯之以事，勿告以言；犯之以利，勿告以害
- 投之亡地然後存，陷之死地然後生
- 威加於敵，則其交不得合，而威加於敵，故其城可拔，其國可墮

兵（事）

- 兵之事：在於順詳敵之意，併敵一向
- 是故：政舉之日，夷關折符，無通其使……
- 敵人開闔，必亟入之，先其所愛，微與之期，踐墨隨敵，以決戰事
- 是故：始如處女，敵人開戶；後如脫兔，敵不及拒

兵情之速：乘人之不及，由不虞之道，攻其所不戒。

輯 13 火攻：火力戰略

水火戰略、藝術和道德問題

1、陳老師，本篇講火攻作戰，另外也延伸出水攻作戰，常聽到「水火無情」，水火要如何用於作戰？又何謂「火攻」？「放一把火」就是火攻嗎？

當代註孫子名家魏汝霖將將軍，譯本篇名「核子戰」，吾人以為這個譯名未能涵蓋火攻篇論述之範圍。按火攻篇的「火」，指各種形式的「火」，更指形而上意象的「戰火」。所以，火牛陣、火燒連環船，乃至「911 事件」等，都是火攻篇範圍，當然也包含原子、核子戰火。所以孫子火攻泛指一切可用於作戰的水火，且水火只是取勝工具，所謂道德問題在「人」不在「火」。

明王陽明先生亦說，火攻為兵法之一端耳，用兵者不可不可知，實不可輕發，故曰：非利不動，非得不用，非危不戰，至不可以怒而興師，將不可以慍而致戰，是確保國家安全之道，戰爭已是凶險，加上水深火熱，則更是慘烈無比，故水火作戰最須謹慎，孫子首先讀到火攻的五種方法：

> 凡火攻有五：一曰火人，二曰火積，三曰火輜，四曰火庫，五曰火隊。行火必有因，煙火必素具。發火有時，起火有日。時者，天之燥也。日者，月在箕壁翼軫也。

所謂火攻有五，是火攻的五大目標：

△火人：焚燒敵方舍城鎮，消滅其軍民。

△火積：焚燒戰區或後方工業區，毀其生產製造能力。

△火輜：焚燒戰鬥部隊自行攜帶的後勤補給存量。

△火庫：焚燒敵分存各地的糧彈器械。

△火隊：焚燒敵集結部隊。

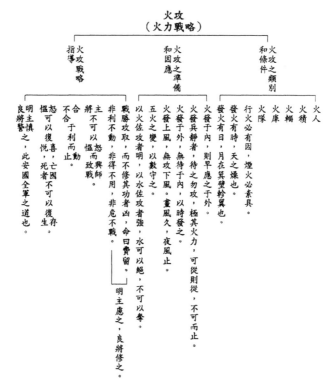

按火攻五大目標，交戰雙方若有火攻作為，則焚燒敵方城鎮軍民，都是合法的戰爭行為。由此推論，「911事件」使美國慘死數千平民，也是合法的戰爭行為，縱使蓋達組織在美國境內引爆核武，也是合法的戰爭行為，因為雙方是交戰團體，都有權利採取一切必需的攻擊行動。

火攻所須要的配合是時間、工具、和氣候，「行火必有因，煙火必素具。發火有時，起火有日，時機者，天之燥也。日者，月在箕壁

翼軫也。凡此四宿者，風起之日也。時配合得好，火攻必能創造重大戰果。」

2. 何謂箕、壁、翼、軫？火攻只有五種嗎？是否有第六種？

箕、壁、翼、軫是四個星宿,中國古代天文學分星象為二十八宿,都是環繞銀河系的大星座，依天體經度分成四宮：

東方七宿（蒼龍）：角、亢、氐、房、心、尾、箕。
北方七宿（玄武）：斗、牛、女、虛、危、寶、壁。
西方七宿（白虎）：奎、婁、胃、昴、畢、觜、參。
南方七宿（朱雀）：井、鬼、柳、星、張、翼、軫。

以上月在箕、壁、翼、軫星宿時，為起風之日也，最適進行火攻時機。火攻有五，是五個火攻目標，但火攻的方式不止五種，例如「火象陣」（前五〇六年孫子率吳軍伐楚，楚昭王以火象陣脫逃。）、「火牛陣」（田單，前二七九年）等，故孫子接著講五火之變化。

　　凡火攻，必因五火之變而應之。火發于內，則早應之于外。火發而兵靜者，待而勿攻。極其火力，可從而從之，不可從而止。火可發于外，無待于內，以時發之。火發上風，無攻下風，晝風久，夜風止。凡軍必知五火之變，以數守之。故以火佐攻者明，以水佐攻者強，水可以絕，不可以奪。

火攻要注意五火變化，從敵軍內部放火要有外部兵力配合，火已燒而敵仍安靜要小心，不可馬上進攻，看情況再進攻。從敵軍外部火攻，就不一定要有內應，要注意天候時日配合。上風燒火時不可攻下

方，日夜風的性質不同，用兵要懂得五火變化，夜間用火可助照明，用水佐戰威力強大，但只能隔絕敵軍，不能奪敵陣地。

火攻、水攻在戰史上始終有很高的運用價值，國軍對日抗戰之初，徐州會戰後，鄭州開封間，黃河決口，造成有名的黃氾區，阻止日軍西進，二戰時美軍對日本投下原子彈，可謂人類戰史上最強大的火攻史例。一九九○年波灣戰爭，伊拉克軍隊用強大的火攻（石油），企圖阻止美軍入侵。乃至二○○○年的「911事件」，亦可謂火攻之典範也.

> **3.** 戰爭已經是凶險，加上火攻、水攻，無異使戰火更加慘烈，使平民陷於水深火熱（如911事件、原子彈炸廣島等），是否應優先考量道德或慈悲等問題？

通常戰爭是解決問題的最後考量和最後選擇，所以道德問題應已考量。關於平民是否可以成為戰爭攻擊的目標，亦有各說，近代總體戰（全民皆兵）思想發達，認為人民是支持戰略最深厚的基礎，因而也是目標，或認為政府因人民支持而存在，故政策反應民意，如今之美國和軍國主義日本，不分軍民也就都成為戰略攻擊的目標。

戰爭加上水火佐攻，定使傷亡更加慘烈，孫子兵法充滿著悲天憫人的慎戰和不戰思想，火攻篇最後說：

> 夫戰勝攻取，而不修其功者凶，命曰費留。故曰：明主慮之，良將修之；非利不動，非得不用，非危不戰。主不可以怒而興師，將不可以慍而致戰；合于利而動，不合于利而止。怒可以復喜，慍可以復悅，亡國不可以復存，死者不可以復生。故明主慎之，良將警之，此安國全軍之道也。

戰略雖然得到最後勝利，但若未達到真正和平之目的，其久戰、

勞民、喪財，必定會留下凶險的後遺症，稱之「費留」。所以，賢明的國家領導人要週密考慮戰爭之事，良將作戰指導要慎重，更有鑑於水火殘酷，應遵守三大指導原則：

㈠非利不動：戰略固為勝利，但非為一國一己之利便發動戰爭，而是雙方或各方都得「利」才叫勝利。若是兩敗俱傷或共同毀滅，何「利」之有？

㈡非得不用：「得」有二解，一者「戰果」，次者「不得已」，以不得已解較正確，即最後的手段，如我國八年抗戰，為最後關頭起而奮戰。

㈢非危不戰：即到最危險的關頭，不起而奮戰便危及生存。

為能遵守三大原則，孫子提示做好「情緒管理」，「主不可以怒而興師，將不可以慍而致戰」；也要有「市場導向」，「合乎利而動，不合于利而止」。

最後孫子發而為悲天憫人之大聲疾呼說，「亡國不可以復存，死者不可以復生」，千萬勿輕啟戰端，勿醉心戰爭，明主慎之，良將警之，才是和平安全之道。孫子不愧為「兵聖」，他創下最高的戰爭原則「不戰」，明代劉寅有一段話詮釋火攻篇。

「水火之用，古人多出于不得已焉耳，三代之前聖帝名王，安肯用此，以漂流焚蕩，使生民糜爛，糜有子遺哉。論者謂火攻為孫子之下策，然自戰國以來，詭詐相尚，而用之者多矣。陸遜火其營，黃蓋火其舟，江逌以鶴數百，連以長繩，繫火于足，以燒羌眾。田單以牛數千，披五彩龍文，束刃于角，繫火于尾，以焚騎劫。後周時，段韶火弩攻破柏谷。後漢時，皇甫嵩縱火攻破黃布，此皆以火而取勝者也。韓信決壅囊以斬龍且，曹操引泗以灌呂布，陳將章昭達因暴雨水漲，大放木筏，衝突陳寶應柵，而得以成功。唐太宗握洛水上流，使淺，誘劉黑闥半渡，而遂以破，此皆因水而取勝者也。但水火之害，酷烈慘毒，賢將之深慎也。孫子曰：「不戰而屈人之兵，善之善者也。」以此言之，火攻但示人不可不知，非專恃此以為勝也。」

輯14 用間：情報戰

情報、資訊與共用人秘笈

1、陳老師，我們現在要介紹孫子兵法最後一篇用間即情報戰，古今中外戰爭背後，最精彩的是這部份，想不到二千多年前，孫子已提出神奇而實際的用間篇，是情報的理論與實務，其現代運用價值如何？

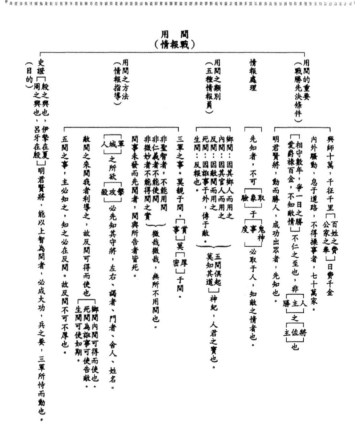

用　間
（情報戰）

用間的重要（戰勝先決條件）
興師十萬，千征千里「百姓之費，公家之奉」日費千金。
內外騷動，怠于道路，不得操事者，七十萬家。
相守數年，以爭一日之勝，而愛爵祿百金，不知敵情」不仁之至也，非「人」之「主」也。「非「主「之佐「也。
明君賢將，動而勝人，成功出眾者，先知也。

情報處理
先知者，不可「取」于「鬼神」，必取于人，知敵之情者也。
不可「象」于「事」，「度」

用間之類別（五種情報員）
鄉間：因其鄉人而用之
內間：因其官人而用之
反間：因敵間而用之
死間：為誑事于外，傳于敵。
生間：反報也。
五間俱起，莫知其道」神紀，人君之寶也。

用間之方法（情報指導）
三軍之事，莫親于間，賞「莫」厚「于間」事「莫」密「于間」。
非聖智者，不能用間
非仁義者，不能使間
非微妙者，不能得間之實
間事未發而先聞者，間與所告者皆死。

軍之所欲「擊」
城之所欲「攻」
人之所欲「殺」必先知其守將，左右、謁者、門者、舍人、姓名。
微哉微哉，無所不用間也。

敵間之來間我者，利導之，故反間可得而使也。
鄉間內間可得而使也。
死間為誑事可使告敵。
生間可使如期。

五間之事，主必知之，知之必在反間。故反間不可不厚也。

史證（目的）
「般之興也，伊摯在夏」
「周之興也，呂牙在般」明君賢將，能以上智為間者，必成大功，兵之要，三軍所恃而動也。

不管理論或實務，用間篇始終是每個時代情報戰的指導，現代各行各業運用價值依然高。

戰爭中致勝的因素，甚至所有生物在叢林中競爭生存勝敗存亡的關鍵因素，不外「知己、知彼、知天、知地」四個系統。各篇已有許多論述，用間篇是研究「知彼」的工夫。

用間篇與其他各篇也有連接關係，始計「五事七計」，須要情報資料印證、虛實「策之、作之」以為補助，用現代術語說，用間篇是透過科學精神，完成所有「知」的流程，方不致為敵所誤。

用間篇首先強調一切成功和勝利的條件是「先知」，事先知道所有該知道的事，即用間的先知：

> 凡興師十萬，出征千里，百姓之費，公家之奉，日費千金。
> 外內騷動，怠于道路，不得操事者，七十萬家。相守數年，以爭
> 一日之勝，而愛爵祿百金，不知敵之情者，不仁之至也。非人之
> 將也，非主之佐也，非勝之主也。故明主賢將，所以動而勝人，
> 成功出于眾者，先知也。

孫子以前方十萬軍和後方七十萬民的戰略動員，來說明戰略對全民的經濟負擔，也是慎戰思想的警示。相恃數年，只為有一天得到勝利，然而卻只愛金銀財寶，不肯把錢財官位給人，弄得敵情工作一無所知，結果在戰場上浪費無數生命財產，像這種國家領導人叫麻木不仁，像這種將帥也不能創造勝利，故明君賢將，只要有行動，就必然會創造勝利，成功也出人意料，原因是先知敵情，而先知敵情的前提，只不過「錢財往下發」，情報人員給他重厚的爵祿。

楚漢相爭，雙方勝敗原因固多，但項羽把錢財寶物緊緊握在手中，捨不得給人，結果人才跑光光。劉邦則不要錢財，盡發給一同打拼的人，其下多人才。俗語說：「抓住錢人跑掉，發出錢人聚來」是也。

第一篇 孫子兵法

> *2*、我們常形容很有智慧或聖賢為「先知」，孫子認為成
> 功的條件在先知，就是要先知道某些情報，何者為有
> 價值的「知」？又何者是無價值的「知」？

知識無涯，不知道那些該「知」，而那些只是「垃圾郵件」，尤
其情報資訊是關係戰爭成敗的知識，是一種無價「秘笈」。在現代情
報作業流程中，這一步叫情報處理，孫子採「高規格」標準處理：

　　先知者，不可取于鬼神，不可象于事，不可驗于度；必取于
人，知敵之情者也。

情報可能是敵所放出的「假情報」，故須謹慎處理，多方驗證，
求証無誤才叫「先知」。孫子的高規格求證有四大科學精神。

　　㈠「不可取于鬼神」：儘管在謀略運用上，鬼神可用來欺敵誤
　　　敵，但孫子認為敵情獲得和情報研判處理，仍須在真實的基礎
　　　上，不能求神問卜，必竟戰爭是現實的。

　　㈡「不可象于事」：過去某事如何處理，現在不可依樣畫葫蘆，
　　　戰機千變萬化，照抄老辦法行不通。在這裡，孫子推翻了歸納
　　　法，也推翻了「天下烏鴉一般黑」，廿世紀的科學家也未必有
　　　此高水準的科學精神。

　　㈢「不可驗于度」：不能全憑主觀的判斷，儘管敵情乃判斷而
　　　來，但支持判斷的訊息必有客觀證據。俗言「有一分證據，說
　　　一分話」，二千多年前兵聖都有此觀點。

　　㈣「必取于人，知敵之情者也。」：判斷敵情須要證據，而證據
　　　不外人証和物證，就是物證也要人去「取回來」，何人去取？
　　　「間」即情報人員，這是孫子認為情報獲得惟「間」可用的道
　　　理，且「間者」的薪水必須是最高的，要給他最高的榮譽和爵
　　　位。

因為情報員關係國家安危，所以是「人君之寶」，人君之寶有五
種（孫子間接提示：五間是人君之寶，而不是爵祿百金，若只愛爵祿

百金，不仁之至也。）：

故用間有五：有鄉間，有內間，有反間，有死間，有生間。
五間俱起，莫知其道，是謂神紀，人君之寶也。

在「揭暄子兵經」，另有十六種「間」：「生、死、書、文、言、
謠、歌、賂、物、爵、敵、鄉、反、女、思、威」，可當成五間的變
化運用。任何事業，凡能善用五間就能出神入化，這種境界叫「神
紀」。運用情報人員都能達到「神紀」的修養工夫，也是身為國家領
導最寶貴之處。

> *3*、那就請陳老師談談孫子之五間的運用，國家或國家領
> 導人又該如何對待這些「無名英雄」？

情報員不論在任何情況下，都是隱姓埋名，深藏不露，古今皆然，
頂多有個代號（如長江一號）或別名，所以是無名英雄。五間是：

㈠「鄉間」：

「鄉間者，因其鄉人而用之。」是僑居在敵國的本國同胞，或已
入敵國籍的本國僑民，利用「血緣關係」來為祖國效勞。例如，二次
大戰時日本利用日裔美國人做情報工作。利用同鄉關係拉攏做情報，
也是鄉間之一。

㈡「內間」：

「內間者，因其官人而用之。」敵國政府中的文武官員，尤以掌
握機密資料者最有價值。「內」字也表示敵國內部特別的人，如官夫
人、眷屬、侍從、衛士、姨太太、地下情人等，凡是重要官員的身邊
人、枕邊人，都是得取情報，或拉攏為情報員的對象，歷史上這種故
事真是太多了。

㈢「反間」：

第一篇 孫子兵法

「反間者，因其敵間而用之。」對於敵在我方的間諜，設法為我所用也，其法威脅利誘或收買等。或刻意設計，傳出我方的假情報，由其傳達回國，用以誤敵。

另一種「反間」是放出假情報，用以離間敵營，如長平之戰，秦放話說廉頗要投降，秦畏趙括取代廉頗，趙王信以為真導至四十萬大軍慘死陣亡，政治鬥爭也常使反間計，二○○六年初，陳水扁放話王金平組閣，目的在分化藍營。

㈣「死間」：

「死間者，為誑事于外，令吾間知之，而傳于敵」。故意使我方情報員洩漏情報或身份，在敵營被捕，供出情報，敵信以為真。五間之中，死間最難運用，因可能被敵我雙方判死刑，而成就本國的勝利，所以說死間是很偉大的，等於把生命獻給國家。

㈤「生間」：

「生間者，反報也。」情報員能出入敵營，把情報資料帶回國為最可靠。另一種是外交人員，可以公開返國「述職」，實即回國報告重要情報。

情報員在敵國出生入死，又不能公開身份，其眷屬和有關親人可能也受到限制，所以國家最要善待情報員，國家元首也要用最高規格禮遇情報員。孫子說：

> 故三軍之事，親莫親于間，賞莫厚于間，事莫密于間。非聖不能用間，非仁義不能使間。非微妙不能得間之實，微哉，微哉，無所不用間也。間事未發，而先聞者，間與所告者皆死。

「非微妙不能得間之實」句最為「微妙」，情報員為甚麼不願把「實情」報告元首？即如文所謂，國家領導人不智不仁不義，則情報員不報實情，亦可不效命、不效忠於元首。舉一實例，中華民國派出的情報員，忠於中華民國和元首，在更高的層次上，中華民國及其情報員都是「中國屬性」，因此情報員行為也合於中華民族利益，但當

中華民國被台獨或不法政權把持,進行「去中國化」,中華民國被質變成台獨政權,違反中華民族利益,亦違反春秋大義,情報員因而不願效忠台獨政權,當然也不會把真實情報向「獨台化的中華民國元首」報告,這就是「非微妙不能得間之實,非仁義不能使間,非聖智不能用間的道理。」

孫子此處的「仁義」和始計篇「智信仁勇嚴」之仁同也,都是指儒家的仁政思想內涵,當一個政權偏離仁政亦不能使間,因情報員不願被使喚了。台獨政權違背春秋大義仁政思想,諜報員很自然「出走」,他不願成為「非法政權」幫凶也。

但若中華民國的生存發展,合乎春秋大義,仍是中國屬性,便合乎民族長遠利益,情報員便須效忠;若有失職便應接受國法處分,洩漏機密和散佈者均可能處於死刑。

> 4、所以說情報是敵我之間,另一個無聲無息的戰場,雖無聲無息,都關係國家存亡。在孫子兵法最後結尾,孫子為何舉伊尹和姜太公為例,有何深意?

情報戰雖無聲無息,卻是很精彩的,情報員都為本國效忠,但雙方甚至多方陣營都想爭取,故有所謂「雙面諜」或「多面諜」,而使戰況更複雜。

> 凡軍之所欲擊,城之所欲攻,人之所欲殺;必先知其守將、左右、謁者、門者、舍人之姓名,令吾間必索知之。必索敵間之來間我者,因而利之,導而舍之,故反間可得而使也。因是而知之,故鄉間、內間可得而使也。因是而知之,故死間為誑事,可使告敵。因是而知之,故生間可使如期。五間之事,王必知之,知之必在于反間,故反間不可不厚也。

第一篇 孫子兵法

對於作戰目標，所欲攻掠城池與敵軍，對其指揮官幕僚、侍衛或有關的賓客，都是情報蒐集對像，查出藏在我方陣營的敵諜，設法利用為我反間，引導為我方效勞。以策動敵間成為我方反間之例看，敵方派來的鄉間，內間、死間和生間，同樣可以加以利用，這五種情報的運用，主持國家大政的人必須知道，且五間之關鍵在反間，所以反間（反情報員）的薪資千萬不能太少。情報工作關國家興亡，所以十三篇之末孫子總結說：

> 昔殷之興也，伊摯在夏；周之興也，呂牙在殷。故明君賢將，能以上智為間者，必成大功，此兵之要，三軍之所恃而動也。

伊摯即商湯重臣伊尹，史記卷三殷本紀說：「伊尹欲干湯而無由，乃為有莘氏媵臣，負鼎俎以滋味說湯，致於王道。」又說：「湯使聘之，五返然後肯往，從湯言素王九主之事。」孟子亦曰：「伊尹耕於野，湯聘之乃起，學焉而後臣之。」顯然湯是「五顧茅蘆」才請出伊尹，並加以重用，但湯又荐伊尹給夏桀（即為情報員），未蒙重用，伊尹藉機觀察夏政，並與夏臣做連絡工作，終於佐湯滅桀，終結暴政。

呂牙即太公望，或稱姜太公，初仕紂王，以其無道而去，釣魚時逢西伯，遵為尚父，西伯卒，佐武王滅紂興周。史記齊世家說，「文王與呂尚陰謀修德以傾商政，其事多兵權與奇計。」相傳兵書「六韜」即姜太公作品，武王伐紂奇謀都出自太公之手。

宋梅堯臣曰：「伊尹呂牙非叛國也；夏不能任，而任之。殷不能任，而周用之，其大功者，為民也。」孫子舉伊尹、太公二人為例，說明用間境界。但更深用意在指出，情報員不能死忠效命於暴君、暴政，即對不行仁政又違反春秋大義的政權，首先要被情報員唾棄（情報員知道最多內情），非間者不忠也，統治者不仁不義也。

至於以間篇做十三篇完結，唐李筌曰：「孫子論兵，始于計而終于間，蓋不以攻為主，為將者可不慎之哉。」意指孫子之慎戰不戰思

想，並非一味鼓動戰爭，明劉寅亦認為，孫子首以始計，終以用間。計者將以校彼我之情，間者欲探彼我之情；計定于我，間用于彼；計料其顯而間察其隱，計易定而間難用。所以說：「非上智不能使間，非仁義不能使間」。使用間和始計前後對應，實微妙之安排也。

總結孫子兵法，在經過二千五百多年的運用後，不僅未顯落伍，且更彰其合於真理及成為廿一世紀顯學的趨勢。當代中國的崛起，自然引起西方強權的慌張，進而想要試圖評估中國發展的企圖及核心思維。現任（2004 年）美國海軍戰院國家安全決策系（Nationd Security Decision Making Department）主任 Joan Jophnson-Freese 博士，即從孫子兵法的核心思維解析中國的太空發展計畫。

Joan Jophnson-Freese 在「中共的載人太空計畫：孫子或阿波羅再現？」（china's manned space program：Sun Tzu or Apollo Rodux？）一文，乃從「軍爭、知彼知己、不可勝在己、守則不足、攻則有餘、佚而勞之、勝兵先勝」為切入點，來解析兩國的競爭策略，而又以「勝兵先勝」，最能貼切地形容美國和中共目前的作法。（詳文詳見國防譯粹，卅一卷五期（95 年 5 月））。

是故，吾人重伸本文之前言所述，一個「孫學」（sunology）的普及時代已經來臨，孫子的「武功」你知多少？

第一篇 孫子兵法

吳起兵法

以法治、武力統一中國的先行者、功利主義兵法家

與「孫子兵法」齊名的「吳起兵法」，在中國歷史上常合編成「孫吳兵法」，可見亦為兵家聖典。

吳起兵法強調識人任人、教育訓練，重視靈活思維；而在鼓舞士氣與兵同甘苦上，具有堅定、神奇的態耐，中國所有兵法家無出其右者，在那動亂的大時代，吳起主張以法治、武力統一中國，且以其兵學知識堅定實踐之，影響後來秦統一中國至鉅。

「吳起兵法」亦為現代許多政治家、企業家取經，獲得智慧的泉源，以期在激烈的競爭中勝出，建立強大經營團隊者，必須「借用」的謀略聖典。

吳起畫像

吳起為士兵吸膿的情形。

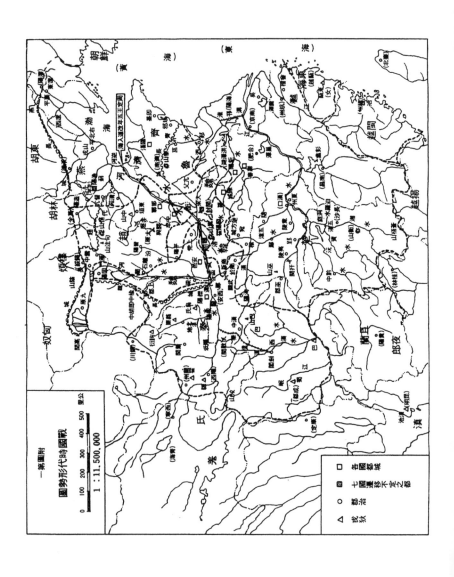

輯 15 吳起：以法治武力統一中國的先行者

兼功利主義兵法家

1. 陳老師，今天開始講大兵法家吳起，但我們小時候大
   多讀過白居易寫的「慈烏夜啼」這首詩，知道吳起在
   歷史上名聲不好，他應該是一個爭議性很大的人吧！

我們就從白居易的這首詩談起，詩人明的說吳起的不孝，這在中
國是「天大的問題」，因為違反儒家的價值觀。

慈烏夜啼

慈烏失其母，啞啞吐哀音，
晝夜不飛去，經年守故林。
夜夜夜半啼，聞者為沾襟，
聲中如告訴，未盡反哺心。
百鳥豈無母，爾獨哀怨深？
應是母慈重，使爾悲不任。
昔有吳起者，母歿喪不臨。
嗟哉斯徒輩，其心不如禽！
慈烏復慈烏，鳥中之曾參。

詩人白居易的母親晚年為病所苦，後來跌落坎井而死。白居易在
守喪間寫下這首詩，從詩文中的「未盡反哺心」，我們可以明了他「子
欲養而親不待」的心情。這首詩一方面在宣洩自己悲情，一方面諷諭

第二篇 吳起兵法

世上不孝的人。

前四句是一個單位，寫慈烏喪母，日夜悲啼，守著故巢不忍心離開。慈烏是烏鴉的一種，相傳這種鳥能反哺報恩，所以叫牠慈烏，因為每天每晚啼叫，引發詩人的感動，感動慈烏的思念母親，如同剛剛喪母的白居易，想養親已永無機會，心中無限的悲痛。

接下來四句，寫慈烏對著夜空啼叫，叫聲淒厲，叫人聽了為之落淚。而慈烏悲啼不停，是不能盡到反哺的心意。句中「夜夜」由前面「晝夜」、「經年」而來，因為經年累月如此，才用「夜夜」來強調。而在「夜半」時分，一片寂靜，萬物都已安然入睡，獨獨慈烏思母鳴叫，聽在同是喪母的白居易耳中，思親的心更加綿長。

接下來也是四句一個單位，作者站在鳥群中作思考，說明慈烏不同於其餘的鳥類，並指出因為親恩，使得慈烏哀傷不已。這四句採用問答方式進行，由回答中明確說出母親的恩重如山，慈烏為何會經年夜啼？原因全在這裡。最後六句組成一個單位，舉吳起為例子，以吳起棄親離家和慈烏對比，凸顯慈烏的不平凡，而且規勸世人要孝順。慈烏都知道要盡孝了，何況人為萬物之靈，如果不知報答親恩，那麼連禽獸都不如了。句中連用兩次「慈烏」，有讚美和憐愛的意味。

全詩主旨明看是寫一個孝子心情，實即罵吳起「禽獸不如」，母喪不奔，讓大兵法家吳起兩千年翻不了身。但從吳起一生功業及其傳世的「吳起兵法」，也稱的起是中國歷史上第二把交椅的大兵法家、大軍事家。「韓非子」一書說，戰國時代孫吳之書遍天下，後世兵學編輯者常把孫子、吳子二人合編成「孫吳兵法」專書，亦可見吳起的歷史地位。

漢代史學家司馬遷作「史記」，卷六十五「孫子吳起列傳第五」也把孫武、孫臏和吳起三人合在一起寫傳。（本書把這三人列中國大兵法家的前三名）宋朝理學思想家朱熹，近代梁啟超在「戰國載記」一書，都稱吳起是我國「第一流名將」。吳起除身為一個大兵法家外，最重要的是他對中國統一的態度和方法，對後來的秦統一中國影

響至鉅，吳起地位可以說是武力統一中國的先行者。當時中國地盤上的各大強權（秦、齊、楚、魏、趙、韓、燕等國），都在進行變法革新和富國強兵新政，以企圖完成中國的統一。各家各派都提出統一方法，儒家孟子提出和平統一，吳起認為只有武力統一可行，且不擇手段追求這個目標。

武力統一是當時的主流，吳起的爭議在追求目標過程中，一些「個人行為」壞了名聲，但他依然是一個光芒萬丈，穿透時空的大兵法家。廿一世紀以至未來，都仍有他的「舞台」，讓生生世世的人們閱讀一位法治、冷酷的兵法家。

2. 吳起雖有爭議，也有不輕的罪名，但信念、理念、偉大的事業和不朽的傳世寶典「吳子兵法」，他仍是中國歷史上僅次孫子，居第二把交椅的大兵法家，首先談談他的出身背景。

吳起，戰國初期衛國人（在今山東曹縣北），大約生於周考王元年（前 440 年），死於周安王廿一年（前 381 年）。吳起從小立志要做一番大事業，報效國家，且意志堅定，勇往直前，不擇手段追求人生的大目標，「史記」上記載：

> 吳起者，衛人也，好用兵。嘗學於曾子，事魯君。齊人攻魯，魯欲將吳起，吳起取齊女為妻，而魯疑之。吳起於是欲就名，遂殺其妻，以明不與齊也。魯卒以為將。將而攻齊，大破之。

可見吳起不僅有不孝之名，更有殺妻之罪，為得魯君信任並獲取拜將機會，當時齊魯是敵對陣營，吳妻是齊國人，竟殺妻以示忠貞，真是千古未有之手段。事實上，吳起未到魯國之前，在衛國已是「殺

人犯兼逃犯」，原來他最初想在自己的國家謀求發展，但當時的衛國弱小不振，又是魏、齊、趙三大國爭奪的對象，處於強國附庸的地位。吳起在衛國毫無發展的機會，致窮途潦倒，到處被人奚落，吳起大概忍無可忍，把那些恥笑他的人，殺掉三十多個，亡命到魯國謀求發展。臨行時向母親發誓，如果不成就一番偉大的事業，出將入相，決不回衛國。

這時正是戰國初期，兵荒馬亂的年代，也是充滿機會的大舞台。吳起丟下母親走了，後來他母親死，他尚未有大成就，並未返國奔喪（也可能擔心殺人被捕），或許其情可憫，當媽媽的也不會怪他。「史記」有一段話：

> 魯人或惡吳起曰：「起之為人，猜忍人也。其少時，家累千金，游仕不遂，遂破其家，鄉黨笑之，吳起殺其謗己者三十餘人，而東出衛郭門。與其母訣，齧臂而盟曰：起不為卿相，不復入衛，遂事曾子。居頃之，其母死，起終不歸。曾子薄之，而與起絕。起乃之魯，學兵法以事魯君。魯君疑之，起殺妻以求將。夫魯小國，而有戰勝之名，則諸侯圖魯矣。且魯衛兄弟之國也，而君用起，則是棄衛。」魯君疑之，謝吳起。

如「史記」所述，吳起不僅不孝、殺妻，又是個殺人犯，難怪被曾子逐出師門，可見吳起是一個非常極端的人。又是意志堅定的人，學習兵法，追求功名。此種動力來自戰國列國爭戰，各大強權無不以統一中國為唯一大目標，這正是身為兵法家千載難逢的機會，一心想要出將入相的吳起，那能錯過這個機會。

3. 身繫三十多條人命的逃亡要犯吳起，跑到魯國能有甚麼發展？據「史記」說，不久吳起又投奔魏國？「工作實在難找」是不是？

魯國是西周初年周公的封地，孔子的故鄉，初吳起可能想要好好讀些儒家詩書，沒想到被曾申（孔子的學生曾子的孫子）「開除學籍」，逐出校園。吳起只好苦讀兵書，才三年就精通兵法，在魯穆公的相國公儀休的推薦下，吳起當上魯國的大夫。（註：史載，魯穆公以公儀休為相，是周威烈王十七年，前四〇九年，是年魏文候伐鄭。）

　　周威烈王十六年（前四一〇年），強大的齊國出兵攻打魯國，魯穆公很想任用吳起為將軍，相國公儀休也極力贊同，但吳起的妻子是齊國大夫田居的女兒，魯穆公對此存有疑戒，怕吳起臨戰動搖，吳起聞之，為表示自己對國家的忠誠，便殺了妻子。魯君立即拜吳起為將軍，負責率兵抵抗齊軍，但當時的局面是齊大魯小，齊強魯弱，吳起深懂戰略，不以正面攻敵，初採示弱和談以欺敵誤敵，接著用兩翼包圍，齊軍大敗，魯軍大獲全勝，終於解除了齊國對魯國的軍事威脅。這一戰顯露了吳起在兵學和實戰用兵的長才。

　　吳起在魯國雖立下戰功，但並未受到重用，反而招致更多的政治攻擊，齊魯兩國的政客紛紛吐灑「口水」，有說殺妻求將的手段過激，有謂小國打敗大國將有不測，還有說重用衛國殺人犯等於對不起衛國，因而魯穆公很快又解除吳起兵權，吳起也看出魯國終究弱小，不可能有更大作為，又聽說魏國國君魏文候禮賢下士，吳起毅然離開魯國，到魏國謀求更大的發展。「史記」上說：

　　　　吳起於是聞魏文侯賢，欲事之。文侯問李克曰：「吳起何如人哉？」李克曰：「起貪而好色，然用兵司馬穰苴不能過也。」於是魏文侯以為將，擊秦，拔五城。

　　李克為甚麼說吳起貪而好色？「史記」索隱按，王劭云：「此李克言吳起貪。下文云：魏文侯知起廉，盡能得士心。又公叔之僕稱起為人節廉，豈前貪而後廉，何言之相反也？」今按：李克言起貪者，起本家累千金，破產求仕，非實貪也；蓋言貪?，是貪榮名耳，故母死不赴，殺妻將魯是也。或者起未委質於魏，猶有貪迹，及其見用，則

盡廉能，亦何異乎陳平之為人也。

應如「史記」所言，吳起貪功名，非貪財色也。魏文侯也知道吳起是有真才實料的兵法家，乃重用吳起，魏國因而成為戰國初期第一強國。吳起在魏國二十七年，他的豐功偉業和「吳子兵法」都在魏國完成，直到文侯死，武侯繼位，又因政客誣讒，吳起奔楚，魏國日趨衰弱，這也可見人才對國家的重要。

4.這麼說吳起一生的理想是在魏國得以充份實現，我們有必要了解吳起在魏國的角色和功業，及其在政壇上的起落。

戰國之初，魏國為七雄最強大者，其次依序是趙、韓、齊、秦、楚、燕，魏國之強大因有魏文侯魏斯。周貞定王元年（前四四六年）魏斯為晉大夫，到周威烈王廿三年（前四〇三年）「三家分晉」，魏始為獨立的諸侯國，至周安王五年（前三九七年，魏文侯五十年）文侯卒。計魏文侯在位五十年，後二十七年文侯重用吳起，打下魏國強盛的基礎。

魏文侯施政，首在禮賢下士，攬用人才，文侯親自拜卜子夏（孔子門人）、田子方（平民學者）、段干木（老子之後）為師，四方賢能如吳起、任座、李悝、西門豹、樂羊等，爭相為文侯所用。當文侯知吳起用兵司馬穰苴不能過也，即延見吳起，二人見面起對文侯進言：

昔承桑氏之君，修德廢武，以滅其國家；有扈氏之君，恃眾好勇，以喪其社稷（承桑，有扈皆古代國名）。明主鑒茲，內修文德，外治武備。昔之圖國家者，必先教百姓而親萬民；制國治軍，必教之以禮，勵之以義。（吳起兵法。圖國篇）

吳起的政治和兵學素養，深得文侯賞識，拜為大將軍。周威烈王

十七年（前四○九年），吳起奉文侯之命率軍攻打秦國，連奪五座城池，經兩年作戰，佔領了全部西河地區（今陝西東部黃河西岸），又次年（前四○六），吳起再率魏軍越過趙國滅了中山國。接著吳起又率魏軍，與韓、趙聯軍伐齊國，打到靈丘（今山東滕縣東），取得重大勝利。此後，魏文侯任命吳起為西河守，文侯死後，武侯即位仍重用吳起，有一次武侯巡視西河地區，見壯麗山河，感嘆說：「多麼壯麗的山河，是我們的寶！」吳起馬上進言說，國家安危在政治好壞，不在山河。「史記」有一段話。

> 文侯以吳起善用兵，廉平，盡能得士心，乃以為西河守，以拒秦、韓。魏文侯既卒，起事其子武侯。武侯浮西河而下，中流，顧而謂吳起曰：「美哉乎山河之固，此魏國之寶也！」起對曰：「在德不在險。昔三苗氏左洞庭，右彭蠡，德義不修，禹滅之。夏桀之居，左河濟，右泰華，伊闕在其南，羊腸在其北，修政不仁，湯放之。殷紂之國，左孟門，右太行，常山在其北，大河經其南，修政不德，武王殺之。由此觀之，在德不在險。若君不修德，舟中之人盡為敵國也。」武侯曰：「善。」

吳起雖是一個法治主義者，卻不斷強調仁政的重要，認為國家安危在政治上是否能推行仁義之政，而不在地勢山河險要。由此看吳起的思想，比儒家還要儒家也。吳起之意，並非否定地緣或地形的重要。在強調治國重心是政治，而用兵作戰時地形依然重要，此在「吳起兵法」再述。

5.一個大兵法家，能征善戰，他在魏國廿七年使魏國保持強大局面，一定是帶兵、用兵和練兵方面有甚麼獨到的工夫嗎？

「吳起兵法」在中國所有兵書中，雖非最上乘之經典（至少次於孫子兵法），但能征善戰，百戰不殆的能耐卻超越所有兵法家。這要歸功於吳起在帶兵、練兵上有超人的智慧和手段，在中國歷史上的兵法家、軍事家或戰場上的將帥，更是無人能出其右。這部份，吳起稱得上是中國兵法家的「天王」，「史記」有一段小故事：

> 起之為將，與士卒最下者同衣食。臥不設席，行不騎乘，親裹贏糧，與士卒分勞苦。卒有病疽者，起為吮之。卒母聞而哭之。人曰：「子卒也，而將軍自吮其疽，何哭為？」母曰：「非然也。往年吳公吮其父，其父戰不旋踵，遂死於敵。吳公今又吮其子，妾不知其死所矣。是以哭之。」

吳起在歷史上最「可怕」的高招是這段記載，我們看見一位異於古今中外所有不同型態的帶兵指揮官，別的軍事指揮官做不到的，吳起做到且身體力行。不論是至誠或只是策略，至少吳起做的「和真的一樣」，感動人心，讓人樂於為他效命。如這段紀錄，吳起與最下層的兵卒一起吃飯作息，睡覺也和兵卒等級一樣不舖草蓆，行軍與兵同行，親自帶隨身糧食，苦兵之苦，有一個傷兵受傷發炎長膿，吳起用口把傷兵的膿吸出來。傷兵的母親聽到這種事，哭的死去活來，人問為何哭？她說孩子的爸爸往年也是吳將軍部下，因傷也是吳將軍吸出他的膿，他就為吳將軍衝鋒陷陣而死，把命給了長官，現在兒子又如此，這孩子會活著回來嗎？我能不哭嗎？

吳起在魏國所以戰功卓著，和他治軍方法有關，他認為兵不在多，「以治為勝」，「治」者是從嚴選拔和訓練，就能建立一支強大的作戰部隊。吳起曾引經據典向魏武侯闡述其軍事思想，舉例齊桓公以五萬軍稱霸諸侯，晉文公以四萬精銳問鼎中原，秦穆公以三萬猛士制服四鄰強國，所以兵在精不在多，在嚴格選兵及嚴格訓練。

魏武侯贊同吳起的觀點，訓練了一支五萬精兵，作戰時所向無敵，無堅不摧。吳起帶著這支五萬勇士，大戰秦五十萬軍，秦軍大敗。所

以，有人贊美說，如果讓吳起率領七萬兵力，必將無敵於天下。

6. 一代大兵法家吳起，為魏國建功立業，但他最後還是因政客讒言離開了魏國，投奔楚國，大兵法家沒有可以對付政客的兵法嗎？

從歷史經驗看，大兵法家如孫子、吳子、孫臏、韓信、岳飛等人，儘管在戰場用兵如神，但碰上政客都成了階下囚，繳了械，成了軟腳蝦。證明「政治是比軍事可怕，政治可以「無中生有」，軍事絕無可能。「史記」詳載吳起離魏奔楚情形：

> 田文既死，公叔為相，尚魏公主，而害吳起。公叔之僕曰：「起易去也。」公叔曰：「柰何？」其僕曰：「吳起為人節廉而自喜名也。君因先與武侯言曰：夫吳起賢人也，而侯之國小，又與疆秦壤界，臣竊恐起之無留心也。武侯即曰：柰何？君因謂武侯曰：試延以公主，起有留心則必受之。無留心則必辭矣。以此卜之。君因召吳起而與歸，即令公主怒而輕君。吳起見公主之賤君也，則必辭。」於是吳起見公主之賤魏相，果辭魏武侯。武侯疑之而弗信也。吳起懼得罪，遂去，即之楚。

公叔是魏武侯的女婿，接替田文成為相國，他對吳起十分嫉妒，不斷在武侯面前進讒言，中傷吳起。起初武侯不信，但謊言說百變成「真理」，武侯也起了疑心，懷疑吳起的忠誠度，於是撤了吳起西河守的職務。吳起深恐進一步被害，便在周安王十九年（前三八三年）離開魏國，投奔楚國。

吳起告別西河時，悲痛感傷，情不自禁說，如果讓我施展全部才能，遲早消滅秦國，統一天下非魏莫屬。但現在武侯聽信政客之言，不知用人才，西河這片土地不久會被秦國佔領，魏國也會衰弱下去，

第二篇 吳起兵法

果如吳起所料,吳起走後,魏國常吃敗仗,不到二十年間,西河又被秦國佔領,魏國也開始趨弱,齊、秦戰力很快超越魏國。尤以魏武侯死後,**魏惠王誤用龐涓,齊威王用孫臏**,魏國連年戰敗,此後再也沒有強盛過。

吳起在魏國二十七年,率領魏軍和各諸侯國大戰七十六回,其中六十四次全勝,十二次打成平手,從未打過敗仗,也沒有損兵折將,此期間魏國「辟土四面,拓地千里」,吳起作出巨大貢獻,他不僅戰功赫赫,在鎮守西河期間,完成傳世寶典「吳子兵法」,為中國歷史上僅次於「孫子兵法」的第二本兵學寶典。

> 7.吳起離開魏國,確實是魏國的重大損失,而魏侯聽信讒言,表示他的判斷力不足,不過吳起到了楚國,楚王拜為相國,吳起又有甚麼更大的作為?

吳起奔楚的年代另有一說,為周安王十五年(前三八七年)魏文侯卒,吳起奔楚,楚以為相。在陳慶麒編「中國大事年表」和柏楊著「中國歷史年表」二書,也以周安王十五年魏元帥吳起被讒奔楚,楚用為令伊(宰相)。

楚自春秋之世併有江漢陳蔡之地,歷次欲北進中原,問鼎周室,迭為齊晉所扼。周威烈王二十四年(前四○二年)楚悼王立,亦積極擴張國力,至吳起奔楚,悼王知吳起是人才,立即拜為宰相。吳起也不負所託,不久即南平百越,北併陳、蔡兩國,更擊敗敗趙、魏、韓等國軍隊,西攻強秦,連戰皆勝,各諸侯國膽寒。

不過吳起在楚國發揮了另一個內政改革方面長才,史稱「吳起變法」。原來楚國領土遼闊,統治鬆弛,政治鬆弛,政治又被王族壟斷,戰國時代經過數百年動亂,西周所建立的宗法、井田制度已崩解,封建制度正在轉變為郡縣制度。針對這種轉變,形成中央集權政

府成為必然趨勢。

中央集權正在形成，這也表示王公貴族的權力和利益要被削減，王公貴族都是即得利益者，不可能輕易放棄權力，反中央集權成為必須的鬥爭。吳起變法就是要建立強大的國家，削減王公權力，完成中央集權，這是艱鉅的政治工程。「呂氏春秋」上說，吳起迫使王公到邊疆開墾，貴族「無不甚以為苦」；規定「封君的子孫，過了三世」，要收回爵祿，即限制世襲的特權。

周安王二十一年（前王八一年），楚悼王死，支持政治改革的力量突然消失，王公貴族對吳起進行反擊。吳起伏在悼王屍體上，箭如雨般射過來，射死吳起，箭也射穿入悼王屍體上，吳起死於非命，他「不顧毀譽，必定要使主君稱霸，統一中國，不辭禍凶，要使國家富強。」吳起為此付出生命的代價，「史記」記述這段故事：

> 楚悼王素聞起賢，至則相楚。明法審令，捐不急之官，廢公族疏遠者，以撫養戰鬥之士。要在強兵，破馳說之言從橫者。於是南平百越；北并陳蔡，卻三晉；西伐秦。諸侯患楚之強。故楚之貴戚欲害吳起。及悼王死，宗室大臣作亂而攻吳起，吳起走之王屍而伏之。擊起之徒因射刺吳起，并中悼王。悼王既葬，太子立，乃使令尹盡誅射吳起而并中王屍者。坐射起而夷宗死者七十餘家。

楚悼王死，辦完了喪事，新立的楚肅王臧下令誅殺造反的貴族，連坐而死的有七十餘族，也算為吳起報仇。他的不幸，是悼王死的太早，若能多活五年十年，戰國時代將會改觀。因為戰國是秦楚爭勝局面，若吳起變法在楚國成功。統一中國也許就是楚國，以後的中國史可能都要改寫。

第二篇 吳起兵法

輯 16 吳子兵法第一篇：圖國

> 1. 陳老師，這輯開始要介紹「吳起兵法」的全部內容，
> 這部兵學寶典有多少篇？從那裡講起？

「吳起兵法」一書有圖國、料敵、治兵、論將、應將和勵士，計六篇。根據「漢書・藝文志」記載，「吳起兵法」有四十八篇，可惜大部份失傳了，只剩現在的六篇。另據史籍所述，吳起還有「吳起玉帳陰符」三卷、「吳起教戰法」等書，可惜也全失傳了。

「吳子兵法」也是一部吳起和文侯，武侯的對話錄，從吳起見魏文侯對談開始，全書起頭一段有時被編輯成「序章」。但本書依「孫子十家注・吳子」（曹操等注，世界書局出版，民 73 年 3 月版），不列序章，只分六篇，引原文只做斷句，未示標點。

吳起儒服。以兵機見魏文侯。

文侯曰：寡人不好軍旅之事。

起曰：臣以見占隱。以往察來。主君何言與心違。今君四時使斬離皮革。掩以朱漆。畫以丹青。爍以犀象。冬日衣之則不溫，夏日衣之則不涼。為長戟二丈四尺，短戟一丈二尺。革車奄戶。縵輪籠轂。觀之於目則不麗。乘之以田則不輕。不識主君安用此也。若以備進戰退守而不求用者。譬猶伏雞之搏狸。乳犬之犯虎。雖有鬥心。隨之死矣。昔承桑氏之君。修德廢武。以滅其國家。有扈氏之君。恃眾好勇。以喪其社稷。明主鑒茲。必內修文德，外治武備。故當敵而不進，無逮於義矣。僵屍而哀之。無

逮於仁也。

　　於是文侯身自布席。夫人捧觴。醮吳起於廟。立為大將。守西河。與諸侯大戰七十六。全勝六十四。餘則鈞解。闢土四面，拓地千里，皆起之功也。

吳起穿著儒家學者的衣冠（此時吳起可能仍以儒生自命），面見魏文侯，談建置軍備與用兵的事。

文侯竟說「沒興趣」，實則文侯偽裝成一個仁慈的和平主義者，說對建軍備戰與用兵這種事沒興趣，是想要考考吳起的反應，看吳起接下來要說甚麼。沒想到吳起直接切入要害，進入文侯的「企圖心」，說了一大段話。

臣根據所觀察到的徵候判斷，也從過去經驗推論，主君為甚麼心口不一呢？現在主君擴大皮革生產規模，在皮革上塗紅漆彩繪，烙上犀牛和大象的圖形，這些材料當衣服用，冬不暖而夏不涼。

主君也開始製作二丈四尺的長戟（車戰用），和一丈二尺的短戟（步戰用），也用皮革在增強戰車的抗撞力，不知主君現在企圖要做甚麼？如果是準備用來作戰，眼看現在無人懂得如何使用這些戰具，來確保進可攻，退可守，沒有這種人才就要打仗，等於叫小雞去和狸貓搏鬥，叫小狗去和老虎決戰，都是白白喪命啊！

吳起繼續說，從前承桑氏（東夷族之一），重文廢武導至亡國，有扈氏（夏禹時部落之一）窮兵黷武也亡國，賢明的主君要文武兼備。敵人來了，而說不戰，稱不上義；只對著陣亡的軍民慟哭，也稱不上仁慈愛民。

於是，文侯親自設席，夫人進酒，在宗廟拜天地祖先，任命吳起為大將軍，吳起奉命守西河，與諸侯大戰七十六回，全勝六十四回，其餘平手，從無敗仗，向四方擴張領土達千里，這都是吳起的功績。

前面這段可視為吳起兵法的開頭，以數言概括兵法家和君王相見的結果，引出吳起一生的功業。最後一句「起之功也」，讓史家懷疑

「吳子兵法」非吳起本人所作，以為太不客氣，不夠謙虛。吾人以為，吳起是一位現實主義的功利主義者，又是法治主義者，功便是功，過便是過，只論事實。史家的懷疑從儒者的身段評之，未必是合理也。

這段吳起初見文侯的對話，重點在「內修文德，外治武備」的圖國思想。文與武，歷來是治國安民兩大支柱，二者相互依存，不可偏廢，歷史上國家存亡興替也大體在這兩個線索上，可以找到直接或間接原因。

再者，用兵作戰須要有兵家人才，若無兵家人才，光買或製造一大堆武器裝備，也是一堆「廢鐵」，而那些被驅上戰場的兵也是白白送死。在兩千多年前，吳子便如此說，實智者之言。

> 2. 吳起初見文侯便提出如此智慧建言，吳起雖是法家思想堅定的實踐者。但圖國篇開始便講一堆仁義道德，又講「反本復始」為道家思想，吳子想說甚麼？

吳起兵法深受孫子兵法影響，「以正治國，以奇用兵」是吳起要傳達的思想。吳子也深受儒家影響，他曾是儒生，認為德治是國家統治的核心思維：

吳子曰。昔之圖國家者。必先教百姓而親萬民。有四不和。不和於國。不可以出軍。不和於軍。不可以出陳。不和於陳。不可以進戰。不和於戰。不可以決勝。是以有道之主。將用其民。先和而造大事。不敢信其私謀。必告於祖廟。啟於元龜。參之天時。吉乃後舉。民知君之愛其命。惜其死。若此之至。而與之臨難。則士以進死為榮。退生為辱矣。

吳子曰：夫道者。所以反本復始。義者。所以行事立功。謀者。所以違害就利。要者。所以保業守成。若行不合道。舉不合

義。而處大居貴。患必及之。是以聖人綏之以道。理之以義。動
之以禮。撫之以仁。此四德者。修之則興。廢之則衰。故成湯討
桀而夏民喜悅。周武伐紂而殷人不非。舉順天人。故能然矣。

吳起以為，想把國家治得好，必先教育百姓，知人民疾苦，才能
得取民心支持，國家內部才能團結，只有團結才是一切的根本，有四
個地方不和，國家便不能用兵。

⊠國家不團結，不能用兵。

⊠軍隊不團結，不能進軍。

⊠部隊不團結，不能戰鬥。

⊠戰鬥不團結，不能決戰。

所以，賢明的國家領導人不得已要動員軍民，必先促成內部的團
結合作，才能成就大事。戰爭的決定，不能光憑個人情緒好惡，必先
在宗廟祭告祖先，召開「國家安全會議」，完成利弊成敗評估，確定
合乎國家利益，才能啟動一場戰爭。如此慎重其事，是要讓人民瞭解
主君重視人民的生命，不忍子民受到無謂傷亡，人民有了這樣的感
覺，就能上下同心，人人以為國效命為榮，以退卻偷生為恥。

這是自然界不變的道理，此即「道」也，把這種道加以擴充，就
有四種美德展現：

⊠以義治國，可以培養正真的社會風氣。

⊠以禮教化，可以使人的行為合於禮法的約束。

⊠以仁愛民，可以獲得民心支持。

⊠心中有道，凡事都可以順乎天理，應乎人情。

以上四德不過是恢復人的本性，身為國家領導人如果行為不合四
德要求，縱使掌握大權，也將大禍臨頭，賢明的君主能發揚此四德，
國家一定興旺；反之，破壞了禮法，不仁不義，行為無道，很快就會
自取滅亡。夏桀、商紂就是這樣亡了，被人民唾棄了；而商湯、周武
的革命，乃順乎天理，合乎民心，正是民意所要，這是很自然的結果。

吳起這段論述，在進一步闡揚前段「文治武備」思想中，文治的內容有道、義、禮、仁四大範疇。「夫道者，所以反本復始。」是道家思想，指宇宙間一切的自然法則、定律、真理等，都是自然本性。國家統治必須順著自然本性，不可逆天而為；而禮、義、仁三者，則是儒家治國平天下的核心思維，吳起雖是兵家，對孔孟之道也有獨創見解。

> 3. 歷史上對吳起的定論，似乎已在功利主義者，以追求功利為人生之目的。果如此，吳起必是一個戰爭的狂熱份子，他的兵法如何論述戰爭的意義（手段、目的或原因）？

歷史上對他有功利之議，從現代角度觀之，他追求個人的出將入相，目的要使當時紛亂的中國歸於統一，吾人以為他正是一個有為的人。雖如此，他的戰爭思想依然受孫子「百戰百勝非善之善者也」的影響，認為戰爭不是目的，看「圖國」篇接著甚麼說：

吳子曰：凡制國治軍。必教之以禮。勵之以義。使有恥也。夫人有恥。在大足以戰。在小足以守矣。然戰勝易。守勝難。故曰：天下戰國。五勝者禍。四勝者弊。三勝者霸。二勝者王。一勝者帝。是以數勝得天下者稀。以亡者眾。

吳子曰：凡兵之所以起者有五。一曰爭名。二曰爭利。三曰積惡。四曰內亂。五曰因饑。其名又有五。一曰義兵。二曰強兵。三曰剛兵。四曰暴兵。五曰逆兵。禁暴救亂曰義。恃眾以伐曰強。因怒興師曰剛。棄禮貪利曰暴。國亂人疲。舉事動眾曰逆。五者之數。各有其道。義必以禮服。強必以謙服。剛必以辭服。暴必以詐服。逆必以權服。

這段經文先重申制國治軍，先教以禮義，使國民知恥，國家便能可戰可守。但應使戰爭次數減少，必竟發動戰爭並不是目的。吳起兵法和孫子兵法說法相近，惟吳子之說奇妙也。

⊠須要進行五次戰爭的勝利，也會造成禍害。

⊠須要進行四次戰爭的勝利，國家會有疲弊。

⊠須要進行三次戰爭的勝利，就會成為霸主。

⊠須要進行二次戰爭的勝利，就能夠成為王。

⊠須要進行一次戰爭的勝利，就能夠成皇帝。

按吳起之意，不斷靠著戰爭，百戰百勝，而能統一天下者少，由此而滅亡者反而居多。其本意應在反對窮兵黷武，或過於熱衷於戰爭，都會導致滅亡，但想要統一中國，卻是非要戰爭途徑不可，所以吳子兵法認為戰爭發生原因不外有五：

⊠為正義之戰：除暴救亂，中國統一之戰是也。

⊠為競爭之戰：叢林競爭、略奪及生存之戰也。

⊠為意氣之戰：純為情緒、忿怒、報仇之戰也。

⊠為奪利之戰：為略奪別國領土、資源之戰也。

⊠為內爭之戰：為國家內部動亂、爭權之戰也。

以上是五種發生戰爭的原因，縱觀歷史上發生的戰爭的原因亦大略在這些範圍內。國家難免會面臨戰爭，抵抗外患或主持國際正義等，當國家碰上這五類戰爭，吳起也有明確的戰爭指導：

㈠為正義之戰（義兵）：為消除暴政，平定地方叛亂為義兵，碰到義兵待之以厚禮，以示尊敬和支持。

㈡為競爭之戰（強兵）：碰到強凌弱，眾暴寡的侵略者，應謙讓容忍，以取得對方的信服退兵。

㈢為意氣之戰（剛兵）：碰到意氣用事，怒而興兵的戰爭，須經由外交、婉言折服，使其退兵。

㈣為奪利之戰（暴兵）：背棄禮義，純為略奪他國資源、領土，碰上這種略奪者，以謀略對付，以詐回報。

㈤為內爭之戰（逆兵）：國家內部發生動亂、內戰或叛亂之戰，

須用合法而強大的權力和兵力，迅速敉平。

在這段論述中，吳子講戰爭之起因和性質，並對五類戰爭論其指導原則，部份吾人以為未能「盡意」，也有一廂情願的爭議，例如面對強兵（侵略者），吳起以為謙讓容忍，可取得敵方信服退兵。所謂「來者不善，善者不來」，如日本之侵略中國，我方容忍亦不可能使鬼子退兵，只有全民起而抗戰，才是自保生存之道。另外對「剛兵」，外交或婉言折服，似乎也不夠實際。

倒是面對「暴兵」，持其強大武力略奪別國資源者，吳起以「謀略對付，以詐回報」頗為傳神。現實的例子是當前的國際情勢，美國持其強大為略奪中東油源，發動阿富汗及伊拉克戰爭，並力圖對伊斯蘭世界用「美式民主」之名，進行和平演變。美軍已成典型的「暴兵」，非法發動戰爭，侵略別國。（註：聯合國、歐洲、南美洲等之觀點）。回教陣營之阿拉子民非美國之對手，乃「以詐回報」，發動「911事件」及各種反美恐怖之攻擊，以悍衛本身的利益。

故目前國際上反而認為美國是「恐怖主義國家」，二○○五年底在瑞典首都斯德歌爾摩，諾貝爾文學頒獎典禮現場，放映的影帶呼籲「美國是明目張膽的恐怖主義國家，非法侵略他國，布希和布來爾應扭送國際刑事法庭處理。」等語。（見二○○五年十二月九日，中國時報，A11版及當日各報。）

美國是典型的「暴兵」，回教世界的反擊方法是正確的，吳起兵法如此指導。

4. 若吳起任伊斯蘭陣營之戰爭指導者，可能也會發動「911事件」，反觀美軍雖為「暴兵」，但軍隊古來就有「殺人機器」的封號，如何使國家的軍隊成為一支最厲害的「殺人機器」，不也是兵法家所期待嗎？

吳起年青時曾一口氣殺掉三十餘欺侮他的人，那是他忍無可忍下的反擊方式。按此推論，吳起擔任回教陣營的戰爭指導者，必也發動「911」攻擊，何況他的兵法亦有如此指導之傾向。

　　古今中外之兵法家，確實都在設法能製造或生產出一支最厲害的「殺人機器」。吳起兵法圖國篇如是說：

　　　武侯問曰。願聞治兵、料人、固國之道。

　　　起對曰：古之明王。必謹君臣之禮。飾上下之儀。安集吏民。順俗而教。簡寡良才。以備不虞。昔齊桓募士五萬。以霸諸侯。晉文召為前行四萬。以獲其志。秦繆置陷陳三萬。以服鄰敵。故強國之君。必料其民。民有膽勇氣力者。聚為一卒。樂以進戰效力。以顯其忠勇者。聚為一卒。能逾高超遠。輕足善走者。聚為一卒。王臣失位而欲見功於上者。聚為一卒。棄城去守。欲除其醜者。聚為一卒。此五者。軍之練銳也。有此三千人。內出可以決圍。外入可以屠城矣。

　　吳起認為固國強兵之道，首重人才，其次是軍隊訓練和編組，應驗了「中興以人才為本」這句普通話。魏武侯問：「治兵、料人、固國之道」，所謂「料人」是戶口調查，為了解兵力素質，做軍隊訓練和編組之依據也。

　　吳起先強調禮治、法度及內部安定團結的「基本工」，再舉歷史上齊桓公、晉文公、秦穆公等，如何練成一支「無敵鐵金剛」，無敵於天下為實例。吳起編了一支三千精銳，由五種人編成五隊：

　　◎身體強壯有膽量的人，集中編一隊。

　　◎樂於進攻效命，彰顯忠勇的人，集中編一隊。

　　◎能爬高越野，行動敏捷有耐力，集中編一隊。

　　◎失意有罪的王公，急欲立功，也集中編一隊。

　　◎曾經戰敗潰退，要恢復名譽，也集中編一隊。

第二篇　吳起兵法

　　吳起的做法和現代軍隊編組類似，有了這支精銳，用於內部能突破敵人的包圍，用於外可摧毀敵城鎮。至於如何戰必勝，在國家層次上，吳起強調民心的重要。

　　武侯問曰：願聞陳必定。守必固。戰必勝之道。

　　起對曰：立見且可。豈直聞乎。君能使賢者居上。不肖者處下。則陳已定矣。民安其田宅。親其有司。則守已固矣。百姓皆是吾君而非鄰國。則戰已勝矣。

　　武侯所問「陳必定、守必固、戰必勝」，應該是指國家的長治久案，有效防衛入侵者，凡戰必勝。吳起強調民心、安定和上下同心的重要，且使賢者居上，也就是國家要使真人才有表現的機會。但如果國家元首使領導階層成「一言堂」，則人才都「不見了」，吳起兵法曰：

　　武侯嘗謀事。群臣莫能及。罷朝而有喜色。

　　起進曰：昔楚莊王嘗謀事。群臣莫能及。罷朝而有憂色。申公問曰：君有憂色何也。曰寡人聞之。世不絕聖。國不乏賢。能得其師者王。得其友者霸。今寡人不才。而群臣莫及者。楚國其殆矣。此楚莊王之所憂。而君說之。臣竊懼矣。於是武侯有慚色。

　　武侯召集群臣商議大事，結果群臣意見都沒有比武侯高明者，大家都附合武侯的意見，沒有自己的意見。武侯為此，散會後顯得很得意。

　　於是吳起向武侯說，從前楚莊王和群臣議事，大家意見都不及莊王，散會後莊王面帶愁容。屬下申公問莊王：「為甚麼面帶愁容？」

　　莊王說：「任何時代都有聖人，任何時代都有賢人，能以他們為師可成王，能與他們為友可稱霸，現在群臣都沒有高明意見，表示沒有高明的人才，楚國還有甚麼前途？」楚莊王引以為憂的事，主君卻

感到得意。

武侯才覺得慚愧。

吳起在這段論述中，提醒人才是否「顯現」是國家元首者的責任和智慧。國君若只喜歡一些阿諛奉承之徒，則群臣只會講國君愛聽的話，不會講出「真話」，成了「一言堂」後，人才全都隱藏起來了。那時國政漸漸失去朝氣，國力衰弱，國家便危險了。

「圖國」篇的重點，言國家統治的兩支柱：文治武備。文治的內涵是義、禮、仁、道，武備的基礎在建立一支強大的軍隊。實已超越「兵」法範圍，惟中國兵法向來首重治國平天下，這是政治家的事，兵法家也要有此見解。政治問題解決，再談帶兵、練兵、用兵的事。

我們常說軍事是政治的延續，中國的兵法家也有相同觀點，吳起兵法「圖國」篇更為明顯，古今同理也。

輯 17 吳子兵法第二篇：料敵

——對客觀環境的分析判斷與對應

是，商場、戰場或人在大社會叢林中的競爭，知己知彼都是一個基本工夫，這階段的功課非做不可，不做前面的路走不下去。所以，吳起進而與主君談料敵，從魏武侯問國家在國際間面臨的處境開始：

武侯謂吳起曰。今秦脅吾西。楚帶吾南。趙衝吾北。齊臨吾東。燕絕吾後。韓據吾前。六國兵四守。勢甚不便。憂此奈何。

起對曰：夫安國家之道。先戒為寶。今君已戒。禍其遠矣。臣請論六國之俗。夫齊陳重而不堅。秦陳散而自鬥。楚陳整而不久。燕陳守而不走。三晉陳治而不用。夫齊性剛。其國富。君臣驕奢而簡於細民。其政寬而祿不均。一陳兩心。前重後輕。故重而不堅。擊此之道。必三分之。獵其左右。脅而從之。其陳可壞。秦性強。其地險。其政嚴。其賞罰信。其人不讓。皆有鬥心。故散而自戰。擊此之道。必先示之以利而引去之。士貪於得而離其將。乘乖獵散。設伏投機。其將可取。楚性弱。其地廣。其政騷。其民疲。故整而不久。擊此之道。襲亂其屯。先奪其氣。輕進速退。弊而勞之。勿與戰爭。其軍可敗。燕性愨。其民慎。好勇義。寡詐謀。故守而不走。擊此之道。觸而迫之。陵而遠之。馳而後之。則上疑而下懼。謹我車騎必避之路。其將可虜。

三晉者。中國也。其性和。其政平。其民疲于戰。習於兵。輕其將。薄其祿。士無死志。故治而不用。擊此之道。阻陳而壓之。眾來則拒之。去則追之。以倦其師。此其勢也。然則一軍之中。必有虎賁之士。力輕扛鼎。足輕戎馬。搴旗取將。必有能者。若此之等。選而別之。愛而貴之。是謂軍命。其有工用五兵、材力健疾、志在吞敵者。必加其爵列。可以決勝。厚其父母妻子。勸賞畏罰。此堅陳之士。可與持久。能審料此。可以擊倍。武侯曰善。

上面的小長段是魏武侯有感於魏國在地緣戰略上，受到各大國包圍，已感受到壓迫與不安而問吳起，吳子所講的國際情勢分析和對應之道。

武侯問：現在秦國威脅我西方，楚國在南方企圖北進，趙國扼住我北方，齊國逼臨我東部，燕國阻絕了我後方，韓國據守在我前方，六國軍隊對我國形成了大包圍，形勢對我國極為不利，叫人擔憂，不知如何應付？

吳起回答：維護國家安全首要警覺，現在有了警覺算是遠離了災難。先略看六國戰力，齊國雖擁重兵而不夠堅實，秦國兵力分散太廣而各自獨立作戰，楚國陣勢看似完整而不能持久，燕軍長於防守而不善機動，至於韓趙看似軍容壯大，實際上中看不中用。吳起進一步針對六國的民情、政情、戰力弱點和攻守之道，向武侯做比較詳細分析。

齊國民性剛烈，國家有錢，君臣驕傲自大，且不關心民生疾苦。政治作為頗算寬大，但公務員待遇不平等，以致軍隊意志不統一。前方充實而後方太弱，兵多而不強。對齊用兵之戰略，採兩翼牽制，主力由中央突破，將可擊敗齊軍。

秦國民性強悍，佔有地利優勢，法治嚴厲，賞罰公平，民心好強而有戰鬥力，但兵力太分散，各自為戰。與秦軍作戰要持續分散其目標，各個擊破，乘其兵將分離，埋伏擊殺各級指揮官，將可擊敗秦軍。

楚國民性溫弱，地廣人稀而民困，政治不安，兵力雖多但不能持

久，對楚用兵之戰略，先以少數兵力襲擾其各地屯兵基地，打擊士氣，採機動作戰，勿正面攻擊，集中優勢兵力可逐次消滅楚軍。

燕國民性正直，好勇尚義，缺乏謀略觀念，因而國防上採守勢作戰，防衛固守而欠機動，故對燕國用兵之戰略，採游擊和機動併用，軍隊編組採步戰聯合，將可擊敗燕軍。

至於韓趙兩國，民性和平，政治安定但民貧，也因久經戰亂頗有作戰經驗，惟軍人待遇太低，缺乏必死決心。對韓趙的用兵戰略，採持久戰，必因厭戰而國內自亂，乘機殲滅其軍隊。

然而，部隊中必有特殊能力者，臂力、腳力或體力過人的士兵，應加以選拔訓練，組成特種部隊，給以優厚的薪資，就能成為全軍中堅。凡是能使用五種兵器，又能建功立業的人，定要破格升官，厚待他們的家屬。賞罰分明，像這樣的一支軍隊，進可攻退可守，可保國家長治久安，可以擊敗兩倍的敵人。

武侯說：太好了，就照你的辦法。

本書所舉四大兵法家，當其打算「出山謀職」，實現理想時，都在面見老闆先提出主客觀環境分析（知己知彼工夫），如孫子見吳王，吳起見魏王，孫臏見齊王及孔明見劉備，同時提出對應策略和致勝之道，後來都果有一片不同凡響的江山。

可見大兵法家的智慧有穿透時空的恒久性和價值，任何一種競爭，若想取勝，吳起這段論述可以當成考貝的「模式」。依模式進行努力，可省時省力，確保成功。模式會用後，再尋求變化、創新與發展。

> 2. 能找到一種成功的方法，並有模式可以考貝複製，這種智慧才是珍寶。本篇講「料敵」，主旨是面對何種對手？何時該進攻？又何時該退守？

在兩千多年前的人類，神治思想還很濃厚，國家許多大事都要占

卜問神，取得神（鬼或祖先）的同意才能作為，但兵法家可能是當時最有先進科學精神的人，孫子已提到敵情判斷不能依據鬼神，吳起也受到這種思想影響，很有科學精神：

> 吳子曰：凡料敵有不卜而與之戰者八。一曰疾風大寒。早興寐遷。剖冰濟水。不憚艱難。二曰盛夏炎熱。晏興無閒。行驅饑渴。務於取遠。三曰師既淹久。糧食無有。百姓怨怒。祅祥數起。上不能止。四曰軍資既竭。薪芻既寡。天多陰雨。欲掠無所。五曰徒眾不多。水地不利。人馬疾疫。四鄰不至。六曰道遠日暮。士眾勞懼。倦而未食。解甲而息。七曰將薄吏輕。士卒不固。三軍數驚。師徒無助。八曰陳而未定。舍而未畢。行阪涉險。半隱半出。諸如此者。擊之無疑。

> 有不占而避之者六。一曰土地廣大。人民富眾。二曰上愛其下。惠施流布。三曰賞信刑察。發必得時。四曰陳功居列。任賢使能。五曰師徒之眾。兵甲之精。六曰四鄰之助。大國之援。凡此不如敵人。避之勿疑。所謂見可而進。知難而退也。

吳起認為碰到以下八種敵情狀況，不必占卜吉凶，也不必游移，可立即對敵發起攻擊；若稍猶豫或再占卜，必失戰機。

(一)冬天作戰，見敵軍很早開始行軍，不顧路途艱困，把河冰鑿開渡河，是發動攻擊的好機會。

(二)夏天作戰，兵卒晚起慌忙，不顧饑渴就要行軍。

(三)長期作戰，前方斷糧，後方民怨高漲，敵國內部一再發生各種變故，各級領導者已無力穩定社會秩序。

(四)見敵之補給用盡，無任何方法可以立即補充。

(五)敵軍不多，孤立無援，水土不服，人馬病倒。

(六)長途行軍，天色已晚，兵卒疲勞又恐懼，尚未進餐就紛紛解除武裝，趁在地上睡大頭覺。

(七)領導幹部沒有權威，下層不聽指揮，軍心渙散，又處於驚恐狀態，草木皆兵，孤立無援。

(八)工事構築未完，宿營安置尚未就緒，陷於艱困地帶等，見此

第二篇 吳起兵法

類狀況之敵軍，都可斷然採取攻擊，而一舉消滅敵軍。

另有六種情勢，應該先回避退守，因已知進攻不利。若免強要發動這種戰爭，將造成國家更大的不利。故此六者亦不須占卜：

　　*1.*地大物博，人口眾多，生活富足。

　　*2.*元首愛民，廣行仁政，深得民心支持與擁戴。

　　*3.*賞罰嚴明，都能把握時機。

　　*4.*兵力強大，武器裝備精良。

　　*5.*論功授位，賢能的人在位。

　　*6.*有鄰國或大國援助。

按吳起兵法之意，攻守並無一定之勢，端視當時敵我雙方之強弱和國際情勢而定。不如敵人，避勿之疑，正是所謂「見可而進，知難而退」也。

　　3.「可則進，難則退」，顯見吳子兵法的彈性，乃「順應時勢，臨敵決策」，但戰場狀況千變萬化，如何從外部看出敵內部弱點，這是魏武侯有興趣的。

前面提到競爭的勝敗，首在「知己知彼」的基本工夫，而知己知彼也有深淺專廣之別。一方知些皮毛，一方知之深度，勝敗亦可預知，魏武侯對兵事求知欲很強，所以他愈問愈深入：

　　武侯問曰。吾欲觀敵之外以知其內。察其進以知其止。以定勝負。可得聞乎。

　　起對曰。敵人之來。蕩蕩無慮。旌旗煩亂。人馬數顧。一可擊十。必使無措。諸侯未會。君臣未和。溝壘未成。禁令未施。三軍匈匈。欲前不能。欲去不敢。以半擊倍。百戰不殆。

　　武侯問敵必可擊之道。

起對曰。用兵必須審敵虛實而趨其危。敵人遠來新至。行列未定。可擊。既食未設備。可擊。奔走。可擊。勤勞。可擊。未得地利。可擊。失時不從。可擊。旌旗亂動。可擊。涉長道後行未息。可擊。涉水半渡。可擊。險道狹路。可擊。陳數移動。可擊。將離士卒。可擊。心怖。可擊。凡若此者。選銳沖之。分兵繼之。急擊勿疑。

武侯問：光看敵人外表，來了解其內情；由敵人前進的各種徵候，來推測其目的；依敵人各種可觀察的現狀，來判斷未來勝敗，是否可以做得到？

吳起說：可以。觀察敵人進攻陣勢，浩浩蕩蕩，毫無顧慮，旗幟零亂，人馬東張西望，這是心存恐懼的部隊。我軍只要以十分之一出兵攻擊，就可使敵軍亂成一糰，打亂其部署。

還有，敵國在國際上陷於孤立，內部又不團結，防衛措施未完成，法令不能貫徹，民心不安而軍心動搖，進退失據。像這樣的敵軍，我軍只要一半兵力，每戰都能取勝，縱然百戰也不敗。

武侯又問：「在何種情況下開戰一定取勝？」吳起闡釋其「料敵察機，乘虛而入」的戰略戰術，並列舉可以攻敵致勝的時機有：

㈠敵人遠來，尚未整頓進入戰鬥位置，乘其凌亂，我以逸待勞，可以攻擊致勝。

㈡敵兵剛用完餐、正在移動、疲勞困憊、不得地利與天時，凡此都是可以攻敵致勝的時機。

㈢長途行軍，其先頭與後續部隊脫節，或主力和支部失聯，也是可以攻敵致勝的機會。

㈣渡河在半、正通過險道隘路、一再改變陣地、指揮者與屬下離散、恐懼慌亂等，也都是機會。

吳起之意，任何敵人必定有弱點，找到弱點痛擊，成敗之道，如此而已，故凡見敵有上列情況，應快速集中優勢兵力，針對敵最弱之一點，連續數波進行攻擊，不必遲疑，直到殲滅敵軍為止。

本篇「料敵」是分析判斷敵情，為「知彼」的工夫。知彼還有更

宏觀深專之領域，針對敵國之政局、民情、經濟、兵力虛實，乃至歷史、地理的背景知識，均應儘可能全面掌握，才能掌控戰爭的主導權。縱使我方固守不戰，「發球權」也要在我不在敵，這是吳起在「料敵」篇所要傳達的主動戰略思想，而前提只在知彼要深。

輯18 吳子兵法第三篇：治兵

練兵、用兵、帶兵與軍隊管理

1. 陳老師，在我們所講的中國四大兵法家中，吳起是唯一的法家思想者，但在「圖國」，卻有濃厚的儒家思想。不知「治兵」篇主旨為何？

治兵篇的層次約在軍事戰略和野戰戰略二者，所以離國家統治之政治思想稍遠，故治兵篇之主旨涵蓋帶兵、練兵、用兵及軍隊管理範疇；其目標在指標官如何統率一支軍隊，為部下創造最有利的作戰條件，激發其必死的決心，以獲取戰爭最後的勝利。魏武侯最關心這個問題。

　　武侯問曰。用兵之道何先

　　起對曰：先明四輕、二重、一信。何謂也。對曰。使地輕馬。馬輕車。車輕人。人輕戰。明知險易。則地輕馬。芻秣以時。則馬輕車。膏鐧有餘。則車輕人。鋒銳甲堅。則人輕戰。進有重賞。退有重刑。行之以信。審能達此。勝之主也。

武侯問吳起：所謂「用兵」，最須要知道的「真理」是甚麼？

吳起回答：首要知道四輕、二重、一信。

武侯又問：這是甚麼？請進一步解釋。

吳起答說：四輕就是「使地覺得馬輕，馬輕覺得車輕，車覺得人輕，人覺得戰輕。」輕鬆、方便或自信都可以叫「輕」，駕輕就熟也。「四輕」可分解如下：

㈠國家所規劃的交通路線，要能配合戰時的馬車、戰車通行；

掌握地形險易，就能達到平時戰時的方便。

㈡國家要積極落實馬政，養出來的馬健壯善跑，戰時駕起戰車，馬才覺得可以輕鬆勝任。

㈢國家應積極發展車輛工業，車的品質提昇了，戰時用於作戰，不論人乘或戰車，都能輕鬆勝任。

㈣國家應健全兵制，才能提高軍人素質，作戰時再給他好的武器裝備，便能輕而易舉的達成各種任務。

吳起又說：「二重」是施行賞罰必有信，如能做好以上「四輕、二重、一信」就是勝利戰場上的主人了。國家能如此建立的武力，天下無敵，這種作戰兵團叫「父子之兵」：

> 武侯問曰。兵何以為勝。

> 起對曰。以治為勝。又問曰。不在眾乎。對曰若法令不明。賞罰不信。金之不止。鼓之不進。雖有百萬。何益於用？所謂治者。居則有禮。動則有威。進不可擋。退不可追。前卻有節。左右應麾。雖絕成陳。雖散成行。與之安。與之危。其眾可合而不可離。可用而不可疲。投之所往。天下莫當。名曰父子之兵。

武侯問：怎樣的軍隊才能打勝仗？

吳起答說，「以治為勝」，治好的軍隊就能打勝仗，治不好的軍隊，縱使百萬之兵也是不堪一擊。所以，勝敗不在人多人少，而在「治」兵，即管理、編組和運用，也就是帶兵、練兵和用兵的問題。

武侯疑問：不是人多好辦事嗎？

吳起解釋，不是，所謂「治」兵，重要內涵有平時守禮法，戰時用起來就能產生威力，前進時銳不可擋，後退時敵不可追擊，一切戰場行動都在統一指揮下。即使被敵軍截斷也不亂，被敵軍沖散也很快恢復行列。官和兵同安樂，共患難，團結一致不離散，連續作戰不覺苦，這支軍隊指向那裡，誰都不能抵擋，這種軍隊叫「父子之兵」。

原來吳起理想中的戰鬥部隊是「父子之兵」，官兵「同甘苦、共患難」，吳子並非光會「講道」，他身體力行和士兵一起生活吃飯睡

覺，在中國歷史上的軍事家或兵法家之中，尚無能出其右者。

但父子之兵並非只是官兵「親情」，若官兵間只有親情，這支軍隊也不能作戰。吳子深明其中道理，故說「以治為勝」，即治軍從嚴，依吳起兵法所述，軍隊不治原因只有兩個：一者「法令不明」，二是「賞罰無信」，為治兵之核心思維，須努力之重點也。

2. 所謂「父子之兵」雖能無敵於天下，但「兵隨將轉」，這也說明能打仗的部隊，指揮官的角色更重要，正是「千軍易得、一將難求」，吳起的看法？

吳起認為軍隊指揮官有兩件事要從練兵過程中，用教育訓練的方法，養成官兵㈠達成任務的習慣，㈡必死的決心。這兩件事情都要從平時教育訓練養成，變成一種生活習性。

　　吳子曰。凡行軍之道。無犯進止之節。無失飲食之適。無絕人馬之力。此三者。所以任其上令。任其上令。則治之所由生也。若進止不度。飲食不適。馬疲人倦而不解舍。所以不任其上令。上令既廢。以居則亂。以戰則敗。

用兵作戰的道理，在平時養成服從命令的習慣，不論部隊行進或停止，都有統一的口令節制；生活起居和飲食有規律；正常進行教育訓練，能做好這三點，這支軍隊就能達成上級援予的任務。

能達成上級交付的任務，這就是「治兵」成功的開始，如果做不到上項，部隊沒有服從命令的習性，當然就是不能達成任務的軍隊，這種軍隊平時在駐地就只會生亂子，開到戰場也必然打敗仗。

吳子兵法所述練兵之道，看似平易，卻有超越時空的穿透力，歷代軍事家治兵莫不嚴守此道，所謂「軍營」，不同於任何團體也，今日國軍部隊，不管新兵訓練單位或野戰部隊，各級指揮官仍奉吳子治

第二篇　吳起兵法

兵之道為圭臬。

> 吳子曰。凡兵戰之場。立屍之地。必死則生。幸生則死。其善將者。如坐漏船之中。伏燒屋之下。使智者不及謀。勇者不及怒。受敵可也。故曰。用兵之害。猶豫最大。三軍之災。生於狐疑。

許多退伍軍人常說，「軍人不是人幹的」，是指不是普通人可以幹的，是一種「非常事業」，幹了軍人就要把生死置之度外，無論何時都要有必死的決心。吳子兵法治兵篇充份體現這種思想，而且這種思想的養成，各級指揮官要負重要責任。

吳起說，戰場是要流血、死人的地方，那裡不死人？處處會死人，但只要抱必死的決心就往往能打出一條生路，若貪生怕死反而死的快，善於用兵的指揮官，就像坐在破了洞的船上，又像在起火的房屋下，平素機智過人也會來不及設法，勇者也來不及驚慌忿怒，唯一能做的，就是抱必死決心，奮勇迎戰，所以說用兵打仗，最差的就是猶豫不決。作戰失敗，導至三軍更大的災難，多半只是源於反應太慢，行動遲緩。

吳起這段話，事實上已經先點出戰爭勝敗另一個因素：時間（敵我雙方在進行速度競爭），在孫子兵法叫「先勝原理」，所謂「先處戰地者逸」，從吳起治兵，知其深得孫子兵法之精神也。

> 3. 在陳老師所講的兵法家中，吳起應該是最重視教育訓練的，孔子也說「不教而戰，是謂棄之。」但吳起最有整套的訓練計畫。

吳起強調練兵的重要性，他認為「用兵之法，教戒為先」。即加強官兵的基本戰鬥教練和兵器訓練，以提高戰技、戰鬥和作戰技能，

達到克敵制勝。吳子深明其中道理，深有警覺，且有實戰經驗。

　　吳子曰：夫人常死其所不能。敗其所不便。故用兵之法。教戒為先。一人學戰。教成十人。十人學戰。教成百人。百人學戰。教成千人。千人學戰。教成萬人。萬人學戰。教成三軍。以近待遠。以佚待勞。以飽待饑。圓而方之。坐而起之。行而止之。左而右之。前而後之。分而合之。結而解之。每變皆習。乃授其兵。是為將事。

　　士兵在戰場上之所以陣亡，絕大多數是戰鬥和戰技的本領不如人；作戰之所以歸於失敗，是因為戰術、戰略等戰法運用不夠熟練。所以，治兵、用兵以訓練為先，訓練才能產生戰力，以下是很好的訓練步驟。

　　⊠一人學會戰鬥戰技本領，可以為師教會十人。

　　⊠十人學會戰鬥戰技本領，可以為師教會百人。

　　⊠百人教千人，千人教萬人，萬人教全軍。

　　部隊不打仗時，平日就是訓練、訓練、訓練，訓練就是備戰，軍隊備戰都就緒完備了，就是要應付作戰。我有備就近以待敵，以安逸待敵之遠來，以飽待敵之飢餓。

　　訓練的科目有圓陣，方陣及各種陣法的相互變化；前進，後退和左右的隊形變換；分散、集合和行列變化的演練，這些都是部隊的基本訓練，接著就是真槍實彈的訓練。總之，訓練是各級將領最重要的工作。後世的「岳家軍」、「戚家軍」，都以嚴格訓練，因而百戰不殆聞名。

　　吳子曰。教戰之令。短者持矛戟。長者持弓弩。強者持旌旗。勇者持金鼓。弱者給廝養。智者為謀主。鄉里相比。什伍相保。一鼓整兵。二鼓習陳。三鼓趨食。四鼓嚴辨。五鼓就行。聞鼓聲合。然後舉旗。

　　作戰演習的時候，因應不同人的體型和能力分配勤務，小個子用

矛戟，大個子操弓弩，身材高大又強壯的舉軍旗或鳴金擊鼓，身體差的做雜役，聰明有智慧的幫忙出點子。此外，同鄉編在一起，什伍互相聯保。指揮官管制號信號是：打第一通鼓是整理兵器、打第二通鼓是集合演練；打第三通鼓是早餐時間、打第四通鼓是裝束整頓、打第五通鼓是出發集合，聽到鼓聲齊響就是演習部隊舉旗出發。

這兩段經文是吳起針對部隊訓練和演習的實務記述，比較今日科學倡明時代的軍隊訓練，和兩千多年前吳起所述並無太大改變，可見治兵篇的恒久價值。比較孫子和吳起兩部兵書，有關軍隊訓練的論述，孫子偏重理論闡揚，吳子重在實務實用。

> 4.教育訓練看似部隊的細微末節，卻是戰力的基礎，二千年前的兵法家能有此種智慧，實在不簡單，現代民間企業也重視教育訓練。

吳子以後的中國兵法家，如孫臏、尉繚子、韓信、孔明、李衛公、岳飛、戚繼光等，上下兩千餘年，對軍隊的教育訓練確實未出吳子兵法之高明。「演習就是作戰」並非現在國軍部隊「漢光演習」所強調，吳起即有如此之論述。

　　武侯問曰三軍進止。豈有道乎。

　　起對曰。無當天竈。無當龍頭。天竈者。大谷之口。龍頭者。大山之端。必左青龍。右白虎。前朱雀。後玄武。招搖在上。從事於下。將戰之時。審候風所從來。風順致呼而從之。風逆堅陳以待之。

武侯問：軍隊前進和停止，有一定的原則嗎？

吳起答說，不要在「天灶」紮營，不要在「龍頭」駐兵，這兩種地形要避。天灶（竈大山谷的谷口，這種地方紮營易遭敵居高臨下攻

擊，或用水淹灌；龍頭是大山頂端，易遭敵圍困，糧草斷絕。這是大軍作戰應有的地略地形素養，孫子講地形也如此論述，兵家所見略同也。吳起又說，軍隊行動都要標定方位，左軍用青色的「蒼龍」旗，標示東方；右軍用白色的「熊虎」旗，標示西方；前軍用紅色的「朱雀」旗，標示南方；後軍用黑色的「玄武」旗，標示北方；中央指揮部用黃色的「七星」旗，標示指揮官發號司令的位置，其他部隊依中央指揮官命令旗號行動，臨時注意風向，順風時適宜衝鋒前進，逆風時堅守陣地待機破敵。

吳起在治兵篇最後談到國家「馬政」實務，蓋因古代作戰方式，馬是重要戰力，騎兵、戰車及駕車等都得依賴戰馬。在此後的兩千年多年，並未改變馬在戰場上的重要地位：

> 武侯問曰。凡畜卒騎。豈有方乎。

> 起對曰。夫馬。必安其處所。適其水草。節其饑飽。冬則溫廄。夏則涼廡。刻剔毛鬣。謹落四下。戢其耳目。無令驚駭。習其馳逐。閑其進止。人馬相親。然後可使。車騎之具。鞍勒銜轡。必令完堅。凡馬不傷於末。必傷於始。不傷於饑。必傷於飽。日暮道遠。必數上下。寧勞於人。慎無勞馬。常令有餘。備敵覆我。能明此者。橫行天下。

武侯問：國家已在重視馬政，要養出好戰馬，有方法嗎？

吳起答說：馬政要落實到每一匹馬，使每一匹馬生活舒適，飲食有節制，馬房冬天要溫暖，夏天要通風涼爽。經常修剪馬鬃，蹄鐵適合，訓練牠配合戰場上的旗色、號令聲音等，使其不致臨場驚駭；訓練牠配合部隊動作，達到「人馬合一」的境界。馬鞍、籠頭、韁繩等。一定要製造牢固。在戰場上，寧可人疲勞些，勿使馬過度疲勞，好讓馬兒保有戰備力量，以防敵襲擊。懂得這些道理，並能落實力行，就能橫行天下。

輯 19 吳子兵法第四篇：論將

━━ 千軍易得，一將難求。

1. 陳老師，吳起和國君的兵法對談，接下來要講「論將」，在我們所規劃的中國兵法家介紹，每一家都對「將才」有很高的期待，吳子如何論將？

在中國文化中，各行各業都有「千軍易得，一將難求」之觀點，顯見「將」的地位是很崇高的，在象棋中「將」和「帥」是對等的，一般也通稱「將帥」。所以，在一般俗民生活中，「將」的地位和形象是眾所皆知的。軍人以幹到「將軍」為畢生光榮，但為將有一定條件。

中國有名的兵法家都以大篇幅「論將」，但吳子論將比之各家更趨絕對和完美。將者，只有死的光榮，不能活著羞辱。

吳子曰。夫總文武者。軍之將也。兼剛柔者。兵之事也。凡人論將。常觀於勇。勇之於將。乃數分之一爾。夫勇者必輕合。輕合而不知利。未可也。故將之所慎者五：一曰理。二曰備。三曰果。四曰戒。五曰約。理者。治眾如治寡。備者。出門如見敵。果者。臨敵不懷生。戒者。雖克如始戰。約者。法令省而不煩。受命而不辭。敵破而後言返。將之禮也。故師出之日。有死之榮。無生之辱。

吳起說：要文武雙全的人，才能勝任軍隊的將領；能總攬文武，剛柔並用的人，才能統帥大軍作戰。一般人論將才，都以為勇敢就好，這不過是條件之一，只具備勇敢的條件，必定是一個輕率和不懂

利害的人，不夠資格授給將位。所以，將才要有五個條件：

  ㈠理：組織管理的能力，統率大軍如帶小部隊。

  ㈡備：完善的備戰部署，任何時刻都能率軍作戰。

  ㈢果：正確果斷的決心，任何時候都要有必死決心。

  ㈣戒：打勝仗後的警覺，連續勝仗仍同緒戰的警覺。

  ㈤約：命令法令都簡單，乃至思想、品德都簡單。

此外，軍人講究服從命令，從將領做起，接受作戰命令後，只有消滅敵人才會班師回朝，這是身為將領的信條。所以，國家的將帥，從率軍出征那天起，就抱定必死的決心，只有光榮犧牲，絕無屈辱偷生。

吳子論將才有理、備、果、戒、約五要件，孫子則提出智、信、仁、勇、嚴五個理想標準。在中國歷史上，大致以孫子兵法的將才標準為主流，吳子兵法的論將為補充，而不論孫子或吳子，他們所論述將帥素養，在各行各業的領導階層、高階經理或領袖級幹部，都是必要的參考標準，能俱備若干項已是人中龍象，能全必是領袖，大師級人才，各家爭取的對象。

> 2. 將才的要件有屬於人格，有屬於專業，所謂「理備果戒約」較傾向人格、性格或忠誠度，吳起另有軍事專業上的要求，始合乎才德兼備。

中國歷代兵法家，事實上也是政治家，對將帥人才的考核標準，向來主張文武合一，才德兼備，這是中國兵法家的共同點。所以不同者，是對才德的內涵有不同主張，如前述孫子和吳子將「德」之部份有別，在「才」方面的軍事專業，吳子也有不同主張。

  吳子曰。凡兵有四機。一曰氣機。二曰地機。三曰事機。四

曰力機。三軍之眾。百萬之師。張設輕重。在於一人。是謂氣
機。路狹道險。名山大塞。十夫所守。千夫不過。是謂地機。善
行間諜。輕兵往來。分散其眾。使其君臣相怨。上下相咎。是謂
事機。車堅管轄。舟利櫓楫。士習戰陳。馬閑馳逐。是謂力機。
知此四者。乃可為將。然其威、德、仁、勇。必定以率下。安眾
怖敵。決疑施令而下不犯所在。寇不敢敵。得之國強。去之國
亡。是謂良將。

吳起認為優秀的將領，除前面所提的「理備果戒約」五要目外，
另有屬軍事專業上的「四機」。所謂「機」是機關、關鍵，即是四種
要打通的智慧。

　㈠領導意志的智慧：大軍戰力強弱視將領意志而左右，指揮者
　　意志能貫徹到下層兵卒，便能發揮強大戰力。
　㈡地形地略的智慧：這是屬「地」智慧，能之者能得地利，運
　　用地利天險，可以少勝多，節省兵力。
　㈢戰略戰術的智慧：包括情報運用，熟悉各種戰法陣勢，並以
　　謀略欺敵誤敵，使敵人追隨我之意志。
　㈣培養戰力的智慧：包括部隊編成，教育訓練和武器裝備訓練
　　等，綜合培養出一支能作戰的部隊。
　具備上面四個智慧，才能擔任將帥重任。而且威嚴、品德、愛心、
勇敢，必須是全軍表率，為全體部屬所信賴，讓敵人感到恐懼。面臨
狀況時，他能正確判斷，下達快心，命令下達後，無敢抗命者，他在
敵人不敢來。重用他，國家強盛；沒有他，國家滅亡，這樣的人物，
才是文武全才的優秀將領。

　　　吳子曰夫擊鼓金鐸。所以威耳。旌旗麾幟。所以威目。禁令
　　刑罰。所以威心。耳威於聲。不可不清。目威於色。不可不明。
　　心威于刑。不可不嚴。三者不立。雖有其國。必敗於敵。故曰：
　　將之所麾。莫不從移。將之所指。莫不前死。

　　擊鼓金鐸是用來威懾耳朵的，要人聽到後立即服從命令；旌旗麾

幟是用來威懾眼睛的，要人看到後立即服從命令；禁令刑罰是用來威懾軍心的，要人心生警惕即服從命令。

⊠要讓耳朵聽音受命，聲音不可不響亮。

⊠要讓眼睛觀顏受命，顏色不可不鮮明。

⊠要讓刑法懾心受命，刑法不可不嚴厲。

這些看似簡單的道理，確必須嚴格建立其威嚴，三者若不建立其威嚴，雖有國家，有軍隊，也必定被敵人打敗。所以，將帥指揮軍隊，須遵守一必的命令法制；將帥所指的方向，部屬無不拼死前進，勇往直前，以求達成將帥所交予之任務。

3. 難怪軍隊訓練重視「絕對服從」觀念的養成，數千年皆如此，可視同「真理」了，就是現在國軍部隊教育訓練也重視「絕對服從」，這是身為將領的責任。吳起論將，除論述我軍將才，據知也論敵軍將才，探知敵軍將才何用？

在兵法上這也是知己知彼的範疇，在孫子兵法也說「知己不知彼」勝之半，又說：「凡軍之所欲擊，城之所欲攻，人之所欲殺，必先知其守將、左右、謁者、門者舍人之姓名，令吾間必索知之。」吳子兵法之論敵將才，另有所指：

吳子曰凡戰之要。必先占其將。而察其才。因形用權。則不勞而功舉。其將愚而信人。可詐而誘。貪而忽名。可貨而賂。輕變無謀。可勞而困。上富而驕。下貧而怨。可離而間。進退多疑。其眾無依。可震而走。士輕其將而有歸志。塞易開險。可邀而取。進道易。退道難。可來而前。進道險。退道易。可薄而擊。居軍下濕。水無所通。霖雨數至。可灌而沈。居軍荒澤。草

楚幽穢。風飆數至。可焚而滅。停久不移。將士懈怠。其軍不
備。可潛而襲。

戰爭的勝敗打在開戰之前，先期探知敵軍將領很重要，這是我方
將領重要的功課，平時就要做好。了解敵軍將領的才能，根據情況提
出反制戰略，可以逸待勞，取得勝利。凡是與敵軍將領有關的事，都
要事先察知，以利作戰上的運用，下面是重要方向：

(一)敵方將領反應慢，拿不定主意，輕易相信別人，這種對象可
以謀略誘騙，或以「利」讓他上鈎。

(二)貪婪的將領，不是要金錢寶玉，就是要女人，把這兩種「寶
物」用上去，就能把敵軍牽著鼻子走。

(三)一成不變的將領，通常拙於運用謀略，而且不知變通，可不
斷變化戰法使之疲於奔命，不戰而先倒下。

(四)敵上級將領生活奢侈，而下級貧困；上級薪資過高，而下級
過少；上級傲慢而下級未得遵重，均可以離間。

(五)敵將領優柔寡斷，進退游移不定，部下都因而失去信心，凡
此可離間亦可震嚇之，必致敗退。

(六)敵將領無能，軍紀敗壞，「開小差」者多，可將好走的路封
阻，開放險道，以利截擊敵逃兵。

(七)敵軍困陷在險地是攻擊的機會，若在低窪谷地又有水可用，
是水攻的機會；若在草原林地則是火攻機會。

(八)敵軍屯駐一地很久，可能內部有事，或後方有變，在待命中，
必然懈怠，戒備鬆弛，也是偷襲的機會。

這一小段論述，吳起提出「占將察才」的謀略原則，在兩軍開戰
前，應充份了解敵軍將領的才能、性格、喜好或弱點，如此才能針對
「問題」制定作戰方案，使計畫更合乎實際。此種見解則超越孫子兵
法論將範圍，孫子把吳子這一小段論述放在「用間」篇，兩家各擁奇
謀，但「先知致勝」原理則同。

孫子所言「明君賢將，所以動而勝人，成功出於眾者，先知也。」
亦可為吳起詮釋。

4. 所謂「觀察敵軍將領或動態」，是「有可觀察的徵
候」才能觀察，惟我軍會隱藏，敵亦能之。故魏武侯
也略知兵事，再追問吳起，若無可觀察，怎麼辦？

魏武侯會問這個問題，確實也算略懂兵事。對這個較深入的問題，
孫子兵法有「策之、作之、形之、角之」的積極方法解決（見虛實
篇），而吳子兵法如何呢？

武侯問曰兩軍相望。不知其將。我欲相之。其術如何？

起對曰令賤而勇者。將輕銳以嘗之。務於北。無務於得。觀
敵之來。一坐一起。其政以理。其追北佯為不及。其見利佯為不
知。如此將者。名為智將。勿與戰矣。若其譁譁。旌旗煩亂。其
卒自行自止。其兵或縱或橫。其追北恐不及。見利恐不得。此為
愚將。雖眾可獲。

武侯問：兩軍已要作戰，但情報人員尚不能探知敵方將領相關訊
息，對敵方將領尚一無所知，這要怎麼辦？有甚麼方法可以調查清楚？

吳起答說，先用一支小部隊，對敵軍進行試探性攻擊，只許戰敗
而退，觀察敵人出戰的行為狀態，這些出戰活動一定會顯露出某些徵
候。如果敵人出戰行動都進退有節，仍能依其上級命令行事，不是全
力在追擊我軍，見到戰利品也不為所動，這種部隊的指揮官是有能
力、有智謀的。這種將領絕非「省油的燈」，千萬小心應付，不輕言
與其交戰。

另一種情況，如果敵軍出戰行動亂七八糟，進退沒有章法，上級
命令和下級行動脫節。或見其旌旗混亂，喧譁吵嚷，追擊我軍的行動
不統一，有追我唯恐不及，有見利唯恐不得，這是沒有紀律的部隊，
其將領也大多無能，再多的敵軍，也能將他打敗。

第二篇 吳起兵法

這一小段所言，似乎並非甚麼「高明、奇特」的戰略戰術，而是戰場上常見的「小技倆」，但大道理常在小技倆之中，用的純熟，演練的逼真，就通常成為成功的秘訣。所以，不要輕視了小技倆，孫子兵法「策之、作之」就是這門功課。

本篇核心思想是「千軍易得，一將難求。」「總之者，軍之將也。」中國歷史有很多實例，可為這兩句話的實證。例如長平會戰中的秦將白起和趙將趙括，蕭何夜追韓信，孫臏與龐涓等故事，何者是將才？何者不是將才？歷史早有定論和評價。趙括為將，便使趙軍四十萬男兒死於非命；龐涓為將，魏國因而衰落。

吳起論將的弦外之音，也在警告那些不是將才的「將才」，勿以為拜了將，肩上掛了「將軍」的階級，就自以為是將軍了。人格、道德、性格、忠誠和戰略專業未達「將軍水平」，他仍甚麼都不是，卻更可能是敗軍之將、亡國之將。

計畫要如何應付客觀世界的千變萬化

2.建軍備戰是國家承平時期就必須完成的大工程，就是作戰計畫也都策訂完，待戰爭爆發便依計畫行事，但戰場情況千變萬化，作戰應變也是一門大學問、大智慧，所以吳子兵法特有一篇「應變篇。」

中國兵法家思想有一點很特別的，不同於中國文化所述「宇宙間有一恆常之道」，或「一貫不變道統」論述。中國兵法家思想較俱有「辯証」性格，強調宇宙間每分每妙都在變化、變動中。如孫子「九變」、「九地」，吳子思想也強調「世間沒有兩個完全相同之事物、同一顆樹也沒有兩片相同的葉子」思想。用在作戰，其理亦同，計畫歸計畫，不能應變亦使計畫落空。

　　武侯問曰車堅馬良。將勇兵強。卒遇敵人。亂而失行。則如之何。

　　起對曰。凡戰之法。晝以旌旗幡麾為節。夜以金鼓茄笛為節。麾左而左。麾右而右。鼓之則進。金之則止。一吹而行。再吹而聚。不從令者誅。三軍服威。士卒用命。則戰無強敵。攻無堅陳矣。

武侯問：我積極進行建軍備戰，部隊戰力強大，戰車精良，戰馬健壯，將領士卒素質都高，是一支可戰之軍隊，但突然在戰場上碰到強敵，陣勢大亂，這時應該怎麼及時挽救？

第二篇 吳起兵法

吳起答說：照一般軍隊指揮的原則，白天用旗幟為節制，夜晚用金鼓笳笛傳達訊息，前進後退都有一定的信號，抗命者斬，這樣子作戰就沒有對手，沒有不能打敗的強敵，也沒有攻不破的敵陣。

吳起沒有直接回答武侯的問話，提示只有平時嚴加訓練，號令森嚴，臨危就不亂。因為「鼓之則進，金之則止，一吹而行，再吹而聚。」縱使部隊陣勢亂了，也可以有進、止、行、聚四種選擇，使隊形回到所要陣勢，故吳起的軍隊不亂。

武侯問曰。若敵眾我寡。為之奈何。

起對曰。避之於易。邀之於阨。故曰。以一擊十。莫善於阨。以十擊百。莫善於險。以千擊萬。莫善於阻。今有少卒卒起。擊金鳴鼓。雖有大眾。莫不驚動。故曰。用眾者務易。用少者務隘。

武侯又問：敵眾我寡，怎麼辦？

吳起答說：避免和多數敵軍在平地作戰，要儘量把敵軍誘導在險地作戰，乘機攔擊他們。所以，狹隘地形適合以寡擊眾。如果我軍太少，敵軍眾多，在狹隘、險要、阻絕的地形，發動奇襲最有利。大軍作戰選在平地，少數兵力務必選擇險要地形才好。

這一小段論述，吳起強調以寡擊眾要利用險要地形，一般而言大軍在叢林谷地難以施展，小部隊反而容易發揮戰力。所謂「一夫當關，萬夫莫敵」，概指少數兵力而佔有利地形。能牽制大軍，或進而對大軍造成重大傷亡。

2. 利用地利以寡擊眾，各兵家多論述，尤以孫子兵法所論最有系統。但我們講吳起兵法至今，發現魏武侯是一個很知上進的「學者」，他問吳起的問題愈來愈深入了。

從武侯問吳起的諸多問題，可見武侯初期應該很關心國家的建軍備戰，可惜後來聽信政客讒言，撤銷了吳起西河郡守之職。吳子恐被害，奔楚，只是這些已成歷史，兵法家的智慧才是永恆的。

　　武侯問曰。有師甚眾。既武且勇。背大險阻。右山左水。深溝高壘。守以強弩。退如山移。進如風雨。糧食又多。難與長守。則如之何。

　　起對曰。大哉問乎。此非車騎之力。聖人之謀也。能備千乘萬騎。兼之徒步。分為五軍。各軍一衢。夫五軍五衢。敵人必惑。莫之所加。敵人若堅守以固其兵。急行間諜以觀其慮。彼聽吾說。解之而去。不聽吾說。斬使焚書。分為五戰。戰勝勿追。不勝疾歸。如是佯北。安行疾鬥。一結其前。一絕其後。兩軍銜枚。或左或右。而襲其處。五軍交至。必有其利。此擊強之道也。

武侯問吳起說：假設敵軍如潮水般湧來，兵強馬壯，訓練有素又勇敢，且佔地利之便，工事堅固。後退時像一座移動的大山，前進時有如暴風雨般恐怖，後勤補給充足，碰上這種敵軍，該怎麼辦？

吳起答說：碰上這種強大的敵軍，不是單靠武力就能解決，而是需要高明的政治智慧才能致勝，這真是一個很重要的問題。如果能準備千輛精良戰車，訓練有素的騎兵萬人，加上一定數量的步兵，編組成五支「步戰騎」特遣隊，五支軍隊各成一隊，形成五路縱隊向五個方向前進，必導致敵軍疑惑，猜不透我軍企圖。

同時，派出軍使傳我方訊息，希望雙方暫時撤兵，進行和平談判。此時出現兩個情況，一者敵方同意我方提議，各自退步；二者敵不退，反殺我軍使，燒我軍書，則我方立即五路進攻，可勝勿追，不可勝速退。或可假裝敗退誘敵，用一軍與敵交戰，一軍正面牽制，一軍斷敵退路，另外兩軍利用晚上對敵營發動奇襲。如此，五軍合擊，可形成有利陣勢和戰力，這是攻擊強敵的辦法。

這一段吳起提出「和平談判」戰法，碰上強敵，和平談判確實是好辦法。明末中日朝鮮七年戰爭，倭國利用和平談判爭取三年重啟戰爭的時間，國共內戰時，中共利用和平談判爭取到「最後的勝利」。

　　武侯問曰。敵近而薄我。欲去無路。我眾甚懼。為之奈何？

　　起對曰。為此之術。若我眾彼寡。各分而乘之。彼眾我寡。以方從之。從之無息。雖眾可服。

可戰則戰，不可戰則退，若敵大軍而來，我軍一時間無致勝的把握，則「和平談判」不失為好辦法，中外戰史不乏此種「經典作品」。孫子兵法雖有「謀攻」，但並未清楚的提到「和平談判」法，吳子在此處超越了孫子。

> 3. 孫子兵法有地形地略形勢專章，吳起兵法沒有專講地形的篇章，而是分散在各篇中，此處武侯和吳起討論幾種地形戰法。

地形是作戰之補助，蓋因主持戰爭的是人，人是主角而非「地」，此在歷代兵法家都有共同認知。惟吳子兵法把地形利用放應變篇，仍有其深意。

　　武侯曰。若遇敵於谿谷之間。傍多險阻。彼眾我寡。為之奈何。

　　起對曰。諸丘陵林谷深山大澤。疾行亟去。勿得從容。若高山深谷。卒然相遇。必先鼓譟而乘之。進弓與弩。且射且虜。審察其政。亂則擊之勿疑。

武侯又問：我軍在兩山之間的谷地與敵相遇，旁邊都是危險地帶，而敵眾我寡，這要怎麼辦？

吳起答說：遇到丘陵、叢林、山谷、深山、沼澤等地形，要迅速通過，不可遲緩或駐留，在高山深谷突然與敵遭遇，必須先一步敲鑼打鼓，先聲奪人，使敵人驚恐，乘勢攻擊敵人。同時弓箭手向前挺進，一面射殺，一面掠擄，再一面觀察敵陣勢，發現敵軍有混亂徵候，就毫不遲疑的發動全面攻勢，特殊地形作戰要領是爭取主動、迅速及捕抓戰機，先聲奪人，才能克敵制勝。

武侯問曰。左右高山。地甚狹迫。卒遇敵人。擊之不敢。去之不得。為之奈何。

起對曰。此謂谷戰。雖眾不用。募吾材士與敵相當。輕足利兵以為前行。分車列騎隱於四旁。相去數里。無見其兵。敵必堅陳。進退不敢。於是出旌列旆。行出山外營之。敵人必懼。車騎挑之。勿令得休。此谷戰之法也。

武侯問：左右都是高山，地形狹窄，突然與敵相遇，不可能進又不能退，該怎麼辦？

吳起答說：這叫谷地作戰，兵力太多反而不能發揮戰力，挑選少數精銳組成突擊隊，用腳程快的輕步兵為先鋒，戰車和騎兵埋伏在四周，與其前鋒保持距離，不要暴露我軍主力位置。另以一部兵力，從谷地之外，由外向內襲擾敵軍，這樣內外挾攻，必可致勝，這是谷地作戰的原則。

武侯問曰。吾與敵相遇。大水之澤。傾輪沒轅。水薄車騎。舟楫不設。進退不得。為之奈何。

起對曰。此謂水戰。無用車騎。且留其傍。登高四望。必得水情。知其廣狹。盡其淺深。乃可為奇以勝之。敵若絕水。半渡而薄之。

武侯問：若在大河、沼澤地帶與敵相遇，戰車被水淹了，其他車輛、騎兵也有被水淹沒的危險，又沒有舟船裝備，進退兩難。這又要

怎麼辦？

　　吳起說：這叫水戰，騎兵和戰車都用不上了。登到高處眺望，觀察水勢，測知水勢大小、深淺、寬窄、流速，然後才能進而設法找出辦法，如果敵人渡水而來，趁其渡到一半的時候，迫近水岸攻敵最有利。

　　4.吳子兵法應變篇，吳起設計了許多情況，他一生身經百戰，從未打過一場敗仗，所以應該是他自己的實戰經驗。

　　應變篇所述，當然是一種臨時應變原則，所面臨情境有敵軍或地形等情況，都是吳起的實戰經驗，很有使用價值，並不因武候除掉吳起官職，而減低兵法價值：

　　武候問曰。天久連雨。馬陷車止。四面受敵。三軍驚駭。為之奈何。

　　起對曰。凡用車者。陰濕則停。陽燥則起。貴高賤下。馳其強車。若進若止。必從其道。敵人若起。必逐其跡。

　　武候問曰。暴寇卒來。掠吾田野。取吾牛羊。則如之何。

　　起對曰。暴寇之來。必慮其強。善守勿應。彼將暮去。其裝必重。其心必恐。還退務速。必有不屬。追而擊之。其兵可覆。

　　武候問：連天下雨，車馬不能行動，又四面受敵，軍心惶恐不安，這可怎麼辦？

　　吳起答說：戰車不能用在雨天，用在晴天，且要在高處平坦地，這是使用戰車的原則。一般常理，原則是要遵守的，沒有特例不要打破原則。若敵人使用戰車，要追蹤其車痕，可以查明敵方行蹤。

武侯問：敵軍突然來襲，大肆掠奪，怎麼辦？

吳起答：小心應付，先不要正面衝突，敵人在掠奪之後必會離去。也因而增加其輜重負擔，使行動緩慢，又心生恐懼，害怕我軍追擊，更顯得慌亂。這時要快速發起追擊，即可將敵軍一舉消滅。

> 吳子曰。凡攻敵圍城之道。城邑既破。各入其宮。御其祿秩。收其器物。軍之所至。無刊其木、發其屋。取其粟、殺其六畜、燔其積聚。示民無殘心。其有請降。許而安之。

應變篇最後以占領地區處置原則為小結，吳子以為攻下敵人城鎮後，有幾項必須遵守的原則，應該嚴守，違者嚴辦：

㈠各部隊應該回歸原來建制，分區駐守。

㈡運用敵方官吏，管理占領區人民。

㈢敵軍所有武器裝備全部收繳。

㈣嚴禁砍伐樹木、嚴禁入侵民宅、嚴禁搶奪糧食。

㈤嚴禁殺害百姓飼養的六畜或燒毀財物。

以上措施是向當地人民宣示我國領導人的仁民愛物，以取得民心支持；凡有投降的要接納，占領區社會秩序才能很快回復。

應變篇總結仍在爭取民心，以示弔民伐罪，此應為中國政治思想的核心思維。武王伐紂、劉邦入關，莫不為爭取民心，獲得百姓支持。得民心者倡，失民心者亡，兵法家和政治家認知相同。

第二篇吳起兵法

輯 21 吳子兵法第六篇：勵士

「非常手段」激勵士氣與結論

> *1.* 吳起以「勵士」做兵法最後總結，一方面顯示吳起的
> 用兵精神，也是吳起一生總結，有甚麼深意？

「勵士」即激勵士氣，在「史記」有一段記載，說吳起在戰場上為一個傷兵用口吸膿出來，該士兵感激之餘，因而效死戰場。又說，吳起和士兵一起生活、吃飯、行軍，可見吳子為勵士使出了「非常手段」。

武侯問曰。嚴刑明賞。足以勝乎。

起對曰。嚴明之事。臣不能悉。雖然。非所恃也。夫發號布令。而人樂聞。興師動眾。而人樂戰。交兵接刃。而人樂死。此三者。人主之所恃也。

武侯曰。致之奈何。

起對曰。君舉有功而進饗之。無功而勵之。於是武侯設坐廟廷。為三行饗士大夫。上功坐前行。餚席兼重器上牢。次功坐中行。餚席器差減。無功坐後行。餚席無重器。饗畢而出。又頒賜有功者父母妻子於廟門外。亦以功為差。有死事之家。歲使者勞賜其父母。著不忘於心。行之三年。秦人興師。臨於西河。魏士聞之。不待吏令介冑而奮擊之者以萬數。

武侯召吳起而謂曰。子前日之教行矣。

起對曰。臣聞人有短長。氣有盛衰。君試發無功者五萬人。臣請率以當之。脫其不勝。取笑於諸侯。失權於天下矣。今使一死賊伏於曠野。千人追之。莫不梟視狼顧。何者。恐其暴起而害己。是以一人投命。足懼千夫。今臣以五萬之眾。而為一死賊。率以討之。固難敵矣。

於是武侯從之。兼車五百乘。騎三千匹。而破秦五十萬眾。此勵士之功也。先戰一日。吳起令三軍曰。諸吏士當從受敵車騎與徒。若車不得車。騎不得騎。徒不得徒。雖破軍皆無功。故戰之日。其令不煩而威震天下。

武侯問：賞罰嚴明，公正有信，能保證取勝嗎？

吳起答：這很難說，不一定可以保證勝利。不過國家發佈的法令，人民樂於遵守；戰時動員，人民樂於從軍；與敵交戰，人民勇於為國犧牲，以上都能明確做到，這無異就是一種戰爭致勝的保證了。

武侯問：怎樣才能明確做到。

吳起答：有功的人拔擢升官，重賞厚待他；無功的人要設法加以激勵。

於是，武侯在宮中設宴三列，款待文武官百官，功勞最高的坐在上席，用一等餐具和上好佳餚招待；功勞再次坐中席，餐具和菜餚次之；無功的坐下席，餐具和菜餚再差些，宴席結束，又在宮門外對有功者的眷屬頒賜重禮，也依功勞大小分等級，對陣亡官兵遺族，每年派代表慰問其父母，表示政府的關懷。

這樣子施行了三年，秦國發兵進攻魏國西河地區，魏國臣民主動武裝與敵交戰，達幾萬人之眾。

武侯於是召見吳起說，「你以前的勵士之道見效了。」

吳起答說：人有長處短處，士氣也有高低，請派給我五萬個從未立過功的人，我願意率領這支軍隊與敵作戰，若不勝將被各國恥笑，也有損國家威望，但是我有信心，有把握也可以創造勝利。

就像有一個暴徒藏在荒野，叫一千個人去搜捕，卻人人都怕的要死，因為害怕暴徒突然出現，加害自己。所以，只要有一人拼命，足使千人膽寒。現在臣率領這五萬人，可使之如五萬暴徒，在強大的敵人也擋不住我的攻勢。

武侯聽從吳起的意見，再派精良戰車五百乘，騎兵三千，結果大敗秦兵五十萬人，這是激勵士氣的效果。再交戰前一天，吳起下達命令說：全軍官兵依命令所規定的任務與敵交戰，如果戰車不與敵戰車交戰，騎兵不與敵騎兵交戰，步兵不與敵步兵交戰，縱使打敗了敵人，也不承認他的功績。

作戰的時候，命令內容要簡單明瞭，因而，魏軍能夠威震天下。

吾人縱觀古今中外的軍事指揮官，能使出「非常手段」激勵官兵士氣，以弱寡之兵打敗強大敵人者，西方拿破崙可比吾國吳起。

> 2.陳老師，吳子兵法本文講完了，吳起確實是「非常時代」中的「非常兵法家」，他和孫子二人，不論兵法思想或人生際遇，讀來都有特殊的不同感覺，請老師做一個小結。

孫子生在春秋，時局雖亂尚不太亂，兵法思想有濃厚的儒者之風，可稱「治世兵法家」。吳子已是戰國時代的人，天下大亂，法家當道，兵法思想有濃厚的法家之風，為求勝利使出「非常手段」，已算正常手段，可稱「亂世兵法家」。吳子兵法也反應戰國時代的軍事思想。

(一)「內修文德、外治武備」的戰略指導

兵法講的是戰爭取勝之道，但中國古代思想家們認為國家統治的基礎是戰爭取勝背後的原因，空有強兵強將，而朝廷之上暴君政客橫行，則軍隊存在的合法性恐已受質疑，戰爭的意義便混淆不清了。事

實上，當代亦然，若美國本土反戰聲浪太高，則官兵在伊拉克戰場便失去光彩，亦自覺失去戰爭的意義。若伊拉克戰場的美軍都在疑惑「為何而戰？」戰爭可有勝算把握乎？

吳起認為國家統治「文德」，在領導階層的道、義、禮、仁，此四者欠缺，政權成為一種不仁不義的腐敗政客集團；而「武備」重點在強大軍備和堅實的教育訓練。彰顯政治和軍事的一體性，廣義而言，治國平天下亦是兵法。

㈡「以治為勝」思想：「治」是訓練有素，包含軍令從嚴，軍制完備；建全部隊訓練和馬政；培養優秀將領。以上三者以將才最重要，因為建軍備戰重任全在各級將帥身上，故吳起考核將才十分嚴格，「夫總文武者，軍之將也⋯得之國強，去之國亡。」將才條件「理、備、果、戒、約」。

吳起對將才的要求除文武兼備外，還要能使部下信服，與兵卒同甘共苦，共安危，使其樂於為己效死力。這恐怕是最難的一點，其他兵法家並未強調，而吳起重視這種情操。

㈢戰機依據科學觀察的徵候，而不是占卜。孫子兵法也有如此主張，這在兩千多年前是很先進的思想，從另一角度看，戰機稍縱即逝，在戰場上必須把握戰機，看準敵之弱點猛攻，才是致勝之道。

地形為兵之輔助，對地形之利用，吳起兵法散於各篇，尤以應變篇論述較多。就地形學言，不如孫子兵法來的有系統，孫子區分地形和地略，吳子則不分。

吳子所不同於本書其他三家（孫子、孫臏、孔明），另有一明顯的政治主張，吳起認為「法制和武力」是中國統一唯一可行之途，他一生為實踐這個目標。而他追求出將入相的機會。也是為追求這個目標，並身體力行。所以，他的事功促成後來秦統一中國，影響至距。若吳子在楚的改革成功，統一中國的可能就是楚國，此後的中國亦將改觀，可見吳子對歷史影響是很大的。

第二篇 吳起兵法

第三篇
孫臏兵法

能調動敵軍，困境致勝的奇謀大戰略家
中國歷史上唯一賭王、殘障大兵法家

　　孫臏的一生，歷盡磨難，命途坎坷，被同門龐涓陷害，成為
「殘障人士」。但「孫臏兵法」繼承了孫武、鬼谷子和吳起等兵
法家思想，內容兼諸家之長。尤其在謀略、出奇的創造藝術，「調
動敵軍」的能耐和智慧，所有中國兵法家中，無能出其右者。孫
臏敏銳的觀察力和分析歸納能力，也是千古難得的奇才大師水平。

孫臏像

本圖像來源：李志農，孫臏兵法，典藏閣
（台北，2005年6月），內頁圖。

孫臏像

馬陵道現狀

照片翻印自：吳澤主編，圖說中國歷史（台北：
京中王，2004 年 4 月），頁五六。

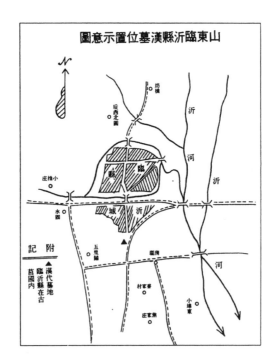

鬼谷子像

兵法家尉繚子是第五弟子。
鬼谷子有四大弟子：孫臏、龐涓、蘇秦、張儀，傳說秦始皇的

圖像來源：陳英略，鬼谷子無字天書
（台北：自印，64 年 2 月），封面

「孫臏兵法」部分出土竹簡照片
（約為原竹簡五分之三）

龐涓死於此樹下

（台北：商務，1994 年 7 月），頁八五。
本圖來源：柳玲，中國古代兵書

第三篇 孫臏兵法

199

孫臏提出了「圍魏救趙」的作戰方針。
圖為魏都大梁（今開封）的古城壁。

「韋公亮文教基金會」二○○四年「孫臏與龐涓」京劇的廣告宣傳。

輯 22 揭開孫臏神秘的面紗

——一代賭王殘障大兵法家

1. 本節目喜以我國歷代兵法家為主角，藉他們來觀察戰爭與人生的道理，孫子和吳起講完，換孫臏上台。在我國民間，孫臏的「知名度」為甚麼反而高於孫子，甚至高於其他的兵法家？

這可能受到早年（約民國四○到六○年代）台灣民間戲劇、民俗節目，如歌仔戲（台語「大戲」）、布袋戲，或說書的影響，「孫臏的故事」曾是重要內容。甚至本土電影流行時，也曾拍過「孫臏下山」或「孫龐鬥法」的片子，以上不論用何種方式演出，我都看過，聽眾（讀者）就知道我的年紀了。

因為「我是和孫臏一起長大的」，孫臏在中國民間有比孫武較高的知名度。孫臏是誰？大家好像把他當成神話人物了，其實他是曾經和你我一樣，一個活生生的人。又因一些「故事」，他變得有些神秘，連他的著作「孫臏兵法」也有些神秘。

他的故事主要在「東周列國誌」第八十七回「說秦君衛鞅變法、辭鬼谷孫臏下山」、八十八回「孫臏佯狂脫禍、龐涓兵敗桂陵」、八十九回「馬陵道萬弩射龐涓、咸陽市五牛分商鞅」共三回，是歷代故事流傳的主要腳本。但是，「孫臏兵法」卻從漢代就失傳了，近年考古發現，漢武帝元狩十六年（前 117 年），就被不明原因埋在墓中。最可能的原因，是當時的思想家們認為天下統一安定了，這種教人鬥爭打仗的東西可以不要了。而另一部「孫子兵法」已經留傳很普及，

第三篇 孫臏兵法

無法禁絕了。

東周列國志中，記載孫臏學兵法事蹟較詳，茲摘錄於下：「周之陽城（今河南登封縣屬），有地曰鬼谷，山深林密，幽不可測，故名。內有一隱者，自號鬼谷子，相傳姓王名栩，晉平公時人，與墨翟為友，其人通天徹地，有幾家學問，人不能及。一曰數家，日星象緯，在其掌中，占往察來，言無不驗。二曰兵學，六韜三略，變化無窮，布陣行兵，鬼神不測。三曰遊學，廣記多聞，明理查勢，出詞吐辯，萬口莫當。四曰出世學，修身養性，服食導引，卻病延年，沖舉可俟。他住在山谷，也不計年數，弟子就學者，不知多少。先生來者不拒，去者不追。其中有名弟子：計有齊人孫臏、尉繚，魏人龐涓、張儀，洛陽人蘇秦，都是戰國時代將相名才。龐涓早期應聘魏國為將，某夜鬼谷子先生於枕下取出文書一卷，謂臏曰：此乃汝祖孫武子兵法十三篇，昔汝祖獻於吳王闔廬，闔廬用其策，大破楚師。後闔廬惜此書，不欲廣傳於人，乃置一鐵櫃，藏於姑蘇臺屋楹之內。自越兵焚臺，此書不傳。吾與汝祖有交，求得其書，親為註解，行兵秘密，盡在其中，未嘗輕授一人。今見子心術忠厚，特以付子。臏乃攜歸臥室，晝夜研誦，三日之後，先生向孫臏索其原書。臏出諸袖中，繳還先生。先生逐篇盤問，臏對答如流，一字不遺。先生喜曰：子用心如此，汝祖為不死矣！再過數年，張儀蘇秦相繼別去，不數日，鬼谷子亦浮海為蓬島之遊，或云已仙去矣！」以上是小說，不全然是有根有據的，孫武和孫臏並非祖孫關係。史記上說「臏亦孫武後世子孫」，經考證也是不對。

也許孫臏地下有知，不甘寂寞，民國六十一年「孫臏兵法」終於從地下出土，讓我們對他的故事有更正確的了解。進而「去神話化」，知道更多孫臏的真相。

和他同時代的名人，有龐涓、孟子、墨子、蘇秦、張儀，那帝王將相就更多了，都曾和孫臏「同台演出」，較量彼此的智慧、武功。所以，孫臏在我國民間社會有很高的知名度，形象也好。

孫武在這方面沒有孫臏精彩，但孫武留下的「孫子兵法」成為世界文化寶典，則是偉人，甚至是聖人（兵聖）的境界了。

2.還能不能把孫臏的面紗再揭開一些？讓大家看的更清楚。另孫臏被龐涓所害而成殘，眾所皆知，但為何也稱他「賭王」？

歷史上比較可靠的，只說孫臏是齊國人，是當時「縱橫學鼻祖」鬼谷子大師的高徒，後來當了齊國軍師。他一生最精彩的一段是和師弟（魏國大將軍）有過兩場戰役，孫臏兩次都贏的漂亮，「圍魏救趙」就他創造出來的典範。

中國古代歷史人物，有很多身份背景不詳，可能當時的人不重視這些，不過我們知道孫臏故事精彩，「孫臏兵法」是他的傳世寶典。

在本節目中，我們主述孫臏和龐涓的交手過程，來觀察人性的黑暗面和光明面，有許多事情甚至不是「黑白」這種二分法可以解釋的；而利害得失都是一時的，很難恆久，而且也有層次的問題。例如齊國打敗魏國，齊國當然是利多；但因魏國垮了，秦國有機會「東出」，又對齊國不利，所以權衡利弊須要有大戰略的智慧，是很難的。

孫臏，據司馬遷的「史記」和歐陽修的「新唐書」所記，孫臏是孫武的孫子，孫武稱「吳孫子」，孫臏叫「齊孫子」。後世考證結果，二人並無祖孫關係。

西元 1972 年，民國 61 年 4 月，大陸在山東臨沂銀雀山發掘兩座西漢武帝初年的古墓，才發現有竹簡版的「孫臏兵法」和「孫子兵法」。1974 年「北京文物出版社」發表「山東臨沂西漢古墓發現孫子兵法和孫臏兵法簡報」等文，亦解開歷史謎題，孫子和孫臏沒有「祖孫」關係。從「孫臏兵法」被埋入土（前117年），到出土（1972年）重見天日，計埋了 2089 年。

第三篇　孫臏兵法

本節目先談孫臏這個人，再講孫龐鬥法，最後講「孫臏兵法」。

至於為甚麼稱孫臏是「賭王」，並非說他好賭，而是當時流行賽馬，賭注動則千金，孫臏以其戰略智慧，贏了齊威王。

戰國時代，齊國威王喜歡和元帥田忌比賽騎馬射箭，田忌每次跟齊王比賽，十次總是有九次輸。一次，齊威王又提出以千金作賭注的賽馬活動，田忌欣然答應了，心想這次無論如何都要贏。於是他請求自魏國前來投靠他的兵法家孫臏幫忙。

孫臏詢問以前比法？田忌說，兩人各準備三匹戰馬，然後又將馬分上、中、下三等，上等跟上等比、中等對中等、下等和下等比，各賽一回來定輸贏。

孫臏動了一下腦筋，便告訴田忌說，這次你把最好的彎頭和鞍子備在下等馬上，當作最好的馬和齊威王最好的馬比賽；再用你的上等馬跟他的中等馬比，最後你的中等馬與齊威王的下等馬比，這樣順序顛倒一下，保證你一定能取勝。

比賽當天，田忌照著孫臏的方式去安排，第一回合田忌輸了，但第二回合和第三回合田忌都贏了，因此獲得了千金的彩禮。

齊威王對於田忌這次能取勝感到疑惑，他問田忌此次戰略關鍵為何？田忌便把孫臏教他的方式一五一實地告訴了齊王，齊王聽了之後，不僅大大地稱讚孫臏的機智謀略，更重用孫臏，讓他統領齊國大軍。

3. 好，先談談「孫臏下山」的故事，據說他和龐涓都是鬼谷子的高徒，鬼谷子又是誰？

按「東周列國志」所述，戰國時，周朝的都城外，有個地方叫「鬼谷」，山深樹密，幽不可測，似非人所居住，叫「鬼谷」。谷中有一隱者，精通天文地理，相傳姓王名栩，晉平公時人。就在谷中教授數

學、天文、兵學、外交、養生等科目，就學的弟子很多，出名的有四：孫臏和龐涓學兵法，張儀和蘇秦學外交，孫龐二人是同學也是好兄弟，孫為兄，龐為弟。另據說，尉繚子（秦始皇的兵法家），也是鬼谷的弟子。

孫、龐二人在「鬼谷大學」讀書，學習兵法，有一天鬼谷老師為測試二人的本質，問二人說，我現在坐在教室內，誰能把我請到教室外面去？

龐涓先答說，我先請師父到外面吃飯去，鬼谷不去。龐涓又說請老師出去賞花，鬼谷不去。龐涓急說，現在我把教室燒了，看師父出不出去，鬼谷只好說出法。

換孫臏答試題，臏說，弟子不才，沒能把師父從教室請出去，但可以把師父從外面請進來……。

鬼谷不疑，就出去了。由此可見，孫臏智慧高出龐涓許多，而且厚道許多。

修業三年多，有一天龐涓聽說魏國招考將才，告訴師父想下山。鬼谷叫他摘山花一枝來占一卦，龐涓摘一枝馬兜玲花，鬼谷占曰：「一開 12 朵，是你的富貴年數，採於鬼谷，見日而萎，鬼傍枯萎，會在魏國發跡。以欺人為能，但反被人欺。汝「遇羊而榮，遇馬必死」。

龐涓先下山，相約富貴之後引荐孫臏。

4.談孫臏總要先講到他的老師鬼谷先生，再說清楚一些，鬼谷先生測出了甚麼玄機？鬼谷的學問在講些甚麼？

測試人的本來面目，即每個人的本質，善惡、慈悲、仁厚或殘忍等本性。現在幼稚園為測試小朋友的 EQ，乃在一固定時間空間內，給一群小朋友每人糖果數個，但規定若干時間後才能吃，能做到的可

得其他糖果，過程須從旁觀察。不能等待，沒有耐性的小朋友通常很快吃掉糖果，能耐過一定時間，得到獎賞，表示他的 EQ 最好。

鬼谷測試得出真相，龐涓是一個慘酷無情的人，連自己師父性命都不要了，天下人的性命在他眼中更是不值一提，是一個自私、重殺戮，又欠缺謀略的人。反之，孫臏是一個比較厚道的人，對兵法也有一些心得了。

鬼谷的學問是甚麼？一言以幣之，曰「縱橫學」，其內涵大致不外國防、軍事、外交、政治、謀略，而以謀略為思維核心。所謂「以柔克剛，以陰制陽，以機密敗顯露，以紆曲挫率直」，都是謀略的最高指導原則。

在外交上，所謂「捭闔妥協、勾鉗、抵巇談判、揣摩」之術，通常在外交是折衝樽俎之利器；而用之軍事戰略，如避實擊虛、用危乘勢、出其不意、攻其不備，都是制勝主要法門，用於政治鬥爭，則遠交近攻、合縱連橫、以夷制夷、內安攘外、聲東擊西，都是無上之妙方；凡此，都要有高度的謀略智慧，始期其有成有功有利。

其他如養生、天文、地理、天文、占卜、禳星術、魔鎮法，也是鬼谷的重要學問，他的當代高徒主要有四：蘇秦、張儀、孫臏、龐涓；後世張良、孔明、劉伯溫，據說都是他的傳人，現代有陳英略先生自稱是鬼谷第八十二代傳人，著有「鬼谷子無字天書」，專闡揚「鬼谷子學」。

「鬼谷子」一書，在中國始終很流行，目前在國內有海鴿出版公司出，東方羽著「中國第一詐書：鬼谷子（二〇〇四年版），該書計有捭闔、反應、內揵、抵巇、飛箝、忤合、揣、摩、權、謀、決、符言及本經陰符，共十三章四十二術。專講謀略、權術和使詐等，故稱「中國第一詐書」。

但鬼谷之學，在中國歷史上評價不一，毀譽褒貶有若天壤之差，有視之如同「孫子兵法」，為治國治兵之學，有視之如洪水猛獸般的可怕：

宋人歐陽修評曰：「因時適變，權事制宜，有足取者。」

唐人長孫無忌曰：「便辭利口，傾危變詐。」

唐人柳宗元評曰：「鬼谷為後書，險戾峭薄，恐為妄言，亂世難信，學者不宜道之。」

事實上，鬼谷之學應該是政治、社會、經濟場域的鬥爭智慧之學，即「自然叢林鬥爭之學」。孫子兵法亦曰：「兵者，詭道也。」而吳起、孫臏、孔明等兵法家也有如是說法。

---

5. 龐涓到魏國發跡了，卻不引荐師兄孫臏，如何解釋此種心態？

當時魏國正力圖富國強兵之策，到處招兵買馬，龐涓先以兵法見於相國王錯，受到重視。後來王錯又把龐涓推荐給魏惠王，也受到欣賞，乃拜為元帥，龐涓面見惠王時，王正在吃羊肉火鍋，正好應了鬼谷先生「遇羊而發」的預言。

龐涓得到榮寵，惠王又把姪女嫁給他。其實這段婚事又有另一段更叫人痛心的故事，足可拍成一部電影，是「戰國時代版的陳世美」。

原來，龐涓在尚未到「鬼谷大學」時，在家鄉是幫父母的印染布店做事，已經表現出不尋常的聰明。住在對街有一家草藥店的老闆叫蘇慶，用生意人的眼光，看出龐涓未來必有富貴，就把女兒叫留夷的，嫁給龐涓，當時龐涓還看不出未來。

等龐涓從鬼谷學成歸來，也在魏國拜了將，有了身份地位，相國和太子都想籠絡，太子申稟過惠王，把堂妹魏婧嫁給龐涓，他妄稱自己尚未娶妻，現有身邊的留夷只是家鄉帶來的丫環。龐涓威脅留夷不得公開身份，否則殺她全家，留夷只好忍氣吞聲當丫環。

後來，孫臏能逃到齊國，留夷是第一功臣，這是後話。

龐涓為何一直沒有在魏惠王面前引荐孫臏？他心裡很清楚，他們

第三篇 孫臏兵法

同學三年多，孫臏的才智高過自己，讓他來了，自己就沒得混。龐涓把他倆在魏的未來發展，看成了「零和遊戲」，用現在的術語說，他想「整碗端去」。如此，當然就不能推荐孫臏來魏國當官，且必須設法除掉，因為師兄若去了他國，對自己也是不利。好毒的龐涓，他凡事都從利己面的思維去看天下事。

電影「圓桌武士」中有一句對話，男人要的是領導權，不是兄弟情。當然這是對那些權力慾很強的人，但卻是男人內心世界的黑暗面。

> 6. 孫臏在何種機緣下，有機會下山？他不知道下山有難嗎？

當時墨家的大師墨翟到處旅遊，前去拜訪鬼谷，一見孫臏，與之談論，深相契合。因問：「臏學業有成，為何還不下山求取功名？」臏說：「已有同學龐涓在魏國拜將，相約日後推荐給魏惠王。」

墨翟迳至魏國，訪察真相，知龐涓無意引荐孫臏。乃自行去見魏惠王。王慕其才學，欲留下任官，墨翟說：「有孫臏之人，隱於鬼谷，吾才學不及他萬分之一。」惠王說：「孫臏和龐涓二人是同學，那一位較高明？」墨翟說：「孫臏的智慧、才學，天下無雙，何況龐涓？」

魏惠王問事於龐涓，涓不得已寫一封信說：

> 涓託兄之庇，一見魏王，即蒙重用。臨岐援引之言，銘心不忘。今特荐於魏王，求即驅馳赴召，共圖功業。

鬼谷見信，無一字問安，知涓是無情無義之人。但因臏將去見惠王，不可多說，乃叫臏取山花一枝，卜其凶吉。臏見老師桌上有瓶黃菊，取出一枝呈上。鬼谷斷曰：「此花被殘，不為完好，但耐寒不壞，養在瓶中，為人敬愛，仍然歸瓶，汝之名，終在故土。去吧！我把你孫臏的賓字，旁加月字。

孫臏下山的機緣另有一說，臏因在無意間讀了鬼谷的「無字天書」，惹下未來會有百日災難，鬼谷為救他，用「魔鎮大法」把孫臏藏在後山一座空墓中，過四十九天，大難才能脫除。

　　另一方面，龐涓正用計要誘他師兄下山，才有機會「處理」他，遂遊說魏王派特使徐甲去請，一連兩次都說孫臏死了。龐涓也會觀天象，知師兄是裝死，給魏王又獻上一計，把徐甲家族百餘人關在牢裡，叫徐甲再到鬼谷處請人。

　　徐甲在孫臏墓前哭述，若孫臏不下山，一家老小百餘口全都要喪命。

　　孫臏不忍，只好下山，且百日之難變成千日之災。

第三篇　孫臏兵法

輯 23 孫臏下山

龐涓設計陷害義兄

> *1.* 孫臏下山，到了魏國，此時龐涓已是魏國大將軍，官拜元帥，正為魏王策劃如何併吞六國，一統天下之計，孫臏來了，如可安排？

龐涓舉荐孫臏，同入朝中，謁見惠王。

王說：「墨子盛稱先生獨得孫武祕傳，寡人望先生之來，如渴思飲，如今你來，大慰平生！」遂問龐涓，「寡人欲封孫臏為副軍師，與你同掌兵權，意下如何？」

龐涓說：「臏乃臣之兄也，豈可以兄為副？不若先拜客卿，候有功績，臣當讓位。」惠王同意，拜臏為客卿。

龐涓心知孫臏獨得孫武「孫子兵法」之秘傳，經常設酒席套取，孫臏不疑有他。只是孫子兵法鬼谷先生只給看三日，又取回了。孫臏應依記憶，逐日記錄。

龐涓心急，報怨鬼谷師父為何孫子兵法獨秘傳師兄，不傳給他，他百般用計探求，也深知此事不可急。

就常理來說，孫臏到魏國是和龐涓「搶位子」，自然是不受歡迎的，甚至可能要受害，以孫臏的智慧應該想到這層道理。然而，此時的他，一點「感覺」都沒有。只有兩個原因可以解釋，一者他實在太「老實」了，一個老實人，把龐涓完全當弟弟看待；次者他在鬼谷老師所學的東西，都尚未「消化」，也就想不到更深的道理。

2.孫臏在魏惠王門下當客卿。龐涓又經常擺酒席取師兄歡心，希望師兄把心中的兵法吐露出來，這三人的關係豈不很微妙？

某日，惠王欲試孫臏之能耐，就給孫、龐二人各一支部隊。龐涓布的陣法，孫臏一眼識破；孫臏演一個陣法，龐涓弄不清楚，私問孫臏，臏曰：「顛倒八門陣也！」又說：「若受到攻擊，可變化成『長蛇陣』也！」

魏惠王不明原委，龐涓搶先去向惠王報告、解釋，孫臏從頭到尾沈默未語，魏王以為龐涓之才高於孫臏。對墨子讚美孫臏「天下無雙」產生疑惑。

只有龐涓心中召急，孫臏所知的兵法秘傳，龐涓全然不知道，他心思自己的才華不如臏，按此發展下去，不久自己在魏即無立足之地，孫臏不除不行。

龐涓左思右想，各種方法都盤算過，只有「紅帽子」最有用，龐涓決定用「紅帽子」之策除掉孫臏。

眼前這三人，此時只有龐涓一人是清醒的，孫臏尚未進入狀況，魏王不是一個有為之君，他全賴龐涓之言是聽，龐涓也有本事一手遮天。魏國的強大是魏文侯（惠王的祖父）用李克、李悝為相，以吳起為將，建立的基業，傳到魏惠王（因都大梁，又叫梁惠王，即和孟子談論治國那位。）國勢已弱，三晉中仍是最強大的。

3.原來現在台灣獨派人物最喜歡用的「紅帽子」計策，在二千多年前就有人在使用，而且用的很成功。不知龐涓如何給孫臏戴這頂「紅帽子」？

第三篇 孫臏兵法

211

龐涓找一日請師兄喝酒，席間問臏說：「師兄家在齊國，現在魏國當官，何不派人把家人接來，同享富貴？」臏垂淚說：「家門之事，我從未提過。我四歲喪母，九歲喪父，我隨叔父喬一起長大，叔父也在齊國當官，後因政治鬥爭受到迫害，我有二個叔叔，孫平和孫卓，也不知去向。我孤單一人，無處可去，才想去鬼谷先生處學些東西，蒙他收留。」

龐涓又問，「家人沒了，故鄉的墳墓總在吧！」，孫臏把故鄉所在，家基位置，附近鄉人略說了一變。

龐涓得知孫臏底細，大喜，約過數月，有人聲稱是孫臏的故鄉人來訪，並帶給孫臏一封信：

> 自吾家門不幸，宗族零落，不覺已三年矣。向在宋國為人耕牧，汝叔一病不起，苦不可言。今幸吾王盡釋前嫌，招還故里，正欲奉迎吾弟，重立家門。聞弟就學鬼谷，良玉再琢，定成偉器。今有某客之便，託信前來，望早為歸計，家人得早相見。

來人也取得孫臏回書：「今已任魏，待有功業，再作回國之議。」

其實這一切都是龐涓設計的，到此孫臏並未察覺自己已一步步走進龐涓所設的陷阱中。

龐涓透過精細的安排，正在設計一頂「紅帽子」讓師兄戴上，最終目的是要除掉師兄，他自己在魏國才能獨佔大將軍寶座，而沒有任何競爭的對手。

---

4. 龐涓好壞，師兄對他百分百信任，他卻設計陷害師兄，他取得孫臏的回信何用途？

龐涓誆得孫臏的回書，仿其筆跡，修改數句：

「今已任魏，心懸故土，不日當歸，倘齊王不棄，自當盡力。」

拿了偽書，就去見惠王，依龐涓之議，孫臏之才高於自己，若去齊，定對魏國不利，建議惠王不如殺之。惠王說，「孫臏應召而來，今罪狀不明，遽然殺之，恐天下議寡人也。」涓對說，「不如交給我處理，勸他留魏，若其不然，我自有辦法應付。」

龐涓辭了惠王，往見孫臏。裝做一番好意說，「聽說你有家書了，恭喜了，不如請二個月假回去省親，我去幫惠王說說，一定沒問題。至此，孫臏仍信以為真。龐涓又連夜去見惠王，說是留不住孫臏，他的「請假報告單」明日就會送來，大王可以藉機拘捕，把人留下，再做處理，惠王當下同意。

次日，孫臏的請假報告送到魏王面前，王大怒，批示曰，「孫臏私通外國，顯有背魏之心，有負寡人美意，先削官職，暫發軍師府看守所，聽候處置。」

> 5.孫臏被關在龐涓所屬的看守所，龐涓的「紅帽子」之計可以說成功了嗎？

可算成功。龐涓來探監，裝著很挽惜，很痛苦。告訴孫臏說：「本來要處師兄死刑的，我再三保奏，恭喜得以保全師兄性命，但須刖足鯨面，這是魏國法律，弟已盡全力。」孫臏便被廢去雙腳，又在臉上刺了「私通外國」四字，應了鬼谷所言，後有詩說：

> 易名臏字禍先知，何待龐涓用計時？

> 堪笑孫君太忠直，尚因全命感恩私。

孫臏被處無期徒刑，正合龐涓之意，但仍叫孫臏在牢房中專職注解孫子兵法，而且做的很用心，絲毫沒有察覺自己被陷在一盤死棋之中，完全沒有爭脫的機會。

用現在台灣的政治環境去回顧魏國政情，頗有相似之處，而最像

第三篇 孫臏兵法

的一個是兩者都在流行用「紅帽子」害人。凡是魏王和龐涓不喜歡的人，就送他一頂「紅帽子」，紅帽子成了趕走人才的利器。因為後來，在魏國也有一個更了不起的人才，也是被用「紅帽子」打入天牢。

他就是范睢，魏國大梁人，純本土人士，在朝為官，大家都知道他是高級人才。一群政客想要除掉他，就告他賣國，因為他出使齊國時，齊王送他兩瓶酒，他以受賄被抓，小人在魏王面前乘機讒言中傷，在嚴刑烤打下，全都承認了。他被獄卒打到昏死，丟在廁所中，任人尿尿在他身上，命不該絕，他被「識貨者」偷運到秦國，受到秦王重用，於前 266 年拜為秦國宰相。「遠交近攻」就是范睢策訂的大戰略，併吞六國，一統天下，完成中國第一次的統一局面，秦王是第一大功，范睢至少是第二或第三大功臣，這種人才不用，太不可思議了。

> 6. 孫臏的故事發展到這裡，似乎進入一個生死的關鍵是不？在古今中外的政治鬥爭、朋友交注與人生成敗給我們甚麼啟示。

人性的黑暗面，人人都有，有一句隱語「人吃五穀雜糧」，言下之意，每一個人都是有問題的，世上並無「完人、全人、聖人」之輩，只要用放大鏡照，問題全出來了。關鍵在，我們是「人」，也應該能自制，所以說自制力愈高的人，愈有成就，因其像人。

「人與人之間只能共甘苦，不能共富貴」的弔詭。這又是對人類很大的諷刺，說穿了，那只是人性惡劣中的一部份，人之惡，惡於这些本性的顯露；人之善，也是善於某些本性的顯露，很奇怪吧！現在的龐涓正在顯露人性中最惡劣的一面，而他師兄孫臏，則顯露了人性中仁愛之一面。

人性仍有光明面，而且這種光明面的維持和發揚，都非常不容易，

也就是說人要為惡、放縱自己是很容易的；要為善、節制自己是很不容易的，所以中庸才說：「人心惟危，道心惟微」。因知其不容易，故要很努力去做，一日不可放鬆。

但是，面對困局才是智慧最大的考驗。孫臏現在是一個廢人又被判了無期徒刑，人生還有甚麼希望？在歷史上有不少例子，從一個困死的局面中，又開展另一片生機，其實這便是老師鬼谷的核心思維，但不管他如何努力想，都仍一頭霧水。

孫臏不是鬼谷的第一高徒嗎？他不是智謀雙全嗎？怎麼到現在如何被戴一頂「紅帽子」？如何被關進大牢？如何被廢了兩足？都仍想不通呢？不知道是不是後世寫作的人故意消遣他？還是真有其事？或是很懷疑，大家也不妨打個問號。

輯 24 龐涓的女人說真相

　　　　　孫臏用鬼谷「詐瘋魔」之計逃出魏國

> *1.* 孫臏在牢中，很努力的一字字，想把記憶中的孫子兵法寫出來，並加以注解，好讓師弟龐涓使用，但速度很慢。

　　某日，孫臏動作遲緩，逐字在注解孫子兵法。在一旁觀看，負責送牢飯、看牢門的一個女人叫留夷的很生氣，也很同情孫臏。（注：留夷原是龐涓的原配妻，被貶成丫環，負責看管孫臏，關於這個女人，有些書上有不同人名，「東周列國志」叫「誠兒」。）

　　只有這個女人知道龐涓陷害孫臏的陰謀，她從正室被貶成下人，恨龐涓入骨。她看孫臏忠厚老實，決定要把實情告訴他，並設法救他。她告訴孫臏說：

　　　　汝有所不知，這一切，從頭到尾都是龐涓的計謀，留你一命，單為得兵法秘傳，你一寫完，便要絕你飲食，把你餓死，你是真不知，還是假不知。告訴你，千萬不可洩漏，否則你我二人活不過今夜。

　　孫臏大驚，把前後事件一一回想，果然理出一個頭緒，孫臏心頭一陣抽痛，但他畢竟是鬼谷的高足，很快就沈靜下來。當晚，留夷送來牢飯的晚餐時，孫臏就突然瘋了，打翻了飯菜，指天罵地，忽而大哭，忽而大笑。留夷心知肚明，趕快去面報龐涓。

也不盡然是一種單純的表演，把歷史上的戰爭、鬥爭，針對戰術、謀略之運用，加以歸類，有所謂「36計」，其中第一計「瞞天過海」，第二計「圍魏救趙」（孫臏殲滅龐涓軍隊所用之計，本節目下回分解）、第二十一計「金蟬脫殼」、二十七計「假癡不癲」、第三十二計「空城計」等，都有很高的「表演藝術」天份才做得到。

話說回來，龐涓怕孫臏來一計「假癡不癲」，高人過招都很小心的。派人把孫臏拖去丟在豬舍中，孫臏竟在豬舍中打滾，糞穢狼籍，龐涓知孫臏已瘋了，可能受刺激太深。但還是叫那留夷的女人嚴加看管，只准許出外閒走，孫臏也混在市井間，成為街頭巷尾的瘋子。東周列國志有詩云：

> 紛紛七國鬥干戈，俊傑乘時歸網羅；
>
> 堪恨奸臣懷嫉忌，致令良友詐瘋魔。

這是超越常情常理以外的「奇情」，「同是英雄為何難相容？同根連理卻要煮豆燃萁？」千百年來，都是人們最有興趣的話題。正當本書作者在復興電台講「孫臏及其兵法」時，台北新劇團長李寶春和大陸裘派銅錘大花臉楊燕毅，也在二〇〇四年底在台北新舞台，攜手上演京劇史詩「孫臏與龐涓」，讓大家了解兩位千古兵家，如何為了權勢名利，演出瑜亮情結的人性大悲劇。

「孫臏與龐涓」劇本首見於一九九三年，作者是辜懷群，這次李寶春演孫臏，揮灑的重點在使孫臏看起來更頹廢，表現他裝瘋賣傻的樣子。而表演主旨在揭露人心的掙扎，也再度論證「一山不容二虎」，從古到今，叢林如此，而自稱文明文化的人類，不也如此嗎？

第三篇 孫臏兵法

也許是個巧合，本書有關的人物，除孫臏在表演「瘋子」，另孫武的好朋友伍子胥從楚逃命吳國，也曾落迫到在街上「吹簫行乞」，當了乞丐（可能是一種表演，因楚王派人追殺他。）。而孔明在臥龍找尋下山機會時，劉備三顧茅蘆，他還要故意「表演」一下。

古今智者使出大奇謀，通常是在「光天化日」下「表演」，光天化日下公開的藏了「大密密」。故智者的表演，無更大智慧，根本看不懂，此「瞞天過海」也。

> 3. 孫臏在魏都大梁，成為市井間的瘋子，每日有人看管，他如何到齊國，這一段應該很精彩。

孫臏如何到齊國，有兩種的說法，但二種說法都和一個人有關，他就是淳于髡，先說這個人，他也是當代高人，天文、地理、兵法無所不知，只喜歡到各國遊歷，各國君王都要網羅他，有次去魏國，朋友把他引薦給魏惠王，這位高人站在魏王面前，一語不發，就走了，連續兩次都如此。魏王頗不諒解，朋友去向淳于髡問明原委。

淳于髡解釋，第一次面見大王，大王的心在想騎馬的事；第二次見大王，他又心不在焉，在想著欣賞音樂的事。這樣的心不專，對人不敬的國王，以後不會有什麼出息的，何必浪費時間去理他。魏王知道原委，大吃一驚，心裏想著「第一次有人獻上好馬，寡人正想試馬，淳于先生來了；第二次有人獻上一名歌伎，正好聽樂，淳于先生又來了。」

魏王知道淳于髡是個厲害的高人，能一眼洞徹人心，派人要找他回來，他已走了，後來是齊威王的客卿。

墨子的弟子禽滑，知道孫臏的事和人，便把事情告訴老師，墨子轉述給齊國大將軍田忌，田忌又告訴齊王，只要能把孫臏弄回齊國，齊國的強盛指日可待。齊王派客卿淳于髡以向魏王進貢為名，出使魏

國，又用魏王回贈的一車禮物，把孫臏藏在車中，運載回國。

上面這位魏惠王就是梁惠王，因魏都大梁，故二者通稱。孟子見惠王論仁義，王卻只要「利」。而那位叫淳于髡的，他是齊國人，也是當代聞人，他和孟子有一段對話（離婁篇）：

淳于髡曰：男女授受不親，禮與？

孟子曰：禮也。

淳于髡曰：嫂溺，則援之以手乎？

孟子曰：嫂溺不援，是豺狼也。男女授受不親，禮也。嫂溺援之以手者，權也。

淳于髡曰：今天下溺矣，夫子之不援，何也？

孟子曰：天下溺，援之以道。嫂溺，援之以手。子欲手援天下乎？

這段對話是淳于髡用「嫂溺」喻人民陷於水火，希望孟子能救天下之大亂，孟子答「以道救天下」，此「道」即以和平、仁政和正統觀，使中國回歸統一局面。但當時的兵法家，孫臏、龐涓，乃至早些的吳起，都認為武力統一中國是唯一可行之途。

4.淳于髡果然是有國際觀的人，不過我們更關心他和孫
　臏逃到齊國有甚麼關係？

在一個暴風雨的晚上，孫臏望著破屋角落上的一張蛛網，網上不見蜘蛛，大概早已逃命，唯有網邊還沾附著一隻蜻蜓，不停地掙扎著想要逃脫。

孫臏心想，「逃亡」是一切生物保命的共同手段，不逃只有死路一條。

第三篇 孫臏兵法

這念頭從心中湧起，渾身開始起勁，逃出大梁（河南開封），逃回齊國。他用一件破衣捆在腿上，減少腿部與地面磨擦的痛苦，慢慢的挪動雙股，向大梁西門街爬去，那裡是齊國大使館所在。

狂風暴雨不停，滾滾濁木在街上沖流，孫臏在水中泡著，挪動著，用意志力撐著，向使館前進。四周黑暗，雷聲隆隆，暴雨嘩嘩，孫臏忍著腿部的痛苦。

莫約孫臏出走的這不到兩小時間，龐涓已經得知，派出十餘心腹到處蒐捕，留夷也出來找，為了要掩護孫臏出走。

終於，孫臏爬到齊國使館門口。

大門緊閉，孫臏咚咚地拍打大門，門開出來一個看門的：

「哪來的瘋子，還不快滾。」

門又要關上，孫臏用力一推，說：「叫使節大人出來見我。」

「你瘋了，使節大人豈是你這種人可以隨便見的！」

門又要關上。裡面有人大喝一聲：「住手！不得無禮。」

出來的人正是使節大人，淳于髡。

孫臏一看有救了。

> 5. 以上兩種說法都沒有詳細說明孫臏是如何回到齊國，因為龐涓必然布下天羅地網要抓孫臏，齊國使館就是最大目標，龐涓也必然不會放過。

孫臏和淳于髡商量，用「聲東擊西」法，乘幾天連夜大雨，由墨子的弟子禽滑假冒孫臏跳大梁河自殺（臏親自留遺書，設計被留夷那女人發現。）乘龐涓打撈屍體期間，把孫臏運出大梁。

此計進行後的反應，龐涓引起更多疑惑。真正跳水的是否孫臏本人？遺書真假？孫臏是否真瘋？龐涓派出大批「軍警情治」人員到處蒐捕孫臏，把留夷這女人抓來烤問，仍堅稱看到孫臏跳水自殺，屍體

被沖走了。

如此一來，孫臏仍被困在齊國使館內，都因有人掩護，未被發現。但也不能動彈，不敢用齊國使館的車偷運。因為孫、龐二人同是鬼谷門下，孫臏所用謀略，龐涓也想得到。

此刻，正好有趙國外交人員帶了四十匹好馬，來為魏王祝賀四十生日（魏王愛馬）。孫臏想到和趙國隨行的「跑單幫人員」談一筆生意，用趙國的外交用車把孫臏運出國境之外，再設法回到齊國。

6. 孫臏終於回到齊國，這麼多人費心把一個已成殘廢的人從魏國「運到」齊國。可見真正有才能、有人品的高士，是永不寂寞的，他回到齊國在內政、外交上對齊威王有那些建言？

孫臏、田忌、淳于髡聯合建議齊王，嚴懲貪官，用重刑糾正腐敗墮落的官員。齊王連續召開多次類似現在的「司法改革、政治革新」的會議，有多位大官，如婼和、申縛、段綸和公孫俅等人，因中飽私囊、勾結、行賄、欺壓百姓等罪，被判「鼎鑊烹煮」刑。齊國政壇一片欣欣向榮，正氣逢勃。

在外交策略上，孫臏最了解魏國，採「弱魏強齊」之策。當時戰國七雄以魏國最強大，魏王以龐涓的構想，積極準備侵吞各國，力圖統一中國。據孫臏觀察，魏王貪婪、好戰，故可積極支持魏王在各處的戰爭，其國力將削弱，齊國在靜觀天下同時，積極進行內政改革，整軍經武。

同時建立一支強大、可戰的軍隊，要恢復齊桓公霸業，有孫臏、田忌和淳于髡襄助齊威王，都指日可待。

在一個享煮貪官污吏的全國革新會上，齊威王宣佈：

「命令檀子守南城以防衛楚國，命田盼守高唐以防趙國，命黔夫

守饒安以御燕國。種首任司寇，負責國內安全。拜田忌為司馬，統率
全國國防武力，拜孫臏為軍師，為我國外交、國防、軍事、內政的總
參謀。共同為我齊國富國強兵、逐鹿中原、一統天下而努力。」

輯 25 「平陸之盟」和「巫沙之會」

孫臏和龐涓的國際大戰略比較

1. 「平陸之盟」和「巫沙之會」的背景和目的為何？可否先說明。

「平陸之盟」從頭到尾由孫臏策訂，目的是建立齊國和趙國的共同防禦條約。只是當時趙國是強國，齊國是貪污腐敗的弱國，因孫臏的提議，齊威王開始大力革新。平陸之盟建立「齊趙共同防禦條約」的戰略目的，是對抗魏國的擴張野心。

平陸是齊國的邊城，大約這個時候，孟子也到了平陸。當時平陸的大夫是孔距心，孟子平陸之旅目的應是考察。

「巫沙之會」由龐涓策動，目的是為「先滅趙國，再統一三晉，最後一統天下」的第一步計畫。在當時戰國七雄中，魏最強，最有實力統一天下。只是欠缺人才，假設孫臏和齊威王在魏，則最有機會統一天下者，可能是齊威王和孫臏等人，只是歷史是不能假設的。

在「平陸之盟」和「巫沙之會」之前，兩國也已經展開國際上的遊說工作。魏惠王說他的父祖，也就是魏文侯和武侯，如何的賢明，用人唯才，重用子夏（孔子弟子）、李克（子夏弟子）和李悝（法學家，作「法經」六篇，是我國歷史上重要法典）。吳起（軍事家），現在也一樣用人唯才，為國際和平努力。而實際上，魏國此時的政壇最流行「紅帽子」，我們已經說過了，魏王言行不一，國際上是騙不了人的。這些種種，對一個國家的大戰略是有很大傷害的。

相較齊威王就高明多了，也許這是齊魏相較，齊國仍是弱國，正

設法由弱趨強，必須競競業業的經營有關；而魏仍屬強國，這是先祖打下的基業，魏王有恃無恐，國家便在這種有恃無恐（不能察覺危機的浮現）狀態中，由強趨弱。

2.先說齊國孫臏所策訂的「平陸之盟」好了。

齊國即是弱國，趙國是強國，趙成侯很看不起齊威王，認為齊威王是庸弱之君。因此，齊國要主動去和趙國結盟，是一件難事。所幸有孫臏和淳于髡二人，首先齊國派出淳于髡為外交特使，前往邀請趙成侯與盟。

趙成侯一見到淳于髡就說：「貴國大王盛情邀請，寡人感激不盡，在此深表謝意。但因寡人年老體衰，不便出門遠行，只想坐鎮邯鄲，哪兒都不想去。」淳于髡毫不在意，像是回憶起近日往事般，說：「我國在威王領導下，大力改革，近幾天才在召開全國改革會議，我大王在全國文武百官面前，一次就烹煮了八位部長級貪官污吏，斬殺十五位行賄和受賄的各級公務人員。周邊各國都派使節來賀，說齊國大刀闊斧整肅紀綱，未來必有新氣象。

淳于髡平靜的說，趙成侯卻一驚，問道：「果有此事？一次烹殺二十三人，這還了得！」淳于髡知道趙成侯的好奇心被引起，進一步又說：「現在魏國強大，西秦正在崛起，我國當然不能落後，倒是貴國很危險！」淳于髡說的不慌不忙，倒是趙王一驚，問：「為甚麼？」

趙成侯也不是甚麼有為之君，他的後宮佳麗在戰國七雄之中，算是「第一雄」，最多的。

3.從前面淳于髡趙成侯的對話，可知淳于先生是高明的外交家，確實是高人，換成趙成侯慌張了。

淳于髡看趙成侯慌張的樣子，有些不忍，他不急不徐接著說：「大王勿忘，十年前貴國與韓國聯軍打敗魏國，並企圖瓜分魏國未成，魏惠王始終伺機復仇。現在魏國成為七雄之強國，趙國尚且不如，現在魏國最想一口吃掉的就是大王——您趙國，最近魏王發了一紙通知，其實形同命令，叫大王您去大梁召開『巫沙之會』，你敢不去乎？你若不去，魏王立即發兵攻打貴國，你還想安坐邯鄲嗎？

　　趙成侯臉色慘白，失血的嘴唇顫抖起來，從椅子上忽地立起，又險些倒在椅子下。左右侍還好扶他一把，狀不像大國之君，等他平靜下來，才有氣無力的說，「先生，怎麼辦？請救救我國吧！」

　　淳于髡見時機成熟可以收網，於是說，「來我國參加我齊威王與東方各國的『平陸之盟』，齊趙共同訂防禦條約，魏王膽敢攻打貴國，我齊國一定支援，齊趙聯軍，我國又有孫臏，要打敗魏軍是可以預見的事。」

　　4.『平陸之盟』是否順利召開，效果如何？

　　參加者有趙成侯及其重臣趙孟、宋國國君之弟宋偃、楚國太子華商、衛國公子衛平、魯國太子姬偃、燕國派使節觀察團、韓國派大夫房喜。除趙國國君親自參加外，餘各國國君都去魏國參加『巫沙之會』，可見各國怕得罪魏國，又怕怠慢了齊國，只好兩面討好。

　　『平陸之盟』誓約：

　　周天子十六年丁卯菊月，趙國成侯趙種與齊國威王田因齊，以國君之旨為盟：趙、齊自今結為盟國，友好相待，互不相侵。若遇兵災，則全力相救，義不容辭。若違此盟，皇天不佑。」

　　『平陸之盟』簽訂當晚，孫臏主動私會趙成侯，鼓勵趙成侯回國後，先發兵拿下趙魏交界上兩個天險要地，衛國的漆和、富邱二城，這裡是控制魏軍前往趙國的戰略要域。

第三篇 孫臏兵法

這一步是孫臏「削魏強齊」的第二步，趙先攻衛，衛是魏之屬國，魏必攻趙，必能削弱魏國戰力，齊國相對戰力轉強，再找機會攻魏。

齊國派軍護送趙侯回國，孫臏、田忌和淳于髡也碰到一些反對力量（通魏之人），都一一擺平。

> 5. 齊威王召開『平陸之盟』就是對抗魏惠王的『巫沙之會』，想必後者更熱鬧吧！應該也精彩。

國君親自參加的有宋國、衛國、魯國，秦、楚、韓、燕等國則派太子、將軍或使節與會。魏惠王原先的戰略是「先取秦國而後一統天下」，後依龐涓之議，「先取趙國，統一三晉，再一統天下」。

『巫沙之會』上，魏惠王先拿宋國國君宋剔成開刀，「你既來大梁與本王會晤，為何又派你胞弟到齊國參加「平陸之盟」。宋君不敢輕忽，小心答道「啟稟大王，敝國兩面都不能得罪，派胞弟去只是應付，我還是來到巫沙，以示對大王的敬重。」

魏王有些不滿意，倒是楚國大將景舍看不下去，說「去就去了，有啥了不起，也是為平衡一下關係。」

魏王見楚國大將軍說話，因楚是大國，說話開始客氣些，但還是表達了對齊國「平陸之盟」的不滿。

接著，魏王又開始數落韓昭侯，痛罵趙國，「巫沙之會」好像各國來聽魏王訓話。

> 6. 齊魏兩國都在忙著召開國際會議，互爭國際盟主地位，我們看現代，自冷戰時代到後冷戰時期，國際上也總有強權爭雄，大家在爭甚麼？勝敗因素是甚麼？

國際間的強權爭雄，互爭盟主地位，從古至今，基本上是只有「大國」才玩得起的遊戲，次要地位的小國通常是沒有機會的。至於爭甚麼？一言以敝之曰「爭利」，其勝敗的關鍵還在人才，加上國家總體戰力的運用。

在國際上所謂「大國」，其概念不是很明確。例如現在 G8 是世界經濟大國，每年要召開「G8 工業高峰會議」；聯合國五個常任理事國是政治大國，要成大國，領土、人口、資源和人才缺一不可。

現階段中共的外交政策就是定位在「大國外交」上，但某些特別情況（加入 WTO）仍以小國自居。鄧小平早在 1984 年對中共的自我定位有如下的看法：

> 中國是個大國，又是個小國，所謂大國就是人多，土地面積大。所謂小國就是中國還是發展中國家，還比較窮。中國又是聯合國的常任理事國，是政治大國。

現在中國正在向全方位大國邁進，不久後就有資格玩「盟主的遊戲」了，預計要到 2015 年左右。

回頭看齊魏兩國，他們玩的正是「大國遊戲」，在戰國時代，兩國各有起落，但在孫臏和龐涓這時期，齊威王在用人才方面更勝一籌，戰國許多名家都在齊國當客卿，如騶衍（陰陽家大師）、淳于髡（外交家）、田駢（道家大師）、慎到（法家大師）、接予、環淵，還有孟子（儒家亞聖）、墨子和禽滑等。俗云「有土斯有才」，有人才更有「財」，有土又有人才，更是利多，不發都難。

第三篇 孫臏兵法

輯 26 魏王誓師

龐涓率大軍攻趙

> *1.* 魏惠王要對趙國發動戰爭，此事在魏國內部是否有爭議？是否魏王和龐涓可以獨斷專行？

魏惠王決心要對趙國發動戰爭，利用一個時機在太廟中召開「攻趙作戰研討會」，參加者有魏王本人、相國惠施、太子、龐涓及各文武百官。魏王以堅定的口氣說話，「寡人欲發兵征討趙國，諸位愛卿有何高見？」

魏國內部意見並不一致，相國惠施就持反對態度，且說出「好戰必亡」的重話，他是從「理性、利害」提出看法，認為齊趙已經同盟，其他楚、韓、秦等國也可能乘機侵吞我國，攻趙幾乎等同向列國宣戰。

魏王、龐涓則從「報仇雪恨」出發，不把趙國國君抓來審訓，心裡不痛快。龐涓更純從個人利益考量，把戰爭當成個人表演的舞台，此二人有更大的共同野心，統一三晉－天下一統。

正反意見相持不下，魏王有些不知所措，龐涓更擔心計畫落空。他內心的核心思維，是軍人生命在戰場，沒有戰爭就沒有事業，不論死多少人，只要戰爭發動了，就是血熱熱、火辣辣的人生，軍人的人生便應如此，其他所謂仁義道德、人民生命財產，都是次要問題。

正在僵局之中時，太子申站在戰爭這一邊；另有兩位高級將領魏光和魏鍔也主張攻趙，一時間文武百官一面倒的主張發動戰爭。魏王終於決心宣佈：

寡人決定對趙發動戰爭，特命龐涓為上將軍，務必齊心協力，打敗趙國，生擒趙老頭，以雪寡人當年被困之恥。

　　魏王為何痛恨趙王，其來有自。當齊國正向四面擴張時，當時的七強是魏惠王、趙成侯、韓昭侯、秦孝公、楚宣王和燕文公，七強之中，仍以魏國最強大。但也最危險，這怎麼說呢？強秦在西，已發動過六次對魏戰爭。齊國在東準備伐魏，周顯王元年已第一次伐魏，戰於觀津。中與趙、韓則連年攻伐，強楚在南，隨時準備北進，形勢對魏極不利。

　　而魏與趙、韓結樑子，應追述周安王十六年（前396年），魏武侯以兵助趙公子朝襲邯戰之事。先是趙武侯卒，公子朝與敬侯爭位。公子朝奔魏，魏武侯以兵助公子朝襲邯戰，未果。是年，趙遷都邯鄲，開始和魏國爭衛國的控制權，於是趙魏連年爭戰。

　　周威烈王五年（前371年），魏武侯卒，惠王和公中緩爭位，趙韓乘魏內亂，聯軍伐魏，魏軍大敗。趙韓並想把魏裂解為二，由惠王和公中緩分治，未果。次年，魏反攻韓趙，大勝。是後二十多年間，雙方又多次大戰，各有勝負。至周顯王十二年（此次攻趙的三年前），魏惠王改變策略，先結好韓昭侯，孤立趙王，就是要對趙國先發動戰爭。

　　2. 戰爭要開打了，要怎樣打？龐涓有計畫嗎？

　　按歷史記錄，這場戰爭發動的時間是周顯十五年（前354年，魏惠王17年，趙成侯21年，齊威王25年），次年齊「圍魏救趙」，魏敗。

　　這場戰爭是歷史上有名的「圍魏救趙」桂林之戰，全程由齊軍師孫臏所設計，三十六計的第二計出於此。

　　桂林之戰以趙都邯鄲（今河北邯鄲），與魏都大梁（今河南開封）

第三篇 孫臏兵法

為魏趙齊三國之作戰地區。邯鄲西有太行山，該山蜿蜒至晉之西南析城和王屋二山，將魏國分成東西兩部。桂林在曲阜和大梁之間，是一條險要的古道，亦為兵家必爭之地。

魏武侯既已準備攻趙韓，惠王只是承接先王使命，他以抑趙挫韓威服三晉為基本戰略。惠王擬先取中山國以威脅邯鄲，龐涓主張直攻邯鄲，他說：「中山遠於魏而近於趙，與其遠征，不如近割，請為君直擣邯鄲。」惠王從其議，此時尚未慮及齊國的可能威脅。此應惠王和龐涓國際觀不足，故未察知危險也。

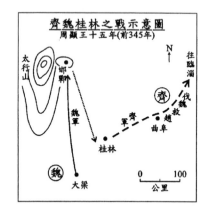

齊魏桂林之戰示意圖
周顯王十五年(前345年)

按龐涓的作戰計畫，親率八萬精兵北上攻趙，以八個月時間，攻破趙都邯鄲，活捉趙王。為防後方安全，特命龍賈將軍率二萬兵力，守西河以防秦國乘機蠢動；命魏錯將軍率二萬兵力，守安邑以防韓國；命魏鍔將軍率三萬兵力，駐守承匡以監視楚軍；命巴銘將軍率三萬兵力，守頓丘西面以阻斷齊軍渡河救趙。最後太子殿下率二萬兵力，保衛國都大梁安全。

龐涓要求相國惠施只要為大軍備足五日糧草，我將率八萬精兵先攻取衛國茌丘（今山東茌平），在衛征集糧草，供征戰之用。龐涓所報計畫，魏王欣然同意。

3. 龐涓率八萬精兵北上攻趙，且先攻下衛國的茌丘，這種事應該不是秘密，齊國這方面，田忌和孫臏有何反應？

齊國的情報人員早已把訊息匯報給田忌和孫臏，田忌很快到了軍師府，「準備打仗了，龐涓率魏軍八萬精兵已攻破茌丘，請問軍師，我們是否立刻出兵救衛？」田忌似乎對打仗也很有興趣的樣子，像在準備做一件很有成就的事。

　　「先不出兵」，孫臏肯定簡潔的說，田忌有些疑惑，因為衛國被攻下，我國就危險了。孫臏繼續說，「魏國攻茌丘，只是一種懲罰性戰爭，教訓衛成侯，逼他重新回到魏國的懷抱。另外，攻茌丘是為徵集糧草和募足壯丁，再渡河攻趙國邯鄲，目前對我齊國暫時沒有危險。」

　　田忌覺得奇怪，問孫臏：「為什麼你對龐涓這麼清楚？」孫臏說：「我們同一個師父。」

　　孫臏比較關心現在齊國武裝部隊訓練情形，新軍制建立及編練新軍的事。田忌都一一說明，和孫臏研商。

　　按齊國的軍隊，目前正加緊訓練的有：一個萬人騎兵師，三個弩兵師，四個重裝步兵師。

　　威王依照孫臏的提議，重訂兵制，編成百萬新軍。照新「兵役法」的規定，一家入伍一人，免徵全家半年賦稅，並且住屋和土地都歸入伍者私有。依戰功授爵位，可以連昇到九級五大夫，凡有「隸、臣、妾」從軍作戰，可以按軍功除奴隸身份，獲得爵位。不到一個月，報名入伍的全國達百萬之多。

　　這時候的齊國並非戰國最強者，連趙國戰力都強於齊，所以齊威王在孫臏和田忌等人協助下，整軍經武，日愈強盛。但孫臏不愧是謀略智慧高人一等的兵法家，他不斷提醒威王和田忌等主事者，「不要太早把頭伸出來」，否則將有不測之危險，智者亦不能善其後。威王和田忌亦深明其意，故齊國只是靜靜地積極進行整軍經武、訓練新兵及推行新兵役法，神不知，鬼不覺，在國際上也儘可能低調。另外對孫臏在齊國的事，列為國家最高機密，蓋此時孫臏為齊之國寶也。

第三篇　孫臏兵法

兩千多年後的今天，中國亦有一領導人，提醒國人「不要太早把頭伸出來」，他就是中國當代改革者鄧小平同志。真是古今智者所見略同，簡單的一句話，有無尚的智慧。

4.龐涓攻破衛國，征足糧草、壯丁，下一步是直攻趙都邯鄲，且總兵力已達十萬，龐涓又為當代名將，齊、趙如何應付？

龐涓攻破衛國，就進入趙國境內，但趙國在當時有三十萬大軍，在邯鄲城外就設有三道防衛線，每線有三萬兵力防守。國都城池堅固，西有紫山、太行山；北有插箭嶺為天然屏障；西、南、東三面有漳水、鎏水、牛首水形成護城河，城市糧食充足。趙國計畫長期抗戰，且有齊國幫忙。

龐軍攻城五個月，並利用從衛國征來的兩萬新兵做前衛，攻勢並無進展，雙方死傷慘重，死亡總計達十萬人之眾，實在是堆屍如山，血流成河。

此時，田忌、孫臏除掌握情報外，重點仍在練兵。而趙王已派出趙孟為特使，專程到齊國面見齊王，要求出兵，且提出趙齊聯軍構想，在樟水和邯鄲之間，圍殲魏軍。齊威王正為如何出兵救趙傷腦筋，這是中外歷史上有名的經典戰役，不能丟臉，也丟不起臉——歷史是這麼說的。「史記」田敬仲完世家第十六有一段齊國君臣對話，討論如何救趙事宜。

二十六年，魏惠王圍邯鄲，趙求救於齊。齊威王召大臣而謀曰：「救趙孰與勿救？」騶忌子曰：「不如勿救。」段干朋曰：「不救則不義，且不利。」威王曰：「何也？」對曰：「夫魏氏并邯鄲，其於齊何利哉？且夫救趙而軍自其郊，是趙不伐而魏全也。故不如南攻襄陵以斃魏，邯鄲拔而乘魏之斃。」威王從其計。

以上是齊國君臣討論救或不救趙的問題，以段干朋的思維和孫臏最接近，不過段以襄陵為目標，而孫則以大梁為目標，並以桂林為戰場。

齊威王在太廟中召開作戰會議，文武百官都到齊了。「各位愛卿，按照趙國特使帶來給寡人的求救信，趙國已相當危急，邯鄲城都已被魏軍圍困，依條約規定，我國應派兵支援救趙，只是如何救？或者此刻救與不救，還要聽取大家的意見。」威王懇切的說，他很希望聽聽大家的意見。

田忌主張盡快派兵救趙，在法律、道義上才說的過去；相國騶忌主張各人自掃門前雪，不救；上卿段干朋認為若不救，於我齊國大不利。各方說詞也都有立場根據，此時孫臏正坐在齊王特別為他打造的「輪椅車」上，沈默的聽著各方意見，心中思索著「借力取利」、「削魏強齊」、「圍魏救趙」等各種初步構思。威王見孫臏沈默不語，便問：

「孫卿意見如何？說給大家聽聽看。」

「這是關鍵的一步，走好這一步棋，就能改變列國現有格局，奠定統一天下的基礎，千萬不能讓眼光短淺的人壞了這盤棋。」孫臏臉色凝重的說。議場內一片死寂，威王進一步問道：「願聞其詳。」孫臏又說：「齊趙同盟，趙國等於得罪了魏王，魏王是報復心強的人，攻趙必定打到底，我們只要鼓勵、支持趙國打下去，就能用趙國之力，削弱魏國，強大齊國之目的。」孫臏喘一口氣，飲一口茶又說：

第三篇 孫臏兵法

「既然是作戰會議，大王要先訂出救或不救，臣才能做出決勝方略。」

威王問：「決勝方略如何？」孫臏說：「兵家之勝，不可說。」

孫臏賣了一個關子，而事實上「兵家之勝不可說」是兵學鼻祖孫武所說，孫臏拿來用。可見孫臏也讀過「孫子兵法」的，而且讀通了。回憶孫臏在鬼谷老師那求學時，鬼谷把「孫子兵法」一書給孫臏讀，只讀三天，書又收回了。而另一頑徒龐涓則未給讀孫子兵法，亦可見鬼谷未卜先知的智慧，古今無人能比。當年若鬼谷不察，讓龐涓讀了孫子兵法，閣下的大亂可能無可能制伏者。這種情形，就像孫悟空吃了仙丹又學會七十二變，便天下莫之能敵，天宮不安了。只有觀音、佛祖出面，才能收拾這隻頑猴。

若龐涓學了「孫子兵法」，也只有觀音、佛祖（鬼谷老師）親自下山，才能收拾龐涓這頑劣之徒。

> 6. 孫臏真會賣關子，「兵家之勝不可說。」說了等於沒說，威王知道孫臏的意思，是兵家之勝，不可在大眾面前說吧！

所以威王馬上在會議上宣佈自己的決心：「寡人決定，出兵救趙，特命田忌為上將軍，統籌救趙事宜；命孫臏為軍師，協助上將軍策訂戰略計畫，各位須傾全國之力，打勝這一仗。」威王隨後宣佈散會，獨請孫臏、田忌、段干朋、淳于髡共五人，準備聽取孫臏後續對救趙方法的報告。

大王坐定，餘四人都在大王身邊，問孫臏：「怎麼出兵？」

「大王不可急著出兵邯鄲。」孫臏對威王說，一時眾皆疑惑。

「原因何在？」威王問，孫臏即刻加以解釋。

「因為此時出兵，魏軍氣正盛，等於我齊國代替趙國打仗。」

各人都屏住呼吸，仔細的聽，只有威王再問：「不馬上出兵，如

何向趙使回答？」

　　孫臏說，「當然是要出兵以履行條約，只是不立即出兵，大王當告訴趙使，齊必出兵。」孫臏另為各員解釋，讓趙國覺得齊要出兵了，他們就會全力抗魏，就能削弱魏軍戰力，等雙方疲憊，我們趁機攻魏，才能借力取利。

　　齊威王、田忌等都按孫臏之策進行準備，答覆趙使。孫臏再告知威王，國際大戰略必須馬上進行：

　　遣密使往說宋、衛兩國，合組齊宋衛三國聯軍攻魏。

　　派淳于髡往說秦，趁機攻魏之西河（秦早想拿回）。

　　派張丐大夫往說楚，取魏之睢水與穢水間地區。

　　如此一來，魏國必陷入四面受敵，孤立無援之困境，這是一張網住魏國的巨網，「削魏強齊」之策進入執行階段。

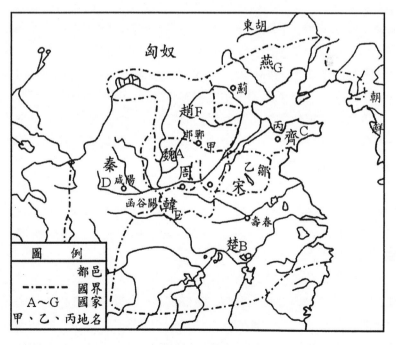

孫臏時代戰國七雄

輯 27 邯鄲陷落

孫臏部署「圍魏救趙」戰略

> *1.* 趙國在當時也算強國之一，有兵力三十萬，龐涓帶甲八萬，就誇口要「八月亡趙」，豈是容易嗎？

龐涓的思維有些像日本在二次大戰的「三月亡華」，欠缺戰略思維，仗打了五個多月了，兵力折損一半，死屍如山，並未動搖邯鄲城。龐涓手下有多員勇將，如龐雲、龐茅、龐英，都是龐家班的，發動數十波攻城戰，又動員趙之屬國，宋和衛的軍隊和民兵，邯鄲城堅固如山，因為，趙軍已有決戰的準備，又得知齊軍派出支援。久攻不下，龐涓仍不失為鬼谷高徒之一，他用了一策「中國式木馬屠城計」，終於不費兵力，拿下邯鄲，趙王率軍撤退到邯鄲以北的大城鉅鹿。

現在魏大軍佔領了趙國首都，而齊軍尚未出兵救趙，只是把軍隊主力開到一個叫「郵地」的地方，這位置距趙都邯鄲和魏都大梁約等距離，這是孫臏的意思。

只是齊王太急了，再不救趙，趙就亡了，於是直接頒了一道書面命令：「趙國特使再次求援，邯鄲危如累卵，亡在旦夕。若不火速馳援，趙王將與魏王議和，這對齊國不利，命田忌、孫臏立即發兵攻魏，解邯鄲之困，不得有誤。」

由希臘人和特洛依攻防所研發出來的「木馬屠城計」，被中外兵家、政治家普遍「考貝、複製、研發創新」。現在國際恐怖份子。最愛用的一計正是這種，他們稱「特洛依的木馬式結構」，把炸藥或恐怖人員藏在某種器具內（如特制的桌、椅、皮箱、餐車、行李箱等），

然後……。

龐涓在當時也是大兵法家，何況又是鬼谷子高徒，略術之道自然也是他的「專業」。而那趙王並非甚麼知兵之領袖，也不是龐涓的對手，邯鄲陷落是遲早的事。

2. 趙都邯鄲陷落，齊王又有了命令，立刻發令，去解邯鄲城，要解邯鄲城，必須發兵攻龐涓，因為魏國重兵在龐涓手上，刻正在邯鄲，蒐刮金銀寶器美女，孫臏能不發兵攻邯鄲嗎？

孫臏也不能違抗君命，但孫臏必須慎重的向齊王、田忌及參與的重臣解釋「如何救趙」才有勝算，因為齊魏相比，齊還是相對的弱國。而且魏國的軍隊是由吳起練兵打下的基礎，吳起是春秋戰國七〇〇年間，地位僅次孫武的兵法家。

孫臏這時腦海中一片清澈，他正在思考一些概念性問題。「治兵和治水：銳者避其鋒，如導疏；弱者塞其虛，如築壇。」，「史記」孫子吳起列傳第五有一段話：

　　田忌欲引兵之趙，孫子曰：「夫解雜亂紛糾者不控捲，救鬥者不搏撠，批亢擣虛，形格勢禁，則自為解耳。今梁趙相攻，輕兵銳卒必竭於外，老弱罷於內。君不若引兵、疾走大梁，據其街路，衝其方虛，彼必釋趙而自救。是我一舉解趙之圍而收獘於魏也。」田忌從之，魏果去邯鄲，與齊戰於桂陵，大破梁軍。

孫臏解釋了一個簡單的道理說，任何人，想解開一糰糾纏在一起的繩索時，都要用手指慢慢解，握緊拳頭是沒用的，排解兩人在打架，千萬別自己也參與，變成三人打成一通。對付敵人也一樣，要攻其虛（要害），從大形勢來贏他，使他受到限制，不能發揮戰力，他

第三篇　孫臏兵法

只好撤退了。

孫臏另外在戰地（鄆地）召開一個「野戰軍事會議」，把前、中、後各將領（似現之軍團司令、軍長、師長），講解如何「圍魏救趙」：

「我們不能直接起兵前往邯鄲。」孫臏這麼說，眾將領都疑惑不解。「救趙方式很多，不能說去了邯鄲，才算救趙。」

「何況，魏軍是吳起練出的一支勁旅，戰必勝，攻必克，天下無敵，而我齊軍才成軍不久，且大多新兵。」眾將沈默不語，孫臏說的是事實。孫臏又說：「我軍要南下攻打魏國軍事重鎮襄陵。」

眾將領忍不住同時跳起來，說：「大王要我們北上救趙，軍師卻要南下攻城，豈不違抗君命嗎？」

孫臏說：「南攻襄陵只是造勢，示形於敵，用於調動各國軍隊，第一調動龐涓軍隊南下；第二調動楚軍攻取魏之睢水和穢水間地區；第三調動秦軍攻取魏之西河；第四調動宋、衛向魏軍攻擊。所以南攻襄陵，首在誘敵，謀在全局，造成列國圍攻魏國之態勢，比直接救趙要好。」

「而且，襄陵一戰我們要故意打敗仗。」

3. 本來各級將領已經開始了解「圍魏救趙」的構想，但一聽到「襄陵一戰要故意打敗」，又大惑不解了，孫臏還真厲害！

是的，田忌首先發難，問道：「大王命令北上救趙，我們南下攻城，已經抗了君命，現在又要故意打敗仗，萬一政客參我們一本，我們項上人頭全都不保，這一步很危險，一定要百分百清楚、勝算才行。」田忌的顧慮是有道理的，當時齊國宰相騶忌就是大政客，而且有魏國間諜臥底。

「局部的輸」換取「全面的贏」有時是必須的，孫臏如此的解釋，

他又說：「襄陵故意戰敗，下一步就把重兵放在桂林，並準備圍攻魏國首都大梁，龐涓的軍隊就一定要撤出邯鄲，南下回救國都。

齊國的情報人員向田忌、孫臏回報訊息，龐涓軍隊已控制邯鄲城，且邯鄲的留守部隊（負責斷後，好讓大部隊轉進鉅鹿的二萬兵馬）已向魏軍投降。

秦、楚、宋、衛軍隊有不尋常調動，似乎向魏國方向集結，企圖尚不明確。

這座國際大棋盤正按孫臏推動的方向，在移動之中，沒有人看出真相，齊王、魏王、趙王、龐涓……沒有人知道。孫臏心知肚明，他要讓各級將領也都清楚才行。襄陵故意戰敗，目的在驕敵，並使龐涓產生誤判情勢的結果。

孫臏再用賭馬的道理解釋「輸贏之道」，有時候先設計小輸只是誤敵，目的在後面的全贏。「史記」載：「今以君之下駟與彼上駟，取君上駟與彼中駟，取君中駟與彼下駟。」田忌似乎開始有些概念了。

> *4.*這回孫臏真的佈下天羅地網，魏國和龐涓真的沒有感覺出不對嗎？若然，看似「大人物」，智慧落差也太大了。

會用「感覺」的人只有兩種，一種是庸才，只憑感覺做事，沒有理性思考，較嚴重的就叫「白痴」。另一種是大師，乃人中之龍鳳，一點點微細的感覺就能察知全局真相，從一朵花看天堂，從一粒砂看清世界。孫臏和龐涓都在較量這種感覺，這是古今難見的一幕高人過招。

在本書所述的四大兵法家中，由兵法家所親自操控的實戰經驗，以孫臏的「圍魏救趙」，還有後面的馬陵道「減灶誘龐涓」最精彩。所以，講孫臏就以他自己的故事詮釋他的兵法為主，而談他的兵法理

論為次。

一個清涼的早晨，龐涓正在邯鄲皇宮內得意，自己儼然是一國之君，他接到諜報人員四個密報：

第一道情報說，齊、宋、衛三國聯軍，由田忌統領，攻打襄陵；楚國攻占睢水和穢水間地區；秦國由公孫鞅領軍，撕毀了秦魏同盟條約，攻打西河一帶。

第二道情報說，齊、衛、宋除攻打襄陵外，也派軍在衛家莊、桂林一帶出沒，意圖不詳…。

第三道情報說，孫臏把軍隊主力放在何處？目前尚無情報顯示，主力動向不明，我情報人員正在努力…。

第四道情報說，國都大梁還算平靜，應無後顧之憂。

「應無後顧之憂」嗎？龐涓不敢往下想，心裡毛毛的，他很清楚師兄的才能高過自己，最善於「來無影，去無蹤」。龐涓召集軍事會議，研判孫臏的下一步動向。

此時，孫臏正準備調動部隊，以重兵圍攻魏都大梁。這一步很可惜——龐涓不知道，他一點感覺都沒有。

> 5. 「圍魏救趙」進行最後一部份，孫臏發兵圍攻魏都大梁，魏王和龐涓一定措手不及吧！

孫臏得到情報，趙成侯率主力部隊成功退守北方大城鉅鹿，正重整軍隊。待機反攻，正不知如何才能配合齊軍，反攻邯鄲，收復首都。孫臏得到這個情報，太興奮了，他差一點跳起來，只是他跳不起來，「輪椅車」動了一下。一旁侍候的留夷小姐（早在孫臏失蹤時，龐涓叫手下要密秘密處死她，被淳于髡用計救出，就一直在孫臏身邊侍候，已成孫臏的紅粉知己。）

孫臏召集作戰會議，說明「圍魏救趙」，他儘可能用最簡單的文

詞解釋，好讓與會者明白清楚兵力部署和打法：

「圍魏救趙分成兩部份，兩個戰場。第一戰是虛的，就是打假的，即佯攻魏都大梁，目的在圍困魏惠王，讓他把龐涓大軍調回來，棄邯鄲，回救國都，如此可以不戰而達救趙之目的。雖然是虛的，也要打的跟真的一樣。」

「第二戰是實的，真的，由田忌親率主力，設伏桂林，乘龐涓大軍回救國都必經桂林古道時，聚力全殲龐軍。」

在場的軍事將領一個個聽的興奮起來，無不拍案喊絕，佩服軍師走這步棋，真是空前絕後的奇謀。

齊軍開始依計畫行事，一部圍攻大梁，主力開到桂林古道，挖工事、設陷阱，古道叢林密深，地形複雜，兩側高山斷壁，成為邯鄲通大梁的唯一必經之道。

「圍魏救趙」戰略的設計，除了有兵法家的智慧，也有先天地緣戰略關係。但這種地緣關係也要兵法家有足夠的「地略眼」智慧才看得出來，才能操作方便。齊為大國，北東南三面，依山而自固，只一面向西當魏，又有陽晉（今山東鉅鹿西南）、亢父（今山東濟寧西南）之險。故蘇秦曾曰：

> 即有軍役，未嘗備泰山，絕清河，過衛陽晉之道，經乎亢父之險，車不得方軌，騎不得比行、百人守險，千人不敢過也。

按陽晉、亢父，都是齊西南方通衛宋之要道，地形險要，可攻可守，是齊出兵攻魏大梁並進取中原的良好進路，故段干朋和孫臏都有共同看法，以「南攻襄陵，引兵疾走魏都」，一個「圍魏救趙」戰略乃成型。

6. 魏惠王慌了手腳，龐涓遠在邯鄲，國都只有少數兵力，原本要把趙王捉來公審的，現在被公審的可能是自己了。

　　魏王真的慌了，國都雖有二萬衛戍部隊，大梁城池堅固，但齊軍看起來有十萬以上大軍攻大梁，原來這又是孫臏的奇謀。攻大梁的齊軍只有三萬，但要做出有八萬以上大軍的「樣子」。步兵多帶三倍以上的旗幟、戰鼓；車兵多帶二倍的雲梯車、攻城車、運輸車；弓箭部隊的弩機、拋石機和弓都增加攜行量。因此，三萬軍隊的造勢，在魏王看來像有十萬大軍。

　　大梁的衛戍指揮官是太子申，魏王正慌亂之際，他跌跌撞撞的跑進王宮，撲倒在地，語無倫次的說：

　　「父、父、父王，齊、齊、齊軍重兵圍攻國都，大、大、大梁快垮了…」魏王和眾臣全都驚呆了，王宮內一片死寂，太子跪著不敢起身，在場的人無一敢上前扶他起來。

　　相國惠施兩眼發呆，牙齒打抖說，「快、快、快，增兵國都，保護王宮。」

　　相國顯然弄不清楚情況，魏王還算個明白人，他對著相國惠施大吼，「兵在那裡？難不成從天上掉下來。」惠施嚇的跪在地上發抖，像一隻待宰的羊。魏王接著說，「大軍全都北上去了邯鄲，現在北與趙國戰，西與秦國戰，南與楚國戰，城內兩萬守軍不知剩多少，誰知道齊軍好像從天上就掉到我們國都。」接著他開始罵龐涓亂出主意，罵所有官員，都是酒囊飯袋，一群飯桶等等……。

　　惠王說完，不，罵完，像一個洩氣的球，攤坐在地上，有氣無力的說出他的決心：

　　「命龐涓放棄邯鄲，立即回救大梁，有半點延誤，滅他九族。」

輯 28 龐涓回救大梁，邯鄲解圍

孫臏設伏桂林古道，一舉殲滅魏軍

1. 龐涓拿下邯鄲豈不快活？對國都大梁被圍攻的事難到都不知道嗎？

他確實還不知道，可能尚未接到通報。不過，另一個急比熱鍋上螞蟻更急的國君，是正在鉅鹿的趙王，他為整頓鉅鹿的防衛戰備，已經幾夜沒睡好。人顯得驚恐衰敗。他正在行宮中，從窗口遠望邯鄲，幾滴燭淚，潸然而下。此時，趙語、趙孟一頭撞進來，氣沒來得及喘過來，「邯鄲情況如何？快說。」趙王急切地問。

趙語道來，「龐涓坐擁宮中，金銀寶器被洗劫一空，整整裝了百餘輛車，準備運回大梁，更可恨…」

趙語欲言又止，趙王摧問，趙語接著說，「可恨，後宮九百餘美女中，第一等級美女三十六人，連日來已全被龐涓用——，他發現自己用詞不當，又改口——寵幸過，而且每位美女只幸一次，絕無幸第二次，就拿去賞賜官兵；第二級美女數百人全發落給高級將領當侍妾；餘第三級美女，撥給中下階層軍官任意處置。其他邯鄲有姿色的女人，任由一般官兵凌辱。」

趙孟補充說：「還有青壯男子，已有十萬人被龐涓徵用，準備壓回大梁當奴隸。」趙王聽畢，哭倒在地，老淚縱橫的說，「都是寡人無能，害我子民受苦，我決定與魏國決戰到底。」

然而，也就在此時，龐涓收到魏王的緊急命令，「龐涓將軍聽令，立刻放棄邯鄲，大軍回救國都，不得有誤…。」

龐涓確實不能稱「名將」，算是一名「猛將」，因而有名。不過有甚麼國家元首，就有甚麼臣子，似乎古今皆然。這天上午，他正在宮中左右各抱一個「邯鄲第一等級美女」時，忽聞門外侍者大喊：「國王特使江乙先生到。」龐涓丟開女人，趕快出來迎接，才未到門口，就聽到江乙擺出陣仗：「龐涓聽旨。」龐涓只好下跪接旨：

「齊軍重兵圍攻國都大梁，危在旦夕。命龐涓立刻放棄邯鄲，揮師南下，回救國都，不得延誤，此令。」

江乙私下又解釋說，「大王命令立刻南下，有半點延誤，他便抄你全家，誅你九族。還有，大王對你隱瞞孫臏逃到齊國一事很不諒解，認為你騙了他。」

龐涓聽了差一點昏倒，他不相信齊國有此能耐，更不相信孫臏的能忍也超過自己的想像；他兩眼發黑，幾乎快要站不住了。龐涓強打精神，告訴江乙說，「請回稟大王，我把這裡的事安排好，便揮兵南下…」

「不行！」江乙口氣堅定，「現在就南下，現在，就是現在，大王正在水深火熱中，萬一國都淪陷，你承擔的起嗎？」

龐涓不得已，就地立即發佈口述命令：「本軍立即放棄邯鄲，揮師南下，回救國都，解大王之圍，不得有誤。」

龐涓正在頭痛，邯鄲通大梁的路，固然有多條小路，但不適合大部隊運動，只有桂林古道可以通行。

更大的頭痛，他誤以為孫臏的主力在大梁；其實，正在桂林。正張大血口，等著把龐軍一口吃下——龐涓和他的部將們都不知道哩！

從龐涓攻下邯鄲起，就只專心於金銀寶器和女人，尤其趙王寵愛的「第一等級」美女，每天都隨伴龐涓左右，夜夜春宵，好不快活。龐涓的人生觀如此，戰爭、權力、名位、享受、女人，他沒有一些「治國平天下」更高的思維。

放眼古今，總觀云云眾生，縱使過兩千多年「進化」的現代社會，你看那將相官吏或企業鉅子，追求的又是甚麼？與龐涓同者眾，而與孫臏同者寡。所以，其實吾人不須過於醜化或苛責龐涓，人類中的多數不也是嗎？

再說男人古來便是「叢林主宰者」，能征善戰的男人打下江山後，自然會有好的女人。有江山有女人，沒有了江山，甚麼都沒有，當然也沒有女人。

> 3.龐涓率軍要南下了，這正合「圍魏救趙」的預期，這
>   之間的時空因素孫臏也算得準嗎？

行軍打使的時空因素，是軍事上一個很細微的專業，內行人都知道的一種「專業知識」。但若不用心，縱使學過的人，也不一定算的準。很用心的人，這些時空因素，都會變成普通常識。至於大師級的高人，屈指一算便知。

舉例，正常速度走路，一小時走四公里，一天走八時，可走三十二公里，再施加一些壓力，一天可走四十公里。若是經過特種訓練的人（步兵、忍者），則每日能走里程更高。

大部隊行軍也是按此邏輯推論，只是配合各種因素，再做加減的工夫。

這種工夫，孫臏和龐涓應該是等同高下，因為這是他們應有的「專業素養」。最能較量高下的，還是情報掌握的快慢與正確否？狀況判斷精準否？這方面龐涓明顯的不如孫臏。

所以，孫臏早已算準龐涓的行程，情報不斷從外面傳回，包括龐涓大軍五萬人何時離開邯鄲，留有守軍兩萬控制邯鄲，走那條路，何時會到桂林古道。

三萬齊軍不斷對大梁施加壓力，迫使魏王不斷發出軍令牌，壓迫龐涓必須加速南下，也等於叫龐涓大軍快快走入死亡谷——桂林古道。

兵法家的「算」術是一種很精準的智慧，孫子兵法始計篇曰：「夫未戰而廟算勝者，得算多也；未戰而廟算不勝者，得算少也；多算勝，少算不勝，而況於無算乎？」從孫臏一步步精準設計「圍魏救趙」的步驟，也可見孫臏對孫武這篇「算術」，有著很深的領悟。

> 4.龐涓率五萬大軍就要進入桂林古道了，他也算身經百仗的將領，難道沒有一點感覺，未免太遜了！

根據歷史記載，他確實不知道，也沒有感覺，真是太遜了。他在快接近桂林古道時，先遣部隊還先去偵察過，看不出有任何蛛絲馬跡，發現不出任何不尋常的徵候。當時，龐涓還譏笑他的義兄，對左右部將說：「孫臏太遜了，桂林古道是設陷阱的好地方，他竟然沒有在這裡下工夫，鬼谷的高足豈不虛有其名！回大梁後我定要殺他個片甲不留，好讓大家知道我龐涓才是鬼谷先師的第一高足。」

龐涓大軍是以強行軍的速度（每天四十公里以上），幾乎是奔馳的速度，馬不休息，人輪留休息。桂林古道是一條狹長的古道路，兩側深林密佈，不高不低的小山峰連接著，古道全長約十五公里，大約在日落不久，龐涓的五萬大軍，就大部份已在古道之中。

軍隊有一種學分叫「偽裝術」，是古今中外所有軍人必修科目，包括人員、武器、裝備、車船、戰馬、陷阱、關機、工事、碉堡、戰地房舍、指揮所等，用心偽裝，都能讓敵軍察覺不出來。近年孫臏和田忌為訓練齊軍的偽裝術，下了很大的工夫。這部份龐涓都明顯不

如，所以也就沒有感覺了。

「偽裝術」只是一種手段，一種欺敵方法，所能偽裝的只是表象，「人」其實不能偽裝的。不論如何偽裝，內行人一看便知，從你的表相看進你的內心世界。你能「感覺」到什麼嗎？當你面對一個人、一群人，或敵人，開展你的「天眼」吧！

孫臏有這種「天眼」，龐涓卻沒有，這是二人智慧高下的關鍵處。最早的時候，孫臏初下山，把龐涓當弟弟看，故「天眼」未開，因而被害。以後開了「天眼」，龐涓就不是對手了。

> 5. 既然如此，龐涓的五萬大軍葬身桂林古道，就是預期中的事了，真是將師無能，累死三軍，這是典型實例吧！

此時的桂林古道，已經佈滿陷阱、機關，通信網路也已架設完成，中間有一段五公里長的死地，埋伏有一萬名神射手。按照孫臏計策，古道約十五公里，當前衛部隊到達第十五公里位置（古道出口），龐涓的位置正好在那五公里死地中間，後衛部隊大約正好到入口附近。

前衛部隊到達出口時，發動第一波攻擊，包含死地的萬名弓箭手、入口和出口用火攻、陷阱和各種機關齊發。第二波攻擊是兩側半山間所備大量石塊，前後進行兩個時辰的「大轟炸」；最後一波攻擊，是固守兩側的五萬齊軍，對剩餘的殘兵進行最後收拾。對魏軍主帥龐涓，則死活不拘，捉到的人連昇三級，封良田百畝。

龐涓已經進入古道，他邊走邊看，看不出有不對的地方，他在冷笑孫臏太遜。快黃昏了，古道上空還有亮光，龐涓到了死地的位置，突然間，昏天暗地，戰車、戰馬、兵卒，全在陷阱中慘叫，死者被墊了底，未死狂奔掙扎……

這是第一波攻擊，只是第一波傷亡，龐涓被重重衛隊保護著，無

計可施。

接著，第二波攻擊……第三波攻擊……

五萬魏軍在這一仗中，被全部殲滅，五萬具屍體填滿了桂林古道。很慘吧！才不，四千年古今中外戰史中，這算死的很少很少的了，根本是小CASE。

何況死亡人數不到五萬人，因為龐涓是被活捉了，還捉了幾名受傷的衛士。

---

6. 桂林一戰，齊軍等於是大獲全勝，除了圍攻大梁死一些人，桂林大戰幾無死傷。從此是否改變了當時的國際格局。

確實改變當時國際的基本結構，從古到今國際間的基本盤本來就變來變去，春秋戰國如是，21世紀亦如是。通常有能力改變基本結構者，是每個時代的強國，特別是超強。例如十二世紀中國的元朝，十三世紀的明朝，十五、十六世紀的荷蘭和西班牙，十八、十九世紀的英國，二十、二十一的美國或中國都是。

但是，這次齊、魏、趙參戰是個例外，原本魏最強，趙次之，齊最弱，「洗牌」的結果，魏垮了，趙弱了，齊成為當時國際間最強的一國。這表示自古以來，國家間的爭戰，國力強的固然重要——用現代術語，「叢林法則，還是牢不可破的鐵則；另一方面，人才、戰略、謀略之用，也是不可或缺，沒有人才，有再大的「舞台」也沒用，因為舞台上盡是一些跳樑小丑，沒有啥看頭。

現在魏國是戰敗國，魏王和龐涓都成了階下囚，割地賠款再所難免，這好像又是古今中外歷史的通則。放眼全人類史，能像中國以「以德報怨」對待日本的，還真是絕無僅有，空前絕後的實例。只是我個人認為，這真是不值得，因為戰後的日本人並未感受到中國人的

誠意。算了，大人有大量，何必和這些「小鼻子小眼睛」的日本鬼計較呢？

而事實上，人的本質是見忘的，中國對日本人的「以德報怨」只是我們在自誇仁慈，實際上的「真相」是日本人早已忘記，忘的一乾二淨，甚至戰後日本攻府用修改教科書的方法，刻意叫日本人永遠忘記。這叫做「恩將仇報」。

像日本這樣「恩將仇報」的種類，是亞洲的異數。反觀咱們中國人，大家都在提倡「一笑泯怨仇」，認為這是一種美德。事實上，中國人如果真的對日本「一笑民怨仇」，有可能出現「第二次南京大屠殺」，中國強大統一之後，應如何處理「鬼子問題」，是廿一世紀中國人要面臨的。

輯 29 公審魏王，孫龐論兵

孫臏被讒解職，魏國東山再起

> 1.仗打完了，並不是問題就解決，通常戰後問題處理不
>   好，又會醞釀下一次戰爭。第一次世界大戰後處理德
>   國問題不善，就埋下不久暴發二戰之「因」。不過，
>   齊威王召開國際會議之前，孫臏和龐涓這對師兄弟還
>   有一次會面，他們說了甚麼？

現在把場景拉回 2345 年前，齊國的軍事監獄，牢房中的角落獨坐著一個人，他前一陣子還是戰場上的大英雄、魏國的大元帥，邯鄲城內所有美女歸他任意寵幸玩弄，金銀寶器任他搬運，何等風光。而今，成了囚犯──正式的稱謂是「戰犯」，也許是無期徒刑，也許明天就要上斷頭台，他想不下去……。

人生不就是如此嗎？建立了大功業，爬上權力高峰──大元帥，古今有幾人像自己做得到的，只是為什麼功業愈大罪愈深？權力愈高，名聲愈壞？為什麼？為什麼？就像陳水扁、李登輝之流，地位夠高吧！但名聲愈壞，成為千古的罪人。

我似乎聽見龐大將軍的哭聲，他真的哭了……

他在反問自己，是不是那些該死的欲念、貪念、邪念，還有把別人鬥垮鬥臭後，在內心產生的快感害了他的一生……

但是，另一個自己堅持自己沒有錯，一切作為都是對的。

一個叫章子，年約十五、六歲的少年，他是孫臏的門生，端著晚餐酒菜進來，就站在牢門外。他帶著認真、沒有感性的語言說：「孫軍師說你好幾天沒吃好一頓飯了，一定很累，給你送來上好的酒菜。」

「謝謝他的關心，轉告他，要殺、要剮，快一點！」

章子生氣了，「你真是沒良心，心地不善，狹窄妒忌，為出人頭地，殘害自己的義兄，現在天下人都知道了。」章子氣呼呼的走了，不理他。

「事情不是這樣的，天啊，啊，啊……」

牢房內空蕩，龐涓的慘呼聲在空中迴蕩，最外面的兩個警衛探頭看著牢房內……。

2. 孫臏很同情師弟，但也幫不上忙，他忍不住要來探監，看能否改變師弟一些心意。

現在場景對調，換成孫臏在牢房門外，龐涓在牢內，只是孫臏是以師兄的身份，誠心想來看看這位師弟。

孫臏的輪椅車是由留夷小姐推著，旁邊跟了章子、田忌。

「過去的事就算了……」孫臏想不出一時說些什麼。

「你不是來問罪的嗎？既然落在你手上，隨你處置吧！」

孫臏嘆一口氣，說：「你真是日子白過，鬼谷老師的書白讀了。」

龐涓有些激動說：「老師教的不就是權謀、詐欺、鬥爭的策略，還三十六計策戰略、七十二鬥智法門，我只是在做這些，難道我錯了嗎？這是老師所教的兵法，我加以發揚光大。」

孫臏忍住性子說，「你說的沒錯，兵法之極致是這些，但兵法就像一把寶劍，你握有寶劍，可以用來除惡除魔，維護正義；也可以用來興兵作亂，追求私利，所以關鍵還在內心世界的正邪，無關兵法或權謀。」

「這是你個人看法，我有我的看法。」龐涓頑固，觀者都想教訓，孫臏示意算了。孫臏又說：「天下須要統一、安定，你我和鬼谷老師都有共同看法，只是老師教我們要弭兵統一天下，也就是和平統一天

下;而不是興兵統一天下,用戰爭統一天下,那是在製造災難。這些年你和魏王東征西討,死了多少人,你都沒感覺,不心痛嗎?」孫臏很想動之以情,看能否改變師弟心意。

不管孫臏說甚麼,龐涓都要反駁,並說:「要死就快點死,要他改變不可能。」

留夷推著孫臏的輪椅車,慢慢的出了房門,把黑暗拋在後頭,龐涓依然在黑沉沉的牢房角落哀嚎。

有如一頭重傷的野狼,那樣孤獨與絕望。

> 3. 孫龐兩兄弟的個人私事沒完沒了,但戰後的國際會議確實要有明白、合理的解決,和平才能長久對吧!

這一天,齊威王主持的國際和平會議要召開了,他神采奕奕,從來沒有感覺到「大國盟主」竟是那般不可形容的快感,只有一個「爽」字了得。該到的人都到,如右邊圖解。

齊威王坐定,環觀會場,然後說,「寡人聽說惠王曾經誇下海口,打敗趙國後,要在大梁召開列國會議,公審趙王,併吞趙國版圖,完成滅趙、

侵韓,統一三晉的計畫,最終則一統天下。」

在場各國與會人員紛紛痛罵魏王,他卻把責任都推給龐涓。齊王又說了一些客套話,對救趙晚些時日,表示歉意。趙王也仍感激救趙一事,會議中有爭執、火爆,終究會議還是有了結果。

齊王以國際盟主的身份,對下列事項做最後裁決:

「魏王召回邯鄲的兩萬守軍,賠償戰爭全部損失。」

「中山國仍歸趙國，魏太子申送趙國為質，龐涓歸魏，換取魏趙兩國簽訂友好條約。」

「宋、衛兩國脫離魏之屬國的身分。」

魏王因是戰敗國的身份，無力爭執，只好全部答應，來日找機會再議不遲。

4.孫臏和龐涓真是兩個「有趣的典範」，我所謂「典範」是他倆是一面鏡子，讓我們清楚看見人心內部的正邪鬥爭，尤其在用兵上，觀察到強、弱、虛、實如何轉換的道理。

太精彩了，古今中外難得一見的「好戲」，故其成經典之作。後來司馬遷在「史記・孫子吳越列傳」中寫著：

治兵如治水，銳者避其鋒，如導疏；弱者塞其虛，如築堰。
故當齊救趙時，孫子謂田忌曰：「夫解雜亂紛糾者不控捲，救鬥者不搏撠，批亢擣虛，形格勢禁，則自為解耳。」

「圍魏救趙」在手段上，乃設計以「精銳之師」擊破「疲憊之師」，以「有備之師」殲「無備之師」。試想，龐涓完全捉不到孫臏的「核心思維」，找不到齊軍主力或方向，如何有備？

再者，魏軍本來精銳，但從邯鄲一路南下奔回，日夜兼程奔了幾百公里，是「無敵鐵金鋼」，也「舉」之不起，而成為一支「疲憊之師」。

而齊軍原本弱勢，但以逸待勞，有備無患，又佔地利，便成為一支「精銳之師」。

知「強」能勝「弱」，「實」可以擊「虛」，是普通人的常識。知「強」中有弱」，「弱」中有「強」，「實」中含「虛」，「虛」

中有「實」，強弱虛實可以相互變換轉化，並看清其中真相者，是有專業知識的人。

能運用這種轉化，把強敵變弱者，把虎狼之師拖垮變病貓癩皮狗，一殲就滅，這就是大師的智慧了。

用現在的術語說，龐涓的水平只算「專家」，孫臏則是上乘的「大師」了。

從兵法之用來檢討這場戰爭，龐涓並非沒有致勝的機會，只是他沒有看到虛、實、強、弱的轉化軌跡。邯鄲即降，則魏之戰爭目的已算達成，魏國應就此取暫時守勢戰略，對齊採守勢或打出和談牌。使龐涓回師，與齊軍亦採守勢，勿求決戰，則可保有當前的勝利。不料龐涓自率主力，並力求與齊軍決戰，便走進孫臏設計的陷阱中。

故龐涓在這場已經打贏的戰役上，因錯失保持勝利的機會，憑恃戰勝之驕狂，實即致敗之根源。

5.打完仗了，孫臏是第一功臣，國際和平會議也召開了，孫臏和田忌等人理應「從此以後過著幸福美滿的日子吧」！

才不，我觀察天下大勢，古今中外的英雄豪傑、政壇寵臣，凡是建立相當功業者，極少極少能夠「從此以後過著幸福美滿的日子」者，真是千中不得其一。就是故事主角孫臏先生，算是很有智慧的大師了，也因受寵太多，戰後不久就被政客釘上，把田忌和孫臏鬥垮、鬥臭。這些政客以相國騶忌和客卿公孫閱二人為首，不斷向齊王進讒言，說壞話。

結果，田忌被免職，孫臏被下放到當時齊國的「陸軍官校」教書，教授科目正是「孫臏兵法」。

魏國乘田忌和孫臏失寵，起兵攻齊，大敗齊、宋、衛三國聯軍，

斬首六萬，齊威王大恐，請楚國出面調停休兵。龐涓乘勝北上，魏趙合組聯軍，大敗秦軍，魏收回西河失地。

現在又換魏惠王風光了，他召開國際和平會議，儼然他是天下共主。不久前魏國是戰敗國，魏王成了階下囚，現在他又風光了。不久前魏攻趙，趙求救於齊，趙齊同盟，現在又為甚麼魏趙同盟合組聯軍呢？說短視追利也對，說國際多變也對。

英國有一句名言，「國際上沒有永久的朋友」。我們看二戰時，美日敵對，戰後同盟並簽訂「美日安保條約」。還有東西德、南北韓和台海兩岸，原是死對頭，現在統一的統一了，和解的和解了。

說奇怪也奇怪，說不奇怪也不奇怪，因為在孫子、吳起、孫臏和孔明兵法中，都有「利則行，不利則止或退」這種論述。個人、國家或企業家，不都在謀利，追求利潤嗎？現在中國有利，大家前進中國；中國統一有利，水到渠成時便統一了，山都擋不住。

> 6. 打了大勝仗，結果有功人員解職的解職，下放的下放，豈不很奇怪吧？不合賞罰分明的道理，也不合用人原則。

說奇怪也奇怪，說不奇怪也不奇怪。

例如，軍人事業在戰場，有戰爭，軍人才有舞台，愈是大規模戰爭，軍人愈有大舞台，豐功偉業唯有在這種時機才能建立。仗打完了，或國家領導者認為以後不會有戰爭了，要這些軍人幹啥？還不早早叫他們回家種田或教書。

換成文人也一樣，當國家要弄個甚麼「新十大建設」時，到處招兵買馬、禮賢下士，甚或「三顧茅蘆」，等到建設完成，不須要了，都是一腳就踢開的，史不絕書。前任教育部長曾智朗不是阿扁三顧茅蘆才請出來嗎？用完了就一腳踢開，連看都懶的看一眼。以後陳水扁

第三篇 孫臏兵法

用人都如此，用完就丟，比丟衛生紙還快。

從這些「現象」看，就不覺得奇怪。事情做完了，要人做甚麼？不一個個趕下台，回家吃老米飯嗎？

從另一個觀點看也很奇怪，因為那樣做的長官是短視和心胸狹礙的人；或者不是上司自己的因素，而是聽信政客、心腹、妄臣的偏見之言，才會做出這種斷喪人才的事。

回到當時，齊威王和當時列國領袖相比，都還算有為之君，他比魏惠王高明多了。有一次兩人會面，閒聊中，魏王說：「我蒐集了很多鑽石、水晶之類的寶物，你可有甚麼寶物嗎？」

齊王說「沒有」，魏王不解，為何身為國王沒有寶物？

齊王接著說：「我有臣子治理徐州，路不拾遺，另有臣子叫檀公，守南城，附近無敢入侵者，他們才是我的寶物。」

魏王很不好意思，被齊王大大消遣一下。「史記」有這段記載：

> 威王二十三年，與趙王會平陸。二十四年，與魏王會田於郊。魏王問曰：「王亦有寶乎？」威王曰：「無有」。梁王曰：「若寡人小國也，尚有徑寸之珠照車前後各十二乘者十枚，奈何以萬乘之國而無寶乎？」威王曰：「寡人之所以為寶者與王異。吾臣有檀子者，使守南城，則楚人不敢為寇東取，泗上十二諸侯皆來朝。吾臣有盼子者，使守高唐，則趙人不敢東漁於河。吾吏有黔夫者，使守徐州，則燕人祭北門，趙祭西門，徙而從者七千餘家。吾臣有種首者，使備盜賊，則路不拾遺。將以照千里，豈特十二乘哉！」梁惠王慚，不懌而去。

齊王這樣有德之君，都會把田忌、孫臏這等人才解職，可見政治鬥爭多可怕。

輯 30 馬陵道減灶誘敵

龐涓萬箭穿心，魏國從此衰落

> 1. 據知，馬陵道會戰是發生在桂林之戰後十三年，魏惠王遣龐涓攻韓國，最後還是敗死在他師兄手上，首先看看戰前一般情勢。

馬陵道會戰發生在周顯王二十八年（前 341 年、魏惠王 30 年、韓昭侯 18 年、齊宣王 2 年），戰爭起因，早在桂林之戰前四年（周顯王 12 年，前 357 年），韓與魏爭宋之黃池（今河南封邱縣西南）；桂林大戰當年，韓乘魏桂陵之敗，北進伐東周，取陵觀、廩丘（今河南鞏縣附近）。

約在桂林之戰前後，秦曾多次侵魏，又以商鞅變法，秦國力日愈強大，對魏威脅日增，周顯王十八年（前 351 年），韓以申不害為相（他原是鄭國之賤臣），精力圖治，國力愈強。於是，魏國四面受敵，秦攻其西，齊脅於東，趙制其北，韓蠢動於南，形勢頗危。

魏惠王與龐涓欲集中力量先攻韓，乃與趙國簽訂同盟條約，又與秦孝公在彤（陝西長安附近）簽和平條約。而齊國顧慮較少，依魏王和龐涓盤算，田忌和孫臏失寵，都因政客讒言，二人皆被免職，齊已是一隻「紙老虎」。

魏王和龐涓覺得各方都安排妥當，也算準了可以打一次勝仗。遂於魏惠王三十年，命龐涓統兵十萬攻韓，圖一舉殲韓軍滅韓國。

第三篇 孫臏兵法

此時韓用申不害，國勢日增，但軍力不足，信心未振，當魏軍未到時，韓昭侯就先派特使向齊國求救，並同意韓軍受齊將之統一指揮。果然，韓軍與魏軍交戰，五戰五敗，訊息不斷傳到齊宣王耳中，也感受到威脅，因為若魏併吞了韓，魏國力大增，下一個目標就是齊。「史記」載：

> 二年，魏伐趙，趙與韓親，共擊魏。趙不利，戰於南梁。宣王召田忌復故位。韓氏請救於齊。宣王召大臣而謀曰：「蚤救孰與晚救？」騶忌子曰：「不如勿救。」田忌曰：「弗救，則韓且折而入於魏，不如蚤救之。」孫子曰：「夫韓、魏之兵未獘而救之，是吾代韓受魏之兵，顧反聽命於韓也。且魏有破國之志，韓見亡，必東面而愬於齊矣。吾因深結韓之親而晚承魏之獘，則可重利而得尊名也。」宣王曰：「善。」乃陰告韓之使者而遣之。韓因恃齊，五戰不勝，而東委國於齊。齊因起兵，使田忌、田嬰將，孫子為師，救韓、趙以擊魏，大敗之馬陵。殺其將龐涓，虜魏太子申。其後三晉之王皆因田嬰朝齊王於博望，盟而去。

齊宣王看滿朝文武百官，竟無一人可以有把握解決目前的困境，只好重新啟用田忌和孫臏。

齊王在宮中召開會議，問以：「救韓或不救，孰是孰非，對策如何？」相國騶忌說：「韓魏火拼，這是人家的事，何必介入？」田忌說：「魏勝韓，我齊國就是下一個目標，要救韓。」

孫臏獨默然無語，大王問說：「軍師不說話，是不是他們兩個都不對？」孫臏果然答個「是」，停一下，繼續說：

「魏國自恃強大，近十多年來對鄰國野心愈來愈大，最想找機會

對付我們齊國，若不救韓，是棄韓肥了魏而又弱齊，所以說不救是不對的。魏伐韓，才開戰不久，我即出兵，是我齊兵代韓受害，而韓兵反在一旁涼快，苦了我軍，所以說救也是不對的。」

「那怎麼辦呢？」齊王問，孫臏說：「最佳方案，同意韓使之求，一是救韓，給韓軍一個信心，必全力抗魏，削弱魏軍戰力，待機攻魏才能產生利多效果。」

齊王鼓掌叫聲：「好」。

這又是桂林之戰「圍魏救趙」的翻版，龐涓又會中計嗎？兵法上不是說同一方法不對同一敵人用第二次嗎？

3.原班人馬、相同的戰法，魏王和龐涓應能應付吧！

眼見韓軍五戰五敗，韓王連派三波特使到齊求救，孫臏見時機成熟，建議齊王出兵，田忌領兵十萬，直政魏都大梁，是「圍魏救趙」的第二版──「圍魏救韓」，內容稍做修訂。

龐涓派出的情報人員早先得到消息，齊王重新啟用孫臏、田忌，不久又得知準備派重兵攻打魏都大梁。這回龐涓反應特快，他立即丟下韓國戰事，不打了，馬上班師回朝，韓都新鄭（今河南新鄭縣）得以解圍，算是救了韓國。

龐涓率大軍回國，守住國

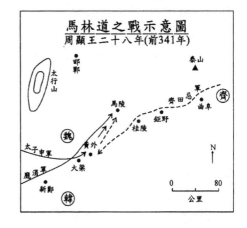

馬林道之戰示意圖
周顯王二十八年(前341年)

都大梁，好險，這回比孫臏快一步。魏惠王忍不下那口氣，認為齊一再與魏作對，乃起傾全國之兵力伐齊，以龐涓為將軍，以太子申為上

將軍，求與齊一次決戰。

這下有看頭了，算是兩國總兵力的決戰。

4. 魏惠王決定全國總動員，傾全國之兵力，與齊國決戰，太子申和龐涓都欣然同意，就兵力比而言，孫臏豈不又成了弱勢者？

當齊軍前進到距離魏都大梁約兩百公里時，他研究當前敵我情勢，便在曲阜附近（泰山南側約三十五公里位置），召開一次野戰會議，他建議田忌說：

彼三晉之兵，素悍勇而輕齊，齊號為怯。善戰者因勢而利導，兵法云，百里而趨利者，蹶上將軍；五十里而趨利者，軍半至。

於是，孫臏提出「後退殲滅」之策，以退卻誘敵而來，在馬陵道深谷殲滅魏軍，田忌從其議。

孫臏使用的正是「孫子兵法」所述，趕到百公里外與敵決戰，不是被敵打垮的，而是被自己和路拖垮的；趕五十公里去決戰，也等於未戰而兵力已先折損一半，同樣落個全軍覆沒的命運。田忌問：「這個道理龐涓大概也知道，問題是如何把魏軍誘入馬陵道深谷？」

「這個好辦，」孫臏胸有成竹，「我用減灶之計，定能把我那師弟叫來。」田忌眼中放出異樣電光，好像魏國大將軍可以隨他叫來叫去，「願聞其詳。」

孫臏說明「減灶之計」的使用方法，「我軍先為十萬灶，隔日再退為五萬灶，再退為二萬灶，以惑龐軍。」

果如發展，孫臏一路退，龐涓一路追，追了三天龐涓大喜說：「我就知道齊軍不中用，才交手三天，兵卒折損了一半。」乃用輕步兵加速的追，並通知太子申的大軍快追上來。

此時，孫臏正在馬陵道深谷設下重重伏兵，戰史上的「經典作品」

正在創作，即將出灶了。

是的，能稱「經典作品」一定有其特質。這是任何創作者（作家）必具的要件，縱使 21 世紀的現代社會，也一樣。第一，必須有創意，別人沒有而你獨有；第二，有執行步驟，可分段完成；第三，可成典範，給別人「拷貝」，有普遍性的適用價值。能有此三要件，就是一件「高價位產品」，古代、中古、現代及未來，都相同的道理。

每一個人的一生，都在努力希望能創造出一件「經典作品」，此生足也。

孫臏所用的，桂林和馬陵兩次戰役，都是他自創的「圍魏救趙」這件得意作品，孫臏一面拷貝自己的作品，一面在使用過程加入「新方法」。這次「圍魏救韓」分三階段完成：佯弱後退→減灶驕敵→馬陵殲敵。

馬陵道狹，旁多險隘，孫臏算準隔日夜龐涓必追到澗谷峻處的一株大樹下，砍下一塊樹皮，在泛白處書「龐涓死此樹下」六大字，附近佈下萬人神射手，令是夜大樹下有人舉火把，便萬箭齊發，隨後馬陵道全線發動總攻擊。

這夜，很晚了，龐涓率軍追到這棵樹下，他正在罵他師兄，只會跑，不敢出來打。忽有軍士來報，「大樹幹有字，看不清楚。」龐涓傳令，點火把看看，尚未讀完六字，齊伏兵見樹下火把，即萬弩齊發，一時在黑暗中，滿坑滿谷的慘嚎聲……。

龐涓被亂箭射成重傷，自刎而死，太子申的大軍正好追入一個「死地」，魏軍被全殲，太子申被浮，半路上就自殺了。

6.齊對魏作戰，二次都贏的漂亮，魏國也沒有能力再發動戰爭，天下理應從此太平吧！也好叫孫臏和留夷過幾天甜蜜的日子。

我們常說，天下合久必分，分久必合，反正人世間總在分分合合。要弄清楚，造成分的動力何在？造成合的動力何在？曰：「利也」，分有利便分，合有利便合，這是古今中外的「市場趨勢」，今天兩岸的統獨離合，也受到這種力量趨動，少數政客和政黨想要「硬拗」是不行的。人如何與天鬥？硬拗只有像龐涓一樣，死無葬身之地。

分合永不停止，戰爭當然就永無休止，停停打打，打打停停，歷史如此前進，人類文明如此的「正反合」下去。

我們也常聽到一句話，天下事有一利必有一弊，通常利弊又是一體的兩面，只是你從那一個角度去看。以齊軍兩次打敗魏軍，可謂消滅了魏國的總戰力，魏從此不起。我們看中國在戰國時代列國形勢，秦在西，六國在東，而魏之位置，正好是秦通往六國的關口，破魏，等於破了防秦的關口。對秦而言，關隘破了，虎兒出柙，六國危矣。用鐵籠中的老虎形容秦國，籠子的門口正是魏國，六國一個個亡於秦，馬陵道會戰是一支開門的鑰匙。對齊國言，孫臏等人是功臣乎？罪人乎？

但秦之能統一中國，實是奠定中國以後千年、萬年之基業，這功勞可大了。當初秦如何一一併吞六國，一統天下，馬陵道會戰秦未參與，但得利最大。由此觀之，中國統一的功勞，孫臏也有一份的。

孫臏和留夷有沒有「從此以後過著幸福美滿的日子？」，歷史上沒有明確記錄。不過，馬陵之戰後，政客又要陷他和田忌於罪阱之中，即將要沒頂之際，二人連夜逃往楚國，政壇上的險惡，果然古今都相同，如同現在的台灣，竟與戰國同屬高度「叢林化」的世界。

另有一說，戰後孫臏急流勇退，謝絕了齊王的封賞，毅然辭去軍師職，退隱山林，寫了不朽名著「孫臏兵法」，為中華民族留下寶貴的文化寶產。接下來，本書稍略述孫臏兵法要義，兵法第一篇就是「擒龐涓」。

輯 31 「孫臏兵法」要義

埋藏古墓 2089 年的兵學寶典

> *1.* 孫臏在中國兵法家中，有最高的故事性，所以用故事
> 方法講的最多，「擒龐涓」很能代表孫臏的謀略思
> 想，但「孫臏兵法」在民間卻少有流傳，為甚麼？

兩千多年來可能從未有一本「孫臏兵法」的出版，直到二○○五年典藏閣出版事業部終於出版「孫臏兵法」（李志農編）。在此之前，只有軍方印製給專業軍人讀。

「孫臏兵法」佚失兩千多年（漢武帝元狩六年～民國六十一年），出土的竹簡有四百四十枚，大陸方面初期秘而不宣，直到民國六十四年二月才公布。

當時我國防部很注意這項民族資產，部長高魁元先生和參謀總長賴名陽上將有鑒於此，特敦請徐培根、魏汝霖兩將軍速為整理註釋，並提出研究報告，藉使國人明瞭真相，裨益國軍之用。

民國六十四年十二月，「孫臏兵法註釋」一書始由國防部史政編譯局正式出版，發國軍將校研讀。民國七十年元月，陸總部委由黎明出版公司以原書再版，列入「陸軍軍官團進修書籍」，只限中階軍官可以閱讀。至於民間出版單位，則始終未出版過「孫臏兵法」一書，故一般國民極少人知道有此一書。

考其未普遍流傳原因，首先它是一部論將道、戰爭與謀略鬥爭之專書，不若「孫子兵法」之普遍性；其次所用文詞較玄，如八陣、十陣、月戰、五度九奪等，概念不夠明確，一般人不易懂；再次為全書

在架構上不如「孫子兵法」之完整。

當然，它在地下埋藏了兩千多年則是直接原因，這兩千多年間丟失了多少知音？

所幸，它仍不失為五千年中華文化中最寶貝的「經典作品」之一。有一點我認為它優於「孫子兵法」，在談謀略之道、避實擊虛或兵力部署方面，孫臏的實戰範例較有參考價值，不僅方便拷貝（複製），「可操作性」也較明顯。

「孫臏兵法」分上下卷，上卷十七篇，下卷十五篇，計一萬一千餘字，以「擒龐涓」為開頭，「見威王」續之。約略論述國家大政與富國強兵，將帥智謀與品德，將帥專業素養，戰術戰略與戰爭藝術，戰爭勝敗和失利原因，野戰要領和地形等。

2. 陳老師，前面提到「孫臏兵法」在地下古墓中，埋了兩千多年，但終於重見天日，真是很神奇。而第一篇「擒龐涓」，有用實戰經驗論證兵法之意，似乎也有消遣他師弟之意？

有那麼一點味道，所以後人也在懷疑「孫臏兵法」是否為孫臏本人所寫，因為孫臏是一個厚道仁慈的人。只是我如此詮釋也稍牽強，例如，佛祖「擒悟空」，也是本於慈悲，不要頑徒再作亂下去。

埋了兩千多年，漢武帝元狩十六年（前 117 年）入土，一九七二年出土，計埋 2089 年。「孫臏兵法」第一篇題名，就是「擒龐涓」，有用實戰論證兵法之意，即「圍魏救趙」之史例。先來看這篇孫臏怎麼寫，證明智謀勝於力戰，原文如下：（□是出土竹簡字不能辨認）

> 昔者，梁君將攻邯鄲，使將軍龐涓帶甲八萬至於茬兵。齊君
> 聞之，使將軍忌子、帶甲八萬至……竟。龐子攻衛（郜帝丘），

將軍忌（子）……衛□□，救與……曰：『若不救衛，將何為？』孫子曰：『請南攻平陵。平陵，其城小而縣大，人眾甲兵盛，東陽戰邑，難攻也。吾將示之疑。吾攻平陵，南有宋北有衛，當塗有市丘，是吾糧塗絕也。吾將示之不知事。』於是徙舍而走平陵。……陵，忌子召孫子而問曰：『事將何為？』孫子曰：『都大夫孰為不識事？』曰：『齊城、高唐。』孫子曰：『請取所……二大夫□以□□□臧□□都橫卷四達環涂，□橫卷所□陣也。環涂靫甲之所處也。吾末甲勁，本甲不斷環涂，擊披其後，二大夫可殺也。』於是段齊城、高唐為兩，直將蟻附平陵。挾世環涂夾擊其後，齊城、高唐當術而大敗。將軍忌子召孫子問曰：『吾攻平陵不得而亡齊城、高唐，當術而厥。事將何為？』孫子曰：『請遣輕車西馳梁郊，以怒其氣。分卒而從之，示之寡！』。龐於是為之。龐子果棄其輜重，兼趣舍而至。孫子弗息而擊之桂陵，而擒龐。故曰，孫子之所以為者盡矣。

從前，魏惠王準備攻打趙國首都邯鄲，派遣將軍龐涓率八萬精兵先佔領茌兵。（註：茌兵考證應是楚丘之誤寫，楚丘係衛國之地，在今河南滑縣西，當時是黃河渡口，魏攻邯鄲之渡河之地。）齊威王聽到消息，也派田忌將軍率八萬人馬到達齊、趙邊境。龐涓先攻衛國，以兵力威脅共同攻趙。

將軍田忌想率軍救援衛國，孫臏認為不妥。田忌問：「如果不救衛國，那該怎麼辦呢？」

孫臏答說：「揮師南下，進攻魏國平陵。（註：平陵是襄陵之誤寫，襄陵為今之河南睢縣西，原是宋地，後為魏所佔領，在『戰國策』齊策載：南攻襄陵。可證明確是襄陵，不是平陵，以下平陵都改襄陵。）襄陵這地方，城池雖小，但轄區很大，人口眾多，兵力強大，是魏國軍事重鎮，很難攻克。

「我們故意在此用兵，目的是要迷惑敵人。我軍攻打襄陵，南有宋而北有衛，進軍途中還有一座歸附魏國的市丘城。這樣我們後勤很

容易被切斷。我們故意這麼做，是為誤敵。讓敵人以為我們很不智。」
於是，齊軍拔營直奔襄陵。

臨近襄陵時，田忌又問孫臏：「接下來怎麼辦？」

孫臏說：「都大夫中，誰不諳兵法？」

田忌答：「齊城、高唐二邑的都大夫。」

孫臏說：「請命二位都大夫率兵繞過橫卷、環涂，環涂是敵軍重要據點，我們前鋒部隊勇往直前，主力則不動。環涂的魏軍必定會從背後向我軍猛攻，這時前鋒的二位大夫都會敗陣下來。」

如此這般，田忌命二大夫直攻襄陵，這時挾世和環涂的魏軍果然從背後攻擊，二位大夫則依計佯敗而退。

田忌再問孫臏：「我軍未能攻下襄陵，二位大夫也按計畫佯敗下來，下一步該怎麼辦？」

孫臏說：「派輕戰車向西進發，直攻大梁，以此來激怒魏王，並派少數兵力隨戰車西進。我軍主力埋伏在途中，以逸待勞，伏擊魏軍。」

於是，田忌依計行事。

龐涓果然丟棄輜重，日夜兼程趕回，救魏都大梁。孫臏把主力放在桂陵，伏擊魏軍，終於擒住龐涓，殲滅了魏軍。因此，人們讚嘆說：孫臏用兵真是絕妙極了，達到真善美的境界。

這是孫臏兵法的第一篇「擒龐涓」，因末句「孫子之所以為者盡矣」之讚詞，後世亦懷疑兵法非孫臏親自所寫，可能是弟子記錄之言。此外，從孫臏之世到兵法被埋入墓中，其間亦近五百年，長期流行傳佈，也可能有後人的手筆，但核心思想總不會脫離孫臏原意。

3. 是啊！把「擒龐涓」和佛祖「擒悟空」兩個範例，對照欣賞倒是很有趣，也有深層意涵。孫臏「見威王」講些甚麼？

回憶孫武見吳王，吳起見魏文侯，他們所談和本篇孫臏「見威王」內容相近。孫子始計篇和吳起圖國篇，卻沒有孫臏所說那樣清晰而明白。

孫臏見齊威王，王問「國家最重要的大政方針是甚麼？」

臏曰：「夫兵者，非士恆勢也。此先王之道也，戰勝，則所以在亡國而繼絕世也；戰不勝，則所以削地而危社稷也。故兵者不可不察，然夫樂兵者亡，而利勝者厚，非兵所樂也，而勝非所利也。」孫臏認為國家沒有永恆不變的有利形勢可以依靠，故國家不可一日無國防，但輕啟戰端，好戰必亡。孫臏又曰：

> 事備而後動。故城小而守固者，有委也；卒寡而兵強者，有義也。夫守而無委，戰而無義，天下無能以固且強者。堯有天下之時，黜王命而弗行者七，夷有二，中國四，……素佚而致利也。戰勝而強立，故天下服矣。昔者，神戎戰斧遂；黃帝戰蜀祿；堯伐共工；舜伐劂口口而並三苗，……管；湯放桀；武王伐紂；帝奄反，故周公淺之。故曰，德不若五帝，而能不及三王，智不若周公，曰我將欲責仁義，式禮樂，垂衣裳，以禁爭奪。此堯舜非弗欲也，不可得，故舉兵繩之。

建軍備戰要完備，戰爭才能啟動。城小而防備堅固是因為後勤充足，兵少而有戰力是因為站在正義這一方。若後勤不足又要進行不義之戰，那麼世上便沒有可攻可守的強大軍隊。唐堯時天下統一，當時有七個部落造反，中原有四個，邊陲有二個。因唐堯平時重視休養生息，才有足夠戰力創造有利條件，那些部落全都歸服了。

從前神農戰斧遂、黃帝戰蜀祿、唐堯伐共工、虞舜征討劂，……平定三苗，湯放桀，武王伐紂，商奄造反，周公很快平定了。

所以說，品德不如五帝，才能不如三王，智慧不如周公，而說要用仁義道德來防止戰爭，讓人民安居樂業，這是行不通的。所以，只能用戰爭來防止戰爭。

此理甚明，惟國家沒有永恆的有利形勢，是很重要的警告，證之古今強權衰落都是。美國建國以來一向自命是世界的安全島，地球上沒有可以入侵美國的力量（國家），「911 事件」改變了這項鐵則，其實兩千年前孫臏已這麼說了。

齊威王又問孫臏：「富國和強兵何者優先？」

孫臏說：「富國第一，…」（部份殘簡難於譯出）

這是合於中國儒家思想的，昔年管仲答齊恒公也說，「治國之道，必先富民。國多財則遠者來，倉廩實則知禮義，衣食足則知榮辱。」孔子答冉有之問，也說富民優先。

更早的姜太公對文王也說，「人君必從事於富，不富無以為仁。」

這方面的觀點，中國政治思想上雖有些不同意見（如法家、墨家等），大體上以儒家為主流。

---

4. 「先讓大家有錢」很好，不過會不會有錢了，將帥人品就差了，據知孫臏是很重視將帥品德的。

是，一部孫臏兵法，有四篇（將義、將德、將敗、將失）和將帥之德有關，「將失」涉及指揮體系，可另外講解。

孫臏對將德的主張源自孫武，而且孫臏視「將德」為「帶兵、練兵、用兵」的最高指導原則。老總統（作者老校長蔣中正先生）則較重視以孫武的「五德」為國民革命之武德，曾有多篇這方面講詞。「將義」篇曰：

> 將者不可以不義，不義則不嚴，不嚴則不威，不威則卒弗死。故義者，兵之首也。將者不可以不仁，不仁則軍不克，軍不克則軍無功。故仁者，兵之腹也。將者不可以無德，無德則無力，無力則三軍之利不得。故德者，兵之手也。將者不可以不

第三篇 孫臏兵法

信，不信則令不行，令不行則軍不搏，軍不搏則無名。故信者，
兵之足也。將者不可以不智勝，不智勝……則軍無□。故決者，
兵之尾也。

　將帥不能不講仁義，不講仁義治軍不嚴明，
不嚴明則不能樹威信，沒有威信官兵就不會拼命
作戰。所以說，仁義是軍隊的頭腦。

　將帥要有好品德，講信用，愛是軍隊的心，
德是軍隊的雙手，信用是軍隊的雙腳，而以智謀
取勝是軍隊的尾巴。這是孫臏的比喻，可見孫臏
重視將德將義。「將德」篇又曰：

（右側圖示）

孫武

嚴（德首）　勇（義）　仁（仁腹）　信（信足）　智（智尾）

孫臏

用之若土芥　敬之若嚴師　愛之若狡童　視之若赤子

　　……赤子，愛之若狡童，敬之若嚴
師，用之若土芥，將軍……

　　……不失，將軍之智也。不輕寡，不劫於敵，慎終若始，將
軍……

　　……而不御，君令不入軍門，將軍之恆也。入軍……

　　……將不兩生，軍不兩存，將軍之……

　　……將軍之惠也。賞不逾日，罰不還面，不雜其人，不何
……此將之德也。

　將德之中，以「將不兩生」為軍人最高境界，即「有斷頭將軍，
無降將軍。」而「軍不兩存」，則有敵無我，有我無敵的最高表現。
國軍退守台灣後，蔣公對國軍將校的將德標準，就是依此目標培養的。

　孫臏對將德有正面論述，也有反面論述，「將敗」就是。孫臏舉
出二十項，「不能出自能、驕、貪於位、貪於財、□、輕、遲、寡勇、
勇而弱、寡信、□、寡決、緩、怠、□、賊、自私、自亂，多敗者多
夫。」

　身為將師，這些敗德愈多，失敗愈多。

△孫臏本來提出三十二項「將失」，因殘簡有壞，整理如下：

㈠失所以往來；兵道足陷，眾苦，可敗也。

㈡收亂民而還用之，止北卒而還用之，無資而有資，可敗也。

㈢是非爭，謀事辯訟，可敗也。

㈣令不行，眾不壹；軍事險固，眾勞，可敗也。

㈤下不服，眾不為用；日暮路遠，眾有至氣，可敗也。

㈥民苦其師、師老、師懷、兵遁、軍數驚，可敗也。

㈦眾怒；令數變，眾偷；多幸，眾怠；多疑，眾疑，可敗也。

㈧軍淮，眾不能其將吏，惡聞其過；與不能，可敗也。

㈨暴露傷志、期戰分心、恃人之傷氣，可敗也。

㈩事傷人，恃伏詐；不能以成陣，出於夾道，可敗也。

㈠兵之前行後行之兵，不參齊於陣前，可敗也。

㈡戰而有憂（中、前、左、右、後），可敗也。

△在「將敗」篇，列舉將帥品格、素養上的種種缺點，這些缺點
都可能導致戰爭失敗，不可不戒。

㈠不能而自能：沒本事又要逞能。

㈡驕：驕傲自大。

㈢貪於位：貪圖名位。

㈣貪於財：貪圖錢財。

㈤輕：輕舉妄動。

㈥遲：行動、反應遲緩。

㈦寡勇：勇氣不足。

㈧勇而弱：有勇氣欠能力。

㈨寡信：信用不好。

㈩寡決：優柔寡斷。

第三篇 孫臏兵法

(土)緩：軍紀鬆弛。

(宍)怠：疏忽懈怠。

(圭)賊：兇殘暴虐。

(古)自私：自私自利。

(宝)自亂：朝令夕改，自造混亂。

以上「將失」和「將敗」列舉，雖有些看似很平常，如勇氣不足、信用不好等，但孫臏認為「多敗者多失」，即這些缺點愈多，愈容易導致失敗。事實上，這些是古今不變之「真理」，放在為人、商場之道，也是通用的。政治上的道理如同，如陳水扁信用破產了，怎樣治國呢？而事實上，孫臏講的是「普遍性真理」，任何人信用破產也是人格的破產。

6. 孫臏兵法對將帥，乃至高級將領的專業素養有何標準？

孫臏認為戰術戰略之水平、領導統御之素養、智謀運用自由和對國際關係的了解與掌握，都是帥的專業素養。首先戰術戰略的特點有：

(一)戰爭須絕對採取攻勢，而不採守勢。

(二)攻擊以用智取勝。不在敵我兵力多寡。

(三)智謀以「多方誤敵」為要，「攻其無備，出其不意」以取勝。

領導統御方面，包含統治者如何爭取民心支持戰爭，軍隊士氣培養，建立良好的國防與軍事制度。

智慧謀略之用，孫臏以「圍魏救趙」為範例，寫了一篇「擒龐涓」，用實例來說明如何避實擊虛？如何誘敵深入？如何誤敵？可謂用心良苦。

關於國際關係的了解與掌握，兩國打仗，其「關係」者，通常不止於「二」造，而是許多國家在明、暗之中，相互較勁。身為將帥要「知道」者有六：

㈠上知天之道：天時合不合？

㈡下知地之理：地利利不利？

㈢內得民之心：民心得不得？是否人和？

㈣外知敵之情：客觀環境所有該知道的。

㈤用兵知八陣（兵力運用與部署），用兵之戰略素養。

㈥見可勝之形則戰，見無可勝之形則止。

在「八陣」（註：八陣即現代的軍隊作戰部署，如步兵、騎兵、戰車等如何配署之謂也。孫臏之八陣，指中間步兵分三陣，戰車在左右後各一陣，加上前鋒和後鋒，共八陣。）

> 孫子曰：智不足，將兵，自恃也。勇不足，將兵，自廣也。不知道，數戰不足。將兵，幸也。夫安萬乘國，廣萬乘王，全萬乘之民命者，唯知道。知道者，上知天之道，下知地之理，內得其民之心，外知敵之情，陣則知八陣之經，見勝而戰，弗見而諍，此王者之將也。

> 孫子曰：用八陣戰者，因地之利，用八陣之宜。用陣三分，誨陣有鋒，誨鋒有後，皆待令而動。鬥一，守二。以一侵敵，以二收。敵弱以亂，先其選卒以乘之。敵強以治，先其下卒以誘之。車騎與戰者，分以為三。一在於右，一在於左，一在於後。易則多其車，險則多其騎，厄則多其弩，險易必知生地、死地，居生擊死。

智謀不足卻要帶兵打仗，就是盲目自負；勇氣不夠的人說要帶兵打仗；就是冒失莽撞；不懂用兵道理又無實戰經驗，說要帶兵打仗，只是在碰運氣。想要安定一個大國，一定要懂得戰爭的基本原理，就是上面那六「知道」。

用兵八陣要配合地利，地形平坦簡單多用戰車，地形險要複雜多用騎兵，地勢高峻狹窄多用弓箭手。但不論任何地形，佔領有利的地方，打擊處於不利地形的敵人。

第三篇 孫臏兵法

孫臏說，恒勝有五：得主專制、知道、得眾、左右、量敵計險；恒不勝有五：御將、不知道、乖將、不用間、不得眾。可簡約如下：

㈠統治者的決策，必須取得人民之歸心。

㈡統治者的統御，必須對將帥充份授權。

㈢將帥的領導，必須有忠、信、勇之作為。「篡卒」篇曰：

孫子曰：兵之勝在於篡卒，其勇在於制，其巧在於勢，其利在於信，其德在於道，其富在於亟歸，其強在於休民，其傷在於數戰。孫子曰：德行者，兵之厚積也。信者，兵（之）明賞也。惡戰者，兵之王器也。取眾者，勝（之基本）也。

孫子曰：恆勝有五：得主專制，勝。知道，勝。得眾，勝。左右和，勝。量敵計險，勝。孫子曰：恆不勝有五：御將：不勝。不知道，不勝。乖將，不勝。不用間，不勝。不得眾，不勝。孫子曰：勝在盡□，明賞，選卒，乘敵之□。是謂泰武之葆。孫子曰：不得主弗將也⋯⋯

⋯⋯令，一曰信，二曰忠，三曰敢。安忠？忠王。安信？信賞。安敢？敢去不善。不忠於王，不敢用其兵。不信於賞。百姓弗德。不敢去不善，百姓弗畏。

用兵取勝關鍵在兵精，作戰勇敢關鍵在紀律嚴明，打仗的機巧要清楚形勢，銳不可當的關鍵在賞罰有信，軍隊素質好在教育，軍隊物質充裕在速戰速決，養精蓄銳就有戰力，征戰頻繁戰力就弱。這些都是打勝仗的道理，不能不知道。

所以，勝有五，不勝也有五，是永恆不變的道理，將帥和元首相

互信任（得主專制），要忠誠、勇敢和信任，帶兵和帶民的道理其實相同。

政治戰略和野戰戰略的運用，也關係戰爭勝敗，例如在常情常理之下，有六件事是決定戰爭勝敗的要素：實力超越虛弱、捷徑比大路有利、快速強過緩慢、眾多勝寡少、安逸勝勞苦。

勝敗之道，在這六者之間的變化，「實虛相為變，眾寡相為變」，以此類推。

孫臏兵法談到慎戰觀點、地形的價值、戰場上奇正之用和主動權的掌握、統治者不能干預戰地指揮權等，都與「孫子兵法」概同，畢竟他師父鬼谷先生教給他的正是「孫子兵法。所以，孫武等於是兵法理論的建造者，孫臏不僅把理論拿來驗證，而且「設計出操作程式」，讓後世用兵之人可以清楚，「兵者，詭道也」是怎樣操作的。

8. 「孫臏兵法」一書也是博大深精，只是體系不如「孫子兵法」來的完備，但「故事性」高，所以陳老師用講故事的方法來講「孫臏兵法」，對原文經典也就不全部講解。

我以為中國兵法家，自兵聖孫武以後，就無能超越者，吳起與孫武齊名，在歷史上有一定地位。故本書對孫子和吳子二書全部講解，孫臏和孔明擇要講解，孫臏兵法再舉戰爭藝術（奇正）為結論。

天地之理，至則反，盈則敗，□□是也。代興代廢，四時是也。有勝有不勝，五行是也。有生有死，萬物是也。有能有不能，萬生是也。有所有餘，有所不足，形勢是也。故有形之徒，莫不可名。有名之徒，莫不可勝。故聖人以萬物之勝勝萬物，故其勝不屈。戰者，以形相勝者也。形莫不可以勝，而莫知其所以勝之形。形勝之變，與天地相敝而不窮。形勝，以楚越之竹書之

而不足。形者，皆以其勝勝者也。以一形之勝勝萬形，不可。所以制形壹也，所以勝不可壹也。故善戰者，見敵之所長，則知其所短；見敵之所不足，則知其所有餘。見勝如見日月。其錯勝也，如以水勝火。形以應形，正也；無形而制形，奇也。奇正無窮，分也。分之以奇數，制之以五行，鬥之以□□。分定則有形矣，形定則有名（矣）。……同不足以相勝也，故以異為奇。是以靜為動奇，佚為勞奇，飽為饑奇，治為亂奇，眾為寡奇。發而為正，其未發者奇也。奇發而不報，則勝矣。有餘奇者，過勝者也，故一節痛，百節不用，同體也。前敗而後不用，同形也。故戰勢，大陣□斷，小陣□解。後不得乘前，前不得然後。進者有道出，退者有道入。賞未行，罰未用，而民聽令者，其令，民之所能行也。賞高罰下，而民不聽其令者，其令，民之所不能行也。使民雖不利，進死而不旋踵孟賁之所難也，而責之民，是使水逆流也。故戰勢，勝者益之，敗者伐之，勞者息之，饑者食之。故民見□人而未見死，蹈白刃而不旋踵。故行水得其理，漂石折舟；用民得其性，則令行如流。

中國古代稱「戰爭藝術」叫「奇正」，本篇即「奇正」篇，現代「創意、創造」為最傳神的相對詞。

大自然有一定的規律，物極必反，盛極則衰。盛衰起落相互更替，春夏秋冬如此變化運行不息。自然界也不存在「絕對強者」，萬事萬物一物又剋一物，這就是五行的道理。生生死死，萬事萬物有生就有死，有能也有不能，一切的生物都逃不出這個法則。（作者註：孫臏這段話已超越兵法之上，可謂之形而上兵學，用於科學、哲學、天文學，乃至神學都能通達，孫臏由此帶出他的戰爭藝術。）

既然如此，有長處就有短處，形勢便這樣構成了。凡是有形的東西，沒有不可認識的；凡是可以認識的東西，沒有不能戰勝的。（作者註：讓我想到一部影片，阿諾史瓦辛格主演，「終極戰士」，凡是有形的東西，一定有方法打敗他，除非他是「無形」（鬼或神仙

等）。）因此，智慧超群的人，就是利用萬事萬物之長攻其短，故能戰勝，勝利的方法是無窮無盡的。

戰爭是通過有形力的較量取勝的，有形事物沒有不可戰勝的，只是一般人不知道方法。萬事萬物的變化說不完，有形的事物都以自身優勢取勝，只用一種優勢制勝萬事萬物是不可能的。制勝原理相同，方法不一。

善於用兵作戰的人，看到敵人長處，就知道自己的短處；見敵不足而知己有餘。如此，預見勝利，像看日月那樣清楚，取勝方法如水滅火那樣有效。

「正」是常情常理，用陣形對陣形；「奇」是奇情奇理，用創意陣形對死板的陣形。這種奇正創意是無窮的，出奇可以制勝，相生相剋的辦法就能制敵。

兵力組織部署完畢，就形成有利陣形，與敵同陣形是不能取勝的，因此要出奇制正。「以靜制動」是奇，公開的行動是正，未公開的行動是奇。出其不意可以制勝，不斷的創造發明，研發各種創新創意的方法，就必能取得更大的勝利和成功。

人身體上一個地方痛，其他地方就難過了，這是因為同屬一個身體。前方部隊敗了，後方部隊也受影響，因為同屬一個陣形。所以說，戰場上的形勢是一體的，前進有路，後退也要有路。

獎懲尚未實施，部屬就能服從命令，因為命令是可執行的；重賞重罰仍不能服從命令，是因為命令無法執行。情勢極為不利而叫兵卒前進，如叫河水倒流。

所以說，要有效控制戰爭局面，打勝仗的官兵給他重賞，打敗仗的要及時撤換。官兵累了要休假，餓了要吃飯，各方面的需要都為他安排好，也創造了有利形勢，便能叫他上刀山，戰無不勝，攻無不克。

總之，奇正之道是自然界的道理，水往下流，能沖走石頭，沖毀船隻；將帥用兵，要能掌握官兵心理，軍令貫徹執行，如行雲流水，那有打不敗的敵人？那有不能取勝的戰爭？

第三篇 孫臏兵法

第四篇
孔 明 兵 法

敗形致勝的完美大政略家

神格化大兵法家

諸葛亮，字孔明，是中國歷史上家喻戶曉的傳奇人物，是智慧的化身，忠貞的代表。他足智多謀，善長外交談判，機變如神，民間傳說他用兵亦如神。但他對中國歷史發展最大的影響在「漢賊不兩立、王業不偏安」信念的堅持和實踐，誠為中國「無尚之兵法」思想，至今海峽兩岸仍在他的兵法「框架」之中，無所遁逃。

第四篇 孔明兵法

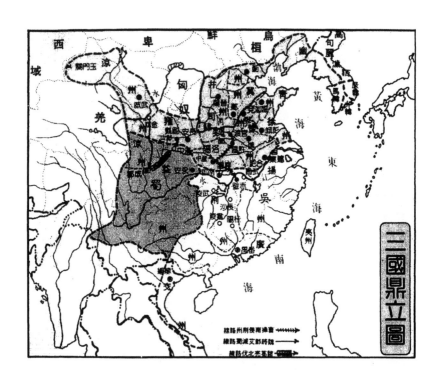

三國鼎立圖

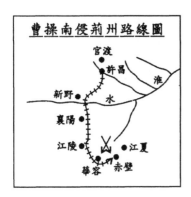

曹操南侵荊州路線圖

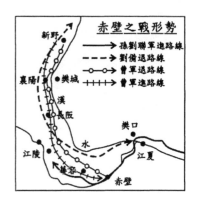

赤壁之戰形勢

成都武侯祠

諸葛亮像 清南薰殿本

唐憲宗元和四年（八○九年）
建蜀丞相諸葛武侯祠堂碑拓片

古隆中牌樓（湖北襄樊市）

三種「三顧茅廬圖」

《三顧茅廬圖》

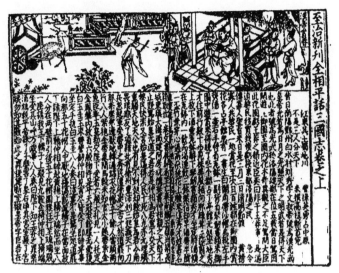

平話「三國志」卷

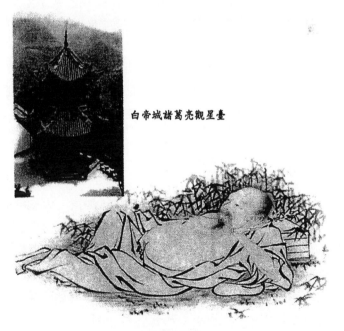

白帝城諸葛亮觀星臺

臥像諸葛亮

第四篇 孔明兵法

輯 32 孔明：神格化大兵法家

── 敗形致勝的完美大政略家

> 1. 今天開始講孔明和他的故事，孔明有很精彩的一生，
> 談這位「神機妙算」的兵法家、政治家，得先簡介一
> 下三國時代的一般形勢。

三國時代正好是在四百年太平（漢）到四百年大亂（魏晉南北朝）的中間，所以它是一盤殘局，也是開端或過渡的時代。三國鼎峙起自曹丕篡漢，廢漢獻帝為山陽公，自為魏文帝，定都洛陽，改元黃初元年（西元 220 年），到最後司馬炎統一，這一年是晉武帝太康元年（280 年），有六十年時間。

但三國紛亂從漢獻帝初年元年（190 年），討伐董卓（死於呂布之手）開始，這一算「三國時代」就有九十年之久。另以三國併存（二二九年～二六三年），則僅僅三十四年。

在赤壁之戰（漢獻帝建安十三年，西元二〇八年）前，群雄割據，一片渾沌；戰後才有三國初分的局面，疆域以魏最大，吳次之，蜀最小。

本節目的主角孔明正是生在這個大爭戰、大紛亂、大割據的大時代中。亂，是英雄豪傑的溫床，是學術思想與謀戰策略百花齊放的舞台；太平昇世，大家樂得「朝九晚五」，喝咖啡談是非，還有甚麼大作為？只是亂，苦了小老百姓。

孔明生於漢靈帝光和四年（西元一八一年），病逝於蜀漢建興十二年（西元二三四年），「得年」五十四歲，陽壽不多，但「精神享

壽」卻是「萬歲萬歲萬萬歲」了，他已長生不老，進入「永垂不朽」的境界。

三國鼎立局面持續五十多年之久，炎興三年（二六三年），魏司馬昭稱相國，諸葛瞻與鄧艾戰於綿竹敗死，艾至成都，帝出降，蜀漢亡。晉武帝太康元年（二八○年），吳隨魏之後，為晉所滅，三分之勢才告結束，並留給後人一個難題，到底吳、蜀、魏三者，究竟那一個才是中國歷史的正統繼承者？

若拿實力判斷，曹魏居優勢，曹丕纂漢後，國力擴展到中原一帶，掌握漢民族傳統文的重心地區，為三國最強者。蜀漢高舉正統大旗，但僻處西南邊陲，國力僅曹魏五分之一。至於江南孫吳，雖民富物豐，卻未得民心，因而對曹魏不足以構成大患。

至於誰是正統，一千多年來雖有論爭，最後蜀漢取得正統，已成定局！

2. 的確，從他以後的帝王將相，詩人如李白、杜甫、白居易等，都爭相以孔明為題材內容，傳誦每個時代，首先來說說他的身家背景吧！

諸葛亮，字孔明，東漢山東瑯琊郡陽都（今山東沂水縣南）人，是西漢元帝時的司隸校尉（京師安全負責人）諸葛豐的後代。

諸葛這個複姓，原來只是一個單姓「葛」，葛姓本來居住山東瑯琊郡的諸縣（今山東諸城），再遷陽都。陽都原來也有「葛」姓人家，為了區別，諸縣遷來的葛姓一族，時人叫「諸葛」，後就演變為姓。

諸葛亮的父親叫諸葛珪，曾任泰山郡丞，可惜諸葛亮父母都不幸早逝，三兄弟和兩個姊姊都去投靠叔父諸葛玄，定居襄陽。建安二年（西元一九七年），諸葛玄死於襄陽，此時諸葛亮十七歲，他兩個姊姊都嫁人了，哥哥居江東奉養繼母，他便帶著兩個弟弟又搬到南陽郡

第四篇 孔明兵法

過著自食其力耕作生活。

　　諸葛孔明是本書四大兵法家中，身世經歷最「清楚」的，其世系表和年表同列如後供參考。

諸葛氏世系簡表

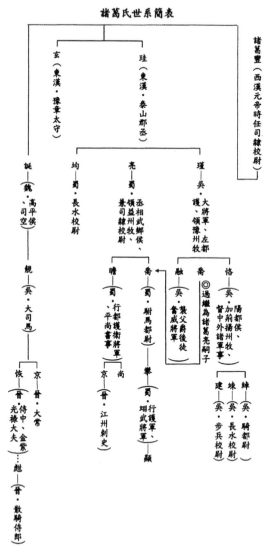

資料來源：徐富昌・諸葛亮，幼獅文化（85年5月）

確實叫人很驚異,但這通常和他的領悟力、環境等造化有關,這種人很早就能「明心見性」,知道自己的性向與志趣。與他從事何種工作倒未必有一定的直接關係,孔明的智慧如何來的,確實值得大家「參考學習」。

少年時代的環境有啟蒙作用,他父親死時,哥哥諸葛瑾已完成太學(大學),顯見他父親重視孩子教育。父親走了,隨叔父居住襄陽,交往的都是當時很有才氣的讀書人,如龐德公、司馬徽、黃承彥、石韜、徐庶、孟建和龐統等人。

後來「躬耕於南陽,苟全性命於亂世,不求聞達於諸侯」(出師表)的耕作生活中,開始潛心研讀諸子百家之書,對「漢書」、「禮記」、「管子」、「申子」、「韓非子」、「商君書」特別喜歡。這些是漢以前,中國一千多年間先民的智慧結晶。

孔明也常和石韜、徐庶、孟建等人切磋讀書方法,石韜等人所專精者,正是東漢以來所謂主流學術的「章句注疏訓詁之學」,此種儒生治學,通常脫離實際,孔明則重視經世之用,「觀其大略」,他們閒聊時,亮謂三人說,「各位當官,至少到刺史、郡守。」三人問他到那裡,亮笑而不答。

「三國志‧諸葛亮傳說他「自比管仲、樂毅」。當時的朋友也相信他有王佐之才,耕讀之外,孔明也曾在司馬徽的引荐下,拜當時一位名師叫酆玖先生,學習韜略、兵法陣圖及五行道法等。

孔明躬耕南陽,其實他並非想過隱居生活,他坐觀天下,以待世

用。他的朋友龐德公常說他是一條「臥龍」，有機緣就會出馬。我們都在找「下山」或「出山」（國語發音）的機會，而永遠不要面臨「出山」（台語發音）的時機。

> 4. 機會終於快有了，先請孔明生命中的貴人——劉備出場給大家認識，他是一個「用人高手」，他就是用了孔明，才有機會獨雄一方，「鼎」崎三國。所以，倒底誰給誰機會？

所以人生是很奇妙的，成敗除了能力、關係或家世背景外，機緣、造化也會產生「決定性的影響力」。而有時候，機會來了，自己確沒有準備好，徒把「位置」讓別人佔了，也是很可惜是不？怎樣能配合的很好，充份準備加上捉住機會吧！

說劉備這個人，是西漢景帝之子——中山靖王劉勝的後裔。到漢末「黃中大亂」時，他已是一介落迫，到處流浪的「貴族」，追隨各大軍閥打黃巾賊。建安六年（二○一年），劉備帶著兩個結拜兄弟（張飛、關羽）投靠同宗的劉表。

有一天，劉表請劉備吃飯，席間劉備內急，如廁時無意間發現自己的大腿內側長了贅肉，身體也胖了，不禁心酸，流下淚來。回到筵席上，劉表看出劉備哭過，問他怎麼回事。劉備說：「以前身不離馬鞍，都沒有贅肉，沒有想到太久沒騎馬，贅肉都出來了。歲月若馳，老將至矣，而功業未建，是以悲從中來！」

的確，沙場、戰馬是英雄的生命和希望。法國福熙元帥在一個私人宴會上就說過，「白天有戰場讓我打仗，晚上有愛人讓我抱抱，人生足矣。」

劉備半生努力，四十多歲了，還帶著同病相憐的兄弟依賴在劉表麾下，他檢討原因，是他身邊的人（關羽、張飛、趙雲）都是「勇

將」，欠缺真才實學，打打殺殺可以。想要有大作為，則須要有智者才行。

於是劉備開始把重點放在尋訪人才，找一個懂政略、戰略、謀略，並能做長遠宏觀大計的人才。

5. 真的，劉備和孔明二人，不知道誰給機會？劉備自己對這個相遇相交的過程，形容是「魚水之交」，現在是不是讓他們會面呢？

先是孔明的好友徐庶去投靠劉備，謀了一份差事。劉備很器重他，但徐庶深感劉備所為乃非常事業，自己可能有所不足，須要更高明的人才能輔佐劉備的事業。按徐庶觀察了解，只有孔明足堪這個大任。（比較徐庶和龐涓二人，徐庶更顯得了不起和讓人敬佩。）

於是有一天，徐庶用試探的口氣向劉備說：「諸葛孔明，臥龍也，將軍豈願見之乎？」劉備一聽很高興，馬上叫徐庶去請孔明來。徐庶知道像孔明這樣身懷大器的人，沒有十分誠意，加上嚴謹的態度，是請不出來的，豈是可以用「叫」就來，於是對劉備說，「此人可就見，不可屈致也，將軍宜枉駕顧之。」

徐庶一再囑付劉備，不僅要親自登門拜訪，而且要虛心求教，聽取孔明的高見，定使劉備豁然開朗。

建安十二年（二〇七年）冬十月，劉備偕同關羽、張飛「三顧茅」，才把孔明請出山，輔佐「革命大業」。這年，劉備得到兩個「寶」，孔明是事業發展上的寶，其次是後主劉禪出生，小名「阿斗」，也是個「大寶」。孔明二十七歲，劉備四十七歲。

這個真實感人的故事，千百年來成為中國人普遍「複製」的典型。身為上官或管理者，如何發現人才？如何網羅人才？如何運用人才？聽聞之者自反自省，「我能像劉備嗎？或比他更行？」

第四篇孔明兵法

而那正在找工作的人，學習有成的人，或飽讀詩書的學者，你是「諸葛亮」嗎？你是主動出擊「下山」，還是等人來「三顧茅廬」？準備好了嗎？

6. 劉備終於見到孔明，那篇有名的「隆中對」很多人應該都讀過，高中或大學的國文常列入選讀，介紹一下精彩的內容。

「隆中對」又叫「草廬對」或「茅廬對」，是孔明向劉備提出「復興漢室」「統一中原」的策略。按當時整個中國的情勢，曹操已經統一掌握了整個北方，江東的孫權在穩定中發展，長江下游都在勢力範圍內。荊州（湖北襄陽）的劉表正在內訌，兩個兒子（長子劉琦，次子劉琮）互爭繼承大位。益州（四川及陝西南部，州治在成都）的劉璋，因性寬柔無威略，沒有甚麼作為。

孔明是一個隨時可以洞徹天下態勢的人，「隆中對」有四個要點，首先，曹操不可與爭鋒，並先結好孫權；次則奪取荊州和益州為根據地；第三改善與週邊民族關係；最後掌握有利機會北伐中原，恢復漢室，完成最後的「國家目標」國家統一。

「隆中對」基於對當前情勢判斷，提出近、中期的努力目標：

> 「荊州北據漢沔，利盡南海，東連吳會，西通巴蜀，此用武之國，而其主不能守，此殆天之所以資將軍，將軍豈有意乎，益州險塞，沃野千里，天府之土。高祖因之以成帝業，今劉璋闇弱，民殷國富而不知存恤，智能之士思得明君。」

按孔明之意，荊益二州須先「拿下」，復興基地有了，自然要把內政外交做好，「西和諸戎，南撫夷越，外結好孫權，內修政理。」

完成國家目標的最後一個階段是「天下有變，則命一上將，將荊

州之軍，以向宛洛，將軍身率益州之眾以出秦州，百姓孰不簞食壺漿，以迎將軍者乎？誠如是，則霸業可成，漢室可興矣。」

「隆中對」建議劉備，必先拿下荊益二州，才能和曹操、孫權鼎足而三，才有本錢進行下一步——北伐統一。

輯 33 曹操南征，孔明促成孫劉同盟

赤壁之戰，三國鼎立

1. 「赤壁之戰」也是中國戰史上的「經典作品」，文人雅士千百年來都在頌揚，孔明也真運氣好，一出山，就碰到這場大戰沒。

建安十三年（208 年），曹操在長江以北已經打敗群雄，呂布、袁術、袁紹、袁尚、張繡、袁熙、烏桓、高幹等，死的死，降的降，降者亦亡。整個中國北方已在曹操掌握之下，挾天子以令諸侯。

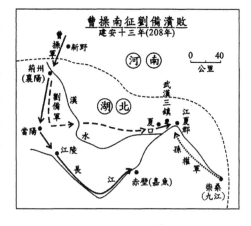

剩下必須要消滅的敵人，就是長江以南的孫權（江東）、劉璋（在蜀）、劉琮（荊州）、劉琦（江夏），還有落破的只剩幾千兵馬的劉備。

這年秋七月，曹操率百萬大軍南征（宋司馬光在「赤壁之戰」一文說八十萬軍），大軍才到新野（見圖），荊州的劉琮（劉表次子）竟就背著劉備和孔明，派特使到曹營請降。這種情形，有些像一八九五年日本大軍壓台，仗才要開打，唐景崧大總統和文武百官就跑光光，爛攤子丟給劉永福。

這時，劉備和孔明等人，也在荊州練兵，幾千兵馬那裡擋得住曹操八十（或百萬）大軍，劉備猝不及防，一路向南潰敗。人生便是如此，當你突然走到一個困局之中，明明死路一條，沒有人知道下一步會如何？孔明不知道，劉備更不知道，只有天知道。完全沒希望了，有人選擇跳樓，有人選擇開瓦斯自殺，你做何選擇？

2. 還真慘，如果沒有走出這步「死棋」，就沒有以後的孔明了，當然也沒了三國。所以，一切的死棋、困境或絕望之中，必定隱含著一絲希望，只看你是否洞察？

真是慘啊！劉備帶著數千兵馬由荊州向南跑（見圖），還帶著從荊州一同逃難的百姓十幾萬人；這種情形就像三十八年大逃亡，軍隊不過幾萬人，就帶著幾十萬難民，根本不能打仗。劉備的部將建議必須拋棄百姓，才能保存實力，但劉備不忍說，「百姓願意跟著我，我何忍棄之？」（後來在「漢晉春秋」中，作者習鑿齒曾讚揚這種高貴的品德。）

劉備的部隊退到當陽，被曹軍追上，部眾、兵馬、輜重和劉備的兩個女兒，全都成了俘虜。最後剩下幾十兵馬，張飛利用渡漢水的時候，拆除橋樑，他站在橋頭，「三國演義」說他這時大喊一聲「誰敢來送死！」曹軍不敢逼近。

有張飛斷後，關公、劉琦（劉表長子）援軍適時趕到，駐軍柴桑的孫權也感到戰火燒身。劉備一行退到夏口，因為此處是一個天險，派關公率五千兵馬守住，劉備和孔明則前往江夏。

現在，曹操大軍在江陵；孫權十萬軍在柴桑；劉備和劉琦在江夏，「孫劉聯盟」成為必然的趨勢，這早在劉備三顧茅廬，孔明在「隆中對」看出「先結好孫權」的未來式。這時候，孫權還在踟躕不前，其內部有主戰、主降兩派意見相持不下，主戰者周瑜和魯肅，主降者張

昭認為以十萬對百萬不能打。

若孫權投降，劉備也玩完了，如何說服孫權，以「孫劉聯盟」共抗曹操，這是孔明的「專業」了。是故，選擇玩的「對象」才更重要，孔明在「隆中對」中明白告訴劉備「不可與曹操爭鋒」，就是選擇不與曹操「直接的玩」。

這是古今中外歷史中最珍貴的智慧之寶，前伊拉克總統海珊太笨了，他怎麼「玩」得過美國總統布希呢？兩下被玩掉了。

> 3. 以孫權的十萬兵力對曹操百萬大軍確實不能打，孔明要如何說服孫權，這大概就是外交談判的藝術了。

孔明身負劉備的期待，出使東吳，一路上孔明不斷思考「三分天下、結好孫權」的事，一年多以前「隆中對」構想，現在似乎一步步在形成，世局如此微妙，也許就被自己料到。

孔明來到柴桑孫權的軍營中，這時孫權二十六歲，青年有為，做事果斷；孔明二十八歲，老成持重，深謀遠慮。

「情勢火急，奉命請求孫將軍營救。」孔明一開始就用低姿態請求援助，孫權志得意滿，溢於形色。孔明把對方的驕氣看在眼裡，於是進一步再說：

「曹操百萬大軍威掃四方，群雄無用武之地，吾主因劉琮投降，倉皇逃到夏口，冀得將軍一助。」

孫權有些猶豫，不發一言，孔明再進言，「這是一個存亡的關頭，眼前只有將軍有實力，有能力抗衡曹操，應該立即下決心，給曹操痛擊；假使你覺得沒把握，不如就棄甲投降算了。

孫權有些動容，只是還在舉棋不定，孔明直說：「盡速下決心，再晚，就大禍臨頭了。」

孫權逼急了，說：「那劉備為何自己不投降？」

「吾主是何等英雄，深受百姓愛戴，那有投降之理？」孔明義正言直的說。年青氣盛的孫權終於被激起戰鬥意志，於是說：「好，我率十萬大軍，反擊曹操，先生有什麼好的計策？」

孔明抓住大好時機，向孫權分析曹操的百萬大軍，其實不堪一擊，只要「如此這般」，一定殺他個片甲不留。

4. 按陳老師前面的資料，劉備和劉琦的部隊所剩無幾，現在只有孫權十萬軍，就想要用孔明「如此這般」，讓曹操百萬大軍片甲不留，莫非神仙來助戰？

並非有神仙助戰，而是孔明洞悉敵我之間的強弱虛實，他把這種可勝的戰機分析給大家聽：（三國志，諸葛亮傳）

> 曹操之眾，遠來疲弊，聞追豫州，輕騎一日一夜行三百餘里，此所謂「彊弩之末，勢不能穿魯縞」者也。故兵法忌之，曰「必蹶上將軍」。且北方之人，不習水戰，又荊州之民附操者，偪兵勢耳，非心服也。今將軍誠能命猛將統兵數萬，與豫州協規同力，破操軍必矣。操軍破，必北還，如此則荊、吳之勢彊，鼎足之形成矣。成敗之機，在今日矣。

「孫劉聯盟」抗曹之勢形成，有關羽水軍一萬、劉琦江夏戰士一萬及孫權軍十萬。在孔明的積極握旋之下，原本各懷鬼胎、各據一方的力量，現在團結成一支抵抗曹操百萬大軍的部隊。以總兵力比較雖仍弱勢，但孔明信心滿滿，必將叫曹軍「吃不完兜著走」。

建安十三年十月初冬，周瑜、程普、劉備約有四萬水軍，先進駐赤壁（今湖北嘉魚東北的長江南岸）列陣，準備迎擊長江順流而下的曹軍。

同時，曹操大軍也冒著嚴寒，從江陵順流而下，進駐赤壁，在長

第四篇 孔明兵法

江北岸列陣。

　　兩軍對峙在赤壁的長江南北兩岸，冷風呼呼的吹，雙方的指揮官正在找尋殲滅對方的戰機。

> 5. 這一刻，就要決定整個歷史，死生存亡也常在這一瞬
>   間，人生往往也是如此。赤壁之戰，火燒連環船開始
>   了！

　　兩軍對峙著，曹操的百萬大軍在赤壁對岸，沿長江岸邊部署，後面的部隊向北延伸好幾十公里。正值寒冬，建安十三年是一個特別冷的冬天，連日來一直吹西北風，是對曹軍有利的風。

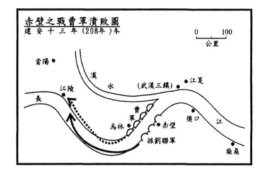

　　另一面，劉備和孫權同盟，加上劉琦，有十幾萬部隊，沿赤壁的長江沿岸部署。

　　此時曹操也在傷腦筋，北方士兵不習水戰，有部下建議用「鐵鎖連環」之法，把戰船用鐵鏈鎖住，船上鋪長板，馬匹和人員可在上面奔馳，如此渡江如履平地，曹操盤算風向有利，就接受了建議。

　　天有不測風雲，卻突然吹起東南風（冬至前一天），東吳老將黃蓋獻計用火攻，並設計由黃蓋率領數十艘戰艦假投降。

　　幾十艘戰艦，載滿淋油的柴草，乘著新到的東南風，快速駛向曹營，火烈風猛，一時間江上一片火海……。

　　人對時間的感覺是「前快後慢」的，以前的千百萬年，幾億年，都過了，感覺好像稍縱即逝；而未來的，叫你等幾十分鐘，又好像很長，叫人等的不耐煩。

　　把這場大戰役稍加描述，據歷史記錄，建安十三年（二○八年）十月十日這天，雙方已在赤壁完成對峙部署：

曹操方面軍隊編組與部署

漢水方面，自襄陽向夏口前進：

　　水軍左武衛先鋒江夏太守文聘、陸軍左武衛先鋒第一軍于禁、都督趙儼、奮威將軍程昱、承相軍杜襲和袁渙、第二軍張遼、第三軍張郃、第四軍朱靈、第五軍樂進、第六軍路招、第七軍馮楷。

　　長江方面，自江陵出發向夏口前進：

　　水軍右武衛先鋒張允、右武衛本營徐晃和任峻、中軍水軍先鋒蔡瑁、中軍陸軍先鋒滿寵、中軍元帥承相曹操、後備與支援軍。

孫權與劉備方面軍隊編組與部署，孫權軍為主力

　　左都督周瑜、右都督程普、贊軍魯肅、陸軍本隊孫賁、關公水軍守漢陽、張飛率步兵守魯山、劉琦守義陽三關，其他有各地守備、後備部隊。

　　原先，曹營有流行疾病，曹操盤算「連環船」製好先做訓練，過完冬再戰，不期十月十日中午有遭遇戰小敗。十三日晚上轉吹東南風，由南向北吹，午夜風急，黃蓋率數十艘「油船」詐降駛向曹軍。火船一燒不可收拾，大火漫天，江上曹營陷入一片火海，不過幾小

第四篇孔明兵法

時，曹營百萬大軍已成灰燼，只剩無數浮屍。天亮時曹操見大勢已去，率殘兵西逃四天，從此老死北方。三國局面，就此形成定局。

輯 34 坐擁荊州，西進益州

白帝託孤，丞相開府

1. 赤壁之戰使三國鼎立態勢形成，孔明於有功焉，三國演義把赤壁之戰中火燒連環船的東南風，說是孔明「作法」借來的，其中是否有玄機？歷代文人爭相傳頌。

赤壁之戰孔明的功勞在政治方面，在他奔走之下，孫權和劉備建立同盟關係，得以團結抗曹，這個政治統合的功勞，當然是屬於孔明的。至於「借東風」或「孔明借東風」一事，應該是「八卦」，那是三國演義把孔明神格化後所創造出來的，想像力豐富，是一流的小說，實際上沒那回事。有可能是孔明氣象知識很有專業水準，可以知道何時要吹甚麼風。

但就兵法而言，戰爭勝敗並不在人多少，而在謀略、戰略上的創勢、造勢，形成一個有利的局面。孔明促成孫劉同盟，無異是創造了赤壁之戰的有利形勢，加上掌握了天時（氣候）、地利（長江阻絕）之戰機，因而取得重大勝利。

孔明還有另一個八卦，就是「空城計」，根據歷史考證並無這回事，也是小說家創造出來的，平劇、歌仔戲都演過這些戲碼。

歷代文人寫赤壁戰事，如蘇東坡的前、後赤壁賦，只是借事表景，描寫江山風月的飄逸和永恆，而感人生多悲與短暫，司馬光的「赤壁之戰」就是寫實的文章。唐朝詩人杜牧有一首詩叫「赤壁」：

折戟沉沙鐵未銷，自將磨洗認前朝。

第四篇 孔明兵法

東風不與周郎便，銅雀春深鎖二喬。

現在曹操兵敗回到北方，無力過問長江以南的事務。孫權穩住江東，劉備佔領荊州，正積極準備西進，再拿下益州（四川）。按孔明「隆中對」的計畫，光有荊州，沒有益州，想要三分天下也沒有機會。

此種態勢與目前台灣各黨派競爭道理相同，三大政黨都在盤算要拿下多少票數，或多少縣市長與民代席位，才有機會三分天下，進而「整碗端去」，一統天下（台灣）。

「天下為公」，誰都可以來拿，古今不變的道理。只是拿天下除了靠實力，在中國還有一個要素「民心」，必須要民心歸向，才有拿天下的機會。民心也代表「合法性」和「正統」，這是在中國「逐鹿」要知道的道理。

> 2. 益州是塊大肥肉，古稱「天府之國」，是稱王封侯的必爭之地，曹操、孫權和劉備都在積極奪取，最後為何劉備拿去，前因為何？

最根本的因素（前因）是各方都認為中國必須要統一，要統一就必須奪取益州這塊戰略要地。當然英雄豪傑內心世界爭奪江山的獨霸心態也有，只要他存在，能端「整碗」，絕不拿半碗，能拿半碗，絕不會屈居三分天下。

中國本身完整的地緣關係也是因素，春秋以來都只承認統一狀態，不承認分裂狀態。綜合各種因素，各方都「必以全爭於天下」，如此，則赤壁之戰後，益州爭雄勢必上演。

「必以全爭於天下」是孫子兵法說的，是說打一場仗要贏的盡善盡美，贏的漂亮，對日抗戰就贏的不漂亮，雖勝也垮。另一個意思是「天下為公，非一人獨治」，卻可一人獨拿，在中國這塊地盤自古皆

然，拿天下要「整碗」（全）拿，不可只拿一半，或三分之一。民國初年南北政府各拿一半，造成南北對立（分裂）；三國各拿三分之一也不行，要就全拿。只有全拿（大一統），才有合法性基礎，這是中國歷史發展的本質。

為甚麼孫子兵法說「必以全爭於天下」（謀攻篇），在孫子時代他的智慧就看清了「中國地緣關係」的一體性，不能分割。要拿就要全拿，不能拿一半或三分之一。中國思想家都有此同感，三國有能力的智者亦然。

曹操於赤壁戰後，建安十四年開始建立襄陽和合肥兩戰略據點，準備待機南征。建安十五、十六年，分別對關中、潼關、渭水沿岸、安定（甘肅鎮原）等地用兵。

孫權也急於要奪下益州，決定親征，但征益州必經荊州（劉備地盤），劉備派諸葛孔明、關公守住江陵，張飛守秭歸，劉備自率兵守第一關潺陵（湖北公安），長江進入四川的三道關卡全守住，孫權只好暫時放棄。

正好這時（建安十六年）益州收劉璋因有內亂，向劉備求援平亂，劉備機會來了。（早在「隆中對」孔明就說，劉璋闇弱，不知存恤，智能之士，思得明君。）

3. 曹操和孫權當下沒有能力南征或西征，劉備的部隊守住通往益州的地形要點，要拿益州應該不是難事。

益州牧劉璋，因張魯叛亂，派謀士張松向曹操求援，但曹操反應冷淡（太沒眼光了）。轉而找劉備，受到熱烈款待。

劉璋的謀士張松和法正二人，因感劉璋並非有為之君，益州遲早不守，乃建議請劉備來平亂，劉備可能取益州而代劉璋，自己也有機會輔佐明君。

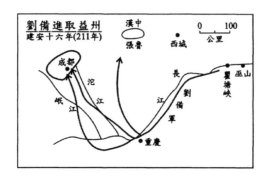

建安十六年（211 年）十二月，劉備自率三萬軍隊進益州，幫劉璋「平亂」，孔明、關公、張飛、趙雲都留守荊州。

到建安十九年，劉備又召孔明入蜀，孔明留關羽守荊州，自率張飛、趙雲入蜀，這年五月劉璋投降，劉備正式入主益州。

4. 我們前面所談，從「三顧茅廬」、赤壁之戰、「借」荊州，取益州，正是孔明在「隆中對」的初期計畫之實現，不過孔明的精彩故事還在劉備過逝之後吧！

是的，劉備死於蜀漢章武三年（後主建興元年，223 年），即入蜀後的第十三年。此期間，劉備攻取漢中，曹操死，曹丕廢漢獻帝，自立為帝；劉備也自立為帝，孔明任丞相。又因與孫權爭奪荊州，關羽戰死，劉備為替關羽報仇，發動對吳戰爭。

劉備稱帝後，命孔明留守成都守國，自率四萬大軍東征孫權，可惜猇亭（湖北宜都縣西）一戰，全軍覆沒，劉備沿長江敗退到白帝城，章武三年四月就死在白帝城。

三月間，劉備自知不起，把孔明從成都召來，把阿斗託孤於孔明。臨終前，劉備對孔明說：

君才十倍曹丕，必能安國，終定大事。若嗣子可輔，輔之；
如其不才，君可自取。

這就是有名的「白帝城託孤」，孔明哭著說：「臣敢不竭股肱之
力，效忠貞之節，繼之以死。」劉備又把兩個孩子叫來，付囑「吾亡
後，汝兄弟事父丞相」，他才安心的走。

後來孔明不負劉備所託，「鞠躬盡瘁，死而後已」，中國幾千年
歷史，像孔明這樣有能力代天子發號司令，又謹守輔佐本分，這種人
品、才學、道德與氣節的人，只有三位，伊尹（商湯輔相）、周公（輔
佐周武王、成王），還有一個孔明。

這種「極品」人才，近4000年才產出三位，可見產量之稀少，亦
可見這「三寶」是中國歷史上，永恒的「國寶」。

5.劉備兩腿一蹬，走了，但蜀漢這個國家要支撐下去，
　　未來還要復興漢室，豈不靠孔明一人？

當然，但眼前要做的是先穩住政局，想穩住政局，第一步要先穩
住內部統治基礎，第二步與東吳孫權修好。

先談第一步，統治權當然是後主劉禪所有，但他是形式虛位的國
家元首，他是一個只會和佳麗們遊玩的「阿斗」。所以，實際上的統
治責任就得由孔明一局扛起，「丞相開府」於焉上路。

原先劉備在，大權在握（總統制），孔明任丞相職所須要的人事
編制不多，現在丞相府要擴編，足以承擔國家的統治機能運作，這便
是「丞相開府」。成為「內閣制」，阿斗和英國女王一樣是「虛位」
元首。

丞相開府後的重點工作有三：

第一：是建立政府制度，一切依法行政，依法而治。這是孔明原

第四篇孔明兵法

先在做的,現在進一步充實。

第二:是採「嚴刑峻法、賞罰嚴明」之策,類似現在新加坡的政策。

第三:是用人唯才,達到「野無遺賢」的地步。

> *6.內政穩定後,下一步該是與東吳孫權重修舊盟,孔明如何做這方面的努力?*

當劉備死時,尚有少數殘兵與孫權大軍對峙於長江三峽,此為天險,一夫當關,萬夫莫敵之處,孫權軍終於被擋在三峽外,不得入川。一千多年後的日本軍隊欲攻四川,也在此處被拒。

內政、外交孔明其實同時在進行,正當內憂外患之同時,北方的曹丕政權發動東漢遺老寫信給孔明,叫他聽「天命」,屈從曹魏,孔明寫了一篇叫「正議」的文告,表明不妥協的原因:

帝業成敗與否,繫於國君是否有德,非武力能決定。這是歷史的殷鑑,遺老干受偽朝支配,苟圖榮華富貴,西漢末阿諛王莽的群臣終為中興漢室的光武帝討滅。

這篇文告內容,頗似海峽兩岸這半個世紀來的各種說帖、講話,孔明也稱曹魏是「偽政權」。

在聯吳方面,孔明派尚書鄧芝為使節到東吳,起初孫權對鄧芝「求和」不感興趣,因為此時孫權已臣服於曹魏。鄧芝深入剖析說:

蜀有天險,吳有三江,合此二長,利害與共,進可兼併天下,退可鼎足而立。大王今屈從曹魏,必望大王入朝,若不從命,必將伐叛。

鄧芝分析有理,千餘後,康熙也是要求南明在台灣的鄭氏入朝,不朝,伐之。孫權乃決定與魏斷交,與蜀建立同盟。

蜀吳建立同盟本是生存發展之手段，孫權和鄧芝私下閒聊，孫問：
「我們一起滅了曹魏，二主分治天下，不亦樂乎？」

　　鄧答：「若你不知天命所在，還得用戰爭解決，天無二日，土無
二王也。」

　　兩岸仍在爭這個問題，再一千年，依然如故。在中國的歷史發展
中，絕不允許地方割據或分裂，那是非法勾當。至於所謂「獨立」，
更不可能，成為一片焦土也沒有獨立機會。

第四篇 孔明兵法

輯 35 五月渡瀘，七擒七縱

—— 準備「北伐中原，復興漢室」

> *1.* 在孔明的故事中，有一段「七擒七縱」，那是在準備
> 揮師北伐之前的事，很是感人，到底詳情如何？

「七擒七縱」就是出師表中「五月渡瀘」的事，史書有稱「南中」或「南夷」，大約在四川南部、西康東南、雲南東北和貴州西北部一帶，這一帶的少數民族漢代稱「西南夷」。漢武帝時，先後派過司馬相如、司馬遷出使西南夷，歷代政策「時撫時討」。這些地區等於是益州的大後方，戰略價值重要。

正當蜀漢大喪，吳蜀關係緊張，南中地區有四個郡發生叛亂：益州郡（雲南昆明西南）、永昌郡（雲南保山）、牂柯（貴州遵義）、越嶲（四川西昌、會理），叛軍殺了當地蜀漢派的太守，部落頭目自立稱王，威脅蜀漢土後方，後方不定，孔明不可能北伐。

孔明初取「撫而不討」政策，目的在穩定內部政局及建立吳蜀的聯盟關係。如此，經三年休養生息。

建興三年（二二五年），馬謖提議：「攻心為上，攻城為下；心戰為上，兵戰為下，願公服其心。」才能一勞永逸。君臣商定，三月，孔明命向朗為自己的後任，留統後事，親自率領五萬部隊踏上南征之途。

2. 南征是很辛苦的，前出師表提到「五月渡瀘，深入不毛」，「三國演義」說瀘水、瘴氣都有毒，未知孔明南征結果如何？

孔明南征，兵分三路。

西路孔明親率進攻越巂；東路馬忠率領，攻打牂柯，再進兵合圍益州郡；中路李恢領軍，直攻益州郡叛軍大本營。

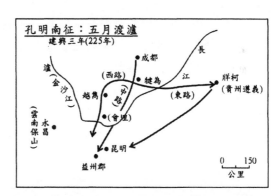

孔明南征：五月渡瀘
建興三年(225年)

各路軍進展都順利，建興三年夏五月，孔明率大軍過瀘水（金沙江）後，碰到由叛軍首領孟獲率領的主力軍，就是這裡孔明使出攻心戰術。

第一次接戰，叛軍大敗，孟獲被擒，孔明帶他參觀蜀軍部隊。「覺得我軍如何？」孔明笑問。

孟獲答：「早先弄不清你們的部隊，所以大敗，現在我知道了，再有機會就能戰勝。」

孔明聞言大笑，「真有趣，把他放了。」孔明真的放了孟獲。

再戰，又被擒回，如此七擒七縱，第七次他終於垂淚說：「七擒七縱，自古未嘗有也，吾雖化外之人，頗知禮義，真如此無羞恥乎？」從此西南夷都臣服於蜀，感孔明之恩德。

孔明撤軍後，當地實行地方自治，用當地人任當地官吏，蜀漢也不駐常備部隊。

第四篇 孔明兵法

> 3. 這麼說孔明對中國西南地區的經略開發貢獻很大，世
>   人似乎只知孔明能用兵，不知他對落後地區的開發也
>   有長才。

是的，而且對目前台灣有很高的參考價值，可分成地方自治、破除種族高牆用人唯才、不派駐軍，經濟發展，交通與戶政整理。

地方自治方面，把原來四郡改為六郡，都以當地土著或原來官吏任職，如建寧人（昆明西南）李恢（原南征中路軍指揮）、永昌人呂凱都是太守。

在用人唯才方面，孔明是很多肯定的，如曾被「七擒七縱」的首領孟獲，官至蜀漢的御史中丞，其他尚有很多，在蜀漢政府中當官。

孔明離開南中後，也不在當地駐軍，且由當地土著成立五支「特種作戰部隊」（類似現在的山地作戰步兵師），納入蜀漢軍籍，後來成為一支驍勇善戰的部隊，號稱「飛軍」。

南中地區物產豐富，如昆明產鹽、鐵，保山產金、銅、琥珀，孔明設鹽鐵官，重用一批經濟技術官僚，打通交通線，把當地物產賣到成都、重慶，往南銷到緬甸、越南、泰國，乃至南海地區；同時把蜀漢先進的生產技術傳到南中。

除物質層面上的努力，孔明也積在南中廣設「學校」，叫當地土著也有機會讀孔孟之書，受華夏文明之洗禮。當我們重新研究孔明當時的作為，反省現在台灣政壇，用人只要立場、只要奴才，其他不管；山地運輸仍然落後，經常看到農民把水果整車倒掉，而城市仍在賣高價，豈不汗顏。連三國孔明都不如了。

孔明積極在做「中國化」的事業，現在台灣有一群人卻反其道而行，做「去中國化」，我們若不讀孔孟詩書，不讀中華文化寶典，文化水平豈不退回孔孟之前──3000 年前，重回洪荒。

先說總國力比，當時整個中國境內區分十三州，蜀只佔益州（荊州因劉備東征失敗又被孫權拿去）；孫權佔楊、荊二州大部，及交、廣二州少部；餘約九州（長江以北）為曹魏政權佔有。

總人口方面，當時天下大亂，中國人口有大約八十年的負成長，到三國時代總人口剩下大約九百萬。曹魏有 440 萬，東吳有 230 萬，蜀漢約 90 餘萬。

總人口少，武裝部隊相對的少，曹魏有六十萬正規部隊（戰時可再動員六十萬）；東吳有二十三萬（戰時再動員二十萬，計四十餘萬）；蜀漢有十萬（其中含五萬南中兵力，戰時可再動員十萬，計約二十萬兵力。）

三國之中蜀國最弱，所幸「天府之國」物產豐富。地理位置佳，東有長江天險擋住東吳，北有米倉山、大巴山、摩天嶺，西有巴顏喀拉山擋住曹魏勢力入侵，但也同時造成北伐交通線的困難。

逐鹿天下當然須要實力，例如現在各大超商都在逐鹿台灣或中國大陸的市場，沒有「實力」是不行的。但當你陷入一個困境、死局中，想要掙脫、開展，就不是「力」的問題，而是「智」的問題。當年曹操百萬大軍南征，劉備、孔明大潰敗，若非孔明用智聯吳，那有後來的三國？

台灣「帝王食補薑母鴨店」創辦人田正德先生，一度潦倒到在厚生公司洗廁所，又得肝病，醫生診斷只剩半年生命；但他現在有 166 家分店，正向大陸發展中。

掙脫困境、死局，展開新生，「智」的作用遠高於「力」。

第四篇 孔明兵法

> 5.所以，智慧、人品、情操是一種很珍貴的「實力」
>   了？空有物質力（房屋、土地、金錢）是不夠嗎？

可以這樣說。在三國，論物質力以曹魏最高，論智慧、人品情操，則蜀漢最高，可以用下列公式解釋。

設 X：國家總戰力（物質力）

Y：政權的合法性、正統性

Z：統治者的人品、智慧、情操（忠孝節義等）

A：戰略、謀略、策略兵法之用。

以此四個標準評估三國：

	魏：曹操、曹丕	吳：孫權	蜀：劉備孔明
X	最高	中	弱
Y	低或缺	低	正統、合法（高）
Z	中下	中下	極高
A	中	中	高

說明：歷史對曹魏政權的評價是「篡漢」，所以是「非法」政權；但曹操、曹丕父子在文壇則是「合法的君王」。所以，一個人的評價也常是多面，南唐李後主在政壇上是「亡國之君」是永遠洗不掉的罪名，在文壇上「永恆不倒的君王」則是一頂永恆的桂冠。

居於以上的論述、評析，最有資格「復興漢室」，北伐中原，統一中國的，就是劉備、孔明，這是他們的「天命」。

但若以實力論，曹魏政權地大物博，兵多將廣，應該是最有機會統一中國的。

確實，中國五千年多少好文章，含現代人，「出師表」可謂「無與倫比」。蘇東坡說：「出師二表，簡而且盡，直而不肆，非秦漢而下，以事君為悅者所能至。」後人都說，讀李密「陳情表」不哭，其人必不孝；讀孔明「出師表」不哭，其人必不忠；讀韓愈「祭十二郎文」不哭，其人必不慈。

可見「出師表」是表述了一個人的忠貞、志節、情操之上乘精品，講孔明的故事，不能忽略「出師表」，概提其要點：

臣亮言：先帝創業未半，而中道崩殂，今天下三分，益州罷弊，此誠危急存亡之秋也。然侍衛之臣，不懈於內；忠志之士，忘身於外者，蓋追先帝之殊遇，欲報之於陛下也……親賢臣，遠小人，此先漢所以興隆也；親小人，遠賢臣，此後漢所以傾頹也……

臣本布衣，躬耕於南陽，苟全性命於亂世，不求聞達於諸侯。先帝不以臣卑鄙，猥自枉屈，三顧臣於草廬之中，諮臣以當世之事，由是感激，遂許先帝以驅馳……今南方已定，兵甲已足，當獎率三軍，北定中原……

今當遠離，臨表涕泣，不知所云。

建興六年（228 年），孔明率軍第一次北伐，這年他四十八歲了，距離劉備死（223 年）已有五年。

第四篇 孔明兵法

輯 36 揮師北伐，復興漢室

漢賊不兩立，王業不偏安

> *1.* 北伐準備已經五年，既然勢在必行，「出師表」已上，今天開始我們就揮師北伐吧！別先說不練。

在北伐前的一次作戰會議，孔明與諸將領在研商整個作戰構想。將軍魏延提議說：「據聞曹操的女婿夏侯楙鎮守長安，他膽小如鼠，我率一萬精兵，走太白嶺→鄜縣，突襲長安，

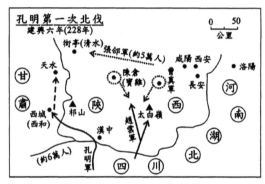

孔明第一次北伐
建興六年(228年)

0　50
公里

十天便能拿下，而後丞相再率大軍支援上來，魏軍援兵二十天才能到達。」

眾將議論，認為太冒險，最後以孔明提案定局，東路軍（趙雲）為佯攻，孔明率大軍，自漢中→祁山→天水→街亭，為迂迴路線。

第一次北伐因將軍馬謖在街亭任前鋒，違反孔明原來作戰計畫而潰敗，東路趙雲也失利。大軍只好撤退，此是建興六年元月至三月的事，詳情勿須贅述。倒是這一戰為後世戲劇創作了一齣「孔明揮淚斬馬謖」的戲，代代傳頌，賺人熱淚。

回蜀後，孔明為承擔戰敗之過，上疏自貶三級，以右將軍行丞相事。我國於三十八年大陸失守，總統以下各級將領也曾貶官，這是形式，重要的還在現狀改善，策勵未來。

我們常聽現代的演說家說，現代社會是一種「學習型社會」，一個人能成長到甚麼境界，「學者」→「專家」→大師，或者永遠停留在「勞力」階層，只能拿每小時一百元的工資，或每小時五千或更高的大師級價值，這中間差別就是「學習」二字的秘方。

學習途徑有二，第一是自己本身的領悟力學成；第二是對客觀世界經驗教訓的學習。這是由學者變大師的路。

用此種「學習理論」來檢討孔明第一次北伐街亭戰役的失敗，就是這場戰役的指揮官馬謖將軍，對兵法的學習不夠通達，沒有領悟到兵法的上乘妙境。他只記得孫子兵法說：「憑高視下，勢如破竹」、「置之死地而後生」，把部隊部署在山上，結果被斷水源而自亂潰敗。用現代術語說馬謖，他是「死讀書，讀書死，書讀死」，此乃學習障礙沒有衝破的關係。

孔明也有應檢討的地方，他用人不當，劉備臨死還告誡，馬謖這個人不可「大用」。「三國演義」九十六回引詩感慨：

失守街亭罪不輕，堪嗟馬謖枉談兵。

轅門斬首嚴軍法，拭淚猶思先帝明。

街亭戰敗，但唯一有功的是副將王平。他的部隊「全身而退」，無損失，孔明將他進昇參軍，封亭侯。他是一個沒讀過書的人，「三國志」記他識字不超十個，他是有悟力的人。

勸天下讀書人，勿如馬謖自命「吾素讀兵書」，後世還評「堪嗟馬謖枉談兵」，書，白讀了。而王平沒讀書，卻比讀書的高明，可見人的境界成敗和讀書，沒有一定的因果關係。

第四篇 孔明兵法

> *3.孔明於第一次北伐失敗後，才隔半年，又發動第二次*
> *北伐，時間隔的很近，一定有特別的原因。*

街亭戰役這年（蜀建
興六年、魏太和二年、吳
黃初七年）五月，魏大將
司馬懿，大司馬曹休，率
大軍約二十萬，南征伐東
吳孫權。戰至八月，曹軍
敗，又派軍南下支援，至
關中空虛。

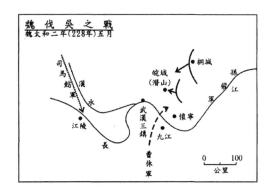

是年九月，鮮卑三萬騎兵圍攻魏之馬城（今察哈爾懷安縣北），
魏因而南北應戰。

孔明看出這是一個北伐的大好時機，準備再大舉伐魏。但蜀漢群
臣以街亭之敗，為魏不可伐。孔明碰到的問題和中國歷史上的「偏安
政權」相同，如南宋、南明及民國三十八年後的中華民國，會有一股
強大的力量反對「北伐統一」的政策，因為大家都想偏安過日子，不
想戰爭。此乃人性之常，也勿須苛責想偏安的人。

只有一種力量可以把「北伐統一」信念堅持下去，並執行之。即
堅強有力的領導中心（把意志貫徹到領導階層或全民），或有一黨獨
大的優勢，孔明和戒嚴時期的國民黨都是。

孔明為貫徹北伐決心，再上「後出師表」，述明北伐的決心和原
因，也是古今之「經典作品」。

4.我知道，「漢賊不兩立、王業不偏安、鞠躬盡瘁、死
　而後已」就是孔明在「後出師表」的名言，這是人性
　中最偉大的節操吧！

「後出師表」的觀念、思想也影響日後一千多年來的中國政治思想，其中的名言，在今天的兩岸政壇上，都還是流利的口語與堅持，舉其要者：

　　先帝慮漢賊不兩立，王業不偏安，故託臣以討賊也。以先帝
之明，量臣之才，故知臣伐賊，才弱敵強。然不伐賊，王業亦
亡。惟坐而待亡，孰與伐之？是以託臣而弗疑也。臣受命之日，
寢不安席，食不甘味，思惟北征，宜先入南，故五月渡瀘，深入
不毛……

凡事如是，難可逆料。臣鞠躬盡瘁，死而後已，至於成敗利鈍，
非臣之明所能逆睹也。

孔明這次說的更直接，君臣若苟安於現狀，亦亡，不北伐亡，與其「坐而待亡」，不如出兵北伐。因為「漢賊不兩立、王業不偏安」，至於未來的成敗，以孔明之智，也難以逆料。我想人生便是如此，無人可以逆睹未來。但須「鞠躬盡瘁，死而後已」。我至今每次讀前後出師表，也還感到鼻酸。

5.與其坐而亡，不如主動出擊，在第一次北伐後，才休
　息半年，乃再次發動第二次北伐，此次戰果如何？

這次北伐孔明決定先拿下陳倉，因為這裡是魏之軍事重鎮，也因

如此，魏軍早已做好防禦工事。陳倉地勢險要，易守難攻，山崖陡峭，古來就是兵家必爭之地。劉邦與項羽爭天下，曾經「明修棧道，暗渡陳倉」，現在守陳倉的是郝昭，兵力約一千人。

建興六年十二月，孔明率兵四萬，出漢中、散關，圍攻陳倉，心戰招降，郝昭不降。攻戰拖延二十多天，以四萬人圍攻千人，久攻不下，原因何在？蜀軍用雲梯、衝車攻城，郝軍用火箭燒雲梯；蜀軍運土填護城河，郝軍

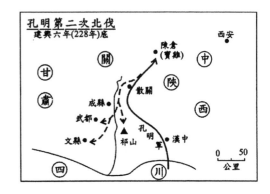

在內又築一道內城對付；蜀軍挖地道，郝軍在內挖橫向地道阻擋。

這時孔明軍發生糧食困難，魏之援軍也快到，只好退兵。還好，退兵途中攻取魏之武都、陰平（文縣）兩郡，算是意外收獲。也因攻取兩郡，後主劉禪恢復孔明的丞相職。

這一仗孔明打的很不高明，因為戰略上違反了用兵原則，孫子兵法說的明明白白，「攻城為下」。而且以四萬大軍圍攻千人城堡，仍不能全勝，是有損孔明「用兵如神」的威名。

6. 小小一個蜀漢，連年用兵是非常辛苦的，但有時敵人打來了，你也不能不應戰，第三次北伐就是被動的應戰，轉為主動的西征，原因何在？

魏大將曹真，以設防陳倉，推舉郝昭有功，加封大司馬，建議速謀伐蜀，魏明帝同意。

魏太和四年秋七月，魏大軍兵分三路，司馬懿沿漢水西上；曹真

自長安出子午谷、斜谷；張部自隴西下建威，各路軍準備在漢中會師。

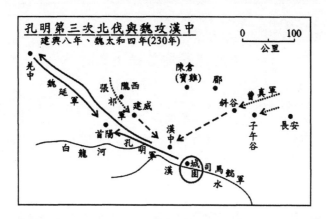

孔明早知魏軍三路攻來，已先在城固（陝西城固）一帶部署重兵；同時派將軍魏延率騎兵一軍，西入羌中，為牽制張部軍隊的大後方，並西結諸戎共同伐魏。

魏軍出發，斜谷、漢水地區發生大雨，連下三十多天不止，山洪爆發，魏軍未戰已死傷慘重，不得已只好撤軍。

魏延到羌中，連結各部落，招兵買馬，組成一支「漢羌聯合部隊」，回程與魏軍戰於首陽、大勝。是役，孔明以取得隴西（甘肅東半部）主控權為目標。

輯 37 出師未捷身先死

五丈原死諸葛嚇走生仲達

1. 到此時，孔明已進行三次北伐行動，都未成功，是否
該檢討最根本之原因？

是的，孔明綜合前三次北伐經驗，認為補給路線困難是主因。因
補給有限，動員軍隊每次只在五萬上下，必須設法克服。李白有一首
長詩「蜀道難」就是講從四川北上關中，山路的險困，大意為：

噫吁嚱危乎高哉，蜀道之難難上青天……地崩山摧壯士死，
然後天梯石棧方鉤連……一夫當關，萬夫莫開，到處土匪，化為
狼豺。朝避猛虎，夕避長蛇，磨牙吮血，殺人如麻。

為解決在險困之地的運補問題，孔明設計兩種叫「木牛」和「流
馬」的運騎工具，其形制目前已不可考，可能是一種小形車，配合地
形而有小車、大車。傳說車的原始設計人是孔明夫人黃氏，孔明加以
改良，再建立生產線大量製造，惟欠缺考證。

孔明對自己的長短和客觀形勢的強弱，應該心裡有數，他的專長
應該在國家戰略和大戰略兩方面，即政治、謀略和國際觀的大形勢。
所以，在第三次北伐之前，他和孫權訂立盟約的經過，可見他的政治
智慧高於軍事智慧。

太和三年（西元二二九年）春，陳式圍攻下辨時，魏雍州刺史郭
淮引兵救武都，諸葛亮因親率軍迎擊郭淮於建威（今甘肅省武都縣東
北西和縣之南）破之，遂追至祁山。陳式因而取得武都、陰平二郡。
蜀主禪復拜亮為丞相。亮為使漢中立於不敗之地，乃徙營於南山下原

上，分兵在沔水北築漢城，於城固築樂城。

　　是年夏四月，吳王孫權以稱帝改元黃龍來告，蜀漢群臣以為「交之無益，而名體弗順。宜顯明正義，絕其盟好。」帝禪使人至軍中以問丞相亮。亮上奏曰：「權有僭逆之心久矣。國家所以略其釁情者，求掎角之援也。今若加顯絕，讎我必深；便當移兵東戍，與之角力，須並其土，乃議中原。彼賢才尚多，將相輯睦，未可一朝定也。頓兵相持，坐而須老，使北賊得計，非算之上者。昔孝文（漢文帝）卑詞匈奴，先帝（劉備）優與吳盟（指白帝城允與吳和），皆應權通變，弘思遠益，非匹夫之為忿者也。今議者咸以權利在鼎足，不能併力，且志望已滿，無上進之情，推此，皆似是而非也。何者？其智力不侔，故限江自保，權之不能越江，猶魏賊之不能渡漢，非力有餘，而利不取也。若大軍致討，彼上當分裂其地以為後規；下當略民廣境示武於內，非端坐者也。若就其不動而睦於我，我之北伐無東顧之憂，河南之眾（指魏南陽等地諸軍）不得盡西，此之為利亦已深矣。權僭之罪，未宜明也。」於是蜀漢遣衛尉陳震入賀於吳。因與孫權定盟約，相約滅魏之後中分魏之州郡。是年九月，孫權復還都建業，留太子登及尚書九官鎮武昌，以上大將軍陸遜輔太子，並掌荊州及豫章、鄱陽、廬陵三郡事，董督軍國。（上引諸葛亮傳註）

　　2.有「木牛」和「流馬」解決運輸補給品問題，可以再
　　次北伐了。

　　蜀漢建興九年（魏太和五年，231 年）春二月，孔明命李平代行丞相府政務，專責後勤督運。孔明率八萬大軍，同行將領有魏延、劉琰、吳班、王平、高翔、鄧芝、楊儀，都是沙場老將，沿嘉陵江上游，西出圍攻祁山。

時魏將曹嗣魏平守祈山，前將軍費曜守上邽，征蜀將軍戴陵、建威將軍郭淮守隴西，車騎將軍張郃、大司馬曹真屯長安。曹真聞蜀軍已圍祁山，深懼有聲西擊

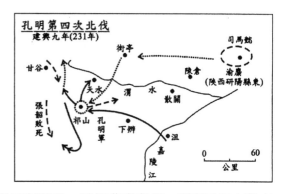

東之計，乃分令各守汛地不得移動。時適曹真有疾，明帝乃詔屯駐南陽之大將軍司馬懿入朝，而告之曰：「西方事重，非君莫可付者」。懿遂西入長安，代曹真都督雍涼二州諸軍事，統領車騎將軍張郃以下諸將，以拒蜀軍。魏臣有不欲司馬懿者而向魏主建議曰：「亮軍無輜重，糧必不繼，不擊自破，無為勞兵。只割上邽生麥以奪賊食，則蜀賊自退矣。」曹叡知諸葛亮別有計較，不聽此議，反增兵於司馬懿，使之西進攻擊。司馬懿至長安，即欲督兵西上以救祁山。車騎將軍張郃建議曰：「亮率其眾一部出祁山，餘在漢中，是其懷詐謀而別有企也；故大軍西救祁山，後方可慮。宜分兵駐雍（今陝西省鳳翔縣）、郿（今陝西省郿縣）以為後鎮。」懿曰：「料前軍能獨當之者，將軍言是也。若不能當，而分為前後，此楚之三軍所以為黥布擒也。」懿遂率諸軍俱進渝糜（漢縣，今陝西省汧陽縣東三十里），而西越隴山，兵出上邽，然後使費曜、戴陵守上邽，親督張郃等軍南進，以救祁山。（上引三國志卷三十五諸葛亮傳註引漢晉春秋及晉書卷一宣帝紀）

諸葛亮以司馬懿張郃盡銳遠來，其目的在救祁山，為求「致人而不致於人」起見，乃決定避實擊虛之策，即分兵三萬，親自率領，與司馬懿張郃之軍違道而往攻上邽。時魏建威將軍兼雍州刺史郭淮已奉司馬懿之令，自狄道（今甘肅省臨洮縣）率眾前來，會救祁山，淮於途中探知司馬懿與張郃大軍方往祁山，而諸葛亮卻分兵北攻上邽，乃急遣人與上邽守將費曜相約，夾擊蜀軍。然一經接戰，淮軍與曜軍皆

為蜀軍所破。司馬懿方至祁山，聞郭淮與費曜戰敗消息，乃於接得祁山守將之一魏平自祁山突圍而出之後，即刻回軍往救上邽。於是祁山仍被蜀軍圍攻中。

司馬懿回軍上邽途中，知上邽已失。乃依上邽之東山，領兵持險為守。諸葛亮自上邽移軍攻之，懿堅守不出。亮使軍人割刈上邽附近之麥，懿仍堅守不與戰。亮於割盡上邽麥後，移軍南行，懿欲起營追躡之，車騎將軍張郃獻計曰：「彼遠來逆戰，請戰不得，必謂我利在不戰，欲以長計制之也。且祁山知大軍已在近，人情自固，可止屯於此，分為奇兵，示出其後；不宜進前而不敢偪，坐失民望也。今亮懸軍食少，亦行去矣。」懿不從，即起軍追躡蜀軍，至於西城（漢縣，魏屬隴西郡名西縣，即今甘肅省西和縣城北，古篆隸之西字極像鹵，故多書誤以為鹵城），亮回軍求戰，懿乃急退，率眾登山，掘營自守。將軍賈栩、魏平等數請出戰，皆不許。諸將曰：「公畏蜀如虎，奈天下笑何？」懿病之，問諸將，諸將皆請戰。懿不得已，定於五月初十日出戰。先以車騎將軍張郃率別軍為奇以攻蜀軍後方之無當監何平（即王平歸宗前名），懿自率諸軍按中道為正軍以攻蜀軍大營。亮使魏延、高翔、吳班各率一軍分別逆戰，魏軍大敗，蜀漢軍獲魏甲首三千級，玄鎧五千領，角弩三千一百張，懿還保其營壘。另外張郃攻何平之南圍（圍祁山之南屯），平堅守不動。郃不能克，聞懿軍失利，因亦退去。兩軍自此對峙，亮屢次求戰，懿仍堅壁不出。（上引三國志諸葛亮傳及晉書宣帝紀）

正當兩軍對峙中，是年夏秋，天多霖雨，蜀漢驃騎將軍李平（即李嚴），以運糧不繼，「假傳聖旨」，令孔明撤軍。回國後的孔明發現真相，李平當斬，貶為平民。但仍用他兒子李豐為中郎將，可見孔明之厚道。

3.這是孔明生命中的最後一場戰爭了，雖未功成，確輸的漂亮。輸的可歌可泣，快告訴大家吧！

第三次北伐前，蜀吳已有同盟之約，欲共同伐魏，第四次北伐後，孔明即遣使至吳，約大舉伐魏之期。後主禪因亦下詔，以露布其討魏之文曰：「朕聞天地之道，福仁而禍淫，善積者昌，惡積者喪，古今常數也。是以湯

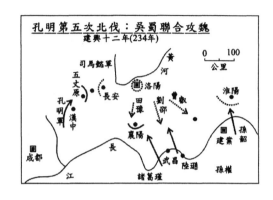

孔明第五次北伐：吳蜀聯合攻魏
建興十二年(234年)

武修德而王，桀紂極暴而亡。曩者漢祚中微，網漏凶惡；董卓造難，震蕩京畿；曹操階禍，竊執天衡，殘剝海，內懷無君之心；子不孤豎，敢尋亂階，盜據神器，更姓改物，世濟其凶。當此之時皇極幽昧，天下無主，則我帝命隕越于下，昭烈皇帝體明叡之德光，演文武應乾坤之運，出身平難經營四方，人鬼同謀百姓與能，兆民欣戴奉順符讖，建立易號丕承天序，補弊興衰存復祖業，膺誕皇綱不墜於地，萬國未靖早世遏殂。朕以幼沖繼承鴻基，未習保傅之訓，而嬰祖之重，六合壅否，社稷不建，求惟所以，念在匡救，光載前緒，未有攸濟，朕甚懼焉。是以夙興夜寢，不敢自逸，每崇菲薄以益國用，勤分務稽以卑民財，授方任能以參其聽，斷私降意以養將士，欲奮長驅，指討凶逆，朱旗未舉而不復隕喪，斯所謂不燃我薪而自焚也。殘類餘醜又支天禍，恣睢河洛，阻兵未弭。諸葛丞相弘毅忠壯，忘身憂國，先帝託以天下以勗朕躬，今授之以旄鉞之重，付之以專命之權，統領步騎二十萬眾，董督元戎，襲行天罰，除患寧亂，克復舊都在此行也。

第四次北伐後，經過三年的休養生息與準備，終於再發動規模最大的一次軍事行動，也是最後一次。這次是約好孫權，吳蜀兩國動員最大兵力伐魏，蜀出兵十二萬，吳出兵二十餘萬，期一次擊垮曹魏政權。

建興十二年（234年）才過，春二月，孔明率十二萬大軍出漢中，

四月出斜谷，在武功五丈原西南佈陣，同時，司馬懿也率大軍在五文原東側構築營壘對峙，司馬懿知孔明遠征，糧秣不繼，採堅壁不戰的持久策略。

東方的孫權在等孔明出兵以吸引魏主力，以減低本軍的壓迫。這年五月，孫權二十萬大軍也出動，渡長江，向襄陽和淮陽之線攻擊。

孔明這次改變政策，決定用「分兵屯田」打持久戰，結果兩軍相持三個月，司馬懿堅持不戰。孔明進退不成，故意派人送一套女人衣服首飾給司馬懿，想用激將法引魏軍出戰，司馬懿不改其意，一味閉關拒戰。甚至當著蜀使者面前，穿起女人衣服，反戲孔明。

4. 古人打仗還真有趣，但也不能如此一直對峙下去。

先講東吳孫權攻勢，孫權乘魏東方空虛，銳意進攻。魏明帝見吳軍猛進，乃決心親征東吳。因使將軍秦朗為征蜀護軍，督步騎二萬人，西入關中，受大將軍司馬懿節度，協力拒蜀。並詔司馬懿曰：「……但堅壁拒守，以挫其鋒，使彼進不得志，退無與戰，久停則糧盡，虜略無所獲，則必走矣。走而追之，以逸待勞，全勝之道也」。是年六月初，魏明帝親率水軍御龍舟，東征孫權以救新城。未至數百里，滿寵已募壯士焚吳攻具。吳人吏士多病，又聞魏帝親征，孫權遂連夜退軍。（上引三國志魏明帝紀）

陸遜遣人奉表於權，以不知權自新城退去，奉表人為魏巡邏者所獲，從騎馳回以告遜。諸葛瑾聞之甚懼！與遜書，請速下令退回原防。遜未答，方催人種葑豆，與諸將奕棋射戲如常。瑾馳人見遜，遜曰：「今兵將意動，且當自定以安之，施設變術，然後出耳。若便遽退，賊謂吾怖而來相蹙，必敗之勢也。」乃密與瑾立計，令瑾督舟船，遜悉上兵馬，以向襄陽。魏人素憚陸遜威名，遽還守城。瑾因引船出，遜徐整步伍，張拓聲勢，步兵下船，魏人不敢偪。行到白圍

（淯水一名白河，自河南嵩縣發源，經南陽至襄陽東入於漢水，白圍即襄陽東白河入漢處之堤圍名），託言往獵，遣周峻等往擊魏江夏郡（治竟陵，在今湖北省天門西北），新市（在今湖北省京山縣東北）張梁等往擊魏安陸（即今湖北省安陸縣，原在鍾祥移此）石陽（在今湖北省應城縣東南黃破縣西南），各斬獲千餘人而還。然後遜之大軍徐徐退還武昌。（上引三國志卷五十八陸遜傳）

而蜀軍方面，孔明又派使者到魏營向司馬懿下戰書，司馬懿很客氣接待使者，也很關心問起丞相的飲食起居。使者答：「丞相飲食只有常人三分之一。」使者走後，對左右的人說：「孔明來日不多了。」

司馬懿確實料得很準，孔明積勞成疾，病了。為了更清楚了解，派特使帶了牛、羊肉、酒、補品給孔明，使者轉達司馬懿的意思說：「聽說丞相病了，將軍很關心，特別送補品給丞相養身，丞相是我們將軍最敬重的對手，希望快快好起來，將軍準備應戰。」

孔明深知使者來意，要探真病假病，孔明乾脆再來一計「空城計」，接待使者時，把病裝的更重，像是一病不起的樣子。

這下子司馬懿又起疑心了，是否孔明又要引他出戰？孔明的病是真是假？左右部將都道是出戰時機，只有這位戰區最高指揮官司馬將軍認定孔明在用計誘他出戰，孔明愈是引他出戰，他偏拒不戰。

5. 孔明這時確實病的很重，「三國演義」說他正向上天求壽，部將不小心壞了大事，這應該是八卦，把孔明神格化了。

是八卦，我們姑且當趣事聽。時值建興十二年中秋夜，孔明在帳中設香花、祭物，地上分布七盞水燈，外部四十九盞小燈，內安本命燈一盞，若七日主燈不滅，壽可增一紀，如燈滅，必死矣！

孔明依序拜祝，帳外四十九甲士，各執皂旗，穿皂衣，環遶帳外。此便是孔明所用，鬼谷子所傳「禳星術的七星大法」。

孔明祈禳到第六天夜裡，是夜，司馬懿仰視天象，大喜，謂左右曰：「孔明將星失位，不久便死，先派一千軍去探哨。」

蜀軍部將魏延飛步入帳，「魏軍來也！」腳步太急，主燈滅了。」守護部將姜維來不及阻止，拔劍欲殺魏延，但一切都來不及了。

孔明用最後的力氣給後主上表遺書：

> 伏聞生死有常，難逃定數，死之將至，願盡愚忠。臣亮賦性愚拙，遭時艱難；分符擁節，專掌鈞衡；興師北伐，未獲成功，何期病入膏肓，命垂旦夕，不及終事陛下，飲恨無窮……臣家有桑八百株，田十五頃，子孫衣食，自有餘饒。至於臣在外任，隨身所須，悉仰於官，不別治生產。臣死之日，不使內有餘帛，外有餘財，以負陛下也。

讀孔明遺書真感慨萬千，中國自三國以降，國家的統治者清廉程度能做到如此極至者，僅三人，孔明、孫中山和蔣經國。為何如此說，孫中山逝世後有兩份遺囑，一給國人（至今仍用之），一給妻子。給太太的遺囑說他一生革命，未治家產，只有房中留有幾本書給妻子當紀念。而蔣經國更是不治家產，百分百清廉和奉獻。

的確「清廉」是從古至今，政治人物最寶貴的情操，有了清廉，大體上得民心支持是肯定沒問題。目前台灣政壇上「馬英九現象」就是清廉。反之，二〇〇六年間的「趙建銘駙馬案」，就是貪腐政權「冰山一角」，在中國歷史貪腐政權就是「非法政權」。

清廉的另一面，是貪污、腐敗，明顯的例子是民進黨執政五年多來，快速腐敗成為「吃錢洗錢的政黨」，總統府成了「股票地下交易中心」。因而二〇〇五年底大選（三合一選舉），被人民唾棄。人民所要，古今都相同。

> 6. 據說孔明死前還安排了死後如何撤軍，結果用一個木刻的孔明像嚇走了司馬懿的大軍。

五十四歲的孔明，就在秋風中的五丈原病歿了。他的絕對忠貞，高風亮節，對朋友也是長官劉備託孤的盡責，「鞠躬盡瘁，死而後已」的精神。杜甫在「蜀相」一詩中傷曰：「出師未捷身先死，長使英雄淚滿襟」，太叫人傷心了；杜甫在另一首詩說：

長星昨夜墜前營，訃報先生此日傾。

虎帳不聞施號令，麟台誰復著勳名。

空餘門下三千客，辜負胸中十萬兵。

好看綠陰清晝裏，於今無復還歌聲。

孔明預先安排撤軍，刻一孔明木像放車上，待魏將殺來，眾兵把木像推出，擺開陣勢，定然嚇走司馬懿大軍。三國演義把它生動的寫成「見木像魏都督喪膽」，一口氣往回跑了五十里，等他停下還用手摸頭說：「我頭還在否？」

後世有個諺語「死諸葛嚇走生仲達」（仲達是司馬懿的字），司馬懿自我解嘲說：「我能判斷活人，不能判斷死人。」後人有詩傳曰：

長星半夜落天樞，奔走還疑亮未殂。

關外至今人冷笑，頭顱猶問有和無！

吳孫權聞孔明卒，恐魏乘機取蜀，乃增兵巴邱（長江三峽中），守軍萬人。一為救援，或為分割，蔣琬聞之，亦增兵永安（今四川省奉節縣東，原白帝城，後改稱永安），以備非常。當遣中郎將宗預使吳，吳主權問之，預對曰：「東益巴邱之戍，西增白帝之守，皆事勢宜然，俱不足以相問也。」因使孫權圖蜀之志以歛。

司馬懿既收拒蜀之功，魏明帝亦以諸葛亮已死，心腹大患已除，於是大興土木，建芳林園，營太極殿，築總章台，修祖廟，作詐昌宮，又欲平北邙山以作台觀。使公卿皆負土樹雜木善草，捕奇禽異獸，不再作圖蜀之念。會天旱歉收，米貴如珠，洛陽大饑，司馬懿乃撿諸葛亮分軍屯田之粟五百萬斛於京師以濟之。於是京師軍民，食得蜀軍遺糧，視司馬懿為生佛，懿於人口皆碑之下，官加太尉，掌魏全國軍政，司馬氏代魏之機，於是發軔焉。

輯 38 反省檢討

孔明戰略素養與領導管理講評

> 1. 我們中國民間社會,乃至學術界,對孔明有很深的感情,這種感情有些是情緒的,有些是神格化的崇拜,現在要檢討孔明的戰略和領導管理素養,這會涉及專業,必須排除感情、情緒因素,檢討才會客觀、深入是不?

當然,一定要排除感情因素,針對「專業理論」方面的素養來檢討。尤其戰略這部份,國內素來把戰略區分成四個層次(大戰略、國家戰略、軍事戰略、野戰戰略),東西方歷來也有二區分或三區分者,但以四區分最清楚明白。戰略是一種求勝,求國家長治久安,求國家千秋利益的智慧。

野戰戰略講甚麼?講野戰用兵的集中與節約、避實與擊虛、內線與外線、奇襲與機動、地形、交通與補給路線之運用。由此決定勝敗,古今中外無例外,凡有例外者,均可以在野戰戰略適用原則的解釋範圍。

軍事戰略講甚麼?講建立武力、支援國家戰略、爭取軍事目標、獲最大成功與有利效果。

國家戰略講甚麼?講建設四大國力(政治、軍事、經濟、心理),達成國家目標。

大戰略講甚麼?講經由國與國關係,建設和平安全機制,如何避戰與慎戰,如何在最有利狀態下結束戰爭?最終仍須支持國家目標。

再者，對國家領導者言，其領導與管理之藝術，還在如何統治（掌控、負責）？如何充份授權的問題。

以上是檢討標準，也等於是一種「打成績」依據。

---

2. 孔明在大戰略運用上始終如一，是否有可議之處？連續五次北伐是否合乎大戰略原則？

孔明大戰略的基本政策始終如一，都如「隆中對」言，「東連孫權，曹操不與爭鋒，西和諸戎，南撫夷越」。而且他也做到了。最大一次挫折是劉備發動對孫權戰爭，破壞兩國的信任感，原因是孫權原把荊州借劉備，待劉備取得益州、漢中時，孫權想要回荊州，劉備推拖暫緩，孫權感受到劉備的壯大與不利，乃聯合曹操攻打駐在荊州的關羽，結果關羽戰死，荊州淪陷。

劉備為替關羽報仇，發動對吳戰爭，結果自己也死了，也破壞了孫劉聯盟基礎。如此一來，蜀國等於兩面受敵，北方曹操和東方孫權，以蜀國之小，要面對兩大強權，這是違反大戰略原則的。這些當然不能全歸過於孔明，但當劉備要發動對吳戰爭時，孔明始終沒有勸阻，歷史評價上對此頗有「微詞」。

至於連續發動五次北伐是否太多，按第一次（孔明四十八歲）到第五次（五十四歲死於五丈原），平均每一年多就有一次戰爭。依「孫子兵法」說的標準「糧不三載，役不再籍」，五次北伐是有不合大戰略原則之處。若能集中實力，二次，最多不過三次，應為較佳方案。

不知是否大戰略的不夠週全，才使「出師未捷身先死」，杜甫詠詩道出遺恨：

功蓋三分國，名成八陣圖。

江流石不轉，遺恨失吞吳。（八陣圖）

3.連孔明這完美的人都有遺恨，在國家戰略這個層次是
　否有可議之處？

國家戰略的建設分四方面：政治、經濟、軍事、心理。

政治方面：約官職、修法制，力行嚴法政策、強化中央集權，鞏
　　　　　　固統治基礎；用人唯才、唯賢，廣納雅言。

經濟方面：開發資源，發展地方經濟，促進國際貿易，設鹽鐵官，
　　　　　　統一買賣。

心理方面：置重點於如何把「北伐統一、
　　　　　　復興漢室」成為一種全民共
　　　　　　識，君臣共同努力的目標。這
　　　　　　個做法，有似我們在戒嚴時期
　　　　　　用三民主義凝聚全民思想，使
　　　　　　「反攻大陸」成為全民共識相
　　　　　　同。

各層級戰略關係		
	大戰略	
上對下指導	↓　↑	下對上支持
	國家戰略	
	↓　↑	
	軍事戰略	
	↓　↑	
	野戰戰略	

軍事方面：這部份很明顯的是不能支持大戰略及國家戰略目標，
　　　　　　總目標是「北伐中原，恢復漢室」，而軍事戰略建設
　　　　　　只有十萬兵力。

綜合國家戰略的四大建設，戰略關係產生斷層，空有高遠的戰略
目標，達成目標的武力卻不足，為深值可議之處。

4.軍事戰略的重點是一個國家到底要多少軍隊？才能達
　成國家目標。對孔明言，是最直接涉及北伐成敗的原
　因了。

三國兵力與人口比率			
	總兵力 （平均數）	總人口	兵力佔總人口比
吳	30萬	230萬	9/100
蜀	10萬	90萬	10/100
魏	60萬	440萬	13/100

一個國家須要多少兵力，端視國家目標、和平與安全情況而定。例如現在美國仍須200萬武裝部隊，韓國要六十萬，我國仍維持四十萬兵力。

蜀漢兵力始終維持在10萬左右，以此兵力想要完成國家目標（北伐中原，統一中國），就戰國以來（戰國七雄、前漢）的實戰範例看，明顯太弱太任。蜀國人口有限是重要原因。

但這並非不可突破，仍有解決之道，採用法家政策「兵農合一」制，則蜀國兵力至少提高三倍，達三十萬。以孔明才智，屬下又有效命將才，加上30萬兵力，應該所向無敵，北伐成功的機率大大提高。

孔明在思想上屬儒家，內政作為介於儒法之間而有法家風格，為何在建軍制度上未採法家，如今已不可考證。但軍事戰略明顯不能支持國家戰略，故五次北伐全部失敗。

5.戰略的最底層是野戰戰略，就這方面的檢討如何？

蜀軍假想的最後目標是洛陽，中間目標的設定有第一中間目標（隴西、陳倉）、第二中間目標（長安）、第三中間目標（潼關），合乎野戰攻勢作戰的一般原則，並無爭議。

在野戰原則的運用上，缺失、錯誤頗多：

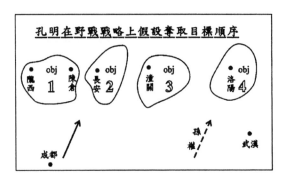

兵力重點的形成不夠，這是節約與集中，內線與外線作戰的運用；奇襲原則，避實擊虛的操作也不足。

攻城戰犯了兵法上的錯，孫子兵法說：「上兵伐謀，其次伐交，其次伐兵，其下攻城，攻城之法，為不得已，修櫓轒輼，具器械，三月而後成，距闉，又三月而後已；將不勝其忿，而蟻附之，殺士卒三分之一，而城不拔者，此攻之災也。」第二次北伐圍攻陳倉正是此種錯誤。

第五次北伐，十二萬大軍與司馬懿大軍對峙在五仗原，為「正攻法」，不合奇襲、避實擊虛、謀略等原則。此種雙方擺開陣勢，準備對決的戰法，只用於春秋時代，戰國以降，尤其孫武、孫臏後，已經揚棄不用。

孔明在野戰用兵上水平，和我們所知傳說中「神機妙算的孔明」落差太大。

6. 孔明在領導管理上事必躬親，不僅中央集權，而且是「一條鞭法」，能否分析其利弊？

這部份在一般評論者已有共識，不管國家的領導階層，或其他各類型的組織領導，上中下層各有職責，頂層領導者不能事必躬親，一

把全抓。分層負責，充份（或部份）授權是必須的。

　　孔明以一人獨撐蜀漢大局，事必躬親，沒有家庭生活，沒有個人休閒生活，「三顧茅廬」後到死都如此。他的部屬都建議他要授權，孔明就是「放不下」；最後在五丈原戰場，司馬懿聽到孔明每日食量只常人三分之一，部屬凡有犯打二十板以上的處罰，都由孔明親自執行，司馬懿說：「孔明活不久了，他是被自己累死的。」

　　確實，孔明被自己累死，洽如出師表云：「鞠躬盡瘁，死而後已」。人生喜歡就好吧！文天祥也說：「金鼎鑊甘如飴」。「三國志」陳壽等評孔明曰：

　　「諸葛亮之為相國也，撫百姓示儀軌，約官職從權制，開誠心布公道，盡忠益時者雖仇必賞；犯法怠慢者雖親必罰；服罪輸情者雖重必釋；游辭巧飾者雖輕必戮。善無微而不賞；惡無纖而不貶。庶事精練，物理其本，循名責實，虛偽不齒。終於邦域之內咸畏而愛之，刑政雖峻而無怨者，以其用心平而勸戒明也。可謂識治之良才，管蕭之亞匹矣。然連年動眾，未能成功，蓋應變將略，非其所長歟？」又云：『…於吏不容奸，人懷自勵，道不拾遺，強不侵弱，風化肅然也。』當此之時，亮之素心，進欲龍驤虎視，苞括四海；退欲跨陵邊疆，震蕩宇內。又自以為無身之日，則未有能蹈涉中原，抗衡上國者。是以用兵不戢，屢耀其武。然亮才於治戎為長，奇謀為短；理民之幹，優於將略，而所與對敵或值人傑，加眾寡不侔，攻守異體，故雖連年動眾，未能有克。昔蕭何荐韓信，管仲舉王子城父，皆忖己之長未能兼有故也，亮之器能政理，抑亦管蕭之亞匹也。而時之名將無城父韓信，遂使功業陵遲，大義不及耶？蓋天命有歸，不可以智力爭也。」（三國志卷三十五諸葛亮傳陳壽等前後評）

　　李岳瑞氏以諸葛亮列為中國六大政治家之一，其論之曰：「善用兵者……其及身不必有戰勝攻取之略，其出師不必有赫赫之功。然實能轉移一國之風俗，使儒者立而勇者奮，使其國雖小而不可侮，其眾雖寡而不可敗。當強鄰大敵之交乘，常恢恢乎肆應而有餘。舉天下之

智名勇功環而攻之，而不得其可乘之釁，即身沒以後，而餘威所被，俾後人猶得蒙而安。」

以上諸家之論，可知孔明雖軍事上失利，但政治眼光之巨遠，為了不起的大政治家。**蕞爾之蜀漢**，能巍然立於兩強（魏吳）之間，使其死後，蜀漢仍賴其餘蔭，延續國運數十年，誠孔明之功也。

輯 39 身後的孔明

中華子民永恆不倒的偶象

> 1. 孔明兩腿一蹬,走了,但他身後與他生前同樣精彩、動人,聽眾也一定有興趣,請陳老師說說。

孔明身後有很多感人事蹟,他臨終留有遺命,要葬在漢中定軍山(今陝西沔縣),要「因山為墳,冢足容棺,殮以時服,不須器物。」可見他多麼節約儉樸。在漢朝正流行厚葬,孔明卻不趕流行,真是與眾不同的人物。

生前給後主的上表也說:「任公職期間,不另做其他生財投資,不使自己錢財增加,死時若有多出財物,便是對不起國家。」我在本節目曾講過,孔明以下千餘年來,中國政壇上的國家領導人,清廉程度能做到像孔明一樣「純」的,只有三人。國父孫中山先生、先總統經國先生二人。

國父臨終前有兩份遺囑,一者眾人皆知「余致力於國民革命……」,另一份給妻子宋慶齡,這份遺囑世間知道者不多,大意說:「我一生致力國民革命,未致私財,沒有財產可以留給妳,只有房間裡還有一些書,交給你保管。」偉人之所以為偉人,之所以得眾人懷念,定有其道理。

經國先生也是全部奉獻國家,不治私產,連他當總統的薪水,也都大部拿來救助窮人。他的夫人貴為「第一夫人」,只有公家房屋可住,也沒有私人豪華別墅,歷史已經給經國先生崇高定位了。(本書出版時,蔣方良已死。)

第四篇 孔明兵法

當國家元首要搞錢太容易，袁世凱留的遺囑交待「大老婆給若干、二老婆給若干、三老婆……」；目前在台灣還有一個御任國家元首，以日本皇民自居，中了日本右冀毒素的總統，現在官司纏身，他也是一位「搞錢總統」。但搞錢最多的是陳水扁那群官僚，歷史絕不會放過他們！

2. 身為國家元首，利用職務之便拚命搞錢的，目前人尚在的，可能涉及政治因素，不便深談，但歷史會給他審判，人民也不全是一些「死忠」者，廣大的人民群眾（現在及未來）才是最後最公平的審判者。

孔明死後，蜀漢百姓對他感念不已，陳壽在「諸葛亮集表」中說：「黎庶追思，以為口實，至今梁、益之民，咨述亮者，言猶在耳。」蜀漢百姓紛紛請求為他立廟，但當時的禮制不合規定，百姓又在郊道私祭。但也不能禁止，尤其春秋節日，城內外祭拜者更多。

在南夷、西戎，聞孔明死，都為他服喪，朱孟震在「浣水續談」一書說出典故：

蜀山谷民皆冠帛，相傳為諸葛公服喪，所居深遠者，後遂不除。今蜀人不問有服無服，皆帶素帽。市井中人，十常八九，謂之帶天孝。

後來步兵校尉習隆、中書郎向充上表後主：

周人懷召伯之德…亮德範遐爾，勳蓋季世，王室之不壞，實斯人是賴…百姓巷祭，戎夷野祀，非所以存功念德…宜因近其墓，立之于沔陽。」

終於才在漢中墓旁的沔陽立廟，這一年是後主炎興元年（魏景元四年、吳景耀六年、西元二六三年）春，這年秋蜀亡，隔年魏亡，再

十六年，吳亦亡，三國結束（二八〇年）。

3.孔明走了，蜀漢尚能維持嗎？還有孔明死後國都不能
　立廟，現成都為何有「武侯祠」？

蜀漢自孔明死後，蔣琬、董允、費禕相繼持政，都小心謹慎，承繼孔明的規模，遵循不變。北方魏政權和東方孫權都有內亂，蜀國得以太平。

魏元帝景元三年（二六二年），司馬召重兵雲集關中，準備攻蜀，次年派大將鍾會、鄧艾兵分二路伐蜀，一路勢如破竹，攻到成都，阿斗投降被俘到洛陽，封為「安樂公」。

在這裡有一段動人故事，魏國大將鍾會率軍過漢中時，親自到孔明廟祭拜，同時令軍士不得在孔明廟附近牧馬或砍伐樹木，以示對孔明的崇敬。當晚孔明就託夢給鍾會說：「謝謝你順道來看我，有句話我要說，蜀漢衰落，這是天命，只是戰爭打起來，可憐了百姓，入境後希望你不要妄殺生靈。」

在「三國志」、「三國演義」有此記述，我們就當故事聽。成都現在的武侯祠原是劉備的廟叫「昭烈廟」，供奉劉備、後主、孔明、關羽、張飛、孔明兒子瞻，合成一祠。只是民間對孔明的懷念高過其他人，所以劉備廟卻被叫成孔明廟了。有一首詩詠嘆說：

> 門額大書昭烈廟，世人都道武侯祠。
>
> 由來名位輸功業，丞相功高百代思。

4.孔明一生可謂「驚天地、泣鬼神」，情操志節感動天
　地，不知他的子孫如何？

第四篇 孔明兵法

孔明很重視孩子的教育，他也依「自己的樣子」調教孩子。在他的「誡子書」中提到：

　　夫君子之行，靜以修身，儉以養德，非淡泊無以明志，非寧靜無以致遠。夫學須靜也，才須學也，非學無以廣才，非志無以成學。淫慢則不能勵精，險躁則不能治性。年與時馳，意與日去，遂成枯落，多不接世，悲守窮廬，將復何及！

孔明告訴子弟，「才」是學來的，要把握光陰好好學習，否則以後老了，悲守窮廬，就來不及了。

孔明的兒子諸葛瞻‧十七歲和後主的女兒結婚，也做到軍師將軍，魏軍伐蜀時，他和長子諸葛尚都在作戰中陣亡。

諸葛亮、諸葛瞻、諸葛尚祖孫三人，都為蜀漢效命死在戰場，可謂滿門忠孝。歷史上類似者不多（如「楊家將」的故事，一門忠烈。），才會「驚天地，泣鬼神」。

諸葛瞻的次子諸葛京，三國結束後在晉朝做官，受封郿縣縣令（在陳倉附近，他祖父孔明五次北伐都沒有拿下的地方。）。或許主事者要告慰孔明在天之靈，謂你一生拿不下來的地方，現在叫你孫子拿了，你安心的去吧！

另外，據考證研究，浙江蘭溪市的諸葛八卦村，除了因為諸葛家族在當地居住而得名，更因整個村落呈八卦型式建築而取勝，這也是大陸第一座八卦布局的村莊。

距浙江千島湖約四十分鐘車程的諸葛八卦村，據傳是三國諸葛亮的第二十七世孫諸葛大獅在高隆（現諸葛村）安家落戶後，運用自己學到的陰陽堪輿學，按九宮八卦構思，精心設計整個八卦村的布局。村外有八座小山，形成外八卦；村內以鐘池為中心，環繞鐘池，八條小巷向外輻射，形成內八卦。村內房屋分布在八條小巷，雖然房屋及居民數百年來不斷增多，但九宮八卦的總體布局一直不變。而且村內建築大多有上百年歷史。

八卦村中共有十八座大小廳堂、四座廟宇，石牌坊三座及兩座花園別墅。內八卦核心的鐘池，及中醫藥展覽館的大經堂、江南唯一的諸葛亮紀念堂大公堂，是八卦村重鎮。

　　由於八卦村布局奇妙，有如迷宮，據稱曾有盜賊進入村內偷盜，最卻走不出村莊。而且，國民革命軍北伐時，南北雙方在八卦村附近激戰三天，竟然沒有子彈砲彈落入村子，整個村莊安好無損。就連抗戰時，一隊日軍從村外高隆崗大道經過，竟然沒有發現這個村莊。

　　此外，村內的居民仍保留明清時代的遺風，老人頭戴氈帽，身穿棉襖，狀似明清小說戲曲中的人物。

　　既然是諸葛亮的後裔，諸葛八卦村每年兩個最重要的日子，就是農曆四月十四日諸葛亮的誕辰，及八月二十八日諸葛亮的忌日。這兩個大日子，全村人都要參加隆重的祭祖大典，並舉辦廟會及請戲班來演戲。

　　5.算一算，孔明已經走了 1770 年（西元 234 年～2004 年），不過他好像永遠活在中國的民間社會？

　　是的，他像一個活生生的人，就在許多人身旁，你常會說一句口頭禪「三個臭皮匠勝過一個諸葛亮」，談到神機妙算就是講孔明。民間戲曲常有的節目，如「孔明揮淚斬馬謖」、「空城計」、「借東風」、「諸葛亮招親」都在講孔明。

　　有酒場文化中有一種叫「孔明拳」（或叫「三國拳」）：

　　一枝獨秀、兩袖清風、三請孔明、四足一腳、五月渡瀘、六出祁山、七擒七縱、八月東風、九九聯環、十全十美。

　　民間社會把他神格化了，所以「十全十美」。

　　現在我們元宵放的天燈，又叫「孔明燈」，當時孔明在傳送軍情用的，一燈昇起、二燈昇起……都各有不同意義。

第四篇孔明兵法

民間信仰的「恩主公」、「關公」正是關羽，我們通常尊稱「關聖帝君」或「伽藍菩薩」，也算是和孔明有一點「關係」了。所以，民間社會孔明和他身邊的人（如關公），是有高度崇拜的。

關公為何稱「伽藍菩薩」，有二個說法。第一，關公在與孫權的戰役中，兵敗被殺身亡，首級被東吳斬去，關公心有不干，在空中不斷喊著「還我頭來」。某日，碰到普淨大師為他開示，「關將軍，你過五關斬六將時，不也殺了許多人，不也該還他們人頭嗎？冤冤相報，沒完沒了！」關公開悟，乃皈依三寶。

第二、皈依智者大師，隋開皇十二年（592 年）十二月，天台宗祖師智者大師到荊州，建玉泉寺，關公幽靈現身，智者大師為他開示，關公受持五戒，發願護法、護教。

現在中台禪寺伽藍殿的「伽藍菩薩聖像」正是關公，「伽藍」即是道場。

> 6. 現在大陸旅遊流行，順便介紹「武侯祠」在成都那裡？我們自年少讀他的「出師表」，前往拜見也是了卻心願之一。

武侯祠位於成都解放南路和一環路交叉口附近，算是成都南門。

武侯祠始建於唐上元元年（七六〇年），是肅宗時代。明朝時，旁邊蓋有劉備之墓，即「昭烈廟」，兩者合稱「君臣廟」，廣受蜀民敬拜。

一進正門可看到聳立於前的「劉備殿」，內有劉備銅像，壁上有「隆中對」的扁額。兩側有關羽、張飛等二十八位文武官員之塑像。

再往內走是「諸葛亮殿」，內有一座氣度從容、神采軒昂的諸葛亮像，牆上也有對他的文事武攻贊頌的扁額及對聯。

另外，長江三峽也有許多和孔明有關的景點，白帝城是劉備託孤

孔明的地方。西陵峽中「兵書寶劍峽」，傳說是孔明北伐時殘留的寶劍和兵書所形成。

　　沿長江再下到武漢、襄陽，還有古戰場「赤壁」、武侯宮、古隆中、劉備三顧草廬的「三顧堂」。

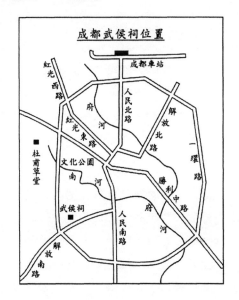

成都武侯祠位置

輯40 中國統一大業：漢賊不兩立，王業不偏安

千百年論戰，愈演愈烈

> 1. 孔明的故事到今天似乎講完了，但又好像沒有講完，他說的「北定中原、復興漢室」、「漢賊不兩立，王業不偏安」，似乎正是我們這半世紀來努力的目標，且更迫在眉睫。

先說「北伐」好了，中國歷史上自孔明後，還有 2 個類似的「偏安政權」，因其「天命」的使命感必須北伐，一個是南明鄭成功退守金廈與台灣的一段政權，史稱「南明」。另一段則是民國三十八年後的中華民國在金馬台澎，不知以後歷史如何稱謂，這半世紀來也在致力於「北定中原、復興漢室」的大業，至今仍未中止。因為中國歷史自黃帝始，便已是「漢賊不兩立，王業不偏安」。

孔明的已經談過，中華民國則勿須贅述，故稍簡介鄭成功的北伐事業。清順治七年（一六五○年）鄭成功據金門、廈門，十一年攻陷漳、泉諸州，十二年攻下舟山。十六年大舉北伐取鎮江，圍南京，因戰略上錯略而敗，十八年收復台灣，次年死，繼承者鄭經、鄭克塽都無力再發動大規模北伐事業。當時鄭克塽也想搞台獨，只是康熙不同意。康熙二十一年（一六八二年），施琅收復台灣。

這三個「偏安政權」（蜀漢、南明、中華民國）的共同點是：

第一、第一代領導人（孔明、鄭成功、蔣中正），居於「天命」必須北伐。

第二、繼起者都無力（或意願）北伐，都開始「本土化」。

第三、北伐都沒有成功，「復興漢室」或「反攻大陸」最後都落空。

第四、三個弱小的政權面對較大政權，戰略上都採「示強於敵」。

第五、前兩個偏安政權最後都被中國統一，我們可能遲早吧！

三個政權的北伐都沒有成功，不只這三個，中國歷史上凡政權偏於一隅或東南沿海，北伐都沒有成功的。唯一的例外，是民國十七年北伐成功，次年全國統一。頂多加上明太祖朱元璋的北伐統一，算是中國北伐統一成功之首例。

2. 陳老師的意思是說，孔明在蜀、鄭成功在台灣、先總統蔣公到台灣，他們已經心裡有數，北伐成功機率極小，只因「天命」，他必須「示強於敵」，不斷北伐嗎？

是的，居於「天命」他必須北伐，如孔明說的「漢賊不兩立、王業不偏安」，不北伐就是「坐以待斃」，以其坐而亡，不如起而行，積極北伐（軍事行動、政治口號都行）。

還有一個原因，為個人的歷史地位，必須北伐。若不北伐，他只是一個「偏安的軍閥」，甚至可能中國歷史上的叛徒。誠想，如果孔明、鄭成功和蔣介石都不想北伐統一中國，他們只想成為一個偏安政權，把精神用在經營最後的「舞台」，他一樣是當代最亮眼的主角。但他必然要失去「民族英雄」的大位，甚至有可能更慘，這些他們心知肚明。所以，他們明知不可為而為，北伐不論成敗，他都是民族英雄，在歷史有一定的地位和評價。

偏安政權最後都被強大的一方所統一，如孔明走後的蜀漢、鄭成功走後的南明殘局。中華民國是否如此，這是一個「未來式」，孔明在世也難以預料（後出表）。中國歷史「分久必合、合久必分」卻是

真實的鐵律，西方也是如此我們應該在意「用甚麼方式合？」的問題，如果都在「漢室」之中，合只是回到中國，而且利多，又何須在乎誰來統治呢？只要讓人民過好日子就行了。

我的意思是合起來大家都是「漢」，不是「賊」，是最好的結局；若分開「偏安」，必有一個是漢，一個是賊，那誰是漢？誰是賊？由誰來決定？通常是偏安的一方會是賊。

以台灣現狀言，若永遠維持現狀是賊，公然台獨是賊，不追求統一也是賊，「去中國化」更是賊；反之，另一方便是漢。

公元二〇〇六年二月，國民黨主席馬英九先生訪英國，提「終極統一論」，陳水扁在國內大倡「終極台獨論」，此二者一個是漢，一個是賊，就很清楚了。

> 3. 陳老師這一說讓人心驚，我們（台灣）現在是漢是賊，我們不是早已放棄「漢賊不兩立」政策嗎？或我們二者皆非？

這得從兩岸關係說起，先說台灣。在民國六十年之前，我們在聯合國有席位，與多數大國有邦交，聯合國席位的名稱就叫「中國代表權」。因此，中華民國是合法的中國代表權。我們是「漢」可以肯定，且以此自命。從台灣的觀點，民國六十年以前（或六十八年中美斷交），對岸確實「非中國」的，他們走純粹的馬列共產主義路線，極力進行「去中國化」，所以那時他們事實上是賊，也是匪。

但曾幾何時，對岸開始「質變」，從「賊」漸趨於「漢」。他們發現馬列共產主義路走不下去，只好改走「中國式社會主義」；更發現「去中國化」也是死路，「去中國化」必須去除中國的東西，包含四書五經、孔孟思想、四維八德，全都得「丟進茅坑裡」。人豈不回到石器時代的原始社會。於是，他們回頭找尋中國，並積極「中國

化」，未來只要共產黨「非共化」，好好走中國式社會主義，他便是「漢」，他便是正統的中國。

兩岸這半世紀以來，事實上就是「漢」與「賊」的消長，在向前推幾千年，政治勢力所爭似乎也是這個問題。周定王瑜元年（前 606年），「左傳」記錄一則「楚子問鼎事件」。楚莊王把軍隊開到周天子的王幾附近，有武力推翻的企圖。定王派王孫姬滿「勞軍」並告誡：

> 在德不在鼎，昔夏之方有德也，遠方圖物，貢金九牧，鑄鼎
> 象物……商紂暴虐，鼎遷于周……周德雖衰，天命未改，鼎之輕
> 重，未可問世。

中國地盤上只有一個能擁有「合法性的統治權」，其決定在文化與道德，非武力。孔明在「前、後出師表」、「正議」等文，所述正是這些，孔明爭的是「合法性」。

由此推論，中國自夏商周三代以來，政壇上只爭一個問題，誰是漢？誰是賊？是另一種統獨問題。

> 4. 重點是我們放棄了「漢賊不兩立」，還會受制於是漢
>   是賊的限制嗎？

有一位父親，不滿兒子不務正業，登報「放棄」父子關係，請問父子關係放棄了嗎？這雖不能「充份說明」，但確實如此，就好像一個血液中流著中國人血統的人，他宣稱「放棄中國人身份」，說自己「不是中國人」，事實上是矛盾的，有精神分裂症之虞。就好像明明是一個男兒身，卻偏偏說自己不是男人，也是很痛苦的。在本質上（血統、文化）是不通的，因此「漢賊不兩立」並非單純的武力、法律問題，他是深層的文化、血統問題。

中華民國雖然放棄「漢賊不兩立」政策，這只是單方面形式上、

自我滿足的表象，或頂多是爭取國際關係的手段。在本質、結構層面上，絲毫沒有改變。

更不樂觀的一點，獨派刻意用政治意識形態操弄人心，進行「去中國化」，我們的「中國屬性」日趨降低，結果是距「漢」愈遠，離「賊」愈近；因為漢賊的決定在道德與文化，當我們漸漸失去中華文化（例如儒家文明、四維八德、忠孝節義等中國式文化內涵），我們就會是「賊」。

也許有人問：不是放棄了嗎，即非漢，也非賊。非也，父親登報「放棄」父子關係，放棄了嗎？

放棄了中國，我們便是賊。

---

5. 剛才說「孔明爭的是合法性」，其實三國（吳蜀魏）不多合法嗎？歷史承認他，當時的人民承認他。

這裡首先我們要分清二個字的意義，第一個是「合法」（Legality），指一定的法律程序走完（議會通過，元首公佈執行）就算「合法」；「核四」各種預算、規定都走完法律程序，所以蓋核四是「合法的行為」。

另一個字是「合法性」（Legitimacy）是政治上有效統治的基礎，是治者與被治者共認的信念，存在於社會與人民心中，有意識和無意識默認信守之「天經地義」。核四因為合法性不足，部份人有疑慮，故執行困難。

吳蜀魏三國，東吳只是軍閥不足論，合法性之爭只剩下蜀漢與曹魏，在晉陳壽的「三國志」和宋司馬光「資治通鑑」都以曹魏為正統。但因曹丕「篡」漢，自明朝以後的史家又以蜀漢為正統（有合法性的政權），由此觀點，孔明的五次北伐是成功。（軍事上的失敗，政治上的成功。）

當然，魏、吳在當時，其地盤上的人民也是支持（不管願意、不願意）。只是合法性由當時當地人民支持是不夠的，還要經過歷史、文化、史家、更廣大人民的支持才行。就好像「核四」該不該蓋，僅由當地（貢寮）人民決定是不夠的，合法性太弱，它要縣、區，乃至全國的共識，這樣的合法性就牢不可破。

孔明在當時最小最弱，五次北伐也失敗，但他得到合法性的正統地位。三國眾英雄中，他是最大的功成者、勝利者，因為他堅持「一個中國」。

6. 還有一個問題，若「非中國、去中國」都是賊，那麼中國歷史上的元、清兩朝，本來都是賊（異族），為何「賊」可以統治「漢」？

不僅元、清兩朝本來是「賊」，其他各朝，乃至中華民國在尚未建立時都是賊，美國乃至許多國家，開始的時候也是賊。例如國父革命，在滿清的律法言，就是非法行為，是「造反」。新大陸居民最初向英國抗爭、爆動、戰爭，就英國的法律言，都是造反。故政治學上談國家形成時，都說是武力造成，就是一種「非法、造反」的行為，我們學術界給它一個名詞叫「逆取」。

「逆取」成功與否，端賴合法性的高低。再以國父革命做如下論述：

滿清政府貪污腐敗，政權的合法性降低，一時之間仍算「合法」政權，支持度日趨降低；國父造反，依法是「非法行為」，惟支持度日增，合法性昇高，終於成為「國民革命」。

革命成功後，獲得政權，國號曰「中華民國」，施政以民心為依歸，學術界給他一個名詞叫「順守」。

「逆取順守」是中國歷代政權取得與維持的「常規」，世界上絕

第四篇孔明兵法

大多數國家在建立過程亦如此。甚至劉備、孔明的蜀漢也是「非法取得」，再經合法治理。有些像今天的美國，說某國人民水深火熱，去把人家政權推翻，重新建立一個所謂的「合法政權」，也都是「逆取順守」的實例操作。

就好像今之美國，說阿富汗、伊拉克的政權是「不法政權」，於是用戰爭方式把人家的政權推翻，這也是一種「不法行為」。關鍵在，推翻人家政權後，能否建立更合民心和民意的政權，若然，便是順守，先前的「不法行為」也可以稍獲諒解。

輯 41 孔明兵法㈠將材、將器、將德、將律

做自己人生完美的將帥

1. 孔明的故事和身後事都講完，今天開始講他的「諸葛兵法」一書，首先請陳老師介紹這部書。

「孔明兵法」一書，原收在「諸葛亮集」的將苑五十篇，古來也有稱「心書」，思想受儒、法和「孫子兵法」的影響。孔明兵法並不純粹論兵道將略。除有將略、治理、指揮、用兵諸論，更包含國防、外交、國際關係等論述。

在兵法這部份，深受孫武以及各兵法家（如伊尹、呂尚、韓信、白起、吳起、周亞夫、李廣、乃至老子），可謂集各家之大成。這也是本節目繼孫武、吳起、孫臏之後，第四位介紹的大兵法家。

中國歷代兵法家從來不談「戰敗」的問題，甚至現在國軍將校有關國防、軍事。兵法的課程，也沒有「戰敗管理」這門課。孔明兵法是唯一重視「戰敗管理」的書，「善敗者不亡」，只是要加以規劃，使失敗成為一種「美善」，就不會亡，不亡便是永恆的存在價值。

孔明自己是「超高標準」的將帥，因此他的兵法中對將帥栽培，也是高標準。在「將苑」五十篇中，幾乎大多和國家將帥有關之論述，其中兵權、將材、將器、將弊、將志、將善、將剛、將驕吝、將強、擇材、將誡、善將等，都是有關將師之論述。

2. 就從將帥開始，看孔明兵法如何論述將帥。

第四篇孔明兵法

孔明有關將帥的講解，包含類型、器量、弊害、人品、職責、工作、禁忌、條件、信條，內涵廣泛。在「將材」篇曰：

> 夫將材有九：道之以德，齊之以禮，而知其饑寒，察其勞苦，此之謂仁將；事無苟免，不為利撓，有死之榮，無生之辱，此之謂義將；貴而不驕，勝而不恃，賢而能下，剛而能忍，此之謂禮將；奇變莫測，動應多端，轉禍為福，臨危制勝，此之謂智將；進有厚賞，退有嚴刑，賞不逾時，刑不擇貴，此之謂信將；足輕戎馬，氣蓋千夫，善固疆場，長於劍戟，此之謂步將；登高履險，馳射如飛，進則先行，退則後殿，此之謂騎將；氣凌三軍，志輕強虜，怯於小戰，勇於大敵，此之謂猛將；見賢若不及，從諫如順流，寬而能剛，勇而多計，此之謂大將。

將材有九種：
（一）仁將：道之以德，齊之以禮，對下仁厚。
（二）義將：事無苟免，不為利撓，有死之榮，無生之辱。
（三）禮將：貴不驕，勝不恃，禮賢下士。
（四）智將：用兵奇幻，轉禍為福，臨危制勝。
（五）信將：厚賞嚴法，賞不逾時，刑不擇貴。
（六）步將：善於馳騁疆場，所向無敵。
（七）騎將：馳射如飛，衝鋒在前，撤退殿後。
（八）猛將：氣凌三軍，善於大軍作戰，敵強他愈強。
（九）大將：智信仁勇嚴都具備。
將帥的器量可分六個等級，「將器」篇曰：

> 將之器，其用大小不同。若乃察其奸，伺其禍，為眾所服，此十夫之將；夙興夜寐，言詞密察，此百夫之將；直而有慮，勇而能鬥，此千夫之將；外貌桓桓，中情烈烈，知人勤勞，悉人饑寒，此萬夫之將；進賢進能，日慎一日，誠信寬大，閑於理亂，此十萬人之將；仁愛洽於天下，信義服鄰國，上知天文，中察人事，下識地理，四海之內，視如室家，此天下之將。

㈠十夫之將：能察知姦情，洞澈危機。

㈡百夫之將：勤勞、謹慎，不該犯的錯都不犯。

㈢千夫之將：勇敢、有鬥志，有思考判斷力。

㈣萬夫之將：內心充滿感情，善於了解部屬。

㈤十萬人之將：用人唯才，思維細密，善於處理亂局。

㈥天下之將：上知天文，中察人事，下識地理，四海如家。

知將帥類型、器量，方知何種戰場、戰役，要派何種將領去率軍打仗。類似現在軍種分科，以應付不同戰場與戰役。「將材」是因材施教，識別人才的智慧，「將器」是識別部屬才能大小的慧眼，是身為將帥的人，所必具備的要件。

3.有「能力」上的要求，孔明兵法對將帥的品德、人格特質也是高標準吧！

當然，孔明認為將帥的人品有八個致命傷，「將弊」篇說：

㈠貪婪而永遠不知道滿足。

㈡看到有才德的人，就心生嫉妒。

㈢愛聽美言不實的話，喜歡別人曲意奉承。

㈣只會嚴責別人，自己並無先見之明。

㈤臨事猶豫，缺乏決斷。

㈥沈迷酒色，經不起女人的誘惑。

㈦心術不正，愛玩手段，源於虛偽不誠且怯懦。

㈧待人處事都只做表面工夫，經不起真實考驗。

孔明認為身為將帥，這些致命傷全要徹底根絕，為什麼？他在將帥的職責說的很清楚，軍人所幹的事業都是「殺人放火」。因此，將帥以人品第一，在「將志」篇論其職責曰：

兵者凶器，將者危任。是以器剛則欠，任重則危。故善將者，不恃強，不恃勢。寵之不喜，辱之不懼，見利不貪，見美不

淫,以身殉國,一意而已。

將帥職責重大,故須在品德上有很高的自我要求,時時刻刻體認軍隊是一種「凶器」,身負重大使命。自恃強大就會招致失敗,權力慾太強是很危險的。因此,好的將領要注意:不依強權、不仗勢欺人、受寵時不沾沾自喜、受辱也不驚慌失措,見利誘也不貪婪,見美色不起淫念,只是一心一意報效國家。

> 4.各家兵法都講過「知己知波」的工夫,孔明的兵法對客觀世界:「波」有那些「知」?客觀世界的強弱要如何應付?

將帥的「知」有五方面要做到盡善盡美,「將善」篇有所謂「五善四欲」曰:

> 五善者,所謂善知敵之形勢,善知進退之道,善知國之虛實,善知天時人事,善知山,險阻。四欲者,戰欲奇,謀欲密,眾欲靜,心欲一。

㈠知道敵人目前的態勢,對敵我孰利?
㈡知道前進方向,也要預知撤退的路線。
㈢知道國力虛實,可能如何支持戰局?
㈣知道天、時、人、事之變化,清楚的判斷,正確的掌握。
㈤知道戰區地理、地略,充份利用與克服。
面對的敵人,勿論強弱,「剛柔並濟,以柔克剛」是最佳方案:

> 善將者,其剛不可折,其柔不可屈。故以弱制強,以柔制剛。純柔純弱,其勢必削。純剛純強,其勢必亡。不柔不剛,合道之常。

「以柔克剛」源自老子,後在「黃石公兵法」也主張用柔制強。

不止兵法，生活中也是一種無往不利的「兵器」。甚至在中國文化中，以柔制剛是重要的內涵，不僅在用兵作戰，就是人際關係上也是大家愛用的方法。而在另一篇「善將」曰：

> 古之善將者有四：示之以進退，故人知禁；誘之以仁義，故人知禮；重之以是非，故人知勸；決之以賞罰，故人知信。禁、禮、勸、信，師之大經也。未有綱直而目不舒也，故能戰必勝，攻必取。庸將不然，退則不能止，進則不能禁，故與軍同亡。無勸戒則賞罰失度，人不知信，故賢良退伏，諂頑登用，是以戰必敗散也。

善於用兵打仗的將領，要知道四種帶兵作戰的要領：

㈠前進或後退的命令要清楚，使人知軍法禁令。

㈡以仁義待人，人們就會遵循仁義。

㈢反覆強調是非對錯，使人得到警惕。

㈣賞罰明確決斷，使人知遵守信用。

以上禁、禮、勸、信，是軍隊之大綱，只要大綱確立了，其他都能執行，作戰必能取勝。反之，無能的將領，不能控制軍隊，進退沒有節制，大家都不講信用，賞罰也失去意義。於是有才有德的人全不見了，小人當道，作戰不會勝利，國家也沒希望。

> 5. 孔明兵法，名義上講「將帥之道」，實際上就是「人生兵法」，例如他講到將帥的「五美八缺」，就可以給任何人做自勵勉人的指標。

在「強將」篇講到，身為一個國家的高級將帥，要有的五種美德，還有八種不能有的缺失：

> 將有五強八惡。高節可以厲俗，孝弟可以揚名，信義可以交

友，沈慮可以容眾，力行可以建功，此將之五強也。謀不能料是非，禮不能任賢良，政不能正刑法，富不能濟窮阨，智不能備未形，慮不能防微密，達不能舉所知，敗不能無怨謗，此謂之八惡也。

△能做「五美」，就是人生的盡善盡美：

㈠高風亮節，可以教化周圍及社會環境。

㈡孝悌美德，是可長可久的美名。

㈢信義待人，受人敬重，可以廣交天下朋友。

㈣沈著遠慮，可廣納見解，不流於一言堂。

㈤力行實踐，才能建立可大可久的事業。

△「八缺」要自我節制，最好永遠不要有。

㈠缺乏深謀遠慮，是非對錯的判斷就不夠精準。

㈡缺乏對人尊重，有賢有才的人就不為你用。

㈢缺乏正確用法，各種法律規章就不能落實執行。

㈣缺乏同情悲心，就會為富不仁。

㈤缺乏智慧判斷，人生就會沒有方向。

㈥缺乏綿密思考，你就成了「大嘴巴」，不能保守機密。

㈦缺乏甘苦與共，縱使發了，也仍是個「獨夫」。

㈧缺乏失敗管理，就看不見自己的缺點、弱點；也不能接納批評。

△將帥乃人中之「龍象」，故孔明認為選擇、栽培要高標準，事實上「五美、八缺」也是一般人在自我管理、生涯管理中，最好必須養成的特質（內涵）。愈能接近此種內涵，愈可能成為人中之龍象。

從諸葛孔明論述將帥，可知要成優秀將帥，成為人中龍象，成為人上人是很不容易的。需要具備很多要件，不斷的自我節制。所以在「將誡」一文曰：

書曰：「狎侮君子，罔以盡人心；狎侮小人，罔以盡人力。」故行兵之要，務攬英雄之心。嚴賞罰之科，總文武之道，操剛柔之術，說禮樂而敦詩書，先仁義而後智勇；靜如潛魚，動若奔獺，喪其所連，折其所強，耀以旌旗，戒以金鼓，退若山

移，進如風雨，擊崩若摧，合戰如虎；迫而容之，利而誘之，亂而取之，卑而驕之，親而離之，強而弱之；有危者安之，有懼者悅之，有叛者懷之，有冤者申之，有強者抑之，有弱者扶之，有謀者親之，有讒者覆之，獲財者與之；不倍兵以攻弱，不恃眾以輕敵，不傲才以驕人，不以寵而作威；先計而後動，知勝而始戰；得其財帛不自寶，得其子女不自使。將能如此，嚴號申令而人願鬥，則兵合刃接而人樂死矣。

「尚書」上說：「輕視侮辱賢德的人，很難讓別人盡心盡力做事；輕視部屬士卒，他便不會全心效勞。」所以帶兵打仗的人要懂這些道理，才能帶住英雄好漢的心，正是待人要待心，帶兵也同理。

獎賞要公平，嚴格執行，不要有偏心私心，全面掌握文治武功的途徑，注意剛柔相濟。平時用禮、樂、詩、書涵養人心，先研修仁義道德，進而培養勇氣和智慧。安靜時有如潛在水中的魚。行動有如飛奔的獺，摧毀敵人的聯合，削弱敵人的銳勢，用旗幟形勢彰顯威力，用鑼鼓來統一行動。撤退時如山移動那樣穩固，進攻如暴風雨襲來，擊潰敵人如摧枯拉朽，與敵交戰則勢如猛虎。

對敵緊追不捨，也不使困獸之鬥，利誘敵人，擾亂敵軍部署，因而可以取勝。欺敵誤敵之道，敵人小心謙卑，要設法使他們驕傲；敵人上下團結合作，要設法離間他們；敵人戰力強大，要設法削弱疲勞他們。

而帶自己的部隊，面臨險境要先安定下來，面臨恐懼要先有些快樂，有背叛求去者設法安撫，有冤屈給他陳述的機會，桀驁不馴的要抑制，弱小的要扶持，有謀略的要親近他，好進讒言的要詳察他，想要錢財的人就給他錢財。

作戰的時候，不用數倍兵力攻擊弱小之敵，也不恃兵多將廣就輕敵，不恃才驕傲，不因寵信就到處逞威風。凡是先謀畫成熟再採取行動，確信可勝再開戰。任何戰利品絕不占為己有，虜獲敵方軍民不為己私用。以上都是身為將帥的人，時時告誡自己，那麼部屬都願意作

戰效忠。

6. 因為將帥乃人中龍象，決定國家存亡，所以孔明也把
　它歸納成「將津十五條」，既然叫「津」，表示必須
　「有」，不能「沒有」，很重要的，請陳老師為我們
　道來。

　　諸葛孔明對將師所必具要件，頗多論述後，在「謹候」篇再歸納成十五條「將律」，是一個成功優秀的將帥所必守之「律」，其文曰：

　　　　夫敗軍喪師，無有不因輕敵而致禍者，故師出以律，失律則凶。律有十五焉，一曰慮，間諜明也；二曰詰，諜候謹也；三曰勇，敵眾不撓也；四曰廉，見利思義也；五曰平，賞罰均也；六曰忍，善含恥也；七曰寬，能容眾也；八曰信，重然諾也；九曰敬，禮賢能也；十曰明，不納讒也；十一曰謹，不違禮也；十二曰仁，善養士卒也；十三曰忠，以身徇國也；十四曰分，知止足也；十五曰謀，自料知他也。

△將帥必須遵守這十五條，否則只有招致失敗：
㈠思慮週密：要善用情報訊息，才能明白大勢。
㈡情報追蹤：追到底，追出真相。
㈢勇敢堅定：敢為正確的信念與真理，對抗強敵與邪惡。
㈣操守廉節：不受利誘，有「只見一義，不見一利」的定力。
㈤公正公平：為人處事，處理人事賞罰必須堅持。
㈥忍辱負重：成功立業，取得重大勝利前，常有的困境。
㈦心胸寬厚：氣度才會大，眼光才會遠，才能接納雅言。
㈧誠信修身：信是立身之本，人際關係才能穩固。
㈨恭敬賢能：四方人才樂於所用。
㈩明辨是非：才能遠小人，近賢臣。

㈠謙虛謹慎：得到更多支持者，才能成就大事。

㈡仁慈愛人：有惻隱之心，體恤部下。

㈢忠貞志節：忠於人，忠於事，忠於國，忠於自己。

㈣守法守分：不踰規矩，知足常樂。

㈤深謀遠慮：知彼知己，百戰不殆。

諸葛亮在此列舉十五種人生自律要點，概括起來是：明察秋毫、探求真相、勇敢堅定、廉潔奉公、賞罰分明、忍辱負重、寬宏大量、誠信修身、恭敬賢能、精忠報國和知己知彼。而在待人、待己和為國方面，做到公正無私、剛直不阿，軍隊的戰力就會不斷增強。

以上雖是對將帥的要求，事實上在各行各業的戰場，在古今中外的所有競爭舞台，想要成為必勝贏家，非得培養這些特質不可，這些特質越是具備的多，越是接近功功，也越能成為人上人，成為人中之龍象。做自己人生完美的將帥。

第四篇孔明兵法

輯 42 孔明兵法㈡將帥與國家元首的關係

談將帥指揮權的獨立原則

> *1.* 關於將帥與國家元首的關係，將帥指揮權的獨立原則，在孫子、吳起和孫臏兵法也在論述，諸葛孔明如何看待這些問題？

在中國歷代兵法家中，這些問題已有原則性的共識，即戰地指揮官對軍隊的指揮、用兵與作戰，應有其獨立自主權，一般所謂「指揮權獨立」。歷代各兵法家所不同者，在獨立到甚麼程度？或元首（帝王）能有多少授權。

指揮權之所以必須獨立，一者因為軍隊自古以來是一支很特別，須要充份「獨立空間」的團體；再者是戰機的把握，戰機稍縱即逝，戰或不戰，不太可能再向上請示。再者，若元首或文官體系，對戰地事務過多干預，將產生極大後遺症。諸葛兵法「出師」篇曰：

> 古者國有危難，君簡賢能而任之，齊三日，入太廟，南面而立；將北面，太師進鉞於君。君持鉞柄以授將，曰：「從此至軍，將軍其裁之。」復命曰：「見其虛則進，見其實則退。勿以身貴而賤人，勿以獨見而違眾，勿恃功能而失忠信。士未坐，勿坐；士未食，勿食；同寒暑，等勞逸，齊甘苦，均危患。如此則士必盡死，敵必可亡。」將受詞，鑿凶門，引軍而出。君送之，跪而推轂，曰：「進退惟時，軍中事不由君命，皆由將出。」若此，則無天於上，無地於下，無敵於前，無主於後。是以智者為之慮，勇之為之鬥，故能戰勝於外，功成於內，揚名於後世，福

流於子孫矣。

　　古代在國家有難時，國君就選拔有品德才能的人擔任將領，負責保衛國家安全。並在出師之前，舉行受命儀式，君王在事前先齋戒三日，進入太廟祝禱，其面南而立，受命將領則面向北方，太師把象徵權力的斧鉞獻給君王，再由君王把象徵權力的斧鉞授予將領，並說：「從現在起，軍隊就由將軍全權指揮了。」這時將軍就有了獨立自主的軍隊指揮權。

　　君王接著說：「作戰時，見敵人有弱點就發動攻擊，見敵軍強大就暫時先行撤退，不要因位高權重就看輕別人，也不要大權在握就一意孤行，多聽取各方情報訊息；也不要自恃戰功輝煌而失去忠誠信義。身為將帥的人，要能與士卒同甘苦，是帶兵帶心的要領。凡食宿休息或冷熱，都和部屬在一起，如此一來，士卒必能盡忠效命，戰爭必能取勝。」

　　將領受命後，即率大軍自「凶門」出發。（註：凶門即北門，古代將軍出征從北門出發，君王也在北門以喪禮送行，以示必死決心，故後世稱北門為「凶門」。）君王以半跪送行致詞說：「進退要合符時機，現在軍隊的事不由君王決定了，由將軍全權處理。」經此儀式後，軍隊不受到君王權力的任何牽制，天上到地下，將軍最大。所以，才智之士能竭盡其謀，勇猛之士竭盡其力，必能決勝千里，建功立業，福蔭子孫後代。

　　上面是孔明兵法中，一段闡述古代國家元成「軍隊指揮權獨立」。其過程、儀式和意義，顯見孔明對這種制度是很欣賞的。

　　2. 聽起來有點玄，將帥在戰場的權限幾乎「無限大」？

　　是的，道理也很簡單，孔明在「假權」篇說：

第四篇孔明兵法

夫將者，人命之所懸也，成敗之所繫也，禍福之所倚也。而
上不假以賞罰，是猶束猿猱之手，而責之以騰捷，膠離婁之目，
而使之辨青英，不可得也。

把猴子手腳綑綁起來，叫牠在樹上活潑攀爬，豈不為難牠嗎？
戰地指揮官權限若受到干預，孔明說：

若賞移在權臣，罰不由主將，人苟自利，誰懷鬥心。雖伊、呂之
謀，韓、白之功，而不能自衛也。

若然，有商湯王的宰相伊尹、周文王的宰相呂尚、或白起、韓信
等名將，也不能自保了。

孔明又引兵聖孫子言：「將之出，君命有所不受。」周亞夫說：
「軍中，聞將軍之命，不聞有天子之詔。」

有一次，漢文帝私下去巡查三個軍營，霸上、棘門與細柳，見周
亞夫的細柳軍紀嚴明，皇上被衛兵擋在大門外，通報指揮官後才許可
進入。另二個營區，竟任人進出，後來漢文帝告訴太子說：「國家有
事時，周亞夫可用。」從中國軍事家的共同觀點看，軍隊須要有較高
的獨立自主權。孔明另外從「權力」解釋，在「兵權」篇曰：

夫兵之權者，是三軍之司命，主將之威勢。將能執兵之權，
採兵之要勢，而臨群下，譬如猛虎，加之羽翼而翱翔四海，隨所
遇而施之。若將先權，不操其勢，亦如魚龍脫於江湖，欲求遊洋
之勢，奔溥戲浪，何可得也。

兵權是用來對軍隊發號司令的，並鞏固主將的威勢。將領要有兵
權才能指揮全軍，他所指揮的部隊勢必如虎添翼，不論碰到任何問題
都能解決。

如果將領失去軍隊獨立自主的指揮權，就像離開江河湖海的魚，
想要在更大的海洋中悠遊自在的氣勢，在波濤中縱橫奔騰，又那有可
能呢？恐怕連他自己也沒了生機！

關於孔明從嚴治軍治國，歷史有很多評論，「孔明揮淚斬馬謖」是有代表性的史實。小處看是為了治軍嚴明，大處看是為蜀國的存亡，為訓練一支有戰力的部隊，孔明引吳起兵法說：

> 鼓、鼙、金、鐸，所以威耳；旌幟，所以威目；禁令刑罰，所以威心。耳威以聲，不可不清；目威以容，不可不明；心威以刑，不可不嚴。三者不立，士可怠也。故曰：將之所麾，莫不心移；將之所措，莫不前死。

戰爭的嚴酷性也是將帥必需有大權的原因，從威目、威心、威耳，到全軍「將之所麾，莫不心移；將之所指，莫不前死」。凡此，必使將帥有生殺大權，排除一切政治和政客干預，才能做到「莫不前死」的境界，否則一條寶貴生命誰願意放棄？在「威令」篇曰：

> 夫一人之身，百萬之眾，束肩斂息，重足俯聽，莫敢仰視者，法制使然也。若乃上無刑法，下無禮義，雖有天下，富有四海，而不能自免者，桀、紂之類也，夫以匹夫之刑令以賞罰，而人不能逆其命者，孫武、穰苴之類也，故令不可輕，勢不可通。

將帥統領著大軍，部屬個個屏息聽訓，沒人敢仰臉看軍隊指揮官，為甚麼會有這麼嚴厲的威勢？不外是法令制度使然。如果將帥不定訂嚴刑峻法，國家沒有完備的法令規章，大家就都不講仁義道德了。縱使地位顯貴，坐擁天下，富有四海，若是違法亂紀，無法無天，最終也要滅亡，夏桀、商紂就是這類人。反之，雖是一介平民，但他發號司令，進行嚴厲的獎懲，而人們不敢背命令，大兵法家孫武、穰苴就是這樣的人。所以，法律制度不能輕視，將帥必須有生殺大權，國家

第四篇 孔明兵法

才能保有一支能征善戰的部隊。諸葛孔明重視法制的程度，因而也有認為他是法家思想者，事實上他是積極的「文治武備」者，授予將帥充份大權以利治軍，如同治國之道相同，「治軍」篇說：

> 故治國以文為政，治軍以武為計。治國不可以不從外，治軍不可以不從內。內謂諸夏，外謂戎狄。戎狄之人，難以理化，易以威服。禮有所任，威有所施，是以黃帝戰於涿鹿之野，唐堯戰於丹浦之水，舜伐有苗，禹討有扈，自五帝三王至聖之主，德化如斯，尚加之以威武，故兵者兇器，不得已而用之。

> 夫用兵之道，先定其謀，然後乃施其事。審天地之道，察眾人之心，習兵革之器，明賞罰之理，觀敵眾之謀，視道路之險，別安危之處，占主客之情，知進退之宜，順機會之時，設守禦之備，強征伐之勢，揚士卒之能，圖成敗之計，慮生死之事，然後乃可出軍任將，張禽敵之勢，此為軍之大略也。

> 夫將者，人之司命，國之利器，先定其計，然後乃行。其令若漂水暴流，其獲若鷹隼之擊物，靜若弓弩之張，動如機關之發，所向者破，而勍敵自滅。

治國以文治為原則，治軍以武功為根本；治國先考慮外部問題，治軍先考慮內部問題。所謂「內」是諸夏，所謂「外」是周邊的少數民族。就是三皇五帝這些聖君，除了道德感化，也還是要武力征討，可見文治武備是國之雙軌。

按孔明兵法之意，將帥是軍隊的主宰，國家的利器，除要有超高標準人品道德修養，有專業兵法素養，也要給也最大的權力，他必能攻必克，戰必勝。在「治軍」篇孔明又說：「故國以軍為輔，君以臣為佐，輔強則國安，輔弱則國危，在於所任之將也。」孔明的治軍治國思想來自「孫子兵法」：

> 夫將者，國之輔也，輔周則國必強，輔隙則國必弱。故軍之

所患于君者三：不知三軍之不可進，而謂之進。不知三軍之不可退，而謂之退；是謂縻軍。（孫子兵法，謀攻篇）

從孔明和孫武對將帥之道的詮釋和主張，可見中國兵法思想從古以來就有傳承和共識，更有「千年不壞」的實用價值。

4.還有，給軍事將領充份獨立自由權，也是為了把握戰機，獲取勝利？機會在那裡？

機會不是等到的，平凡之輩才會說「等機會」，兵法家則說「創造或準備」機會，即機會尚未出現時，早已先有「準備」工作，機會來時才抓得住。孔明在「治軍」篇曰：

故善戰者不怒，善勝者不懼。是以智者先勝而後求戰，闇者先戰而後求勝；勝者隨道而修途，敗者斜行而失路；此順逆之計也。

將服其威，士專其力，勢不虛動，運如圓石，從高墜下，所向者辟，不可救止。是以無敵於前，無敵於後，此用兵之勢也。

故軍以奇計為謀，以絕智為主，能柔能剛，能弱能強，能存能亡，疾如風雨，舒如江海，不動如泰山，難測如陰陽，無窮如地，充實如天，不竭如江河，終始如三光，生死如四時，衰旺如五行，奇正相生，而不可窮。

故軍以糧食為本，兵以奇正為始，器械為用，委積為備。故國困於貴買，竭於遠輸，攻不可再，戰不可三，量力而用，用多則費。罷去無益，則國可寧也；罷去無能，則國可利也。

這段話講到「先勝」、「造勢」、「奇謀」和所有後勤補給的準備工作，這些是創造「勝形」的條件。有了勝形，戰機一來便能迎接

第

四

篇
孔
明
兵
法

勝利。

孔明認為戰勝要取得「順天、因時、依人」三要件，由此三者配合出現「戰機」，致勝機會最大：

有了順天、依人的條件，因時不配合，就是違逆時機；

有了因時、依人的條件，天機不配合，就是違逆天機；

有了順天、因時的條件，依人不配合，就是違逆人心。

如果軍事將領甚麼事都要請示統帥，或要議會表決，甚或「公投」通過才行，則致勝戰機將永遠不會出現，縱使出現，也難於及時把握。

人生之所以成功、立業，何嘗不是此三者造成。常聽到一個故事，三兄弟各拿二十萬元做生意，十年後一個是擁有千萬資本的公司老闆；一個負債伍佰萬元；一個只能維持一個路邊小麵攤。為何差別如此大？天、時、人三者的把握而已。有能把握者，有不能把握者，孔明在「機形」篇說：

夫以愚克智，逆也；以智克愚，順也；以智克智，機也。其道有三：一曰事，二曰勢，三曰情。事機作而不能應，非智也；勢機動而不能制，非賢也；情機發而不能行，非勇也。善將者，必因機而立勝。

所謂「天機、時機、人機」，可以當成機會的種類，而把握之道則如「機形」所言，在事、勢和情三者的變化，故「變化」就是機會。變化是轉機，也是危機。

5. 大家都知道「天時、地利、人和」是創造勝利的三大關鍵，把握此三者是不是很困難？

給戰場指揮官充份自由獨立的自主權，是為了要精準、及時的把握戰機，以取得光榮的勝利。「戰機」從何而來，不外「天地時人」

四者交互產生的「機緣」。前面講的「天時人」是一種組合，而「天地人」也是一種組合。

「天地人」是一切環境的「基本盤」，有利或不利，致勝之機或戰敗之機，通常可以從基本盤看出「徵候」，若有更精準的觀察統計，更可以看出勝敗間的「因果關係」。如果把基本盤的變數增加到「天地時人」四項，則近乎可以解釋人生的一切成敗；反之，人生的一切成敗榮辱，都可以從「天地時人」四變項中找出解釋原因。

孔明兵法曰：

> 天勢者，日月清明五星合度，彗孛不殃，風氣調和。地勢者，城峻重崖，洪波千里，石門幽洞羊腸曲沃。人勢者，主聖將賢，三軍由禮，士卒用命，糧甲堅備。善將者，因天之時，就地之勢，依人之利。則所向者無敵，所繫者萬全矣。

這段話的「天勢、地勢、人勢」，除了指出三者的內容，也在論述對客觀環境的認識，乃善將者必具的智慧，有這種智慧才能掌握戰機。「應機」篇又曰：

> 夫必勝之術，合變之形，在於機也。非智者孰能見機而作乎？見機之道，莫先於不意。故猛獸失險，童子持戟以追之；蜂蠆發毒，壯士彷徨而失色。以其禍出不圖，變速非慮也。

是故，戰機的把握是很神奇的，是所謂「不意」（意料之外），事實上是「意料之內」，愚者以為「意外」，智者已知是「意內」。因為智者做好各項準備迎接戰機和機會的「準備工作」（文治武備），若沒有做好這些準備工作，孰能見機而作乎？也只好讓機會白白跑掉了！

第四篇孔明兵法

6. 假如「天地時人」是一切成敗的四大基本要素，有時人想成就一項大事業，要等「天機、地機、時機、人機」四大機緣都成熟配合，想必頭髮等白了，還不一定有機會吧？

確實，「機」的出現通常稍縱即逝，如「優曇缽花，時一現耳」；「人生天地之間，若白駒之過隙，忽然而已。」光是「等」，要等到「四機」到齊，可能一輩子等不到。故機緣重在及時把握，四者必有所取捨，且以「人機」為重。

孔明兵法曰：

> 夫用兵之道，在於人和，人和，則不勸而自戰矣。若將吏相猜，士卒不服，忠謀不用，群下謗議，讒慝互生，雖有湯、武之智，而不能取勝於匹夫。

佛法說：「未成佛道，先結人緣」，可見「人機」的因素確實大於其他。若「天機、地機、時機」有所不足，而人和都已具足，對天、地、時將可產生補助功能。

所以，戰場、商場、道場和人生每個階段在事業場域的奮鬥，道理其實相通。不外人和、人機的把握配合，進而「四機」的取捨和把握。

在現代社會的各行業中，我們常聽到有「做業務」的，或「做公關」的，他（她）就是有計劃（企劃、規劃）的在做人際關係事業。得人者，得天下；有人斯有財。雖說「人機」重要性高於其他，但萬事萬物總有因，尤以勝敗為然。孔明在「審因」一文中說：

> 夫因人之勢以伐惡，則黃帝不能與爭威矣。因人之力以決勝，則湯、武不能與爭功矣。若能審因而加之威勝，則萬夫之雄

將可圖，四海之英豪受制矣。

　　依據人心向背的趨勢去討伐惡敵，便能產生有如黃帝一般的威勢；能憑眾志力量去創造勝利，就能建立和商湯周武一樣的功業。如果知道衡量客觀情勢的變化，掌握人心的動向，再壯大自己的威勢，則天下群雄都願歸服所用，其功業可成。

　　這裡孔明講的「審因」，基本上仍是人心向背的問題。許多人懷疑佛光山、中台山和慈濟為何有很多錢？無數人把錢捐給佛家道場，無他，得人之心也。

輯 43 孔明兵法㈢嚴刑峻法、賞罰公平

古今兵法家常用的手段：殺、殺、殺

1. 陳老師在本節目中講過諸多兵法家，孫武、孫臏、吳起、白起，及現在的諸葛孔明，「以殺立威」似乎成為一種「正常手段」，這是正常嗎？

正常，而且必需，不殺，軍隊恐不能指揮，仗亦打不下去。從戰爭本質看，兵凶戰危，亦是如此。殺固然可用，但要殺的叫人心服口服，殺的公平，這便不易。孔明兵法「斬斷」篇：

斬斷之政，謂不從教令之法也。其法有七：一曰輕，二曰慢，三曰盜，四曰欺，五曰背，六曰亂，七曰誤，此治軍之禁也。當斷不斷，必受其亂。故設斧鉞之威，以待不從者誅之。軍法異等，過輕罰重，令不可犯，犯令者斬。

期會不到，聞鼓不行，悉寬自留，避迴自止，初近後遠，喚名不應，車甲不具，兵器不備，此為輕軍，輕軍者斬。受令不傳，傳令不審，迷惑吏士，金鼓不聞，旌旗不睹，此謂慢軍，慢軍者斬。食不廪糧，軍不省兵，賦賜不均，阿私所親，取非其物，借貸不還，奪人頭首，以獲其功，此謂盜軍，盜軍者斬。變改姓名，衣服不鮮，旌旗裂壞，金鼓不具，兵刃不磨，器杖不堅，矢不著羽，弓弩無弦，法令不行，此為欺軍，欺軍者斬。聞鼓不進，聞金不止，按旗不伏，舉旗不起，指揮不隨，避前向後，縱發亂行，折其弓弩之勢，卻退不鬥，宜左或右，扶傷舉

死，自託而歸，此謂背軍，背軍者斬。出軍行將，士卒爭先，紛紛擾擾，車騎相連，咽塞路道，後不得先，呼喚喧嘩，無所聽聞，失亂行次，兵刃中傷，長短不理，上下縱橫，此謂亂軍，亂軍者斬。屯營所止，問其鄉里，親近相隨，共食相保，不得越次，強入他伍，干誤次第，不可呵止，度營出入，不由門戶，不自啟白，奸邪所起，知者不告，罪同一等，合人飲酒，阿私取受，大言譁語，疑惑吏士，此謂誤軍，誤軍者斬。斬斷之後，此萬事乃理也。

在「斬斷」篇，孔明講到七種死刑：輕軍者斬、慢軍者斬、盜軍者斬、欺軍者斬、背軍者斬、亂軍者斬和誤軍者斬。

(一)輕軍（蔑視軍令）：

軍隊集結、報到集合不能按時到達，聽到戰鼓聲響卻按兵不動，或乘機滯留原地，不依命令進行戰鬥，甚至乘機脫隊，找理由不接受命令，故意不完成作戰準備。凡此，謂之輕軍，蔑視軍令，依法處斬刑。

(二)慢軍（怠忽軍令）：

接受了命令，卻不往下轉達；或轉令模糊、錯誤，使將士產生疑惑；或因而造成軍令不能執行，或執行有落差。不聽鑼鼓號令，不看旌旗指向。凡此，謂之慢軍，怠忽軍令，依法處斬刑。

(三)盜軍（偷盜軍隊）：

餐飲不節約糧秣，浪費補給品；身為長官而不愛惜部屬，獎賞有偏私不公，偏愛自己親近的人。無故占有別人財物，借物不還，搶走別人在戰場取得的敵人首級，偷或搶他人軍功。凡此，謂之盜軍，偷盜軍隊，依法處斬刑。

(四)欺軍（欺騙軍隊）：

任意更改自己姓名，負責保管的旌旗損壞，隨身攜行裝備不帶齊，武器鋒刃不磨銳利，兵器零件有缺，如有弓無弦或缺箭，故意使任務不能執行。凡此，謂之欺軍，欺騙軍隊，依法處斬刑。

第四篇 孔明兵法

(五)背軍（背叛軍隊）：

聽到進軍的鼓聲不進攻，聽到後退鑼聲不停止，令旗下指不臥倒，令旗上揚不起身，不聽從指揮，躲在隊伍後面畏縮不前，到處亂竄，故意損壞武器裝備，沒有後退命令就自行脫退，不執行命令，假託救死扶傷逃跑。凡此，謂之背軍，背叛軍隊，依法處斬刑。

(六)亂軍（擾亂軍陣）：

作戰時，兵卒爭先恐後，人馬不按序列行進，道路為之阻塞，行軍隊伍混亂，到處喧鬧。武器裝備到處亂丟，導至不能作戰。凡此，謂之亂軍，擾亂軍陣，依法處斬刑。

(七)誤軍（貽誤軍心）：

脫離隊伍，進入其他隊伍，擾亂秩序，出入軍營，不經過營門。知情不報者與犯案者同罪，聚眾酗酒，偏袒賄賂的人，假傳消息，使官兵造成迷惑。凡此，謂之誤軍，貽誤軍心，依法處斬刑。

軍法不僅從嚴規定，也要從嚴執行，若不能嚴格、公正執行，很難叫人心服。結果將使軍隊不能指揮，部眾不能作戰，甚麼事都做不成。

2. 現在時代進步（與孔明距有 1700 多年），而且講民主、人權，所以現代軍法與孔明兵法相比是否人性化多了？

這是一個好問題，可以古今相比較，我以國軍「戰時軍律」為例，處死刑的條文有：

(一)有守土之責，未奉命令擅自棄守者，處死刑。

(二)臨陣退怯，或託故不進者，處死刑。

(三)敵前反抗命令，或不聽指揮者，處死刑。

(四)投降敵人或叛徒者，處死刑。

㈤主謀要挾，或叛亂者，處死刑。

㈥敵前逃亡處死刑。

㈦無故或借故失誤軍機者，處死刑。

㈧坐視友軍危殆不為策應赴援者，死刑、無期徒刑或十年以上有期徒刑。

㈨無故擅離部屬，因而發生事變或貽誤軍機，處死刑。

㈨延誤軍需供應，因而失誤軍機者，處死刑或無期徒刑。

國軍法令規定死刑尚有多處，如「連坐令」、「軍刑法」，最有名的一條是「強姦婦女處唯一死刑」，而且是公訴罪。其他還有：假傳命令死刑、夥黨逃亡主謀死刑、敵前逃亡死刑、攜械逃亡死刑、投敵者死刑、故意破壞軍品死刑、負責機械人員錯安機件致人於死處死刑等。現在以「孔明揮淚斬馬謖」一事，做古今軍法比較分析。

蜀國丞相諸葛亮問：誰能守街亭？參軍馬謖乃自告奮勇守之，並立下軍令狀，若無法達成任務，願以全家性命擔保，戍守之前，諸葛亮命其守於街亭山下，但又唯恐馬謖自傲為之，遂命王平將軍共同前往戍守於街亭，因馬謖以熟讀兵法，剛愎自用，卻笑諸葛亮之命令，猶如女子之見，而未聽命於諸葛亮，又不聽王平之諫言，竟屯兵於街亭山上，遂為魏國司馬懿率三十萬大軍團團包圍，因而被困於街亭山上，終因沒有飲用水，而無法作戰，為之兵敗，幸當時氣憤之餘，分派部分兵馬與王平，守於街亭之西附近，終為王平、關興、張苞、魏延、高翔等將軍奮戰所救，當返營時，諸葛亮首先問王平，為何不聽命令戍守於街亭山下？王平誠實對曰：乃馬謖不聽命令與諫言，諸葛亮隨後問馬謖，馬謖乃跪於諸葛亮之前，俯首認罪，諸葛亮對馬謖說：若不以軍法處置，如何能打勝戰？如何能領導統御？遂將馬謖處以死刑，事後，並妥善處理其喪葬之事，復親撰祭文祭之，另按月給與扶養馬謖妻小，至此之後，蜀國喪失北伐中原之大計，彰顯奉行命令之重要也。

敵前違抗作戰命令罪之分析

敵前抗命罪之構成要件及處罰規定，依陸海空軍刑法第二十七條

第一項規定：「敵前違抗作戰命令者，處死刑。」茲將本罪法條規定析述如下：

(一)敵前抗命罪之構成要件：

1. 犯罪主體：現役軍人。

2. 犯罪客體：為「作戰命令」。所謂「作戰命令」，指我軍指揮官下達或發布與敵對國軍隊以武力相攻擊、防禦或其他戶為事項的作戰命令或指示，為下屬必須遵行之軍事行為。命令包括書面、口頭及其他形式（如號報、燈號、旗語、號角）命令。

3. 犯罪行為：為「違抗」。所謂「違抗」，指違反抗拒，不服從之意或為不聽指揮。須為公務或和作戰有關，私事則不算。

4. 行為狀況：為「敵前」。「敵前」係指直接與敵對峙，當攻守或警戒之要衝者而言。在非戰區、後方，另有規定。

5. 主觀不法要件：本罪為故意犯，即「明知故犯」違抗作戰命。意外或非本意不算。

6. 犯罪結果：於戰時或戒嚴時期，一有發生違抗命令之行為，本罪即成立。

(二)敵前抗命罪之處罰規定－唯一死刑。

軍隊作戰以勝敵為主要目的，勝敵之條件在於命令之貫徹與否，為達到能戰勝敵人，確保軍隊、國家之安全目的，故在敵前有抗命之行為，自應予以較重之處罰。抗命罪在美國、韓國、法國、以色列法律均有處罰之規定，因為命令是確保軍事任務達成之利器，如有違抗作戰命令者，小者身敗名裂，遭判刑或惹殺身之禍；大者貽誤戎機，使國破家亡，喪權辱國。故敵前軍令不可違抗，犯者處以死刑，雖有苛酷之感，但也是不得已之事。

3. 法令規定的嚴，若執行不力或有偏，也等於「空法」。所以，孔明是否想到「立法—執行」間的一些問題，以利執法？

孔明認為「軍法」是整個國家法令系統之一環，故軍法的執行是建立在「政治風氣、社會文化、司法公正」的基礎上。孔明兵法說：

防姦以政，救奢以儉，忠直可以使理獄，廉平可以使賞罰。賞罰不曲，則人死服。路有饑人，廄有肥馬，可謂亡人而自存，薄人而自厚。

執法的公平與否，重要性高於法令條文規定的鬆或嚴。孔明兵法又說：

賞罰不正，則忠臣死於非罪，而邪臣起於非功。賞賜不避怨仇，則齊桓得管仲之力。誅罰不避親戚，則周公有殺弟之名。書云：「無偏無黨，王道蕩蕩。無黨無偏，王道平平。」此之謂也。

此處所說「周公有殺弟之名」，指周成王年幼，周公攝政時（前1102年），管叔、蔡叔煽動武庚一同叛亂，周公不得已率兵討伐，三年戰爭，終於誅殺武庚與管叔，放逐蔡叔，掃平亂事。

孔明在這裡也提示，賞罰分界線是很重要的，要清楚明白，不容有「模糊空間」。有了模糊空間就會被人的私心利用，各種不法又於焉產生。

4.是，套用現代術語叫「鑽法律漏洞」，法律是人訂的，企圖鑽法律漏洞的人，一定可以找到「洞」，確實不容易做好。

確實不容易做到盡善盡美，但孔明認為「信賞必罰」還是唯一使法律可以落實執行的關鍵性因素。孔明在兵法中說：

賞罰之政，謂賞善罰惡也。賞以興功，罰以禁姦。賞不可不平，罰不可不均。賞賜知其所施，則勇士知其所死。刑罰知其所加，則邪

第四篇 孔明兵法

惡知其所畏。故賞不可虛施，罰不可妄加。賞虛施則勞臣怨，罰妄加則直士恨。是以羊羹有不均之害，楚王有信讒之敗。

用現在的術語說，那些殺人、放火、搶劫、綁架、滅門走私、販毒、販賣軍火、人口……不斷流行，層出不窮。因為他知道「贏面很大」，抓不到，他跑得掉；縱使落網，基於人權保障，脫罪機會也很大，或關入牢房也是不久又出來了。我們法律很多，但做不到「信賞必罰」，也等於是個「無法無天」的社會。

我們現在台灣的情況，正是孔明兵法說的「勞臣怨、直士恨」的情境。

> 5.軍法的執行是整個國家「政治氣候，社會文化」的一部份，這是一個大範圍，若把範圍縮小到一個軍隊之中，軍法執行成敗誰負責？

當然是軍隊指揮官負責，成敗繫於指揮官的執法決心。孔明在兵法中提到，軍隊指揮官有五種重大過失，是危害國家的五個因素：

㈠放掉有罪的人，反懲罰無罪的人。

㈡指揮官喜怒無常，導至賞罰不公。

㈢執法沒有一定標準，或只是「選擇性辦案」。

㈣法令、命令、規定經常變更，官兵無所適從。

㈤公私不分，導致部下為非做歹。

以上五項都和「法」有關，且成敗繫於指揮官之決心。

孔明在兵法中談到「優秀將帥」和「平庸將帥」的差別，除人品、用兵專業外，就是指揮官的執法能力：

善將者，決之以賞罰，故人知信，戰必勝；庸將者，賞罰失度，人不知信，賢良退伏，諂頑登用，戰必敗。

人世間有善惡之別，故世有善人和惡人之分。有人天生就會守法守紀，有人天生就會違法亂紀。這一點孔明很清楚，可見他對人性的了解是有深度的，所以他不會指望政府中的官吏是「百分百之清廉」；反之，他「假設」貪官污吏是「必定」存在的，這些是危害人民的「毒蟲」。這種毒蟲有五種，透過「人事考核制度」不斷的抓出來，永遠不停的抓，年年抓，政治自然清明。

那五種毒蟲是：

㈠利用職權擴展私欲的官吏：仗勢作惡，營私詐取，破壞法紀，用權力壓迫人民，無視民生疾苦。

㈡利用職權顛倒是非的官吏：收受錢財，而將重罪輕罰，或輕罪重罰；陷害無罪者，欺壓弱小。

㈢陰險毒辣的官吏：包庇有罪官吏，犯罪又殺人滅口，要拿要吃要喝又要女人，吃人不吐骨頭。

㈣搜括民財的貪官污吏：目中無王法，專做傷天害理之事，終日專做搜括民脂民膏，貪污腐敗。

㈤寡廉鮮恥的官吏：專以合法掩護非法，或以「五鬼搬運」法，掠奪人民和政府的財產。

孔明最痛恨這五種毒蟲，只要不斷抓，不停運用考核方法清除，政治一定可以清明。

第四篇 孔明兵法

輯 44 孔明兵法㈣建軍、練兵、用兵

中國兵法治國、治軍和用兵的一貫之道

> 1. 建軍、練兵、用兵」，看題意就大概是軍事作戰範
> 圍，該是我們各朝代兵法家談兵論道的重點吧？

中國自古以來的兵法家，都不是單純的論「兵道」，而是兼論國家建設與發展、政治制度與用人、統治者與戰場指揮官的關係等。孫子兵法開頭就說「兵者，國之大事。」前面所談孔明兵法有關將帥要件、指揮權獨立與法治建立，都是廣義的兵法範圍。本輯所談範圍只限軍事，即「建軍、練兵、用兵」，中外各國國防部所做的三件大事。

首先講到「建軍」，就是建立戰力。孔明和前代兵法家看法相同，只是孔明認為建軍是國家本能自然要有的能力，他說：「蜂蠆尚有毒，何況國乎。」動物都有自己的防衛戰力，何況一個國家！建立戰力才能無患，他說：

若乃居安而不思危，寇至不知懼，此謂燕巢於幕，魚游於鼎，亡不俟夕矣！傳曰：「不備不虞，不可以師」。又曰：「予備無虞，古之善政」。

「有備無患」的國防觀，出自「左傳」，記載春秋時代晉國家臣向晉侯進諫時，引用「書經」的話。

一個國家要建立多少軍隊？沒有一定標準，看國力大小與國家目標，以三國當時，蜀漢十萬兵力，東吳約三十萬左右，曹魏約六十萬軍，這是兵法所不能規定的。

兵法所能設訂的標準有三，其一能防衛國家內部安全，其次若有

敵人入侵能打敗敵人，其三完成國家特定目標。

孔明兵法提到建立一支可以致勝的戰力，有十二個觀察指標：

㈠那一方君主最英明？

㈡那一方將領較賢能？

㈢那一方官吏較能幹？

㈣那一方軍糧、物資較豐富？

㈤那一方兵士訓練有素？

㈥那一方的形勢（造勢）較優？

㈦那一方的機動力較優？

㈧那一方對地形、地緣及國防工事的建設運用較佳？

㈨那一方的幕僚才智、能力、專業較優？

㈩那一方的國際關係、國際聯盟做的好？

(十一)那一方的基礎物資建設（交通、航運等）做的好？

(十二)那一方的百姓生活較安定、富足？

建軍的另一個問題是「人盡其才，物盡其用」的問題，軍隊也要因人才來編組，類似現代的兵科分類，在「擇才」篇曰：

> 夫師之行也，有好鬥樂戰，獨取強敵者，聚為一徒，名曰報國之士；有氣蓋三軍，材力勇捷者，聚為一徒，名曰突陣之士；有輕足善步，走如奔馬者，聚為一徒，名曰搴旗之士；有騎射如飛，發無不中者，聚為一徒，名曰爭鋒之士；有射必中，中必死者，聚為一徒，名曰飛馳之士；有善發強弩，遠而必中者，聚為一徒，名曰摧鋒之士。此六，軍之善士，各因其能而用之也。

孔明依人的專長，把士卒分成報國部隊、突陣部隊、前鋒部隊、爭鋒部隊、射擊部隊和摧鋒部隊等六種。軍隊編成能人盡其才，便能各展所長。

2.很難想像在一千多年前，孔明的兵法就有這麼宏觀詳盡的「量表」，用來衡量現代戰爭也足足有餘，合乎這個量表的部隊也一定是一支「鋼鐵隊伍」吧？

對，所以孔明認為軍隊在平時的重要工作是「訓練、訓練、訓練」，平時演習訓練和戰時作戰，是軍隊存在的兩大要務。他在兵法中說：

夫軍無習練，百不當一。習而用之，一可當百。故仲尼曰：「不教而戰，是謂棄之。」又曰：「善人教民七年，亦可以即戎矣。」然則即戎之不可不教，教之以禮義，誨之以忠信，誠之以典刑，威之以賞罰；故人知勸。然後習之，或陳而分之，坐而起之，行而止之，走而卻之，別而合之，散而聚之。一人可教十人，十人可教百人，百人可教千人，千人可教萬人，萬人可教三軍，然後教練，而敵可勝矣。

孔明這段驗證許多史例，滿清政府北洋艦隊與日本海軍的對照，當時滿清海軍噸位遠勝日本，卻不堪承受日本海軍一擊。我們在談「孫子兵法」時，提過孫子率三萬兵力，打敗楚國二十萬大軍，且五戰五勝（呂氏春秋說九戰九勝），想必同樣道理。

孔明這支「一可當百」的部隊，成員也非等閒之輩，並非隨便到處把人「抓」來，練習幾天就能打仗。這是受到「好鐵不打釘，好男不當兵」的錯誤觀念影響，以為兵是從難民堆中抓來的，非也。

孔明兵法說：「善人教民七年，亦可以即戎矣。」從一個「活老百姓」到「不畏死的戰士」，經過七年的培養、教育訓練。這個年數，正好和現在一個國中生畢業，進中正預校（軍校預備班），到官校（四年）畢業，一共七年相同，不是巧合吧！

按孔明原意，有賢德的人，教育人民七年，就可使百姓上戰場。

這時程似乎太長，和培養一個現代化職業軍官所要時間相同。但孔明在強調，先教民以禮義廉恥，以刑法賞罰訓誡他們，使人民明理守法，再實行教戰，才是建立軍備之道。

> 3. 現在談野戰用兵，這部份是孔明的弱點，五次北伐沒有成功，野戰用兵是最直接的原因，他的兵法又如何說？

一場戰爭的失敗，大致可簡單歸類在二方面原因（高層政略錯、底層野略錯），如美國越戰敗（政略錯、野略對）、中國甲午戰敗（政略錯、野略亦錯）、鄭成功北伐敗（政略對、野略錯）、孔明北伐（政略對、野略錯）、剿共徐蚌會戰（政略錯、野略錯）、日本偷襲珍珠港（政略錯、野略對）。

野戰用兵致勝之道不外「奇、正、虛、實、內、外」六字訣，中國歷代戰爭，乃至西方毛奇（Moltke）、拿破崙（Napolean Bonaparte）、克勞塞維茨（Carl Van Clausewita）等名家論用兵，也不脫此六字，謂之「戰道必勝定律」是也。

孔明兵法論「奇正」用兵說：

> 故軍以奇計為謀，以絕智為主，能柔能剛，能弱能強，能存能亡，疾如風雨，舒如江海，不動如山，難測如陰陽，無窮如地，充實如天，不竭如江河，終始如三光，生死如四時，衰旺如五行，奇正相生，而可不窮。

「正」是指正規作戰（正常戰法、原則、正面攻擊、合「戰爭法」的規定、正式宣戰等）；「奇」是指非正規作戰（非正常戰法、臨時即興、奇襲、側面、游擊、非法或法律邊緣、不宣而戰等）。通常作戰宜正，致勝要奇。蓋達組織對美國的「911」之戰，更是奇中奇。

　　「奇」是一種創新，能奇則可神鬼莫測，歷來兵法家、企業家、作家等，無所不用其「奇」。最大的成功，最了不起的事業，通常「創奇」才能有最大的可能。

　　「奇」字的現代流行用語叫「創意」，有創意就是財富，就是勝利成功。作家創造的作品，須有創意才叫「創作」，才有價值。

野戰用兵：奇、正、虛、實、內、外示意圖

　　野戰用兵必勝的六字訣中，以「奇」為其中的靈魂，若不能「創奇」，其他五項（正虛實內外）都將落空。所以，六字訣是相配合的（如圖）。

　　後世說孔明用兵「神機妙算」，指此六字用的純熟，講他的兵法論述則可，說他的北伐則不足。

　　4.「奇」字既然如此寶貝、可貴、有用，可以產生「高價位產品」，那麼野戰用兵如何創奇？或人生的事業如何創奇？如何「操作」？「創意」才能出現？

　　創意、創奇，如何「操作」才會呈現？是「機」的問題。孔明兵法說：

　　　　必勝之術，合變之形，在於機也。非智者，孰能見機而作乎？見機之道，莫先於不意。

孔明進而解釋「機」字；
笨人打敗了聰明人，是意外，不合常理，不能稱奇；
聰明人打敗了笨人，是順勢，常情常理，不足稱奇；
聰明人打敗了聰明人，是創機，打破常理，才能稱奇。

孔明的舉例說明很新鮮清楚，所以他說「機有三種：事機、勢機、情機」、「善將者，必因機而立勝。」用現代術語詮釋，「機」的呈現在「人事時地物」有變之中：

人：你的上中下左右前後及周邊的「人」有變化，人機呈現。

事：某種事情發生（好事、壞事、大事、小事），「事」有變化，事機呈現。

時：時間因素改變（過去、現在、未來計畫），「時」機有變化，時機呈現。

地：空間因素改變（轉移戰場、環境改變、有利位置），「地」機有變化，地機呈現。

物：物件因素改變（武器、裝備、籌碼），「物」機有變化，物機呈現。

「機」呈現之後，接著就是如何「操作」選擇的問題。敵人左邊來，我右邊去；敵人白天出發，我算準了午夜到我陣地前，正好以逸待勞殲滅來犯之敵。

孔明雖積極的建軍備戰，在中國兵法家群中有「神機妙算」的地位，但孔明並非「好戰份子」，他主張「不戰而屈人之兵」，在「不陳」一文曰：

古之善理者不師，善師者不陳，善陳者不戰，善戰者不敗，善敗者不亡。昔者，聖人之治理也，安其居，樂其業，至老不相攻伐，可謂善理者不師也。若舜修典刑，咎繇作士師，人不干令，刑無可施，可謂善師者不陳。若禹伐有苗，舜舞干雨而苗民格，可謂善陳者不戰。若齊桓南服強楚，北服山戎，可謂善戰者不敗。若楚昭遭禍，奔秦求救，卒能返國，可謂善敗者不亡矣。

善於治國的人不使用軍隊，善於使用軍隊的人不必出兵布陣，善於出兵布陣的人不輕易開啟戰端，善於作戰的人不會戰敗，善於處理敗局的人不會滅亡。孔明舉諸多史例詮釋這層道理，也說明在中國兵

第四篇孔明兵法

法中，治國－治軍－作戰，有著一貫不變的道理。在孔明兵法另有「治國」、「君臣」、「治亂」都闡揚這些中國兵法的特質。

> 5.治國、治軍、作戰和用兵，在中國兵法中，同是兵法、兵學之範疇，此應中國兵法和西洋兵法不同之處。孔明在這方面還有那些值得闡揚的思想？

「諸葛亮兵法」尚有幾篇經世濟民之作，論述其治國治軍之道，至今乃有重要參考價值，同時提供現代人之人際競爭諸多啟發。「治國」篇曰：

> 治國之政，其猶治家。治家者務立其本，本立則末正矣。夫本者，倡始也，末者，應和也。倡始者天地也，應和者，萬物也。萬物之事，非天不生，非地不長，非人不成。故人君舉措應天，若北辰為之主，台輔為之臣佐，列宿為之官屬，眾星為之人民也。是以北辰不可變改，台輔不可失度，列宿不可錯繆，此天之象也。故立台榭以觀天文，郊祀、逆氣以配神靈，所以務天之本也；耕農、社稷、山林、川澤，祀祠祈福，所以務地之本也；庠序之禮，八佾之樂，明堂辟雍，高牆宗廟，所以務人之本也。故本者，經常之法。規矩之要，圓鑿不可以方枘，鉛刀不可以欣伐。此非常用之事不能成其功，非常用之器不可成其巧。故天失其常，則有逆氣，地失其常，則有枯敗，人失其常，則有患害。《經》曰：「非先王之法服不敢服」，引之謂也。

治國原則和家庭管理一樣，治家從根本原則確立，其他細微末節自然順利發展。「本」是萬事萬物之源頭，「末」與本相呼應，天地是源頭，萬物呼應而出，世界上沒有天地就沒有一切，沒有人就沒有成功。

所以，元首的行為要順應天理，如天空以北極星為中心，大臣官吏如其他星辰，繁星像是百姓。宇宙間的日月星辰有一定的位置，這是天象。建高臺以觀天象之徵兆，山川祭典以達和神靈相通，這是致力於天道事業。耕田種地，是致力於大地的根本事業。廣設學校學習禮儀，講授治國理論，祭祀列祖列宗，這是致力於人的根本事業。故所謂本，是永恆不變的法度，法度要合時所用，一如圓鑿不能配方柄，鉛刀不能砍樹木，工具或方法不對便不能成就大業。

若天道反常，就有惡兆，大地出現動亂，萬物會枯敗；人倫失常必有禍亂。因此，經書說：「非古之聖賢禮法道統，我不能妄加遵從」，就是這個道理。在中國，治國治軍都不能脫離一貫道統。在「君臣」篇中孔明說：

君臣之政，其猶天地之象。天地之象明，則君臣之道具矣。君以施下為仁，臣以事上為義。二心不可以事君，疑政不可以授臣。上下好禮，則民易使；上下和順，則君臣之道具矣。君以禮使臣，臣以忠事君。君謀其政，臣謀其事。政者，正名也。事者，勸功也。君勸其政，臣勸其事，則功名之道俱立矣。是故君南面向陽，著其聲響，臣北面向陰，見其形景。聲響者，教令也。形景者，功效也。教令得中則功立，功立則萬物蒙其福。是以三綱六紀有上中下。上者為君臣，中者為父子，下者為夫婦，各修其道，福祚至矣。君臣上下，以禮為本，父子上下，以恩為親，夫婦上下，以和為安。上不可以不正，下不可以不端。上枉下曲，上亂下逆。故君惟其政，臣惟其事，是以明君之政修，則忠臣之事舉。學者思明師，仕者思明君。故設官職之全，序爵祿之位，陳璇璣之政，建台輔之佐，私不亂公，邪不干正，引治國之道具矣。

君臣相處如天地關係，正確的君臣關係也就具備了。人君應行仁政，臣子盡忠奉主。臣事君不可有二心，人君亦不可以違正道之事交

付臣下，上下守禮，則國家易於統治。君待臣以禮，臣事君以忠，政治就能上軌道，建功立業亦可成。

以上這段是孔明闡述君臣關係、夫妻和父子的道理，和國家治理之道。在中國歷史上，孔明如是說，亦如是做，成為千古之典範。劉備託孤時對孔明親口說：「若嗣子（劉禪）可輔，則輔之，如其不才，可取而代之。」後來李嚴勸諸葛亮稱王，亮始終不為所動。劉禪作為一國之君，雖然不才，且被後世稱「扶不起的阿斗」，但阿斗始終信任諸葛亮，做到大膽放手，「充份授權」。而孔明則鞠躬盡瘁，死而後已，這樣的「內閣制」成為中國歷史上的典範。

在諸葛亮兵法之外，有三篇最為世人稱道的作品，「隆中對」、「前出師表」、「後出師表」，此三篇並未列入兵法之作，但其實是「兵法中的兵法」，乃「兵法之極致」作品也。尤以前後出師表兩篇，所闡述的「漢賊不兩立，王業不偏安」思想，實在是中國歷史發展的終極指導，今日不論大陸或台灣，仍被這個思想「框」的緊緊的。這個思想如佛祖的手掌，歷史上所有的分離主義就像那隻「孫猴子」（如台獨），終究翻不出佛祖的手掌心。

孔明上前後出師表後，大約過九百年左右，到南宋高宗紹興八年（一一三八年）間，岳飛率軍路過南陽武侯祠，在附近駐兵休息，岳飛遊謁武侯祠，在道士請求下，揮就前後出師表，並提跋於末曰：

> 紹興戊午（八年）秋八月望（十五日）前，過南陽，謁武侯祠，遇雨，遂宿於祠內。更深，秉燭細觀昔賢所贊先生文詞、詩賦及祠前石刻二表，不覺淚如雨下。是夜竟不成眠，坐以待旦。道士獻茶畢，出紙索字，揮涕走筆，不計工拙，稍解胸中抑鬱耳。岳飛並識

有鑑於「漢賊不兩立、王業不偏安」大一統思想對中國歷史的影響，更憂心於今日台灣日趨像「賊」，將岳飛手寫前後出師表列為本書附件，以警世人。

走筆至此，又過了將近九百年的公元二○○六年二月間，台灣獨派領導人陳水扁準備要「廢統」（廢除國統會和國統綱領），統派領導人也是台北市長的馬英九大倡「終極統一論」，總算對分離主義有些制衡作用。但不知李登輝、陳水扁、蔡英文這票人怎麼想的，非搞分離不可，他們只要權位，不顧戰火燒起，苦了人民百姓，或許政客、漢奸是不顧這些吧！

輯 45 天下奇才贊孔明

功蓋三分國，大名垂宇宙

> *1.* 今天我們為孔明做一個小結，難免要為他的一生有些
> 臧否。當然，孔明的歷史評價是極高的，但人非完美
> 的，例如五次北伐都失敗，只有一個南征成功。

「南征」也有爭議的，因為南征的對象只是一些苗、猺、猓等部落，並非針對「國家」或「政權」。這涉及歷史上對「戰爭」二字的定義，素來就有兩種看法。

第一種是兵法家和軍事家的觀點，認為戰爭是雙方意志的武力行動，以屈服對方意志為最後目標，打到最後投降為止。因此，一切為勝利所行的暴力、衝突、大規模屠殺都是合法的，克勞塞維茨是這種思想的主流。

第二種是政治學家和法學家的觀點，認為戰爭是國家和國家間的軍事武力衝突，其優點是有「戰爭法」為依據解釋各種問題。也有盲點：

中國內戰不是戰爭（當時中共不是國家）。

美國南北戰爭也不是戰爭（有一方不是國家）。

恐怖戰爭不是戰爭（一方不是國家，恐怖分子不適用戰爭法）。

孔明南征也不是戰爭（一方不是國家）。

若南征不算戰爭，孔明一生就沒有打過一場贏的戰爭。赤壁之戰孔明負責政治戰略方面，促成「孫劉同盟」，並不負實際上的領兵作戰之責。

孔明在中國歷史上評價之高的原因，來自「忠貞氣節、鞠躬盡瘁、死而後已」的高風亮節的美德，這部份太完美了。

　　若戰爭是國家和國家間的武力較量行為，那麼孔明的南征不是戰爭，孔明便是本書四大兵法家中，唯一沒有打過勝仗的兵法家。前三家（孫武、吳起、孫臏）都從戰爭中驗證他們的兵法，且取得重大勝利，沒有疑義。

> *2. 真可惜，如果五次北伐最後成功，那他就「超完美」*
>   *了。*

　　也未必，可能「超不完美」。我在前面講過，以當時蜀漢的處境，想要「北伐中原、統一中國」，蜀漢要行法家兵制，兵農合一，全國皆兵，動員三十萬兵力，而不是小小的十萬兵力。

　　如此一來，蜀漢因戰爭陣亡人口可能達到全國總人口的三分之一，此種傷亡是很可怕的。極有可能使北伐戰爭質變成「不義之戰」，孔明成為一介「屠夫」。我認為孔明生前是可以看清楚這種局面，因此他只維持十萬兵力，避免百姓過度傷亡。但如此一來，北伐就很難打出有規模的戰爭。

　　我的意思不是說十萬兵力打不出「有規模的戰爭」，或說十萬兵力不足以北伐中原，復興漢室。本書所舉的兵法家，孫武以三萬兵力大敗楚國二十萬大軍；吳起率五萬兵大敗秦國五十大軍；而孫臏屢敗魏龐涓大軍，兵力亦未出十萬。就是赤壁之戰，大敗曹操近百萬之眾，也不過孫劉盟軍少數幾萬人。凡此，都說明戰爭勝敗不是「人數」問題，而是用兵的問題，用兵能否出「奇」！

　　孔明想用十萬兵力復興漢室，統一中國，可惜在戰略、戰術和謀略上，均不如孫武、吳起、孫臏，五次北伐終究失敗了。

　　孔明在兵法上有「善敗者不亡」的構想（理想），或許他預知北

伐失敗機率很高，甚是預料中事。所以，其他方面要有不亡的層次（高風亮節、鞠躬盡瘁、死而後已、絕對忠貞），這些是永恆不亡的精神。

> 3. 或許任何價值都是相對的，對甲方好，對乙方可能不好。陳老師曾提過的，孔明在「隆中對」所說的，荊州、益州可取，也是「非法」奪人政權，這件事該如何解釋才能適法？

此處我們再重溫「隆中對」一段話：

> 荊州北據漢沔，利盡南海……其主不能守，此殆天所以資將軍，將軍豈有意乎？益州險塞……劉璋闇弱，張魯在北，民殷國富而不知存恤，智能之士思得明君。

這段話我用現在國際關係為例，進一步說明詮釋：阿富汗北據獨立國協，利盡中東，但他的政府太不負責了，這是天上掉下來的機會，你沒有企圖嗎？伊拉克地位險要，總統不顧人民死活，這些政權都要找機會推翻他。

而取而代之。這種合法性是爭議很大的。所以，第二次波灣戰爭（2003 年）歐洲絕大數反對美國攻打伊拉克，歐洲認為這是非法行為，聯合國也認為美國非法入侵。

惟三國時代的中國，群雄割據（割據是非法的，也不具有合法性基礎。）因此，只要打著「統一」的召牌，奪人政權就變成合法行為。

台灣若一直不接受統一，日久也成了地方割據，合法性日趨降低；對岸的「中國合法性」日趨昇高，武力統一也就成了「合法行為」，到時台灣就煩惱大大了。

4.孔明在「隆中對」也說過「西和諸戎，南撫夷越」，他在「孔明兵法」也講過有機會就要對「四夷」用兵，都合法嗎？

這些問題合法與非法都不能解釋了，基本上那是一種兵荒馬亂的年代，英雄豪傑並起，有能力的人都可以起來「逆取」。只要奪權後可以「順守」，便是合法。

以當時的國際觀，天下便是中國，天下也只有一個國家叫「中國」，四方夷人都不是國家。因此，征、討、撫、和，對中國而言都是合法的，只看有無能力。

在孔明兵法中提到如何解決「四夷」問題：

東夷未可圖也，「若上亂下離，則可以行間。間起則隙生，隙生則修德以來之，固甲兵而擊之，其勢必克也。」南蠻多種，春夏多疾疫，利在速戰速決，避免長期遠征。西戎勇悍好利，當候以外交關係的破綻，抓住發生內亂的機會，予以痛擊，必可獲勝。

北狄不可戰，應採守勢，防衛入侵，待對方空虛或衰弱時，再大舉進攻，一次就殲滅之。

「西和諸戎，南撫夷越」是三國時代最有意義的大事，排除三國紛亂不言，三國對外經略是中國歷史發展和民族融合重要的一段。曹魏向東經營，討伐高句麗，聲威達到黃海之濱。魏明帝時，日本遣使入貢，受封「倭王」。

蜀漢經略雲南、貴州一帶的蠻族，對民族文化融合同化貢獻很大。孫權經略夷州（台灣），是我國經營台灣的開始。

5.現在是否該到為孔明總結的時段？

第四篇 孔明兵法

對一個人的一生做總評，尤其歷史人物，引用資料最好是當事人已經死後，或用對手陣營的評價為較客觀。

孔明在戰場上的對手司馬懿，當孔明在五丈原死後，追到蜀軍殘壘上大贊碰到的是一個「天下奇才」。

後來司馬昭滅了蜀漢，立即命諸將領學習孔明兵法。晉武帝司馬炎也親自向蜀漢降臣請教孔明的治國之道，陳壽在「三國志」評曰：

諸葛亮之為相國也，撫百姓，示儀軌，約官職，從權制，開誠心，布公道……刑政雖峻而無怨者，以其用心平而勸戒明也。可謂識治之良才，管、蕭之亞匹矣。

陳壽說孔明「刑政雖峻而無怨者」，可從「孔明揮淚斬馬謖」前，馬謖給孔明的「口信」得到證明，「襄陽記」說：

謖臨終與亮書曰：「明公視謖猶子，謖視明公猶父，願深惟殛鯀與禹之義，使平生之交不虧於此，謖雖死無恨於黃壤也。」
于時十萬之眾為之垂涕。亮自臨祭，待其遺孤若平生。

孔明的治國用刑足為我們現在許多官員警惕，有那方面有半點像「孔明精神」，豈不眾生之福氣也！

但每件事總有正反兩面意義，在「襄陽記」中也說，蔣琬後詣漢中，謂亮曰：「昔楚殺得臣，然後文公喜可知也，天下未定而戮智計之士，豈不惜乎！」亮流涕曰：「孫武所以能制勝於天下者，用法明也。是以楊干亂法，魏絳戮其僕。四海分裂，兵交方始，若復廢法，何用討賊邪！」

6. 現在是對孔明做總結的時候，請陳老師用幾分鐘為大家結語，下週開始要談中國歷代戰史，從黃帝戰蚩尤開始。

以陳老師之口為孔明做總結，也許權威性不足，我請中國歷史上最權威、最有公信力的五個人來做總評。

第一位是詩聖杜甫（杜甫草堂也在成都，看輯三〇的圖），他在「蜀相」詩說：

丞相祠堂何處尋，錦官城外柏森森。

映階碧草自春色，隔葉黃鸝空好音。

三顧頻煩天下計，兩朝開濟老臣心。

出師未捷身先死，長使英雄淚滿襟。

杜甫還稱孔明「功蓋三分國」、「大名垂宇宙」、「伯仲之間見伊呂」，「伊」指伊尹，呂是姜太公。

第二位詩仙李白，他稱讚孔明「魚水三合顧」風雲四海生，武侯立岷蜀，壯志吞咸京。」

第三位白居易的詩說：

託孤既盡殷勤意，報國還傾忠義心。

前後出師遺表在，令人一覽淚沾襟。

第四位唐太宗，稱讚孔明是「賢相」，「為政至公」，要所有大臣效法孔明精神。

第五位清聖祖康熙說：諸葛亮云：「鞠躬盡瘁，死而後已」，為人臣者，惟諸葛亮能如此耳。」

孔明一生有這五位為他「背書」，想是夠了，他在九泉之下應當是很滿意自己的表現才是。但我認為更重要的，現在乃至未來，當官從公及我們每個人，應思索如何學習「孔明精神」——敗形致勝的完美大政略。

孔明一生除了促成三國鼎立外，他的理想、目標並沒有達成，也不算成大功、立大業，但如杜甫所讚「大名垂宇宙」，在中國歷史上享有近乎完人神格地位。這或許是中國文化的特質，從「文化」層面

來定義「中國」與「非中國」。如後來的鄭成功、蔣中正等，他們一生堅定「反清復明、反攻大陸」信念，基本思想都是復興漢室，恢復中華。至於成敗，也就不是人可以預料的，亦如孔明在「後出師表」所言：「凡事如是，難可逆料。臣鞠躬盡瘁，死而後已，至於成敗利鈍，非臣之明所能逆睹也。」他們都鞠躬盡瘁，死而後已。

總括「孔明兵法」（諸葛亮兵法），有「將苑」五十篇，「便宜」十六策，重點在將道、用兵、識人、機變、外交、治國等，並無完整之體系，似筆記或雜記，由許多短篇彙成。其他有關練兵、兵勢、天候、地形之用，未出孫子和吳起兵法之理念。

結論：生活智慧中的中國兵法

　　中國四大兵法家的歷史故事，孫子佐吳伐楚，五戰入郢而亡楚；吳起在魏為將，在楚為相，百戰不殆；孫臏佐齊，圍魏救趙，用減灶之計誘殺龐涓；而民間傳說孔明用兵如神，其「空城計」、「借東風」，在民間已「信以為真」，這雖是受三國演義的影響，但在中國、日本等國，孔明已被「神格化」成為一個大兵法家。

　　這些故事在中國民間流傳已數千年，包括民間戲劇、詩歌、小說、相聲、說書，乃至當代電影、電視、電玩、舞台劇等，用各種形式，一再製作、上演，他們的故事早已內化成中國人的思想、生活，大家耳熟能詳。這是中國兵法家的特殊榮譽，也是中國文化思想和西方不同之處。西方的兵法家通常只有學術界或專業軍人認識他，不會成為文學藝術表達的對象，一般人就無緣認識了。

　　四大兵法家仍以孫武的「孫子兵法」，二千多年來始終為世界「武壇」之聖典，唐太宗說：「朕觀歷代兵法，無出孫子。」（四庫全書提要），廿一世紀了，依然如此。孫子以後諸家，吳起、孫臏、孔明等，雖未能超越兵聖孫子，也能將孫子兵法融會自身獨到見解和特質，加以發揚光大，成為自己智慧，配合當時特別時空環境，及自己在戰場上的實證，成就另一部具有不同於孫子風格的兵學寶典。這也是吳起、孫臏、孔明等人的了不起。

　　我以為中國兵法雖豐，但孫武、吳起、孫臏和孔明四家已能涵括其要。四家之外，仍有諸多了不起的兵法家、軍事家，如韓信、岳飛、戚繼光，兵法思想均不出本書四家。這亦是本書選「四大」兵法家的理由。

　　由於中國兵法的廣布流傳，其思想傳神易懂，經歷代各類作家編寫成各種劇本、戲曲、說書、歷史故事等，許多典故不僅知識份子通

第四篇孔明兵法

曉，就是販夫走卒小老百姓，也懂得利用某些兵法操作方式。即三十六計也，中國人幾無不知者，最差的也懂得在必要時「走為上策」之計。

三十六計可以說是中國兵法的三十六個基本概念，三十六套基本理論。本書整理三十六計的典出和意涵，為總結論並供讀者運用，在中國歷史上任何朝代的知名史事，大多可以從三十六計中的任何一計，找到成敗檢討的對照。如范睢「遠交近攻」使秦吞六國，司馬懿「樹上開花」空手取天下，鐵木真「隔岸觀火」亡金滅宋，多爾袞「趁火打劫」入主中國。讀者讀完本書，可有成功兵法之領悟！

中國兵法三十六計的典出和意涵

計	計名	典出與意涵
1	瞞天過海	備周則意怠，常見則不疑。陰在陽內，不在陽之對。例：秦呂不韋政商合一。2004 年「319 槍擊」事件。
2	圍魏救趙	共敵不如分敵，敵陽不如敵陰。例：孫臏兵法「圍魏救趙」。
3	借刀殺人	引友殺敵，不出自力。例：孔明聯吳抗曹，司馬懿獻計孫權攻關羽，解樊城圍。
4	以逸待勞	孫子兵法「虛實」篇，吳起、孫臏兵法都有。
5	趁火打劫	孫子兵法「火攻」篇、勾踐復國。
6	聲東擊西	「欲其西，襲其東」。姜太公、孫子等兵法均有此一戰略。
7	無中生有	孔明「空城計」和「草船借箭」、張巡「假人借箭」均此策略之用。
8	暗渡陳倉	張良、韓信用「明修棧道」、「暗渡陳倉」改變楚漢相爭之戰略態勢。
9	隔岸觀火	孫子兵法「火攻」篇之運用。
10	笑裡藏刀	孫子、吳起、孫臏兵法均有「辭卑、進也；和者，謀也。」之說。
11	李代桃僵	「孫臏賽馬」、「捨車保帥」、「趙氏孤兒」史例，同一概念之用。
12	順手牽羊	趙匡胤「陳橋兵變」、「黃袍加身」策略之用。
13	打草驚蛇	孫子兵法「行軍」篇；疑以叩實，察而後動。
14	借屍還魂	借亡國君主的後代，號召天下，進而控制天下都是。
15	調虎離山	孫子兵法「其下攻城」，謀攻為上，以利誘「虎」。

16	欲擒故縱	孔明兵法，「七擒七縱」史例。
17	拋磚引玉	孫子，吳起「作之、角之」察敵之法，孫臏減灶誘殺龐涓。
18	擒賊擒王	戰場上常用，引申全勝而不摧堅擒王，是縱虎歸山也。
19	斧底抽薪	從「根」部解決問題，「抽薪止沸，剪草除根。」
20	混水摸魚	乘動亂取利，或主動攪亂，亂中取勝。（太公、吳起兵法）。
21	金蟬脫殼	孔明兵法，五丈原撤退。存其形，完其勢；友不疑，敵不動。
22	關門捉賊	吳起兵法，一賊不要命，足懼千夫，關門成擒矣。
23	遠交近攻	范雎用之使秦統一天下，後世常用。
24	假道伐虢	處於兩強（A、B）之中的小國，若受兩強之一威脅，另一強者應出兵救援，從中取利。
25	偷樑換柱	趙高為報父仇，所使「亡秦」之策，殺盡始皇子孫，門垮李斯。
26	指桑罵槐	用鬥爭「次目標」達到警告「主目標」的策略，如明燕王和皇帝間鬥爭。
27	假癡不癲	孫子「無智名、無勇功」之用，司馬懿在五丈原應孔明激戰之法。
28	上屋抽梯	我方置之死地而後生，斷絕對手後援，用利誘敵都是此法之用。
29	樹上開花	加入強者陣容以壯大自己，大太監魏忠賢「取明」之策。
30	反客為主	乘機插足，反客為主，孔明勸劉備「取蜀」之策。
31	美人計	范蠡為助勾踐復國，把情人西施獻給吳王夫差，後世最常用的謀略。
32	空城計	孫子兵法「虛實」篇的概念，孔明用之。
33	反間計	孫子兵法「用間」篇的概念，歷史上用的多。
34	苦肉計	孫子兵法「用間」篇的延伸使用。
35	連環計	三國龐統「連環」火燒戰船，王允用貂蟬使董卓和呂布成仇。
36	走為上	吳起兵法「可則進，不可則退。」一九四九年國民黨走台灣為成功走例。

附錄一：孫武生平活動及有關大事年表

紀年	孫武年歲	有關大事	史籍記載
齊靈公十五年（公元前五六七年）		齊國滅萊，孫武曾祖父「陳無宇獻萊之宗器於襄宮」。	《左傳・襄公六年》
齊莊公五年（前五四九）		晉代齊，陳無宇至楚「乞師」。棘澤之戰後，楚「使薳啟強帥師送陳無宇」。	《左傳・襄公二十四年》
齊景公三年（前五四五）		欒、高、陳、鮑四族聯合攻慶氏，慶氏敗亡。陳無宇原跟從慶封田獵，籍故速歸。	《左傳・襄公二十八年》
齊景公八年（前五四○）		晉平公娶齊女，陳無宇送少姜至晉。此時，陳無宇已官至「上大夫」。	《左傳・昭公二年》
齊景公九年（前五三九）		陳無宇以大量貸出，小量收進，使民「愛之如父母，而歸之如流水」，因而實力增強。	《左傳・昭公三年》
齊景公十三年（前五三五）	約生於此年		據《左傳》、《吳越春秋》等史籍推算
齊景公十六年（前五三二）	約三歲	陳桓子（即陳無宇）與鮑氏聯合，擊敗、驅逐欒、高氏，因而獲取高唐之邑，「陳氏始大」。	《左傳・昭公十年》
齊景公二十五年（前五二三）	約十二歲	孫武祖父孫書因「伐莒有功」，齊景公封以采邑在樂安（今山東惠民、博興、廣饒縣一帶），並「賜姓孫氏」。從此，孫氏從陳氏中分出，另立門戶。	《左傳・昭公十九年》、《新唐書・宰相世系表》、《古今姓氏書辨證》
齊景公三十年（前五一八）	約十七歲	司馬穰苴受鮑氏、高氏、國氏諸族的譖害，「發疾而死」。此事對孫武震動很大。	《史記・司馬穰苴傳》
齊景公三十一年（前五一七）	約十八歲	孫武因厭惡齊國內部卿大夫之間的激烈的無休止的傾軋鬥爭，「以田、鮑四族謀為亂，奔吳」。	《新唐書・宰相世系表》、《古今姓氏書辨證》

吳王僚十一年 （前五一六）	約十九歲	孫武來到吳國，結識了伍員，見吳國局勢也動盪不定，便「避隱深居」，「隱於羅浮山之東」，開始兵法的編撰工作。	《吳越春秋・闔閭內傳》、《東周列國志》
吳王僚十二年 （前五一五）	約二十歲	吳公子光乘吳大軍伐楚、國內空虛之機，以專諸為刺客，襲殺吳王僚而自立，號為吳王闔廬（或作「闔閭」）。	《左傳・昭公二十七年》
吳闔廬元年 （前五一四）	約二十一歲	闔廬任伍員為行人，「與謀國事」；又任楚國來奔的伯嚭「為大夫」。吳國發展生產，訓練軍隊，呈現一派欣欣向榮的氣象。	《史記・伍子胥傳》、《吳越春秋・闔閭內傳》
吳闔廬二年 （前五一三）	約二十二歲	孫武繼續隱居，撰著兵法，並設法請伍員在吳王面前引薦自己。	
吳闔廬三年 （前五一二）	約二十三歲	闔廬欲伐楚，伍員在吳王面前「七薦孫子」。孫武帶著「十三篇」兵法來見吳王，並在宮後園林中試兵。闔廬任孫武為將，克舒、滅徐。闔廬欲長驅入楚，孫武勸阻。孫武、伍員提出伐楚的良策。	《吳越春秋・闔閭內傳》、《史記》本傳及《吳世家》、漢簡《孫子兵法・見吳王》、《左傳・昭公三十年》
吳闔閭四年 （前五一一年）	約二十四歲	吳用孫武、伍員之謀，「侵楚」至夷，進過潛、六，「圍弦」，待楚師來救，吳師即還。	《左傳・昭公三十一年》
吳闔閭五年 （前五一〇）	約二十五歲	闔廬「以越不從伐楚，南伐越」。吳軍遂「伐破檇里」，使越國屈服。	《吳越春秋・闔閭內傳》、《左傳・昭公三十二年》
吳闔廬七年 （前五〇八）	約二十七歲	吳策動桐國「叛楚」，又使舒鳩氏「誘楚人」東進。吳用孫武之謀，敗楚師於豫章，又攻克巢，俘「獲楚公子繁」。	《左傳・定公二年》

第四篇 孔明兵法

吳闔廬九年 （前五〇六）	約二十九歲	吳軍由闔廬統領，在孫武、伍員的直接指揮下，「以三萬破楚二十萬」，「五戰五勝」而入郢。楚昭王逃入雲夢澤中，申包胥至秦乞師。	《左傳・定公四年》、《呂氏春秋・簡選》、《太平御覽》引《新序》
吳闔廬十年 （前五〇五）	約三十歲	吳師在秦、楚聯軍的夾擊下，屢戰屢敗，同時越兵乘機攻入吳國，夫概先歸欲篡王位，闔廬不得不率師返吳。	《左傳・定公五年》
吳闔廬十一年 （前五〇四）	約三十一歲	吳繼續派「太子終累敗楚舟師」，又敗楚之「陵師」於繁揚。楚國大懼，遂遷都由郢至鄀。同時，闔廬在孫武、伍員的輔助下，又向北「伐齊，大克」。	《左傳・定公六年》、《越絕書・記吳地傳》
吳闔廬十九年 （前四九六）	約三十九歲	闔廬乘越王允常剛去世之機，出兵伐越。越王勾踐施計擊敗吳軍，闔廬傷重身亡。	《左傳・定公十四年》、《史記・吳世家、越世家》
吳夫差二年 （前四九四）	約四十一歲	吳王夫差在伍員、孫武的幫助指揮下，率軍擊敗來犯的越師，並跟蹤追擊，圍困越師於會稽山。勾踐只得向吳屈辱求和。同年，吳又「侵陳」。	《左傳・哀公元年》、《國語・越語下》、《越絕書・記地傳》
吳夫差七年 （前四八九）	約四十六歲	吳復「伐陳」，楚「救陳」。	《左傳・哀公六年》
吳夫差九年 （前四八七）	約四十八歲	吳伐魯，「盟而還」。吳又因蔡邾君，「使諸大夫奉太子革以為政」。	《左傳・哀公八年》
吳夫差十一年 （前四八五）	約五十歲	吳與魯、邾、郯等聯合，「伐齊南鄙」；吳「徐承帥舟師將自海入齊」，被齊擊敗。	《左傳・哀公十年》
吳夫差十二年 （前四八四）	約五十一歲	吳、魯聯軍敗齊師於艾陵。伍員看出越國的陰謀，不同意吳國北上伐齊，又屬其子於齊鮑氏，被夫差賜劍而死。	《左傳・哀公十一年》、《史記・伍子胥傳》

吳夫差十三年 （前四八三）	約五十二歲	伍員死後，孫武也退隱避居，觀察局勢變化，從事兵法的修訂工作。	
吳夫差十四年 （前四八二）	約五十三歲	夫差率大軍北上，與晉、魯等國君盟會於黃池，吳爭為盟主。越乘機襲吳，攻入吳都。	《左傳・哀公十三年》、《國語・吳語》
吳夫差十六年 （前四八〇）	約五十五歲	孫武因憂國憂民，鬱鬱不得志而謝世，葬於吳都郊外。或說其被夫差誅戮。	《越絕書・記吳地傳》、《漢書・刑法志》
吳夫差十八年 （前四七八）		越國向吳大舉進攻，吳夫差軍在笠澤之戰中大敗。	《左傳・哀公十七年》、《國語・吳語》
吳夫差二十一年 （前四七五）		越又大舉伐吳，圍困吳都。	《左傳・哀公二十年》
吳夫差二十三年 （前四七三）		越滅吳，夫差自刎。	《左傳・哀公二十二》、《呂氏春秋・知化》

本表資料來源：楊善群，孫子・知書房出版社（台北：一九九六年五月），附錄。

附錄二　諸葛亮年譜

年號	西元	年齡	諸葛亮年譜	重要記事
漢靈帝光和四年	181	1	諸葛亮誕生。	
中平元年	184	4		元月，黃巾之亂。 五月，皇甫嵩、曹操大破黃巾賊。
六年（弘農王）	189	9		四月，靈帝駕崩，皇子辯即位。（弘農王） 八月，袁紹計盡殺宦官。 九月，董卓廢帝立陳留王。
漢獻帝初平元年	190	10	生母章氏死。	正月，袁紹等關東諸將起兵討伐董卓。 三月，董卓將首都由洛陽遷往長安。 劉表被封為荊州刺史。
二年	191	11		二月，孫堅討伐董卓，進入洛陽。 十月，劉備、公孫瓚、黃祖殺孫堅。
三年	192	12	父諸葛珪死。	四月，董卓被殺。
興平元年	194	14	諸葛亮與姊弟投靠叔父諸葛玄。（兄諸葛瑾可能於此時奉母至江東）	劉備佔領豫、徐二州。
二年	195	15	諸葛亮與姊弟隨叔父諸葛玄到南昌任豫章太守。後朱皓入替豫章太守，諸葛玄遷往荊州。	董卓三部將李催、郭汜騷擾長安。
建安二年	197	17	叔父諸葛玄死。諸葛亮隱居隆中。	袁術稱帝，與曹操抗衡
三年	198	18		劉表平定荊州八郡。
四年	199	19		劉備欲謀殺曹操，未果。
五年	200	20	兄諸葛瑾出仕孫權。	孫策死，孫權繼位。十月，曹操破袁紹於官渡。
六年	201	21		劉備投靠荊州劉表。
七年	202	22		五月，袁紹死。
十年	205	25		曹操佔領冀、青、幽、并四州。

十一年	206	26	註：隱居期間（二年至十一年）與徐庶、石韜、孟建等人遊學，並娶沔南名士黃承彥之女為妻。	
十二年	207	27	劉備三顧茅廬。諸葛亮提出「隆中對」，並答應輔佐劉備。	劉禪（後主）生於荊州。
十三年	208	28	秋，諸葛亮出使柴桑，首會孫權，促使「吳蜀聯盟」。	六月，曹操任漢宰相。七月，曹操南征荊州。八月，劉表死，次子劉琮繼任。九月，劉琮降曹操。劉備南撤。十月，赤壁之戰。
十四年	209	29	諸葛亮任軍師中郎將，督守零陵、桂陽、長沙三郡。	劉備佔有荊州四郡。
十五年	210	30		十二月，周瑜死，魯肅繼任。
十六年	211	31	劉備入蜀。諸葛亮與關羽、張飛、趙雲共守荊州。	
十七年	212	32		十二月，劉備攻劉璋，據涪城。
十八年	213	33	諸葛亮好友龐統戰死。	四月，曹操受封為魏公。
十九年	214	34	劉關羽鎮州，諸葛亮率張飛、趙雲入攻益州，定江州。五月，益州定。諸葛亮受封為軍師將軍。	五月，劉備入主益州。
二十年	215	35	與吳爭荊州。諸葛亮鎮守南郡。	劉備與孫權分割荊州。七月，曹操取漢中。
二十一年	216	36	諸葛亮留守成都。	劉備攻漢中。五月，曹操受封為魏王。
二十二年	217	37		魯肅死，呂蒙繼任。
二十三年	218	38	諸葛亮接受楊洪的建議，發動益州士兵支援劉備攻漢中。	
二十四年	219	39		五月，劉備取漢中。七月，劉備自稱漢中王。八月，關羽困曹仁於樊城。十月，孫曹聯盟，共討關羽。

年代	西元	歲	諸葛亮事蹟	時事
二十五年 魏文帝 黃初元年	220	40	七月，諸葛亮進諫劉備除劉封。	正月，曹操死。十月，曹丕廢獻帝，自立為帝，東漢亡。
蜀漢 昭烈帝 章武元年 魏文帝 黃初二年	221	41	春，諸葛亮等大臣建議劉備稱帝。四月，諸葛亮任丞相。七月，張飛死，諸葛亮兼任司隸校尉。	四月，劉備稱帝，蜀漢興。
蜀漢 章武二年 魏黃初三年吳 黃武元年	222	42	十月，諸葛亮奉詔理成都南北郊。	十二月，漢嘉太守黃元叛變。
蜀漢章武三年 後主建興元年 魏黃初四年吳 黃武二年	223	43	二月，諸葛亮至永安。四月，諸葛亮受遺詔。五月，諸葛亮受封為武鄉侯領益州牧。並開丞相府。	四月，劉備死。五月，後主立，改元建興。六月，南夷造反。十一月，鄧芝使吳，吳蜀復盟。
蜀漢 建興三年 魏黃初六年吳 黃武四年	225	45	三月南征南中。秋，南中平定。	
蜀漢 建興四年 魏黃初七年吳 黃武五年	226	46		魏文帝曹丕死，子曹叡繼位為魏明帝。
蜀漢 建興五年 魏明帝太和元 年吳黃武六年	227	47	春三月，諸葛亮上〈出師表〉並領兵進駐漢中。長男諸葛瞻誕生。	
蜀漢 建興六年 魏太和二年 吳黃武七年	228	48	春，街亭失守，第一次北伐失敗。諸葛亮殺馬謖，上表自貶三等，改為右將軍，行丞相事。十一月，上〈後出師表〉第二次北伐，於陳倉之役，糧盡而返。	

蜀漢 建興七年 魏太和三年 吳大帝 黃龍元年	229	49	春，第三次北伐，定武都、陰平二郡。因功復任丞相。十二月，還丞相大本營於南山，並於沔陽築漢城、樂城。	四月，孫權稱帝。九月，孫權建都建業。
蜀漢 建興八年 魏太和四年 吳黃龍二年	230	50	諸葛亮集結大軍於城固、赤坂二地。派魏延、吳懿西征，大破魏軍。	六月，魏曹真南征漢中，遇大雨而返。
蜀漢 建興九年 魏太和五年 吳黃龍三年	231	51	二月，第四次北伐。諸葛亮命李嚴留守漢中，並改造木牛送糧秣。五月，大破司馬懿。六月，蜀軍回師。上表廢李平。	六月，魏將張郃追擊諸葛亮，遇伏而死。
蜀漢 建興十年 魏黃龍六年 吳嘉禾元年	232	52	諸葛亮在黃沙休士勸農，並在白鳥山重新製造木牛流馬。	
蜀漢 建興十一年 魏青龍元年 吳嘉禾二年	233	53	以木牛流馬搬運糧草集屯於斜谷口。	吳伐魏未克。
蜀漢 建興十二年 魏青龍二年 吳嘉禾三年	234	54	春二月，第五次北伐。四月，諸葛亮出斜谷到郿縣，並在渭水南岸和司馬懿對壘。八月，諸葛亮病逝五丈原。	五月，吳軍分三路大舉攻魏。

資料來源：徐富昌，諸葛亮・幼獅文化（民85年5月），附錄二。

第四篇 孔明兵法

附錄三　諸葛亮前出師表

　　臣亮言。先帝創業未半。而中道崩殂。今天下三分。益州疲敝。此誠危急存亡之秋也。然侍衛之臣。不懈於內。忠志之士。忘身於外者。蓋追先帝之殊遇。欲報之於陛下也。誠宜開張聖聽。以光先帝遺德。恢宏志士之氣。不宜妄自菲薄。引喻失義。以塞忠諫之路也。宮中府中。俱為一體。陟罰臧否不宜異同。若有作姦犯科及為忠善者。宜付有司。論其刑賞。以昭陛下平明之治。不宜偏私。使內外異法也。侍中侍郎郭攸之費褘董允等。此皆良實。志慮忠純。是以先帝簡拔以遺陛下。愚以為宮中之事。事無大小。悉以咨之。然後施行。必能裨補闕漏。有所廣益。將軍向寵。性行淑均。曉暢軍事。試用於昔日。先帝稱之曰能。是以眾議舉寵以為督。愚以為營中之事。事無大小。悉以咨之。必能使行陣和穆。優劣得所也。親賢臣。遠小人。此先漢所以興隆也。親小人。遠賢臣。此後漢所以傾頹也。先帝在時。每與臣論此事。未嘗不歎息痛恨於桓靈也。侍中尚書。長史參軍。此悉貞亮死節之臣也。願陛下親之信之。則漢室之隆。可計日而待也。臣本布衣。躬耕於南陽。苟全性命於亂世。不求聞達於諸侯。先帝不以臣卑鄙。猥自枉屈。三顧臣於草廬之中。諮臣以當世之事。由是感激。遂許先帝以驅馳。後值傾覆。受任於敗軍之際。奉命於危難之間。爾來二十有一年矣。先帝知臣謹慎。故臨崩寄臣以大事也。受命以來。夙夜憂勤。恐託付不效。以傷先帝之明。故五月渡瀘。深入不毛。今南方已定。兵甲已足。當獎帥三軍。北定中原。庶竭駑鈍。攘除姦凶。興復漢室。還於舊都。此臣之所以報先帝。而忠陛下之職分也。至於斟酌損益。進盡忠言。則攸之褘允之任也。願陛下託臣以討賊興復之效。不效。則治臣之罪。以告先帝之靈。若無興德之言。則責攸之褘允之咎。以彰其慢。陛下亦宜自謀。以咨諏善道。察納雅言。深追先帝遺詔。臣不勝受恩感激。今當遠離。臨表涕泣。不知所云。

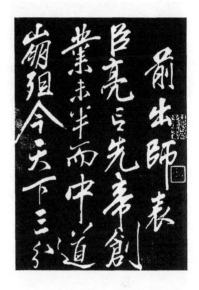

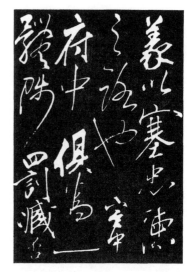

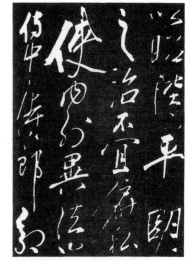

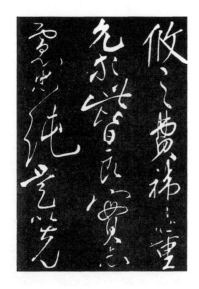

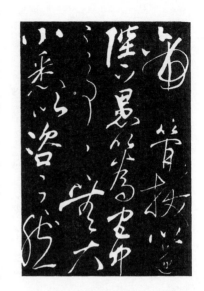

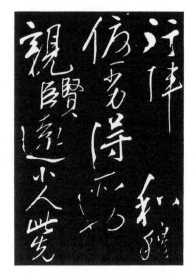

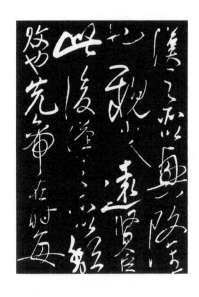

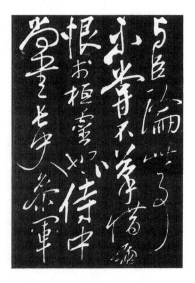

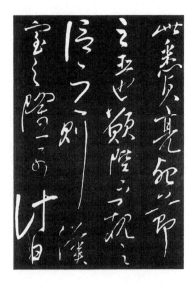

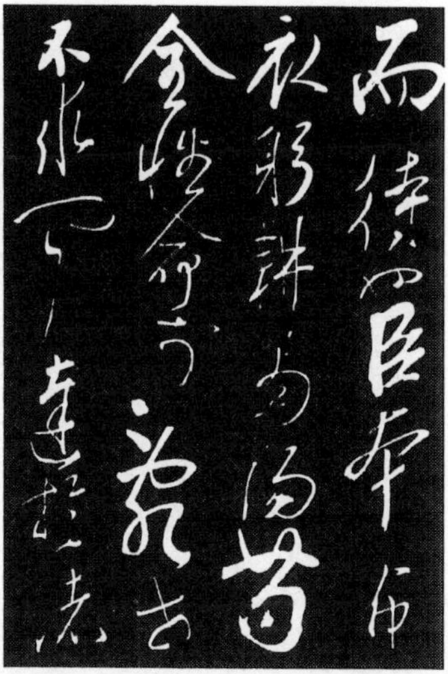

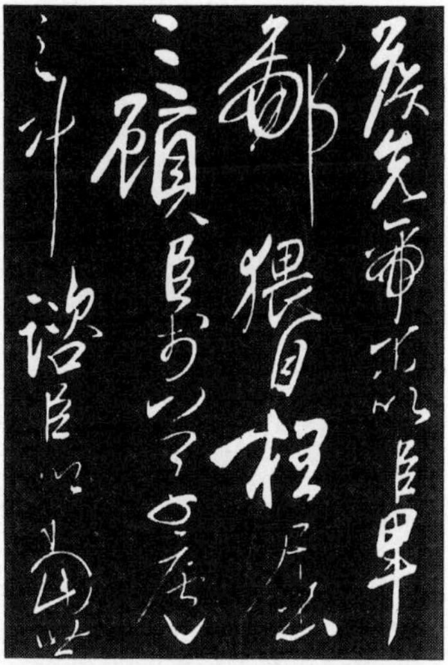

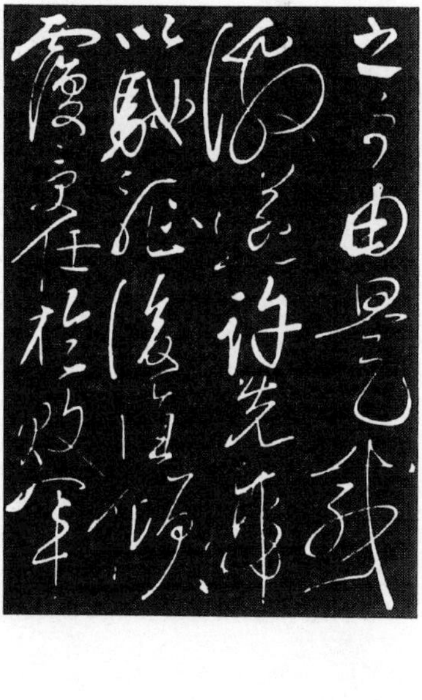

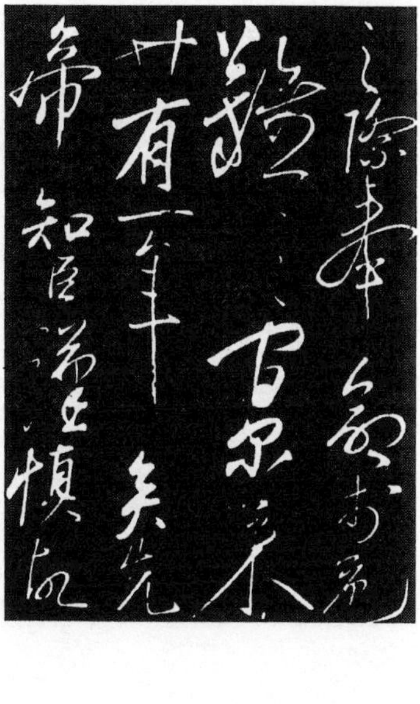

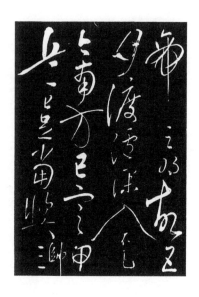

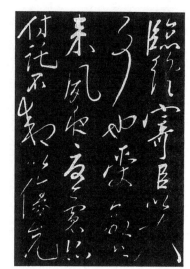

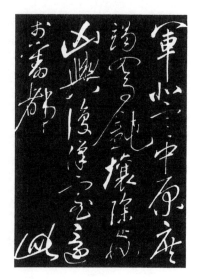

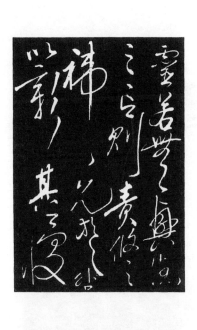

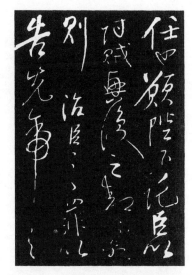

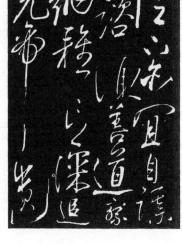

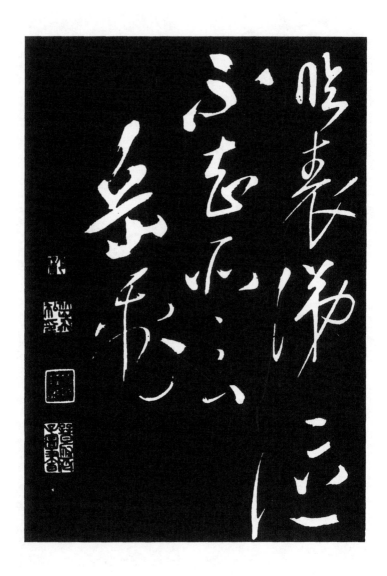

附錄五　諸葛亮後出師表

　　先帝慮漢賊不兩立。王業不偏安。故計臣以討賊也。以先帝之明。量臣之才。固知臣伐賊。才弱敵彊也。然不伐賊。王業亦亡。惟坐而待亡。孰與伐之。是故託臣而弗疑也。臣受命之日。寢不安席。食不甘味。思惟北征。宜先入南。故五月渡瀘。深入不毛。並日而食。臣非不自惜也。顧王業不可偏安於蜀都。故冒危難。以奉先帝之遺意。而議者謂為非計。今賊適疲於西。又務於東。兵法乘勞。此進趨之時也。謹陳其事如左。高帝明並日月。謀臣淵深。然涉險被創。危然後安。今陛下未及高帝。謀臣不如良平。而欲以長策取勝。坐定天下。此臣之未解一也。劉繇王朗。各據州郡。論安言計。動引聖人。群疑滿腹。眾難塞胸。今歲不戰。明年不征。使孫策坐大。遂並江東。此臣之未解二也。曹操智計。殊絕於人。其用兵也。髣髴孫吳。然困於南陽。險於烏巢。危於祁連。偪於黎陽。幾敗北山。殆死潼關。然後偽定一時爾。況臣才弱。而欲以不危而定之。此臣之未解三也。曹操五攻昌霸不下。四越巢湖不成。任用李服。而李服圖之。委任夏侯。而夏侯敗亡。先帝每稱操為能。猶有此失。況臣駑下。何能必勝。此臣之未解四也。自臣到漢中。中間朞年耳。喪趙雲。陽群。馬玉。閻芝。丁立。白壽。劉郃。鄧銅等。及曲長屯將。七十餘人。突將無前。賨叟青羌。散騎武騎。一千餘人。此皆數十年之內。所糾合四方之精銳。非一州之所有。若復數年。則損三分之二也。當何以圖敵。此臣之未解五也。今民窮兵疲。而事不可息。事不可息。則住與行。勞費正等。而不及早圖之。欲以一州之地。與賊持久。此臣之未解六也。夫難平者事也。昔先帝敗軍於楚。當此時。曹操拊手。謂天下已定。然後先帝東連吳越。西取巴蜀。舉兵北征。夏侯授首。此操之失計而漢事將成也。然後吳更違盟。關羽毀敗。秭歸蹉跌。曹丕稱帝。凡事如是。難可逆料。臣鞠躬盡瘁。死而後已。至於成敗利鈍。非臣之明所能逆睹也。

附錄六　岳飛書法：後出師表

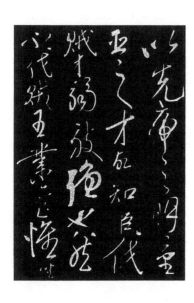

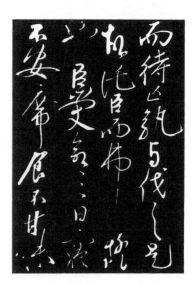

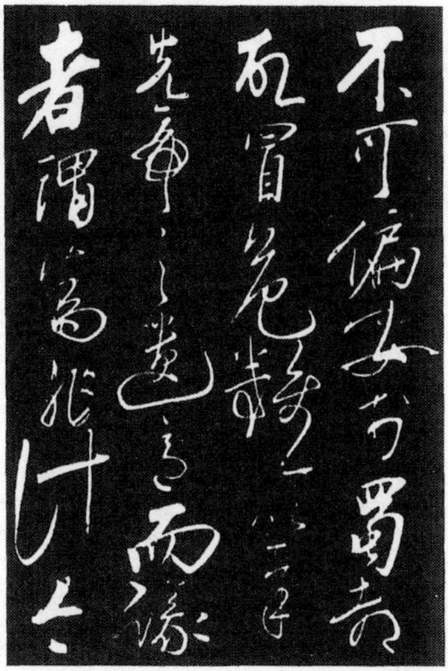

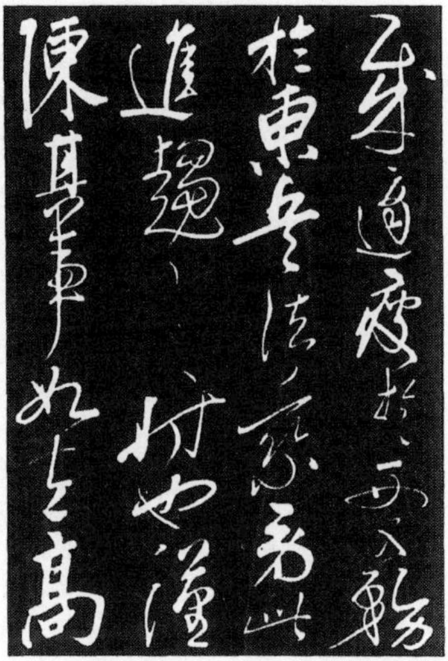

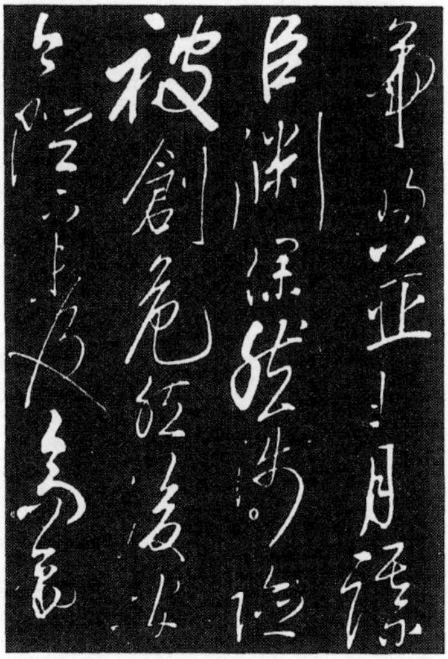

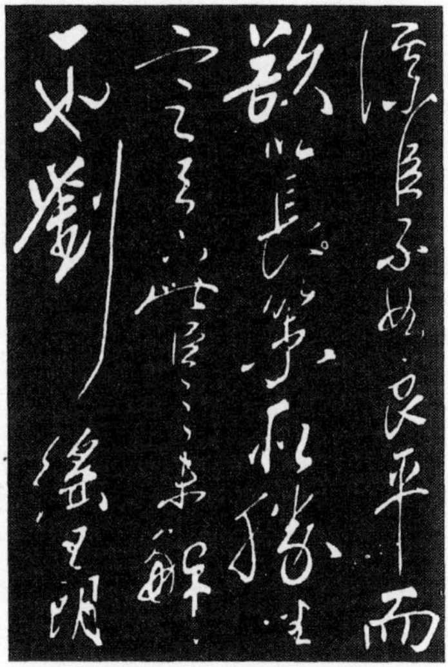

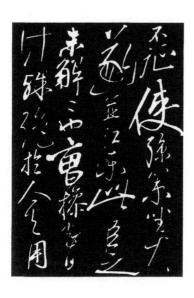

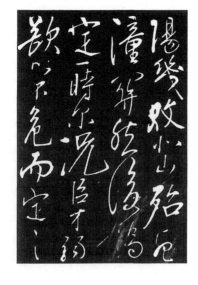

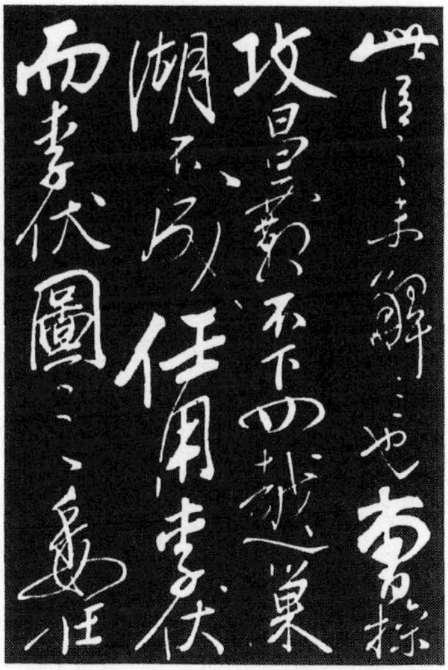

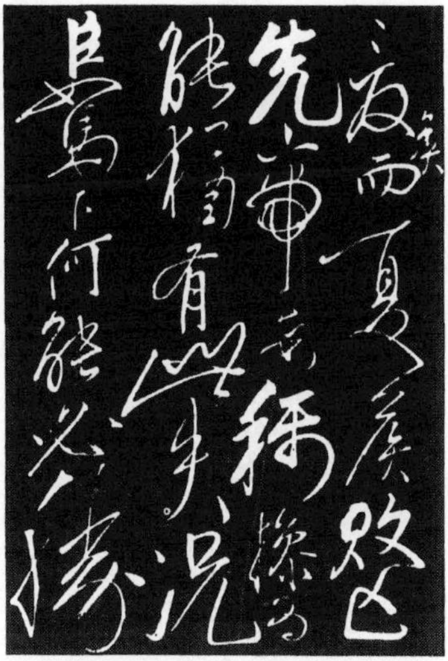

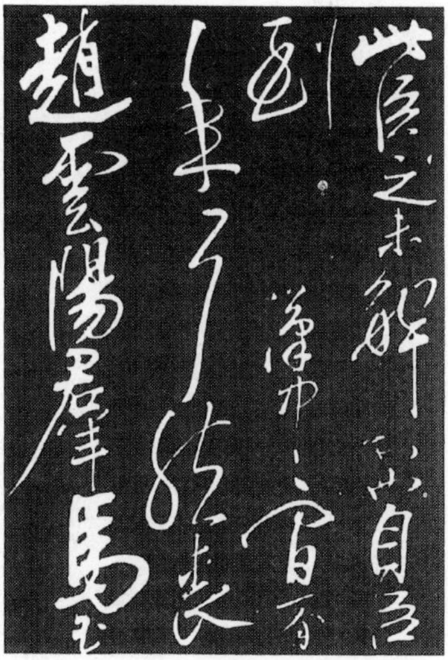

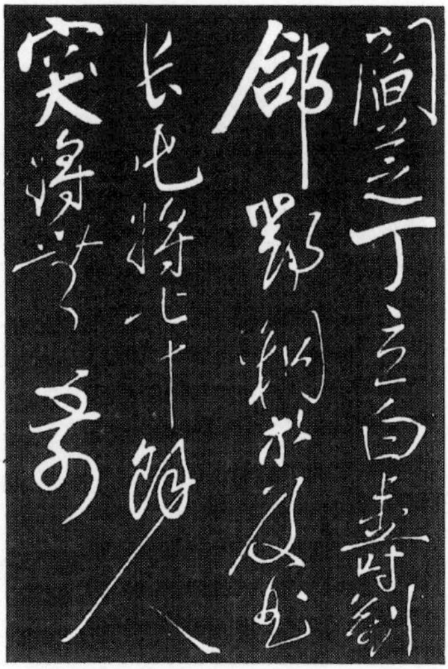

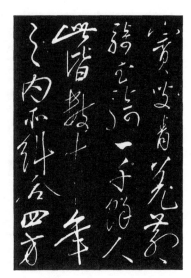

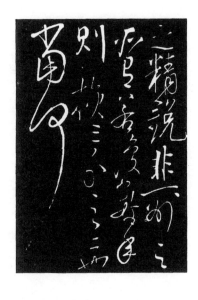

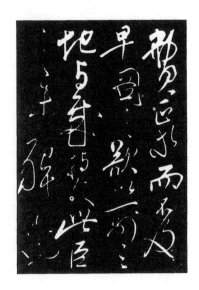

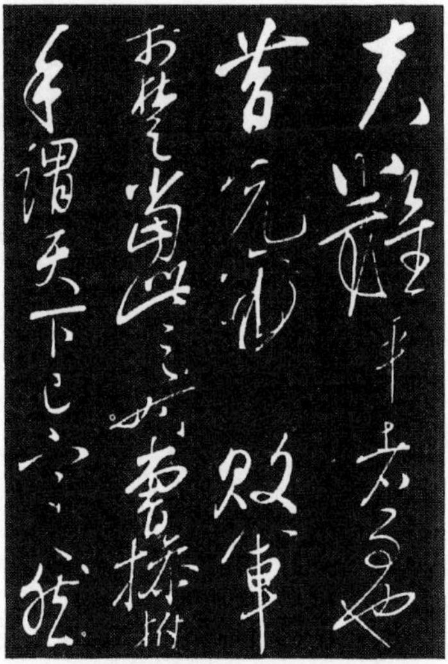

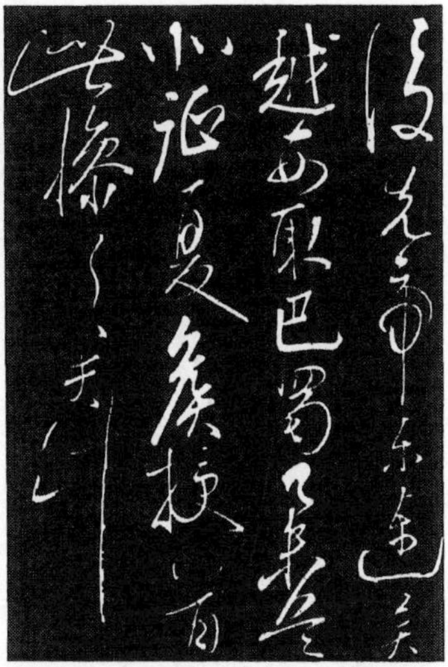

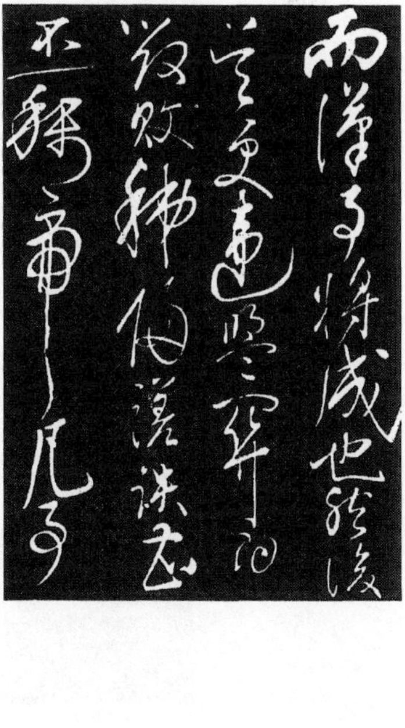

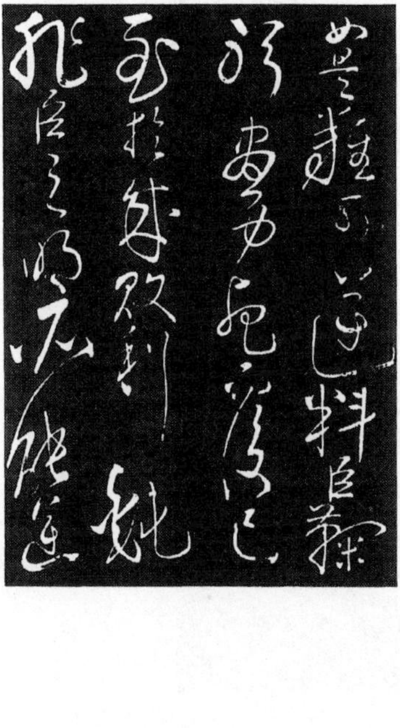

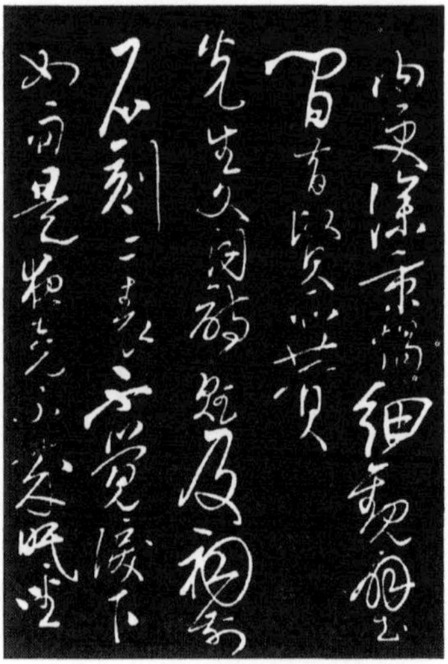

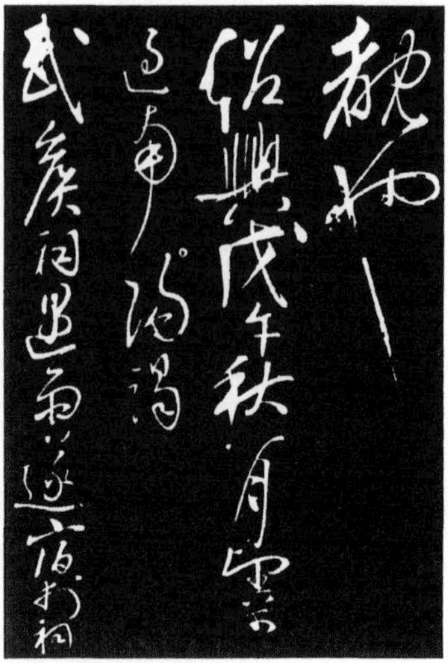

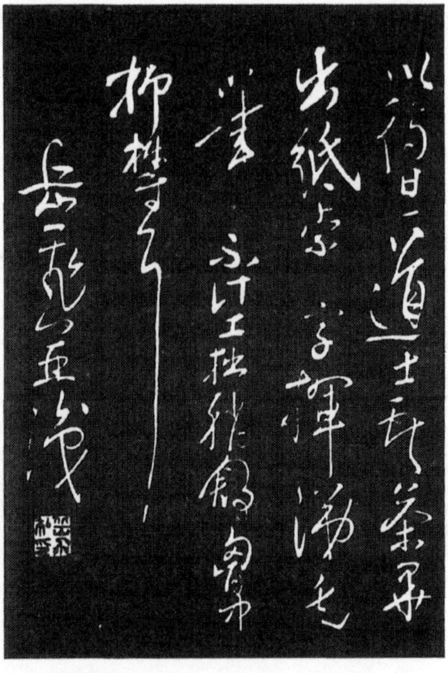

陳福成生命歷程與創作年表

民國四十一年（一九五二）一歲
　　△元月十六日，生於台中縣大肚鄉，陳家。
民國四十八年（一九五九）八歲
　　△九月，進台中縣大肚國民小學一年級。
民國四十九年（一九六〇）九歲
　　△夏，轉台中市太平國民小學一年級。
民國五十年（一九六一）十歲
　　△春，轉台中縣大雅國民小學六張犁分校二年級。
　　年底搬家到沙鹿鎮，住美仁里四平街。
民國五十一年（一九六二）十一歲
　　△轉台中縣新社鄉大南國民小學三年級（月不詳）。
民國五十四年（一九六五）十四歲
　　△六月，大南國民小學畢業。
　　△九月，讀東勢工業職學學校初中部土木科一年級。
　　△是年，開始在校刊《東工青年》發表作品。
民國五十七年（一九六八）十七歲
　　△六月，東工第一名畢業，獲縣長王子癸獎。
　　△八月三十一日，進陸軍官校預備班十三期。
　　持續在校刊發表作品，散文、雜記等小品較多。
民國五十九年（一九七〇）十九歲
　　△春，大妹出車禍，痛苦萬分，好友王力群、鍾聖錫、
　　劉建民、虞義輝等鼓勵下接受基督洗禮。
民六〇年（一九七一）二十歲
　　△六月，預備班十三期畢業。

△七月，同好友劉建民走橫貫公路（另一好友虞義輝
　因臨時父親生病取消）。

△八月，升陸軍官校正期班四十四期。

△年底，萌生「不想幹」企圖，四個死黨經多次會商，
　一直到二年級，未果，繼續讀下去。

民六十四年（一九七五）二十四歲

△四月五日，蔣公逝世，全連同學宣誓留營以示效忠，
　僅我和同學史同鵬堅持不留營。（多年後國防部稱
　聲那些留營都不算）

△五月十一日（母親節），我和劉、虞三人，在屏東
　新新旅社訂「長青盟約」。

△六月，陸軍官校四十四期畢業。

△七月，到政治作戰學校參加「反共復國教育」。

△九月十九日，乘「二二九」登陸艇到金門報到，任
　金防部砲指部斗門砲兵連中尉連附。

民國六十五年（一九七六）二十五歲

△醉生夢死在金門度過，或寫作打發時間，計畫著如
　何可以「下去」（當老百姓去），考慮「戰地」軍
　法的可怕，決定等回台灣再看情況！

民國六十六年（一九七七）二十六歲

△春，輪調回台灣，在六軍團砲兵六○○群當副連長。
　駐地桃園更寮腳。

△五月，決心不想幹了，利用部隊演習一走了之，當
　時不知道是否逃亡？發生「逃官事件」，險遭軍法
　審判。

△九月一日，晉升上尉，調任一九三師七七二營營部
　連連長，不久再調任砲連連長，駐地中壢。

△十一月十九日，「中壢事件」，情勢緊張，全連官
　兵在雙連坡戰備待命。

民國六十七年（一九七八）二十七歲

△七月，全師換防到馬祖，我帶一個砲兵連弟兄駐在最前線高登（一個沒水沒電的小島），島指揮官是趙繩武中校。

△十二月十五日，美國宣佈和中共建交，全島全面備戰，已有迎戰及與島共存亡的心理準備，並與官兵以「島在人在，島失人亡」共盟誓勉。

民國六十八年（一九七九）二十八歲

△十一月，仍任高登砲兵連連長。

下旬返台休假並與潘玉鳳小姐訂婚。

民國六十九年（一九八〇）二十九歲

△七月，換防回台，駐地仍在中壢雙連坡。

△十一月，卸連長與潘玉鳳結婚。

民國七〇年（一九八一）三十歲

△三月，晉升少校（一九三師）

△七月，砲校正規班結訓。

△八月，轉監察，任一九三師五七七旅監察官。（時一九三師衛戍台北，師長李建中將軍）。

民國七十一年（一九八二）三十一歲

△三月，仍任一九三師五七七旅監察官。駐地在新竹北埔。

△現代詩「高登之歌」獲陸軍文藝金獅獎。當時在第一士校的蘇進強上尉，以「青青子衿」拿小說金獅獎。很可惜後來走上台獨路，不知可還有臉見黃埔同學否？

△長子牧宏出生。

△年底，全師（193）換防到馬祖北竿。

民國七十二年（一九八三）三十二歲

△六月，調任一九三師政三科監察官（馬祖北竿，師長丁之發將軍）

△十二月，調陸軍六軍團九一兵工群監察官。

民國七十三年（一九八四）三十三歲

△十一月，仍任監察官。

△父喪。

民國七十四年（一九八五）三十四歲

△四月，長女佳青出生。

△六月，〈花蓮十日記〉（台灣日報連載）。

△八月，調金防部政三組監察官佔中校缺，專管工程、採購。（司令官宋心濂上將）

△九月，「部隊管教與管理」獲國防部第十二屆軍事著作金像獎。

△今年，翻譯愛倫坡（Edgar Allan）恐怖推理小說九篇，並在偵探雜誌連載，多年後才正式出版。

民國七十五年（一九八六）三十五歲

△元旦，在金防部監察官晉任升中校，時金防部司令官趙萬富上將。

△六月，考入政治作戰學校政治研究所第十九期三研組。（所主任孫正豐教授、校長曹思齊中將）

△八月一日，到政治作戰學校研究所報到。

民國七十六年（一九八七）三十六歲

△元月，獲忠勤勳章乙座。

△春，「蔣公憲政思想研究」獲國民黨文工會學術論文獎。

△九月，參加「中國人權協會」講習，杭立武當時任理事長。

△今年，翻譯愛倫坡小說五篇，並在偵探雜誌連載，多年後才正式出版。

民國七十七年（一九八八）三十七歲

△六月，政研所畢業，碩士論文「中國近代政治結社之研究」。到八軍團四三砲指部當情報官。

△八月，接任第八團四三砲指部六〇八營營長，營部

在高雄大樹，準備到田中進基地。（司令是王文燮中將、指揮官是涂安都將軍）

民國七十八年（一九八九）三十八歲

△四月，輪調小金門接砲兵六三八營營長。（大砲營）（砲指部指揮官戴郁青將軍）

△六月四日，「天安門事件」前線情勢緊張，前後全面戰備很長一段時間。

民國七十九年（一九九○）三十九歲

△七月一日，卸六三八營營長，接金防部砲指部第三科作戰訓練官。

△八月一日，伊拉克入侵科威特，海峽情勢又緊張，金門全面戰備。

民國八○年（一九九一）四○歲

△元月、二月，波灣戰爭，金門仍全面戰備。

△三月底，輪調回台南砲兵學校任戰術組教官。（指揮官周正之中將）（以後的軍職都在台灣本島，我軍旅生涯共五次外島，金門三，馬祖二。）

民國八十一年（一九九二）四十一歲

△三月，參加陸軍協同四十五號演習。

△六月，考入三軍大學陸軍指參學院。（校長葉昌桐上將、院長王繩果中將）

△七月四日，到大直三軍大學報到。

民國八十二年（一九九三）四十二歲

△六月十九日，三軍大學畢業，接任花東防衛司令部砲指部中校副指揮官，時中校十一級。（指揮官是同學路復國上校，司令官是畢丹中將）

△九月，我們相處的很好，後來我離職時，同學指揮官送我一個匾，上書「運籌帷幄，決勝千里」。可惜實際上沒有機會發揮，只能在紙上談兵，在筆下論戰，幾年後路同學升少將不久也退伍了。調原單

位司令部第三處副處長。

△這年經好同學高立興的努力，本有機會調聯訓部站一個上校缺，卻因被一個姓「朝鮮半島」的同學「穿小鞋」，功敗未成，只好持續在花蓮過著如同無間地獄的苦日子。

民國八十三（一九九四）四十三歲

△二月，考取軍訓教官，在復興崗受訓。（教官班四十八期）

△四月，到台灣大學報到，任中校教官。當時一起來報到的教官尚有唐瑞和、王潤身、劉亦哲、吳曉慧共五人。總教官是韓懷豫將軍。

△四月，老三佳莉出生。她的出生是為伴我中老年的寂寞，從她出生到小三，洗澡換尿片三更半夜喝奶，全我包辦，三個孩子只有她和我親近。

△七月，母喪。

△十一月，在台大軍官團提報「一九九五閏八月的台海情勢」廣受好評。

民國八十四年（一九九五）四十四歲

△六月，「閏八月」效應全台「發燒」。

△《決戰閏八月 ── 中共武力犯台研究》一書出版（台北：金台灣出版社）。本書出版後不久，北京《軍事文摘》（總第59期），以我軍裝照為封面人物，大標題以「台灣軍魂陳福成之謎」，在內文介紹我的背景。

△七月，開始編寫各級學校軍訓課程「國家安全」教材。

△十二月，《防衛大台灣 ── 台海安全與三軍戰略大佈局》一書出版：（台北：金台灣出版社）

民國八十五年（一九九六）四十五歲

△元月，為撰寫軍訓課本「國家安全」，本月十一日

偕台大少校教官陳梅燕拜訪戰略家鈕先鍾先生，主題就是「國家安全」。（訪問內容後來發表在「陸軍學術月刊第 375、439 期」

△三月，擔任政治大學民族系所講座。（應民族系系主任林修澈教授聘請）。

△《孫子實戰經驗研究》一書，獲中華文化總會學術著作總統獎，獎金五萬元。

△《國家安全》幼獅版，納入全國各級高中、職、專科、大學軍訓教學。

△四月，考上國泰人壽保險人員證。

△九月，佔台灣大學上校主任教官缺。

△榮獲全國軍訓教官論文優等首獎，《決戰閏八月》。

民國八十六年（一九九七）四十六歲

△元旦，晉升上校，任台大夜間部主任教官。

△七月，開始在復興廣播電台「雙向道」節目每週一講「國內外政情與國家安全」（鍾寧主持）。

△八月，《國家安全概論》（台灣大學自印自用，不對外發行。）

△十二月，《非常傳銷學》出版。

民國八十七年（一九九八）四十七歲

△是年，仍在復興電台「雙向道節目」。

△五月，在台大學生活動中心演講「部落主義及國家整合、國家安全之關係」。

△十月十七日，籌備召開「第一屆中華民國國防教育學術研討會」（凱悅飯店，本會在淡江大學戰略所所長翁明賢教授指導下順利完成，工作夥伴除我之外，尚有輔仁大學楊正平、文化大學李景素、淡江大學廖德智、中央大學劉家槙、東吳大學陳全、中興法商鄭鴻儒、華梵大學谷祖盛（以上教官）、淡江大學施正權教授。）

我在本會提報論文「論國家競爭優勢與國家安全」
（評論人：台灣大學政治系助理教授楊永明博
士），本論文為銓敘部公務人員學術論文獎，後
收錄在拙著《國家安全與情治機關的弔詭》一書。
△七月，出版《國家安全與情治機關的弔詭》（台北：
幼獅出版公司）。

民國八十八年（一九九九）四十八歲

△二月，從台灣大學主任教官退休，結束三十一年軍
旅生涯。
「化敵為我，以謀止戰」（小說三十六計釜底抽薪
導讀，與實學社總編輯黃驗先生對談。）；考上
南山人壽保險人員證。
△四月，應國安會虞義輝將軍之邀請，擔任國家安全
會議助理研究員。（時間約一年多，每月針對兩岸
關係的理論和實務等，提出一篇研究報告（論文）。

民國八十九年（二〇〇〇）四十九歲

△三月，《國家安全與戰略關係》出版（台北：時英
出版社）。
△四、五、六月，任元培科學技術學院進修推廣部代
主任。
△六月一日，在高雄市中山高中講「兩岸關係及未來
發展 —— 兼評新政府的國家安全構想」（高雄市軍
訓室軍官團）
△十一月，與台灣大學登山會到石鹿大山賞楓。
△十二月，與台灣大學登山會到司馬庫斯神木群。

民國九〇年（二〇〇一）五十歲

△五月四到六日，偕妻及一群朋友登玉山主峰。
△六月十六、十七日，參加陸軍官校建校七十七週年
校慶並到墾丁參加 ∃ 期同學會。
△十月六日，與台大登山隊到眠牛山。

△十二月，《解開兩岸十大弔詭》出版（台北：黎明出版社）。

△十二月八到九日，登鎮西堡、李棟山。

△十二月二二到二三日，與台大登山隊走霞克羅古道。

民國九十一年（二○○二）五十一歲

△去年至今，我聽到三位軍校同學過逝，甚有感慨，我期至今才約五十歲。想到學生時代很要好的同學，畢業已數十年，怎都「老死不相往來」，我決定試試，召集住台大附近（半小時車程），竟有七人（含我）來會，解定國、高立興、陳鏡培、童榮南、袁國台、林鐵基。這個聚會一直持續下去，後來我定名「台大周邊地區陸官４４期微型同學會」（後均簡稱「44同學會」第幾次等。

△二月，《找尋一座山》現代詩集出版，台北，慧明出版社。

△二月十二到十四日，到小烏來過春節，並參訪赫威神木群。

△二月二三到二四日，與台大登山會到花蓮兆豐農場，沿途參拜大理仙公廟。

△四月七日，與山虎隊登夫婦山。

△四月十五日，在范揚松先生的公司第一次見到吳明興先生（當代兩岸重要詩人、作家），二十多年前我們曾一起在「腳印」詩刊發表詩作，未曾謀面。

△四月二十一日，與台大隊登大桐山。

△四月三十日，在台大鹿鳴堂辦第二次 44 同學會：我、解定國、袁國台、高立興、周念台、林鐵基、童榮南。

△五月三到五日，與台大隊登三叉山、向陽山、嘉明湖。（回來後在台大山訊發表紀行一篇）。

△六月二一到二三日，與苗栗三叉河登山隊上玉山主

峰（我的第二次）。

△七月第一週，在政治大學參加「社會科學研究方法」研習營。（主任委員林碧炤）。

△七月十八到二一日，與台大登山會登雪山主峰、東峰、翠池。在「台大山訊」發表「雪山盟」長詩。

△八月二十日，與台大登山會會長張靜二教授及一行十餘人，勘察大溪打鐵寮古道、草嶺山，並到故總統經國先生靈前致敬。

△八月二九到九月一日，與山友十餘人登干卓萬山、牧山、卓社大山。（因氣候惡劣只到第一水源處紮營，三十一日晨撤退下山。）

△九月，《大陸政策與兩岸關係》出版（黎明出版社，九十一年九月）。

△九月二十四日，在台大鹿鳴堂辦第三次ㄐ同學會：我、高立興、童榮南、林鐵基、周念台、解定國、周立勇、周禮鶴。

△十月十八到二十日，隨台大登山隊登大霸尖山（大、小霸、伊澤山、加利山），在「台大山訊」發表「聖山傳奇錄」。

△十一月十六日，與台大登山隊登波露山（新店）。

民國九十二年（二〇〇三）五十二歲

△元月八日，第四次ㄐ同學會（在台大鹿鳴堂），到有：我、周禮鶴、高立興、解定國、袁國台、林鐵基、周立勇。

△元月八日，在台灣大學第一會議室演講「兩岸關係發展與變局」，併發表四本年度新書。（台大教授聯誼會主辦），除《解開兩岸十大弔詭》和《大陸政策與兩岸關係》兩書外尚有：《找尋一座山》（現代詩集，慧明出版）、《愛倫坡恐怖小說選》。

△二月二十八日，應佛光人文社會學院董事會秘書林

利國邀請，在宜蘭靈山寺向輔導義工演講「生命教育與四 Q」。

△三月十五、十六日，與妻參加台大登山隊「榛山行」（在雪霸）。

△三月十八日，與曾復生博士在復興電台對談兩岸關係發展。

△三月十九日，到非政府組織（NGO）會館，參加「全球戰略新框架下的兩岸關係研討會」，由「歐洲文教基金會與黨外圓桌論壇」主辦。席間首次與前民進黨主席許信良先生閒談。晚間餐會與前立法委員朱高正先生和台大哲學系教授王曉波夫婦同桌，我和他們都是素昧平生。但兩杯酒一喝，大家就開始高談近代史事，朱委員酒量很好，可能有「千杯不醉」的境界。　名片上印有「周易」文言：「夫大人者。與天地合其德。與日月合其明。與四時合其序。與鬼神合其吉凶。先天而天弗違。後天而奉天時。天且弗違。而況予人乎。況于鬼神乎。」，其境界更高。

△三月二十日，叢林一隻不長眼的「肥羊」闖進頂層掠食者的地盤，性命恐將不保；美伊大戰開打，海珊可能支持不了幾天。

△三月二十六日到三十日，隨長庚醫護人員及內弟到大陸，遊西湖、黃山。果然「上有天堂下有蘇杭」、「黃山歸來不看山」，我第一次出國竟是回國。歸程時 SARS 開始流行，全球恐慌。

△四月三日到六日，同台大登山隊登雪白山，氣候不佳，前三天下雨。第一天宿司馬庫斯，第二天晨七時起程，沿途林相原始，許多千年神木，下午六時雪白山攻頂，晚上在山下紮營，第三天八點出發，神木如林，很多一葉蘭，下午過鴛鴦湖，五點到樓

蘭。第四天參觀棲蘭神木，見「孔子」等歷代偉人，
歸程。

△四月十二、十三日，偕妻與台大登山隊再到司馬庫
斯，謁見「大老爺」神木群等。

△四月二十一日，第五次 4 同學會（在台大鹿鳴堂），
到者：我、袁國台、解定國、林鐵基、周立勇。

△六月十四日，同台大登山隊縱走卡保逐鹿山，全程
二十公里，山高、險惡、瀑布、螞蝗多。

△六月二十八日，參加中國文藝協會舉行「彭邦楨詩
選」新書發表會。彭老已在今年三月病逝紐約，會
中碰到幾位前輩作家，鍾鼎文、司馬中原、辛鬱、
文曉村等人，還有年青一輩的賴益成、羅明河等。

△七月，《孫子實戰經驗研究》出版（黎明出版公司），
本書是八十五年學術研究得將作品，獲總統領獎；
今年又獲選為「國軍連隊書箱用書」，陸、海、空
三軍各級，一次印量七千本。

△七月二十二日到八月二日，偕妻同一群朋友遊東歐
三國（匈牙利、奧地利、捷克）。

△十月十日到十三日，登南湖大山、審馬陣山、南湖
北峰和東峰。

△十一月，在復興電台鍾寧小姐主持的「兩岸下午茶」
節目，主講「兵法・戰爭與人生」（孫子、孫臏、
孔明三家）。

△十二月一日，第六次 4 同學會（台大鹿鳴堂），到
有：我、林鐵基、童榮南、解定國、周念台、盧志
德、高立興、劉昌明。

民國九十三年（二○○四）五十三歲

△二月二十五日，第七次 44 同學會（台大鹿鳴堂），
到有：周立勇、高立興、童榮南、鍾聖賜、林鐵基、
解定國、周念台、盧志德、劉昌明和我共 10 人。

△春季，參加許多政治活動，號召推翻台獨不法政權，三月陳水扁自導自演「三一九槍擊作弊案」。

△三月，《大陸政策與兩岸關係》出版，黎明出版社。

△五月二十八日，大哥張冬隆發生車禍，二週後的六月四日過逝。

△五月，《五十不惑》（前傳）出版，時英出版社。

△六月，第八次 44 同學會（台大鹿鳴堂），到有：我、周立勇、童榮南、林鐵基、解定國、袁國台、鍾聖賜、高立興。

△八月十一到十四日，參加佛光山第十二期全國教師生命教育研習營。

△十月十九日，第九次 44 同學會（台大鹿鳴堂），到有：我、童榮南、周立勇、高應興、解定國、盧志德、周小強、鍾聖賜、林鐵基。

△今年在空大講「政府與企業」，並受邀參與復興電台「兩岸下午茶」節目。

△今年完成龍騰出版公司《國防通識》（高中課本）計畫案合作伙伴有李文師（政大教官退）、李景素（文化教官退）、頊台民（彰化高中退）、陳國慶（台大教官）。計有高中二年四冊及教師用書四冊，共八冊課本。

△十二月，《軍事研究概論》出版（全華科技），合著者九人：洪松輝、許競任、秦昱華、陳福成、陳慶霖、廖天威、廖德智、劉鐵軍、羅慶生，都是對國防軍事素有專精研究之學者。

民國九十四年（二○○五）五十四歲

△二月十七日，第十次 44 同學會（台大鹿鳴堂），到有：我、陳鏡培、鍾聖賜、金克強、解定國、林鐵基、高立興、袁國台、周小強、周念台、盧志德、劉昌明，共 12 人。

△六月十六日，第十一次 44 同學會（台大鹿鳴堂），到有：我、盧志德、周立勇、解定國、陳鏡培、童榮南、金克強、鍾聖賜、劉昌明、林鐵基、袁國台。

△八月，計畫中的《中國春秋》雜誌開始邀稿，除自己稿件外，有楊小川、路復國、廖德智、王國治、一飛、方飛白、郝艷蓮等多人。

△十月，創刊號《中國春秋》雜誌發行，第四期後改《華夏春秋》，實務行政全由鄭聯臺、鄭聯貞、陳淑雲、陳金蘭負責，妹妹鳳嬌當領導，我負責邀稿，每期印一千五百本，大陸寄出五百本。

△持續在台灣大學聯合辦公室當志工。

△今年仍在龍騰出版公司主編《國防通識》；上復興電台「兩岸關係」節目。

民國九十五年（二〇〇六）五十五歲

△元月《中國春秋》雜誌第二期發行，作者群有周興春、廖德智、李景素、王國治、路復國、一飛、范揚松、蔣湘蘭、楊小川等。

△二月十七日，第十二次 44 同學會（台大鹿鳴堂），到有：劉昌明、高立興、陳鏡培、盧志德、林鐵基、金克強和我共 7 人。

△四月，《中國春秋》雜誌第四期發行。

△六月，第十三次 44 同學會（台大鹿鳴堂），到有：我、周小強、解定國、高立興、袁國台、林鐵基、劉昌明、盧志德。

△七月到九月，由時英出版社出版中國學四部曲，四本約百萬字：《中國歷代戰爭新詮》、《中國近代黨派發展研究新詮》、《中國政治思想新詮》、《中國四大兵法家新詮》。

△七月十二到十六日，參加佛光山第十六期全國教師生命教育研習營。

△七月，原《中國春秋》改名《華夏春秋》，照常發
　行。

△九月，《春秋記實》現代詩集出版，時英出版社。

△十月，第五期《華夏春秋》發行。

△十月二十六日，第十四次 44 同學會（台大鹿鳴堂），
　到有：我、金克強、周立勇、解立國、林鐵基、袁
　國台、高立興。

△十一月，當選中華民國新詩學會第二屆理事，任期
　到九十九年十一月十一日。

△《華夏春秋》第六期發行後，無限期停刊。

△高中用《國防通識》（學生課本四冊、教師用書四
　冊）逐一完成，可惜龍騰出版公司後來的行銷欠佳。

民國九十六年（二〇〇七）五十六歲

△元月三十一日，第十五次 44 同學會（中和天香回味
　鍋），到有：我、解定國、盧志德、高立興、林鐵
　基、周小強、金克強、劉昌明。

△二月，《國家安全論壇》出版，時英出版社。

△二月一日，到國防部資電作戰指揮部演講，主題「兩
　岸關係與未來發展：兼論台灣最後安全戰略的探
　索」。

△二月，《性情世界：陳福成情詩集》出版，時英出
　版社。

△三月十日，在「秋水詩屋」，與涂靜怡、莫云、琹
　川、風信子四位當代大詩人研究，幫我取筆名「古
　晟」。以後我常用這個筆名，有一本詩集就叫《古
　晟的誕生》。

△五月，當選中國文藝協會第三十屆理事，任期到一
　百年五月四日。

△五月十三日，母親節，與妻晚上聽鳳飛飛的演唱會，
　可惜二〇一二年初病逝，我為她寫一首詩「相約二

十二世紀，鳳姐」。

△六月六日，第十六次 44 同學會（台大鹿鳴堂），到有：我、解定國、高立興、盧志德、周小強、金克強、林鐵基。

△六月十九日，榮獲中華民國新詩學會「詩運獎」，在文協九樓頒獎，由文壇大老鍾鼎文先生頒獎給我。

△十月，小說《迷情・奇謀・輪迴：被詛咒的島嶼》（第一集）出版，文史哲出版社。

△十月十六日，第十七次 44 同學會（台大鹿鳴堂），到有：我、周立勇、解定國、張安麟、林鐵基、盧志德。

△十月三十一日到十一月四日，參加由文協理事長綠蒂領軍，應北京中國文聯邀訪，一行人有綠蒂、林靜助、廖俊穆、蘇憲法、李健儀、簡源忠、郭明福、廖繼英、許敏雄和我共 10 人。

△十一月七日，同范揚松、吳明興三人到慈濟醫院看老詩人文曉村先生。

△十二月中旬，大陸「中國文藝藝術聯合會」一行到文協訪問，綠蒂全程陪同，十六日由我陪同參觀故宮，按其名冊有白淑湘、李仕良等 14 人。

△十二月十九日，到台中拜訪詩人秦嶽，午餐時他聊到「海鷗」飛不起來了。

△十二月二十二日上午，在國父紀念館參加由星雲大師主持的皈依大典，成為大師座下臨濟宗第四十九代弟子，法名本肇。一起皈依的有吳元俊、吳信義、關麗蘇四兄姊弟，這是一個好因緣。

△十二月二十七日，《青溪論壇》成立，林靜助任理事長，我副之，雪飛任社長。

△十二月，有三本書由文史哲出版社出版：《頓悟學習》、《公主與王子的夢幻》、《春秋正義》。

民國九十七年（二○○八）五十七歲

△元月五日（星期六），第一次在醉紅小酌參加「三月詩會」，到民國一○三年底退出。

△元月二十四到二十八日，與妻參加再興學校舉辦的海南省旅遊。

△二月十三日，到新店拜訪天帝教，做《天帝教研究》的準備。

△二月十九日，第十八次 44 同學會（新店富順樓），到有：我、高立興、解定國、林鐵基、盧志德、金克強、周小強。

△三月二日，參加「全國文化教育界新春聯歡會」，馬英九先生來祝賀，前台大校長孫震、陳維昭等數百人，文壇司馬中原、綠蒂、鍾鼎文均到場，盛況空前。這是大選的前奏曲。

△三月十二日，參加中國文藝協會理監事聯席會議。

△三月，《新領導與管理實務》出版，時英出版社。

△五月十三日下午二時，四川汶川大地震，電話問成都的雁翼，他說還好。

△六月十日，第十九次 44 同學會（在山東餃子館），到有：我、童榮南、高立興、解定國、袁國台、盧志德、金克強、張安祺。

△六月二十二日，參加青溪論壇社舉辦的「推展華人文化交流及落實做法」，我提報論文「閩台民間信仰文化所體現的中國政治思想初探」，其他重要提文報告人有林靜助、封德屏、陳信元、潘皓、台客、林芙容、王幻、周志剛、一信、徐天榮、漁夫、落蒂、雪飛、彭正雄。

△七月十八日，與林靜助等一行，到台南參加作家交流，拜訪本土詩人林宗源。

△七月二十三日到二十九日，參加佛光山短期出家。

△八月十五日到二一日，參加青溪新文藝學會理事長林靜助主辦「江西三清山龍虎山之旅」，並到九江參加文學交流會。同行者有我、林靜助、林精一、蔡雪娥、彭正雄、金筑、台客、林宗源、邱琳生，鍾順文、賴世南、羅玉葉、羅清標、吳元俊、蔡麗華、林智誠、共 16 人。

△十月十五日，第二十次 44 同學會（台大鹿鳴堂），到有：我、陳鏡培、解定國、盧志德、同小強、童榮南、袁國台、林鐵基、黃富陽。

△十一月三十日，參加「湯山聯誼會」，遇老師長陳廷寵將軍。

△今年有兩本書由文史哲出版社出版：《幻夢花開一江山》（傳統詩）、《一個軍校生的台大閒情》。

△整理這輩子所寫的作品手稿約一人高，贈台大圖書館典藏。

民國九十八年（二○○九）五十八歲

△二月十日，第二一次 44 同學會（台大鹿鳴堂），到有：我、袁國台、解定國、高立興、童榮南、盧志德、黃富陽。

△六月，小說《迷情‧奇謀‧輪迴：進出三界大滅絕》（第二集）出版，文史哲出版社。

△六月上旬，第二二次 44 同學會（台大鹿鳴堂），到有：我、林鐵基、童榮南、袁國台、高立興、解定國、金克強、盧志德。

△六月十七、十八日，參加台大「退聯會」阿里山兩日遊。

△十月，小說《迷情‧奇謀‧輪迴：我的中陰身經歷記》（第三集）出版，文史哲出版社。

△十月六日，第二三次 44 同學會（公館越南餐），到有：盧志德、解定國、林鐵基、金克強、周小強和

我。

△十一月六到十三日八天，參加重慶西南大學主辦「第
三屆華文詩學名家國際論壇」，後四天到成都（第
一次回故鄉）。此行我提報一篇論文「中國新詩的
精神重建」（約兩萬多字），同行者另有雪飛、林
芙蓉、李再儀、台客、鍾順文、林于弘、林精一、
吳元俊、林靜助。

△十一月二十八日，到國軍英雄館參加「湯山聯誼
會」，老將郝伯村批判李傑失了軍人氣節。

△十二月，《赤縣行腳‧神州心旅》（詩集）出版，
秀威出版公司。

△今年有三本書由文史哲出版社出版：《愛倫坡恐怖
推理小說》、《春秋詩選》、《神劍與屠刀》。

民國九十九年（二○一○）五十九歲

△元月二十三日，由藝文論壇社和紫丁香詩刊聯合舉
辦，「陳福成小說《迷情‧奇謀‧輪迴》評論會」，
在台北老田西餐廳舉行。提評論文有金劍、雪飛、
許其正、狼跋、謝輝煌、胡其德、易水寒等七家，
與會有文藝界數十人。會後好友詩人方飛白也提出
一篇。

△三月一日，第二四次 44 同學會（台大鹿鳴堂），到
有：我、周小強夫婦、解定國、袁國台、林鐵基、
盧志德、曹茂林、金克強、黃富陽、童榮南共二人。

△三月三十一日，「藝文論壇」和「創世紀」詩人群
聯誼，中午在國軍英雄館牡丹廳餐敘。創世紀有張
默、辛牧、落蒂、丁文智、方明、管管、徐瑞、古
月，八人與會；藝文論壇有林靜助、雪飛、林精一、
彭正雄、鄭雅文、徐小翠和我共 7 人參加。

△四月二一到二二日，台大溪頭、集集兩日遊，「台
大退聯會」主辦。

△六月，《八方風雨・性情世界》出版，秀威出版社。

△六月八日，第二十五次44同學會（台大鹿鳴堂），到有：我、金克強、郭龍春、解定國、高立興、童榮南、袁國台、林鐵基、盧志德、周小強、曹茂林，共二人。

△八月十七到二十日，參加佛光山「全國教師佛學夏令營」，同行有吳信義師兄等多人。

△十月五日，第二十六次44同學會（今起升格在台大水源福利會館），到有：曹茂林、解定國、童榮南、林鐵基、盧志德、周小強和我共7人。

△十月二六日到十一月三日，約吳信義、吳元俊兩位師兄，到山西芮城拜訪尚未謀面的劉焦智先生，我們因看「鳳梅人」報結緣。

△十一月，《男人和女人的情話真話》（小品）出版，秀威出版社。

△今年有四本書由文史哲出版社出版：《洄游的鮭魚》、《古道・秋風・瘦筆》、《山西芮城劉焦智鳳梅人報研究》、《三月詩會研究》。

民國一○○年（二○一一）六十歲

△元月，小說《迷情・奇謀・輪迴》合訂本出版，文史哲出版社。

△元月二日，當選中華民國新詩學會第十三屆理事、任期到一○四年一月一日。

△元月十日，第二七次44同學會（台大水源福利會館），到有：我、黃富陽、高立興、林鐵基、周小強、解定國、童榮南、曹茂林、盧志德、郭龍春共10人。

△二月，《找尋理想國》出版，文史哲出版社。

△二月十九日，在天成飯店參加「中國全民民主統一會」會員代表大會，吳信義、吳元俊兩位師兄也到，

會場由王化榛會長主持。會中遇到上官百成先生，會後我寫一篇文章「遇見上官百成：想起上官志標和楊惠敏」，刊載《新文壇》雜誌（26期，一○一年元月）。

△三月二二日，上午參加「台大退聯會」理監事聯席會議。

△三月二五日，晚上在台大校總區綜合體育館開「台大逸仙學會」，林奕華也來了，認識她很久了，每回碰到她都很高興。

△四月，《我所知道的孫大公》（黃埔28期）出版，文史哲出版社。

△四月，《在鳳梅人小橋上：中國山西芮城三人行》出版，文史哲出版社。

△五月五日，參加緣蒂在老爺酒店主的「中國文藝協會三十一屆理監事會」，同時當選理事，任期到一○四年五月五日。與會者如以下這份「原始文件」：

△五月，《漸凍勇士陳宏傳》出版，文史哲出版社。

△六月，《大浩劫後》出版，文史哲出版社。

△六月三日，第二十八次44同學會（台大水源福利會館），到有：我、郭龍春、解定國、高立興、童榮南、林鐵基、盧志德、周小強、黃富陽、曹茂林、桑鴻文共11人。

△六月十一日，到師大參

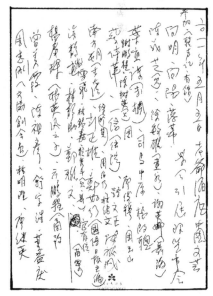

加「黃錦鋐教授九秩嵩壽華誕聯誼茶會」，黃伯伯就住我家樓上，他已躺了十多年，師大仍為他祝壽，真很感人。

△七月，《台北公館地區開發史》出版，唐山出版社。

△七月七到八日，與妻參加台大退聯會的梅峰、清境兩日遊。

△七月，《第四波戰爭開山鼻視賓拉登》出版，文史哲出版社。

△八月，《台大逸仙學會》出版，文史哲出版社。

△八月十七到二十日，參加佛光山「全國教師佛學夏令營，主題「增上心」。

△九月九日到二十日，台客、吳信義夫婦、吳元俊、江奎章和我共六人，組成「山西芮城六人行」，前兩天先參訪鄭州大學。

△十月十二日，第二十九次 44 同學會（台大水源福利會館），到有：我、黃國彥、解定國、高立興、童榮南、袁國台、林鐵基、周小強、金克強、黃富陽、郭龍春、桑鴻文、盧志德、曹茂林，共 14 人。

△十月十四日，邀集十位佛光人中午在台大水源會館雅聚，這十人是范鴻英、刑筱容、陸金竹、吳元俊、吳信義、江奎章、郭雪美、陳雪霞、關麗蘇。

△十一月十日，台大社團晚會表演，在台大小巨蛋（新體育館），由我吉他彈奏，吳普炎、吳信義、吳元俊、周羅通和關麗蘇合唱三首歌，「淚的小花」、「茉莉花」、「河邊春夢」。

民國一○一年（二○一二）六十一歲

△元月四日，第三十次 44 同學會（台大水源福利會館），到有：我、桑鴻文、高立興、林鐵基、解定國、童榮南、袁國台、盧志德、金克強、曹茂林、郭龍春、陳方烈。

△元月十四日，大選・藍營以 689 萬票對綠營 609 萬票，贏得有些辛苦。基本上「九二共識」、「一中各表」已是台灣共識。

△《中國神譜》出版（文史哲出版社，二〇一二年元月）。

△二月，寫一張「保證書」給好朋友彭正雄先生，把我這輩子所有著作全送給他，由他以任何形式、文字，在任何地方出版發行。這是我對好朋友的回報方式。

△二月，開始規畫、整理出版《陳福成文存彙編》，預計全套八十本（總字數近千萬），由彭正雄所經營的文史哲出版社出版。

△二月十九日中午，葡萄園詩刊同仁在國軍英雄館餐聚，到會有林靜助、曾美玲、杜紫楓、李再儀、台客、賴益成、金筑和我八人。大家商討今年七月十五日是葡萄園的五十大壽，準備好好慶祝。

△三月二十二日，倪麟生事業有成宴請同學《公館自來水博物館內》，到有：我、倪麟生、解定國、高立興、盧志德、曹茂林、郭龍春、童榮南、桑鴻文、李台新，共十人。

△《金秋六人行：鄭州山西之旅》出版（文史哲出版社，二〇一二年三月）。

△《從皈依到短期出家》（唐山出版社，二〇一二年四月）。

△《中國當代平民詩人王學忠》出版（文史哲出版社，二〇一二年四月）。

△《三月詩會二十年紀念別集》（文史哲出版社，二〇一二年六月）。

△五月十五日，第三一次 44 同學會（台大水源福利會館），到有：我、陳方烈、桑鴻文、解定國、高立

興、童榮南、林鐵基、盧志德、周小強、金克強、曹茂林、李台新、倪麟生，共十三人。

△九月有三本書出版：《政治學方法論概說》、《西洋政治思想史概述》、《最自在的是彩霞》，文史哲出版社。

△十月二十二日，第三十二次 44 同學會（台大水源福利會館），到有：我、解定國、高立興、童榮南、林鐵基、盧志德、李台新、桑鴻文、郭龍春、倪麟生、曹茂林、周小強，共十二人。

△《台中開發史：兼龍井陳家移台略考》出版，文史哲出版，二〇一二年十一月。

△十二月到明年元月，大愛電視台記者紀儀羚、吳怡旻、導演王永慶和另三位攝影師，一行六人，來拍「陳福成講公館文史」專集節目，在大愛台連播兩次。

民國一〇二年（二〇一三）六十二歲

△元月十一日，參加「台大秘書室志工講習」，並為志工講「台大‧公館文史古蹟」（上午一小時課堂講解，下午三小時現場導覽）。

△元月十五日，「台大退休人員聯誼會」理監事在校本部第二會議室開會，並選舉第九屆理事長，我意外當選理事長，二十二日完成交接，任期兩年。

△元月十七日，第三十三次 44 同學會（台大水源福利會館），到有：我、倪麟生、林鐵基、桑鴻文、解定國、高立興、盧志德、周小強、曹茂林、郭龍春、陳方烈、余嘉生、童榮南，共十三人。

△二月，《嚴謹與浪漫之間：詩俠范揚松》出版，文史哲出版社。

△三月，當選「中國全民民主統一會」執行委員，任期到一〇三年三月二十八日。（會長王化榛）。

△三月，《讀詩稗記：蟾蜍山萬盛草齋文存》出版，文史哲出版社。

△五月，《與君賞玩天地寬：陳福成作品評論和迴響》、《古晟的誕生：陳福成 60 詩選》、《迷航記：黃埔情暨陸官 44 期一些閒話》三書出版，由文史哲出版社出版發行。

△五月十三日，第三四次 44 同學會（台大水源福利會館），到有：我、李台新、解定國、高立興、林鐵基、童榮南、盧志德、金克強、曹茂林、虞義輝、郭龍春、桑鴻文、陳方烈、倪麟生、余嘉生、共十五人。

△七月，《孫大公的思想主張書函手稿》、《日本問題終極處理》、《一信詩學研究》三書出版，均文史哲出版社。

△七月四日，鄭雅文、林錫嘉、彭正雄、曾美霞、落蒂和我共六個作家詩人，在「豆豆龍」餐廳開第一次籌備會，計畫辦詩刊雜誌，今天粗略交換意見，決定第二次籌備會提出草案。

△八月十三到十六日，參加佛光山「教師佛學夏令營」，同行尚有吳信義、關麗蘇。

△八月三十一日，為詩人朋友導覽公館古蹟，參加者有范揚松、藍清水夫婦、陳在和、吳明興、胡其德、吳家業、許文靜、鍾春蘭、封枚齡、傅明其。

△九月七日，上午在文協舉行《一信詩學研究》新書發表會及討論，由綠蒂主持。

△九月十日，假校總區第二會議室，主持「台大退休人員聯誼會」第九屆第四次理監事聯席會議，會中由會員組組長陳志恆演講，題目「戲緣 — 京劇與我」。

△九月二七日，參加「台大文康會各分會負責人座談會

暨 85 週年校慶籌備會議」，地點在台大巨蛋，由文康會主委江簡富教授（電機系）主持，各分會負責人數十人到場。

△十月七日，第三十五次 44 同學會（改在北京樓），到有：我、余嘉生、解定國、虞義輝、童榮南、盧志德、郭龍春、桑鴻文、李台新、陳方烈、袁國台，共十一人。

△十月十二日，在天成飯店（火車站旁），參加「中國全民民主統一會」第七屆第二次執監委聯席會。討論會務發展及明春北京參訪事宜。

△十月十九日，由台大三個社團組織（教授聯誼會會長游若篍教授、職工聯誼會秘書楊華洲、退聯會理事長我本人）聯合舉辦「未婚聯誼」，在台大巨蛋熱鬧一天，到場有第二代子女近四十人參加。

△十一月九日，重慶西南大學文學系教授向天淵博士來台交流講學，中國詩歌藝術學會理事長林靜助先生，在錦華飯店繳請「兩岸比較文學論壇」，我和向教授在兩年前有一面之緣。

△十一月十二日，假校總區第二會議室，主持「台大退聯會」第十屆第五次理監事聯席會議。陳定中將軍蒞臨演講，題目「原子彈與曼哈頓計劃的秘密」，另討論十二月三日會員大會事宜。

△十一月十三日，小路（路復國同學）來台北開會，中午我和老袁（袁國台）與他相見，老袁請吃牛肉麵，我在「新光」高層請喝咖啡賞景。

△十一月二十四日，台大退聯會、教聯會和職工會合辦「兩性聯誼」活動，第三場在文山農場，場面熱鬧。

△十一月二十八日，晚上，台大校慶文康晚會在台大巨蛋舉行，退聯會臨時組合唱團由我吉他伴奏參

加，也大受歡迎。

△十二月三日上午，台大退聯會在第一會議室舉行年
度大會，近兩百教職員工參加，主秘林達德教授代
表校長致詞，歷屆理事長（宣家驊將軍、方祖達教
授、楊建澤教授、丁一倪教授）均參加，我自今年
元月擔任理事長以來，各方反應似乎還算滿意。

△十二月十日，約黃昏時，岳父潘翔皋先生逝世，高
壽九十四歲，福壽雙全，除老人退化病外，無任何
重症，睡眠中無痛而去，真是福報。他們兒女決定
簡約辦理，十七號舉行告別式。

△十二月十八日，中午，參加在「喜萊登」由鄭雅文
小姐主持成立的「華文現代詩刊」，到會有主持鄭
雅文、筆者及麥穗、莫渝、林錫嘉、范揚松帶秘書
曾詩文、曾美霞、龔華、劉正偉、雪飛等。

△十二月二十二日，在「儷宴會館」（林森北路），
參加ㄐ期北區同學會，改選理監事及會長，虞義輝
當選會長，我當選監事。

△十二月三十日，這幾年，每年年終跨年，一群詩人、
作家都在范揚松的大人物公司跨年，今年也是，這
次有：范揚松、胡爾泰、方飛白、許文靜、傅明琪、
劉坤靈、吳家業、梁錦鵬、吳明興、陳在和及筆者。

民國一○三年（二○一四）六十三歲

△元月五日，與妻隨台大登山會走樟山寺，到樟山寺
後再單獨走到杏花林，中午在「龍門客棧」午餐，
慶祝結婚第 34 年。

△元月九日，爆發「梁又平事件」（詳見《梁又平事
件後：佛法對治風暴的沈思與學習》乙書）。

△元月十一日，在天成飯店參加「中國全民民主統一
會」執監委員會，由會長王化榛主持，並確定三月
北京行名單。

△元月十二日，與妻隨台大登山會走劍潭山，沿途風景優美。

△元月二十四日，參加台大志工講習會，會後參觀台大植博館。

△元月、二月，有三本書由文史哲出版，《把腳印典藏在雲端》、《台北的前世今生》、《奴婢妾匪到革命家之路：謝雪紅》。

△春節，那裡也沒去，每天照常在新店溪畔散步、寫作、讀書。

△二月九日，參加「台大登山會」新春開登，目的地是新莊牡丹心環山步道」，在泰山、林口接壤的牡丹山系，全天都下著不小的雨，考驗能耐。我和信義、俊歌兩位師兄，都走完全程，各領一百元紅包。

△二月十八日，中午與食科所游若篍教授共同主持兩個會，教授聯誼會邀請台北市教育局長林奕華演講，及「千歲宴」第二次籌備會。到會另有職工會秘書華洲兄、陳梅燕等十多人。

△二月廿一、廿二日，長青四家夫妻八人（虞、張、劉、我及內人們），在張哲豪的基隆「公館」度假，並討論四月花蓮行，決議四月十四、十五、十六共三天到花蓮玩。

△三月三日，中國文藝協會以掛號專函通知，榮獲第五十五屆中國文藝獎章文學創作獎，將於五月四日參加全國文藝節大會，接受頒獎表揚。

△三月八日，晚上在三軍軍官俱樂部文華廳，參加由中國文藝協會理事長王吉隆先生所主持的理監事聯席會，有理監事周玉山、蘭觀生、曾美霞、徐菊珍等十多人參加。

△三月十日，由台大教聯會主辦，退聯會和職工會協辦，邀請台北市教育局長林奕華演講，主題關於十

二年國教問題，中午十二時到下午一點三十圓滿完成（在台大第一會議室）。

△三月十六日，三月是台大的「杜鵑花節」，每年三月的假日，我們擔任台大秘書室的志工們，都輪值校門口「坐台」（服務台），招呼人山人海的參訪來賓。今天上午九時到下午一時我值班，下班立即前往第一殯儀館「鼎峰會館」，向陳宏大哥上香致敬，並以《漸凍勇士陳宏傳：他和劉學慧的傳奇故事》一書代香花素果，獻於陳大哥靈前。此因十八號他的追思會我在台大有兩個重要會議要開，向學慧師姊說了先來拈香，我也因寫了陳宏的回憶錄，和他有心靈感應，他也給我的人生有重大啟示，故向陳宏大哥獻書，願他一路好走，在西方極樂世界修行，別再重回六道，受人間諸苦。

△三月十八日，上午主持今年第一次「台大退休人員聯誼會」理監事會，並邀請吳信義學長會後演講，到有全體理監事各組長二十多人。下午參加校長楊泮池主持的「退休人員茶會」，按往例我參與茶會並在會中報告退聯會活動，陳志恆小姐隨同我參加，在現場「招兵買馬」，成效甚佳。

△三月二十日，上午到二殯參加海軍少將馬振崑將軍公祭（現役五十七歲），我以台大退聯會理事長身份主祭，信義和俊歌兩位師兄與祭。現場有高華柱、嚴明、葉昌桐等高級將領，至少有五十顆星星以上。下午，到翔順旅行社（松江路）參加北京行會議，下週二共二十人參加這次訪問。

△三月二十一日，中餐，在「台大巨蛋」文康交誼廳，參加由台大文康委員會主委江簡富教授（電機系）所主持，「一○三年文康會預算會議」，到有台大教職員各社團負責人近三十人。

△三月廿五到三十日，應中國全民民主統一會會長王
化棒先生及信義、俊歌兩位師兄之邀請，以特約記
者的身份參加全統會北京、天津參訪團，全團二十
人。我們拜會天津、北京的中國和平統一促進會、
黃埔軍校同學會等。（詳見我所著《中國全民民主
統一會北京天津行：兼略論全統會的過去現在和未
來發展》，文史哲出版）

△四月十四、十五、十六，近半年來我積極推動的「長
青家族花蓮行」，終於成真，內心感到安慰極了。
回想五年多來，長青家族的聚會竟如同打烊，太氣
人了。這件事能促成，比我在花蓮擁有一甲地更值
得。這心聲在三天旅遊中我沒說出來，今只在此說
給大家聽，義輝、阿妙、阿張、金燕、劉建、Linda
和我妻，「以心傳心」傳給你們聽！

△五月二日，由中國文藝協會主辦，行政院文建會贊
助指導，第五十五屆文藝獎章得獎人，今天在部份
平面媒體公告，下列是聯合報資料。後天就是「五
四文藝節」，將在三軍軍官俱樂部盛大慶祝並頒獎。據聞，副總統吳敦義將親自主持。

聯合報.103.5.2

〈聯副文訊〉二則

中國文藝獎章名單揭曉

由中國文藝協會主辦的中國文藝獎章，本年度榮譽文藝獎章得主為：廖玉蕙（文學類）、崔小萍（影視類）、陳陽春（美術類）、張炳煌（書法類）。

第五十五屆文藝獎章獲獎人為：王盛弘（散文）、鯨向海（新詩）、田運良（詩歌評論）、梁欣榮（文學翻譯）、陳福成（專欄）、洪能仕（書法）、吳德和（雕塑）、張璐瑜（水彩）、劉家正（美術工藝）、林再生（攝影）、戴心怡（國劇表演）、李菄峻（客家戲表演）、梁月嬛（戲曲推廣）、孫麗桃（民俗曲藝）、魏大為（音樂工作）、孫翠玲（舞蹈教學）、曾美霞、鄭雅文、鄔迅（文藝工作獎）楊寶華（文創及文化交流）、劉詠平（海外文藝工作獎）。 （丹墀）

△五月四日，下午到晚上，參加全國文藝節及文藝獎章頒獎典禮，直到晚上的文藝晚會都在三軍軍官俱樂部。往年都是總統馬英九主持，今年他可能因母喪，改由副總統吳敦義主持。

△五月初的某晚，關雲的

女兒打電話給我，媽媽走了！我很震驚，她是中國文藝協會會員、三月詩會詩友，六十五歲突然生病很快走了！怎不叫人感慨！

△五月二十日，籌備半年多的「台大退聯會千歲宴」，終於快到了，今天是退聯會上班日，大家做最後準備。中午到食科所午餐，三個分會（退聯會、教聯會、職工會），再開宴前會，確認全部參加名單和過程。

△五月廿二日，上午九點到下午兩點，千歲宴正式成功辦完，校長楊泮池教授也親臨致詞，和大家看表演、合照。今天到有八十歲以上長者近四十人，宣家驊將軍、方祖達教授等都到了。

△六月二日，今天端午節，中午在中華路典漾餐廳，由全統會會員（會長王化榛、秘書長吳信義、會員吳元俊，我等十多人），宴請天津來訪朋友，有些我們三月去天津已見過，他們到有：王平、劉正風、李偉宏、蔣金龍、錢鋼、商駿、吳曉琴、李衛新、賈群、陳朋，共十人。

△到六月止，近十個月來，完成出版的書有：《把腳印典藏在雲端：三月詩會詩人手稿詩》、《台北公館台大地區考古・導覽》、《我的革命檔案》、《中國全民民主統一會北京行》、《六十後詩雜記現代詩集》、《胡爾泰現代詩研究》、《從魯迅文學醫人魂救國魂說起》；另外，《臺大退聯會會務通訊》也正式出版，第一版先給理監事會看，年底會員大會再印贈會員。

△六月十一日，《臺大會訊》報導「千歲宴」盛況如下：

△六月十三日，上午率活動組長關麗蘇、會員組長陳志恆、文康組長許秀錦，拜會位於新店的天帝教總會，他們有劉曉蘋、李雪允、郝寶驥、陳啟豐、陳己人等多位接待我們。議決九月十七日，台大退聯會組團（40人）參訪天帝教的天極行宮（在台中清水）。會後，中午在總會吃齋飯。

△六月十七日，主持台大退聯會理監事會，我主要報告《會務通訊》出版事宜，經費籌劃等。

△六到七月，我的《華夏春秋》雜誌打烊後，曾有大陸朋友要在大陸復刊，江蘇的高保國搞一期又打烊了。最近遼寧的金土先生復刊成功，希望他能長長久久辦下去。以下是創刊號的封面和內首頁。

退休人員 職工及教師聯誼分會舉辦千歲宴活動

為關懷退休人員較年長者平常較少於校園活動，文康會退休人員、職工及教師三個聯誼分會 5 月 24 日假綜合體育館文康室舉辦 80 歲以上「千歲宴」活動。出席名單包括：教務處課務組主任郭輔義先生、軍訓室總教官宣家驊、軍訓室教官鍾鼎文、軍訓室教官鄭義峰、總務處保管組股長林 參、總務處蕭添壽先生、總務處翁仙啓先生、圖書館組員柯環月女士、圖書館閱覽組股長王鴻龍、文學院人類系組員周崇德、理學院動物系教授李學勇、法學院王忠先生、法學院王本源先生、醫學院組員洪林寶祝、醫學院組員連興潮、工學院電機系教授楊維禎、農學院生工系教授徐玉標、農學院園藝系教授方祖達、農學院技正路統信、農學院園藝系教授康有德、附設醫院護士曾廖日妹、農業陳列館主任劉天賜、圖書館組員紀張素瑩、附設醫院組員宋麗音、理學院海洋所技正鄭展堂、理學院化學系技士林添丁、附設醫院組員葉秀琴、附設醫院技佐王瓊英、附設醫院技士劉人宏、農學院農化系教授楊建澤、農學院農經系教授許文富、園藝系教授洪 立、農學院森林系教授汪 淮、軍訓室教官茹道泰、電機系技正郡依俤。

楊泮池校長與出席人員合影留念

《臺大校訊》，二○一四年六月十一日，第四版。

葫蘆島市環保局局長、
本刊顧問羅建彪題。

本刊社長陳福成 2009 年
於西南大學留影。

△到八月止：在文史哲出版社完成出版的著作，七、
　八月有：《留住末代書寫的身影》、《我這輩子幹
　了什麼好事》、《「外公」和「外婆」的詩》、《中

國全民民主統一會北京天津行》。

△八月一到五日，參加「二〇一四佛光山佛學夏令
營」，今年主題是「戒定慧」。同行的好友尚有：
吳信義、吳元俊、關麗蘇、彭正雄。

△八月二十六日，主持「台大退休人員回娘家」聯歡
餐會，在「台大巨蛋」文康室熱鬧一天，近百會員
參加。

△九月二日，主持「台大退聯會」第九屆第七次理監
事會，我在會中發表〈不連任、不提名聲明書〉，
但全體理監事堅持要我接受提名連任，只好從善如
流，接受承擔。

△九月十六日，下午參加由校長楊泮池教授主持的「退
休人員茶會」，我的任務是報告「台大退聯會」概
況並積極「招兵買馬」。

△九月十七日，率台大退休人員一行40人，到台中清
水參訪「天帝教天極行宮」。

△九月到十月間，退聯會、聯合服務中心，工作和值
班都照常，多的時間寫作、運動，日子好過，天下
已不可為，就別想太多了。

△十一月四日，主持「台大退聯會」第九屆第八次理
監事會，也是為下月二日年度會員大會的籌備會，
圓滿完成。

十二月二日，主持「台灣大學退休人員聯誼會」第九
屆2014會員大會，所提名十五位理事、五位監事全
數投票通過，成為下屆理監事。

△十二月十三日，下午參加《陸官44期同學理監事
會》，會後趕回台大參加社團幹部座談、餐會。

△十二月十四日，三軍軍官俱樂部參加「中華民國新
詩學會」理監事會。

△台大秘書室志工午餐（在鹿鳴堂），到有：叢曼如、

孫茂鈴、郭麗英、朱堂生、吳元俊、吳信義、孫洪法、鄭美娟、簡碧惠、王淑孟、楊長基、宋德才、陳蓓蒂、許詠婕、郭正鴻、陳美玉、王來伴、蘇克特、許文俊、林玟妤來賓和筆者共 21 人。

△關於民一○二、一○三年重要工作行誼記錄，另詳見《台灣大學退休人員聯誼會第九任理事長記實》一書，文史哲出版。

民國一○四年（二○一五）六十四歲

△元月六日，主持「台大退休人員聯誼會」第十屆理監事，在校本部第二會議室開會投票，我連任第十屆理事長。

△關於民一○四、一○五年重要工作行誼記錄，詳見《台灣大學退休人員聯誼會第十任理事長記實暨2015、2016 事件簿》（計畫出版）為準。

（只記整部出版著作）